中　国　高　教　研　究　名　家　论　丛

韩延明　张茂聪　主编

中国高等教育的时代命题

周　川　著

山东教育出版社
·济南·

图书在版编目（CIP）数据

中国高等教育的时代命题 / 周川著. -- 济南 : 山东教育出版社, 2025. 2. --（中国高教研究名家论丛 / 韩延明，张茂聪主编）. -- ISBN 978-7-5701-3320-8

Ⅰ. G649.2

中国国家版本馆 CIP 数据核字第 2024R1Z693 号

ZHONGGUO GAOJIAO YANJIU MINGJIA LUN CONG
ZHONGGUO GAODENG JIAOYU DE SHIDAI MINGTI

中国高教研究名家论丛　韩延明　张茂聪　主编
中国高等教育的时代命题　周　川　著

主管单位：山东出版传媒股份有限公司
出版发行：山东教育出版社
地址：济南市市中区二环南路 2066 号 4 区 1 号　邮编：250003
电话：（0531）82092660　网址：www.sjs.com.cn
印　刷：济南精致印务有限公司
版　次：2025 年 2 月第 1 版
印　次：2025 年 2 月第 1 次印刷
开　本：787 mm × 1092 mm　1/16
印　张：25.25
字　数：330 千
定　价：126.00 元

（如印装质量有问题，请与印刷厂联系调换）印厂电话：0531-88783898

《中国高教研究名家论丛》
编纂委员会

总序

习近平总书记在党的二十大报告中强调，要“加快建设教育强国、科技强国、人才强国”，“加快建设高质量教育体系”，“加快建设中国特色、世界一流的大学和优势学科”。这些重要论述，为新时代高等教育高质量发展提供了根本遵循。在推进中国式现代化建设的当下，党和国家对高等教育高质量发展的期盼比以往任何时候都更为迫切。新形势下要实现高等教育高质量发展，需要有清醒的判断和正确的选择；需要进一步拓宽视野，守正创新；需要积极应对新技术和新方法给高等教育发展带来的新挑战；需要研究探索新时代高等教育服务治国理政和国家重大发展战略的新路径与新方法。

山东师范大学与山东教育出版社联袂推出的这套《中国高教研究名家论丛》（以下简称《论丛》），着眼于国家重大需求，探讨了高等教育发展的内在规律，回应了社会各界对高等教育发展的重大关切，是按照理论研究的科学范式和实践探索的应用要求编撰而成的一套高水平的高等教育书系。

《论丛》不拘一格，尊重每位学者的兴趣和专长，初定学术专著20本，分2辑出版，共600余万字。《论丛》站在高等教育的学科前沿，紧紧围绕“高等教育发展与前瞻”的主旨，遵循理论研究与实践应用相结合、应然建构与实然建设相结合、国际借鉴与国内经验相结合、历史回眸与未来前瞻相结合的原则，采用多学科、多视域、多元化的研究方法，以专题探索与体系构建为根基，以传承、改革、发展为主线，以国内外高等教育理论研究和实践经验探索为主题，从高等教育大系统、大拓展、大革新、大跨越的角度，对高等教育发展战略与宏观政策、高等教育组织与治理、高等教育研究何为、高等教育学及其理论问题、中国高等教育的时代命题、高等教育的理论探究、改革时代的高等教育发展、学科与研究生教育高质量发展，以及大学转型、大学治理、大学创新、大学文化、大学的未来等诸多层面和视角进行了全景式理论研究和全方位实践探索。《论丛》站位高远、立意新颖，中外结合、古今贯通，设计前卫、异彩纷呈，以国际视野打造中国高等教育的实践案例，彰显教育创新精神，凸显扎根中国大地办教育的理念，是新时代具有高等教育舆论导向、决策参考、理论指导和实践应用价值的精品力作。

本《论丛》的作者包括中国高等教育学科创始人、厦门大学资深教授潘懋元先生在内的20多位高等教育学界专家，分别来自厦门大学、北京大学、中国人民大学、浙江大学、中国教育科学研究院等全国知名高校和科研院所。这些作者绝大部分我都比较熟悉，有的已经认识、交往多年，也经常读到他们的论文或著作，他们在高等教育理论领域躬耕多年，贡献了许多真知灼见。他们扛起了高等教育学科理论大旗，创榛辟莽、研精覃思，坚守学术责任，攘袂引领国家教育改革决策，为中国高等教育改革和发展作出了重要贡献。

据韩延明教授介绍，潘懋元先生生前对这套《论丛》很支持、很关心，曾一度答应为丛书作序，这彰显了这位国内外著名教育家对我国高等教育研究的高度重视和对后辈学人的鼎力扶持。我和潘先生是多年的学界挚友，我一直视他为我的先辈，40多年来，我们的交往最多、最频繁、最亲密。现在他走了，但他的精神永存，我们永远怀念他！

"最是书香能致远"，欣闻《中国高教研究名家论丛》即将出版，甚为高兴，聊抒所感，是为序。

2023年5月25日于北京

编撰说明

党的十八大以来，习近平总书记站在中华民族伟大复兴战略全局的高度，对新时代教育强国、高等教育高质量发展、建设世界一流大学等，作出了一系列重要指示批示，深情似海，厚望如山。《中国高教研究名家论丛》（以下简称《论丛》）正是在这一宏阔发展愿景和踔厉奋进背景下由山东师范大学和山东教育出版社联袂策划、组织、编撰、出版的一套接续性大型理论研究丛书。

（一）《论丛》基于新时代教育强国建设的使命担当

习近平总书记在党的二十大报告中强调，要“加快建设教育强国、科技强国、人才强国”。2023年5月29日，他在主持中共中央政治局第五次集体学习时又明确指出：“建设教育强国，是全面建成社会主义现代化强国的战略先导，是实现高水平科技自立自强的重要支撑，是促进全体人民共同富裕的有效途径，是以中国式现代化全面推进中华民族伟大复兴的基础工程。”而“建设教育强国，龙头是高等教育”。这些重要论述，指明了新时代教育强国和高等教育高质量发展的方向，开启了高等教育强国建设的新征程。我国高等教育要立足实现中华民族伟大复兴，心怀“国之大者”，勇攀世界高峰，提升高等教育服务强国建设的能力和水平，强化高质量高等教育支撑中国式现代化建设的责任意识和使命担当。

（二）《论丛》致力于打造高水平的高教研究智库

本丛书整合集聚了国内高等教育学界领航专家和全国知名高校教授有影响力、有代表性的创新学术成果，倾力打造高等教育高水平研究与高质量发展的理论智库、决策智库与实践智库，致力于为新时代高等教育发展编撰一套具有学术价值、实践指导、高水平决策咨询作用的精品书系。

作者队伍由来自北京大学、中国人民大学、北京师范大学、大连理工大学、华东师范大学、上海师范大学、苏州大学、南京师范大学、浙江大学、厦门大学、中国石油大学（华东）、山东师范大学、华南师范大学、云南大学、西北工业大学、兰州大学、中国教育科学研究院等全国知名高校（以教育部官网公布的《全国高等学校名单》排列）和科研院所的高等教育专家学者构成。这些作者扛起高等教育学科理论大旗，为高等教育研究、改革、发展作出重要贡献。特别是著名教育家、中国高等教育学科创始人、中国高等教育学会高等教育学专业委员会首任理事长、厦门大学原副校长、资深教授潘懋元先生，更是殚精竭虑、建言献策、著作等身，构建了中国高等教育的学科体系、学术体系、话语体系，开创了中国特色、中国风格、中国气派的高等教育理论。

在遴选内容上，《论丛》着眼于国家重大发展战略，聚焦于高等教育发展规律，旨在与国家发展大局同向同行、与社会发展布局同频共振、与教育发展格局相辅相成。书稿均是经作者反复斟酌、精心选择的具有较高学术价值的代表性学术成果。有的成果虽已公开发表，但作者也进行了适当的修改和完善，还有一些是首次正式发表的具有学术含量的论文、报告、演讲、随笔、访谈、政论等，凝练了高等教育的中国智慧、中国方案和中国实践。有的著作还研究、解析、借鉴了国外高等教育发展的经验和创见。

（三）《论丛》科学建构高等教育的理论研究体系

《论丛》站在高等教育研究与发展的前沿，以多学科、多视域、多元化研究路径，按照理论研究的科学范式和实践探索的应用要求，遵循高等教育科学方法论，深入探讨创新人才培养、科研成果转化、教学质量提升、大学文化传承以及人文精神培育等高等教育实践中的热点、难点和焦点问题，为高等教育理论研究“描全貌”，为高等教育实践探索“留档案”，为高等教育发展“绘蓝图”。

《论丛》由潘懋元先生担任编委会主任，教育部原副部长、教育部普通高等学校本科教育教学评估专家委员会主任、中国高等教育学会副会长（主持工作）林蕙青任编委会副主任，临沂大学原校长、山东师范大学特聘教授韩延明与山东师范大学副校长张茂聪教授任丛书主编，计划分2辑出版（共20册），倾力打造国内高等教育理论研究丛书中的标志性、创新性书系。

《论丛》在编撰出版过程中，得到了教育部领导、全国相关专家学者、山东省委宣传部、山东师范大学、山东教育出版社的大力支持。潘懋元先生生前多次电话催问和指导《论丛》的编撰工作；著名教育家、教育部教师教育专家委员会主任、中国教育学会名誉会长、北京师范大学原副校长、资深教授顾明远先生不仅多次悉心指导，还在百忙中为《论丛》撰写“总序”；林蕙青同志欣然担任《论丛》编委会副主任，为圆满完成潘先生的遗愿而尽心竭力；各位作者认真梳理、修改、完善文稿，精益求精，付出了艰辛劳动；厦门大学教育研究院副教授陈斌博士，为搜集、整理、校对潘懋元先生《教育的未来》一书的文稿精辑细核、倾情奉献；山东教育出版社杨大卫社长、孟旭虹总编辑积极筹划、悉心组织；李红主任、郑伟副教授协助丛书主编做了大量相关工作。在此，我们一并表示诚挚的感谢！

由于编撰出版时间紧迫，加之面广量大，难免有疏漏，不妥之处，恳请同人和读者批评指正。

韩延明　张茂聪　谨识

2023年11月10日于济南

前言

20世纪70年代后期，中国进入社会主义现代化建设和改革开放的新时期。在这个新的历史时期，中国高等教育驶入了改革和发展的快车道，走过了一段既不平凡也不平坦的历程。

最不平凡之处，是中国高等教育经过四十多年的跨越式发展，规模迅速扩大，办学条件明显改善，成就举世瞩目。2022年，我国高等教育的“在学总规模”已高达4665万人，毛入学率达到59.6%。[①]这样的规模和发展速度，无疑是世界之最。

不平坦之处，在于改革开放史无前例，只能“摸着石头过河”。摸到了石头，步子就比较踏实，改革就比较顺利；摸不到石头，就有可能踏空，需要暂时停顿甚至后退一步以利于新的摸索。高等教育的改革虽然有发达国家的经验可以参考借鉴，但由于我国高等教育与众不同的办学基础和管理方式，高等教育的改革实际上是在国家改革大框架之下的自我摸索、自我创新，因此主要也是“摸着石头过河”的方式。

① 中华人民共和国教育部:《2022年全国教育事业发展统计公报》，载《中国教育报》2023年7月6日。

以这种方式推进高等教育的改革和发展，目标和方针都很明确，那就是要“过河”，但实际的行动策略和工作举措却没有现成的答案，需要自己在河里不停地“摸石头”，在实践中不断地自行摸索、自行探路，不断地迈步、迂回、转换。一个最直观的表现就是改革和发展的主题众多，一个紧接着一个，不断地出台，不断地推陈出新、与时俱进。这些主题，正是中国高等教育改革发展矢志不渝、持续推进的见证，也是改革发展道路不平坦、不会一帆风顺的象征。

20世纪70年代末，随着“文化大革命”的结束，“按照高等教育规律办高等教育”的呼声成为时代强音，由此开启了中国高等教育的新篇章。拨乱反正，正本清源，恢复高考，恢复高等教育的正常秩序，尊重知识、尊重人才，多出人才、快出人才，科学技术是第一生产力，使高等学校既是“教学的中心”又是“科研的中心”，是当时中国高等教育最激动人心、最富有号召力的主题。

在经济体制改革、科技体制改革、城市体制改革相继推进之后，高等教育体制改革势在必行。在高等教育体制改革中，除针对办学体制、招生体制、就业体制、学费体制、拨款体制的改革之外，最核心的主题是管理体制的改革。20世纪80年代中期，提出“改变政府对高等学校统得过多的管理体制”，“扩大高等学校的办学自主权”；90年代初，提出“政事分开”，“使高等学校真正成为自主办学的法人实体”；2010年，提出“政校分开、管办分离”，建设和完善“中国特色现代大学制度”；近年来，先后有“放管服”“高等教育治理体系和治理能力现代化”等命题。在高等教育体制改革中，管理体制改革始终是重中之重，也是难中之难，这场改革至今仍然在路上。

高等教育的发展，从20世纪50年代的“院系调整”到90年代高校的“划转、合并、共建、合作”；从早期的重点高校制度，到“211工程”“985工程”“双一流工程”；从80年代的“控制规模，保证质量，提高效益”，到90年代的“积极发展”“适度发展”，再到20世纪和21世纪之交的大发展、跨越式发展，直至奇迹般地实现了高等教育的“大众化”和“普及化”。这样一种跨越式的发展，展现了中国高等教育特有的制度优势，举世无双，当然也带来了特有的问题，尤其是教学质量方面的问题。

在高等院校内部，变化也在持续发生。校均规模从不足万人迅速发展到数万人，甚至十数万人；二级学院（系）从个位数增加到十位数甚至数十个；管理制度从“校长负责制”到“党委领导下的校长负责制”，从“院长负责制”到“党政共同负责制”；从后勤社会化、人事聘任制、薪酬绩效化，到教师考评定量化。变化发生在高校的各个层面，最终的影响都集中在一线教师的身上，体现在他们的职业认同和职业行为上。

高等教育学作为一门学科，是在中国高等教育改革和发展的进程中由中国人自主创立的，它是中国高等教育改革和发展的产物，也是中国高等教育改革发展进程中的一部分。“院校研究”是舶来品，当它在20世纪90年代初进入中国高等教育领域时，就开始了其中国化的进程；院校研究是高校管理科学化的一个有效手段，因而也可以被看作中国高校管理走向科学化的一个晴雨表。

当代中国高等教育在改革和发展的过程中，出现了一系列现实的主题，几乎涉及高等教育的各个方面和环节。这些主题贯穿于中国高等教育改革和发展的过程中，或者作为政策目标，或者作为行动策略及工作举措，左右着中国高等教育的实际进程，也影响着人们的高等教育观念。

这些主题虽然主要出自中国高等教育的政策和实际工作，但其背后，无不涉及高等教育的本质和意义，无不涉及高等教育的基本理论和大是大非。因此，这些主题都是既具有重要现实意义，又不失学术价值和理论意义的重大主题。

这些主题所映射的高等教育的现实问题，其背后的制约因素复杂而多样。有些问题是在高等教育改革发展的过程中出现的，而且会随着高等教育改革发展的推进而不断变化；有些问题是在历史中形成的，可谓古已有之，只不过在当代的特定情境中被赋予了新的内涵和表现形式，是老问题的新表现；还有些问题是在移植国外高等教育模式的过程中被一并带进来的，因此不单单是中国的问题，也是世界各国普遍都有的问题，只不过是程度和表现形式有所不同罢了。然而，无论问题从何而来，可以肯定的是，这些主题都是中国高等教育必须给出解答、作出抉择的重大问题。

这些主题的出现，是中国高等教育现实对中国高等教育学的时代之问，也是一个时代的考题。从学术的角度、以学术的方式来审视和思考这些主题，并且作出合乎学术逻辑的解答，这既是中国高等教育学的时代责任，也是中国高等教育学发展的重要动力。

本书仅就我国高等教育管理体制改革、现代大学制度和世界一流大学建设、大学教师职业发展及评价等主题，以及中国的高等教育学和院校研究的发展问题，作初步的探讨和阐释。本书当然无力全面解答这些重大的主题，仅仅是敬献一家刍荛之言，同时也求教于各位同行方家。

目录

第一章

高等教育管理体制改革

高等教育管理体制的核心是政府与高校的关系，关键是政府的高等教育管理职能和管理方式的问题，也就是政府“管什么”和“如何管”的问题。在我国，高等教育管理体制不仅制约着全国高等教育事业的各个方面和各个环节，而且也规范着高等教育工作者的观念和行为，因此，它是当代中国高等教育的第一主题。

第一节　新中国成立初期的选择

中华人民共和国成立后，中国高等教育进入一个全新的历史时期。在新中国成立初期的十多年内，中国高等教育管理体制处于摸索和重建阶段，几经调整，逐渐成形。

一、“集中统一”的领导体制

“集中统一”的高等教育领导体制，是在新中国成立初期确定的。确定这一体制，主要是由中华人民共和国的国家性质和建政需要决定的。

（一）背景与确立过程

1949年9月底，作为新政府施政方针的《中国人民政治协商会议共同纲领》（下文简称《共同纲领》）为国家的文化教育事业定性：“中华人民共和国的文化教育为新民主主义的，即民族的、科学的、大众的文化教育。”由此性质和宗旨决定，“人民政府的文化教育工作，应以提高人民文化水平，培养国家建设人才，肃清封建的、买办的、法西斯主义的思想，发展为人民服务的思想为主要任务。”《共同纲领》还要求：“应有计划有步骤地改革旧的教育制度、教育内容和教学方法。”①新政权以摧枯拉朽之势终结了旧政权在中国大陆的统治，在此大背景之下，“改革旧的教育制度”是顺势而为，并不难实现。但是，相对于终止旧制度，要建立一个新的高等教育体

①《中国人民政治协商会议共同纲领》，载《人民日报》1949年9月30日。

系，尤其是“民族的、科学的、大众的”高等教育体系，难度不小，是一个艰难探索和选择的过程。

《中国人民政治协商会议共同纲领》所确定的“民族的、科学的、大众的”高等教育体系，在中国史无前例，找不到任何参照系。旧的高等教育体系是革命的对象，当然不可取；革命根据地和解放区的高等教育，是战争时期的产物，有很大的特殊性，并不完全切合建设时期正规高等教育的需要。四顾之下，似乎只有一个苏联的高等教育模式可以参照，因此，出于多重原因，在“以俄为师”的大背景下，我国高等教育管理体制“选择苏联模式”，①是势所必然。

效仿苏联的结果，是实行“集中统一”的高等教育管理体制，这一体制在1950年6月召开的第一次全国高等教育会议上得以明确。在会议开幕式上，教育部部长马叙伦的开幕词为这个体制定下了基调：“我们要逐步实现统一和集中的领导。中央人民政府教育部对全国公立的高等学校，在方针、制度、设置计划、负责人任免、课程教材及教学方法等方面，都应该负有领导的责任。”而在公立高校之外，“私人办的和教会办的私立高等学校，也都必须服从人民政府的法令，奉行新民主主义的教育政策。”②马叙伦的讲话虽然对公立高校和私立高校作了区分，但是随着新政府对旧高等教育体系大刀阔斧的改造，私立高校在很短的时间内就全部被撤并收归国有，私立高校这个品种很快就消失了，因此，教育部实际上就等于对全国所有的公私立高等学校都“负有领导的责任”。

这次高等教育会议的一个重要成果，是通过了于8月初由政务院公布的《关于高等学校领导关系的决定》。决定明确要求，“全国高等学校以由

① 张应强：《新中国大学制度建设的艰难选择》，载《清华大学教育研究》2012年第6期。

② 新华社：《教育部马叙伦部长在全国高等教育会议上的开幕词》，载《人民日报》1950年6月14日。

中央人民政府教育部统一领导为原则”。[①]既然是“原则”，当然就是刚性的，没有例外的；这就确立了教育部对全国所有高校拥有“统一领导”的权力。只是由于当时部分地区尚在旧政权手中，因而这个决定还特别要求：“中央人民政府教育部对全国高等学校（军事学校除外）均负有领导的责任，各大行政区人民政府或军政委员会教育部或文教部均有根据中央统一的方针政策，领导本区高等学校的责任。”[②]《关于高等学校领导关系的决定》虽然将中央政府和大行政区政府的权力关系进行了必要的划分，但在总体上并不影响“集中统一”领导体制的基本性质。

1952年高等教育部单独设立，1953年政务院发布《关于修订高等学校领导关系的决定》。这一决定的基本内容，是明确高等教育部对全国高等教育的领导权限和责任：“凡高等教育部颁发的有关全国高等教育的建设计划、财务计划、财务制度、人事制度、教学计划、教学大纲、生产实习规程，以及其他重要法规、指示或命令，全国高等学校均应执行。”[③]决定同时还规定：综合大学以及多科性高等工业院校（共148所）由高等教育部“直接管理”，单科性高校（共92所）可委托中央相应部委“负责管理”。因为有了其他部委“负责管理”的高校，所以《修订决定》同时要求，“高等教育部必须与中央各有关业务部门密切配合，有步骤地对全国高等学校实行统一与集中的领导。”[④]由此，在“集中统一领导”的体制之内，“条块结合”的格局基本成形。

---

① 新华社：《中央人民政府政务院发布关于高等学校领导关系的决定》，载《人民日报》1950年8月3日。

② 新华社：《中央人民政府政务院发布关于高等学校领导关系的决定》，载《人民日报》1950年8月3日。

③ 中央人民政府政务院：《关于修订高等学校领导关系的决定》，载《人民教育》1953年第11期。

④ 中央人民政府政务院：《关于修订高等学校领导关系的决定》，载《人民教育》1953年第11期。

（二）“集中统一”体制的特点

“集中统一”的领导体制，核心问题是“领导关系”。既然是领导关系，自然就有领导者和被领导者，也就形成了明确的上下级关系：高等教育主管部门（教育部或高等教育部）是代表中央人民政府对全国高等教育进行领导的领导者，是上级；高等学校是被领导者，是下级。上级有领导下级的权力，下级必须服从上级的领导，这是“集中统一”体制最基本的特征。

其次，这一体制还体现在权力关系和资源配置方式上。所谓集中，当然是权力的集中和资源的集中，权力和资源都集中于中央政府及其高等教育主管部门，各种政令自上而下贯彻，各种资源自上而下配置，是一种“直接领导”的方式。《关于修订高等学校领导关系的决定》虽然规定高等教育部的领导职权主要有七项，但同时又有“其他重要法规、指示或命令”的授权，实际赋予高等教育部很大的权力空间和自由裁量余地。从当时高等教育主管部门下发的各种文件来看，以“指示”“办法”“条例”“规定”“决定”“命令”“规程”“通知”等形式行文的各种文件，源源不断地下发到各高校和各地区，实际上涵盖了高等学校工作的几乎所有重要的方面，甚至包括很多并不重要的具体工作环节。

在这个体制中，最重要的权力无疑是高等学校校长的任命权，高校校长必须由上级任命。早在1950年初，《政务院关于任免工作人员暂行办法》就已规定：“大学校长、副校长由政务院提请中央人民政府任免；高等专门学校校长、副校长由政务院任免。”[①]这一规定后来虽几经微调，但上级组织任命高校校长的权力始终是刚性原则（除去某些短暂时期的个别试点之外）。

“集中”和“统一”其实是相辅相成的：因为“集中”，所以能够保证“统一”；因为要保持“统一”，所以必须采取“集中”的方式。在“集中统一”的领导体制之下，所有的高等教育方针、政策、措施、指令都来

---

① 中央教育科学研究所编：《中华人民共和国教育大事记（1949—1982）》，教育科学出版社1983年版，第13页。

自上级主管部门，而高等学校则主要扮演执行者的角色，只能按照主管部门的指令和计划运行。因此，在“集中统一”的领导体制之下，全国的高等教育工作，不仅政策方针统一、工作标准统一，而且行动统一、过程统一、步调统一，具体环节也基本统一。全国有统一的“校历”、统一的教学计划、统一的教学大纲、统编教材，甚至还有统一的“高校政治课考试评分标准”[①]之类。

1951年6月初，马寅初出任北京大学校长，他在就职演讲中说：“同学们或许要听取我的建校方针，这点不免使诸位同学失望。我认为建校方针是中央所定，一个大学校长只有工作任务，没有建校方针。一个大学校长应以执行中央的政策，推动中央的方针为己任。”[②]就马寅初的个性而言，可以认为他的这番话是很真诚的，并非出于压力，也不是矫情；这种真诚源于他对新政府的信任，也源于他对“集中统一”体制的准确领会和把握。

（三）实际运作

在“集中统一”的领导体制下，高教主管部门大权在握，重任在肩，因而它自身的领导作风和领导能力，实际上就成为这一体制的关键因素。从实际情况看，除政治运动的影响外，当时的高等教育主管部门，上以中央大政方针为依据，下以高等学校为领导对象，即便有一些领导行为过于直接、刻板，但总的来说，它作为政府主管部门，权力本身也保持了“集中统一”性，没有出现“碎片化”现象。

当时，高等教育领导权的边界比较清晰，职责也比较分明，领导行为在总体上中规中矩，因而对全国高等教育“集中统一”的领导工作，总体上看也有成效。即便有一些看似直接的领导行为，在当时不仅必要，而且被证明也是有效的。例如，1955年高等教育部发布的《关于厦门大学发展方向的决定》，根据对厦门大学历史、地理、学校实际情况的分析，明确

① 中央教育科学研究所编：《中华人民共和国教育大事记（1949—1982）》，教育科学出版社1983年版，第176页。

② 杨勋、徐汤莘、朱正直：《马寅初传》，北京出版社1986年版，第170页。

了厦门大学“面向东南亚华侨”和“面向海洋”的两大发展方向，并据此提出了学校“今后发展的具体方案”。[①]其他还有针对清华大学、北京师范大学等高校的类似决定。这些“决定”在方式上虽然很直接，具有很强的指令性，但它们对相关高校的定位和发展方向作出的规定，基本都是合情合理的。

在“集中统一”的领导体制中，高等教育主管部门位高权重，地位特殊，高等教育部与教育部的几度分合，也反映出高层对高等教育主管机构权限认识上的某种波动。1952年11月，高等教育部从教育部中被划出并单独设立。教育部部长张奚若在高等教育部成立大会上解释说：“分别设置高等教育和普通教育两个部反映了教育建设事业日益繁重而不能不进行必要的分工。高等教育部是为了紧密地配合国家工业化的要求，大量培养技术人才；教育部是为了广泛地提高人民文化水平，教育祖国新生的一代。”[②]两个层次的教育，一为“提高”，一为“普及”，单设高等教育部专事“提高”，理由很充分。但到1958年2月，出于“精简机构”的考虑，高等教育部和教育部又合并成为教育部，其着眼点主要在“精简”，也在“统一”。1963年底，高等教育部再次从教育部中划出单设；1966年7月，两部再次合并为教育部，直至“文化大革命”期间教育部整个被撤销。

二、“统一领导分级管理”体制

“集中统一”的高等教育领导体制，有其特有的优势，也有其特有的缺陷。从20世纪50年代后期开始，对这一体制有所调整，并在60年代初过渡到“统一领导分级管理”的体制。

---

① 厦门大学校史编委会编：《厦门大学校史资料》（第三辑），厦门大学出版社1989年版，第101页。

② 新华社：《中央高等教育部举行成立大会，文教委员会习仲勋副主任到会作重要指示》，载《人民日报》1952年12月28日。

（一）"集中统一"的内在缺陷

新中国成立初期，高等教育实行"集中统一"的领导体制有其必要性，这既是当时巩固政权、实行计划经济的必然要求，也是新行政体制的必然要求。"集中统一"领导体制的实行，迅速结束了民国时期高等教育管理分散、低效的状态，将高等教育事业纳入国家政治、经济的计划体系之中，使高等教育成为整个国家机器的有机组成部分，随着国家机器的运转而整齐划一地运作。

然而，必要性未必就是合理性。"集中统一"的领导体制由于其本身特有的局限性，在实际工作中势必会产生一些矛盾：其一，高等教育事业被纳入国家计划体系之中，直接针对国家的实际需要而办学，但要满足这种需要，也离不开高校办学的自主性和教师在教学科研工作中的主动性及创造性，"集中统一"的领导方式恰恰不利于这种主动性和创造性的发挥，甚至会压抑这种主动性和创造性。其二，中国幅员辽阔，各地经济、文化、教育的基础差异很大，"集中统一"的领导体制用一个标准、一个计划号令全国的高等教育工作，未必能切合不同地区、不同高校的实际情况，看似整齐划一、步调一致，实际上是一刀切，难免顾此失彼，造成新的不平衡。此外，还有一个矛盾也是难以避免的："集中统一"的领导体制是由人来运作的，权力过于集中，号令过于轻率，势必滋长主管部门的官僚主义和长官意志，而官僚主义和长官意志恰恰是高深学问教学和科研工作的天敌。

事实上，到20世纪50年代中期，高等教育"集中统一"的领导体制由于其内在的局限以及实际运作中的偏差，弊端已经开始显露。1956年6月20日，高等教育部部长杨秀峰在全国人民代表大会上就"当前高等教育工作的几个问题"发言。他在肯定成绩的同时也很诚恳地承认："必须充分发挥各方面的积极性，高等教育事业体制、计划体制、财政体制、领导关系和毕业生分配等过多地强调集中统一的状况应当改变，要适当扩大院长、校长的职权。”[①]这实际上就是把管理体制的问题公开提了出来，而且场合是全国人民代表大会，说明问题已经比较严重，主管部门面临的压力比较大。

这种压力，可以从1957年4月的全国人大常委会扩大会议得到佐证。在这次会议上，一些与会者对高等教育领导工作中的缺陷提出了比较尖锐的批评，如“教育部门的领导工作存在着严重的官僚主义和主观主义”“办事不注意同有丰富教学经验的老教育工作者商量”云云。[②]“集中统一”体制特有的矛盾是显而易见的。

（二）最初的放权

有鉴于此，1958年开始对“集中统一”的高等教育领导体制进行调整，调整的主题是“放权”。1958年4月，中共中央颁发《关于高等学校和中等技术学校下放问题的意见》，将229所中央直接领导的高校中的187所下放到省市，归地方领导。[③]将高校从中央下放到地方，主要是解决“谁来管”的问题，也就是哪一级政府领导的问题，并不涉及领导职能、领导方式的问题，但将超过80%的中央高校下放到地方，改由地方政府管理，决心和力度都不可谓不大，这也充分说明，高层领导已经意识到“集中统一”体制特有矛盾的严重程度。

1958年8月，中共中央、国务院发布《关于教育事业管理权力下放问题的规定》，强调：“今后对教育事业的领导，必须改变过去条条为主的管理体制，根据中央集权和地方分权相结合的原则，加强地方对教育事业的领导管理。”[④]值得关注的是，《规定》不仅明确了原则，而且对教育主管部门的

① 中央教育科学研究所编：《中华人民共和国教育大事记（1949—1982）》，教育科学出版社1983年版，第170页。

② 中央教育科学研究所编：《中华人民共和国教育大事记（1949—1982）》，教育科学出版社1983年版，第194页。

③ 中央教育科学研究所编：《中华人民共和国教育大事记（1949—1982）》，教育科学出版社1983年版，第220页。

④ 中国共产党中央委员会、国务院：《关于教育事业管理权力下放问题的规定》，载《中华人民共和国国务院公报》1958年第26号。

领导权限作出了具体的限定："今后教育部和中央各主管部门，应该集中精力研究和贯彻执行中央的教育方针和政策；综合平衡全国的教育事业发展规划；在中央领导下协助地方党委进行思想政治工作；指导教学和科学研究工作；组织编写通用的基本教材、教科书；拟定必要的全国通用的教育规章、制度；对高等学校教师进行必要的调配；及时总结交流经验。并且应该办好直接管理的学校。"①这项规定是就整个教育事业作出的，关于中央教育主管部门应该管什么、职权主要是哪些，已经说得比较清楚，主要是在宏观的方针、政策、规划方面；对于一些比较具体的方面，则用了"指导""组织"等词，意在减少教育主管部门对教育实际工作的直接领导。

这项规定唯独对高校教师的"调配"单列一条，意在强调主管部门对高校教师的调配权。这可能是当时高校教师属于干部身份的缘故，其人事管理办法类似于干部管理，因而主管部门有权进行"调配"，但《规定》在"调配"前加了"必要的"一词予以限定，说明还是比较谨慎的。除了上述诸项，更重要的是这一规定还有一个补充说明："过去国务院或教育部颁布的全国通用的教育规章、制度，地方可以结合当前工作发展情况，因地制宜、因事制宜地决定存、废、修订，或者另行制定适合于地方情况的制度。"②从文本上看，这明显是在"集中统一"的体制上开了一个不大不小的口子，赋予地方更大的自主权，这无疑可以被看作一个带有突破意义的"放权"举措。

（三）"统一领导分级管理"体制的确立

1961年，在国民经济"调整、巩固、充实、提高"的大背景下，中共中央印发了《中华人民共和国教育部直属高等学校暂行工作条例（草案）》（即"高教六十条"），对稳定高等教育的正常秩序起到了重要作用。

---

① 中国共产党中央委员会、国务院：《关于教育事业管理权力下放问题的规定》，载《中华人民共和国国务院公报》1958年第26号。

② 中国共产党中央委员会、国务院：《关于教育事业管理权力下放问题的规定》，载《中华人民共和国国务院公报》1958年第26号。

1963年，中共中央、国务院颁发《关于加强高等学校统一领导、分级管理的决定（试行草案）》（下文简称《决定（试行草案）》）："决定对高等学校实行中央统一领导，中央和省、市、自治区两级管理的制度。"[①]这一决定是在总结新中国成立后十多年高等教育管理体制调整经验的基础上作出的，它的颁布意味着"中央统一领导，中央和省区市两级管理"体制的确立与成型。《决定（试行草案）》在表述上将"领导"和"管理"作了区分，用意很明显："领导"更多的是大政方针问题，由中央实行"统一领导"，旨在保证高等学校的政治属性和政治方向，当然必须统一；"管理"更多的是策略和战术问题，是在保证"领导"得到贯彻的前提下具体的工作实施问题。《决定（试行草案）》对中央教育主管部门和地方管理权限作出了具体的划分，这主要也是在策略和战术的层面上展开的。

新中国成立后十七年，我国高等教育管理体制经历了从"集中统一领导"到"统一领导、两级管理"的转变，在中央和地方两个层面上进行了分权，在认识上逐步深化，在实践上逐步调整。但是，由于这种分权主要是从中央层面分给地方政府和其他部委的，并没有分到高校层面，而分权过程本身也是按照"集中统一"的方式进行的；分到某些权限的地方和中央其他部委，对所属高校的管理主要也是在中央政府及其高等教育主管部门统一的领导、指导下进行，因此，这十七年高等教育管理体制的基本特征始终是"集中统一"，分权在总体上并不改变"集中统一"领导体制的性质。"集中统一"是基本的体制特征，分权只是在此基础上的微调、量变，因而就是可放可收的。

"文化大革命"十年动乱，高等教育是重灾区。"文革"期间，原来的管理体制被打破，教育部被取消，对高等教育实际起领导作用的主要有"中央文革小组"以及1970年至1974年的国务院"科教组"，教育部的建制直到1975年初才得以恢复。虽然历经动荡，但从高等教育领导和管理的方

---

①《中国教育年鉴》编辑部编：《中国教育年鉴（1949—1981）》，中国大百科全书出版社1984年版，第236页。

式来看，依旧没有脱离“集中统一”的体制框架，只不过部门名称、各级领导人物面目全非罢了。

第二节 管理体制改革的启动和持续

1976年秋，“十年动乱”终于止息，中国社会再次发生历史性转折，进入社会主义现代化建设的新时期。随着改革开放进程的推进以及对高等教育领域的拨乱反正，高等教育管理体制的改革也拉开了帷幕，迈上了攻坚克难的历程。从20世纪80年代中期开始，经90年代，再到21世纪，这场改革大体经历了三轮，至今仍在路上。

一、第一轮改革

当恢复高考后的77级、78级新生进入大学校园时，中国高等教育正处在百废待兴、四顾茫然的当口，为了应急，只能沿用“文化大革命”前的某些规章制度，几乎是别无选择的选择。1979年9月，中共中央批转了教育部党组《关于建议重新颁发〈关于加强高等学校统一领导、分级管理的决定〉的报告》[①]，实在是无奈之举，这也就意味着，高等教育恢复了1963年确定的“统一领导、两级管理”体制。这套体制当时虽然是在“分权”的主题下确立的，但它是建立在计划经济基础之上的，主要针对的是哪一级

①《中国教育年鉴》编辑部编：《中国教育年鉴（1949—1981）》，中国大百科全书出版社1984年版，第237页。

政府来管的问题，也就是中央和地方的关系问题，并未触动“集中统一”体制的根基，也未触及实质性的“管什么”和“怎样管”的问题。

（一）改革大幕开启

从20世纪70年代末起，整个国家驶入社会主义现代化建设和改革开放的快车道，经济体制改革、科技体制改革、城市体制改革先后启动，高等教育赖以运行的社会基础正在发生翻天覆地的变化。随着经济体制和科技体制改革的推进，“集中统一”的高等教育管理体制处处显得格格不入，各种弊端也暴露无遗。正是在这样的背景下，具有历史意义的《中共中央关于教育体制改革的决定》于1985年5月正式发布，第一次提出了高等教育管理体制改革的命题。

《中共中央关于教育体制改革的决定》的历史意义，不仅在于它是拉开我国教育管理体制改革帷幕的第一份重要政策文件，而且还在于，它在肯定我国教育三十多年取得“巨大发展”和“显著成绩”的同时，以极大的勇气和担当第一次直面我国“教育事业的落后”和“教育体制的弊端”，并且用“突出”二字强调了严峻程度。这个决定明确指出：“面对我国对外开放、对内搞活，经济体制改革全面展开的形势，面对世界范围的新技术革命正在兴起的形势，我国教育事业的落后和教育体制的弊端就更加突出了”；而“弊端”中的首要问题是：“在教育事业管理权限的划分上，政府有关部门对学校主要是高等学校统得过死，使学校缺乏应有的活力；而政府应该加以管理的事情，又没有很好地管起来。”[①]

《中共中央关于教育体制改革的决定》之所以为人称道，就在于它一针见血地指出了“弊端”之所在，即“统得过死”；并指出了改革的对象，即“政府有关部门”；也指明了改革的核心问题，即“管理权限”；还指明了改革的目的，即“学校活力”。针对高等教育管理体制的改革，这一决定特别强调：“当前高等教育体制改革的关键，就是改变政府对高等学校统得过

①《中国教育年鉴》编辑部编：《中国教育年鉴（1985—1986）》，湖南教育出版社1988年版，第992页。

多的管理体制，在国家统一的教育方针和计划的指导下，扩大高等学校的办学自主权，加强高等学校同生产、科研和社会其他方面的联系，使高等学校具有主动适应经济和社会发展需要的积极性和能力。”[①]革除“统得过死、统得过多”的弊端，扩大高等学校的办学自主权，从此成为我国高等教育管理体制改革的基本取向。

（二）管理权限的明确划分

这一决定颁布之后，新成立的国家教育委员会取代教育部成为全国教育事业的主管部门。1986年3月，国务院按照《决定》的改革要求，出台了《高等教育管理职责暂行规定》，对国家教育委员会、相关部委、省级人民政府管理高等教育的主要职责分别作出了具体的规定，也可以说是作出了具体的“限定”，同时对“高等学校管理权限”也予以明确的承认。

《高等教育管理职责暂行规定》提出：“国家教育委员会在国务院的领导下，主管全国高等教育工作”，其“主要职责”共有12项[②]，要点分别是：1. 贯彻执行党和国家有关高等教育的方针政策、法律和行政法规，制订高等教育工作的具体政策和规章。2. 编制全国高等教育事业发展规划和年度招生计划，调整高等教育的结构和布局。审批高等学校、研究生院的设置、撤销和调整。3. 制订高等学校、研究生院的设置标准，制订高等学校的基本专业目录和设置标准，组织审批专业设置。4. 制订高等教育的基建投资、事业经费、人员编制、劳动和统配物资设备的管理制度和定额标准的原则。5. 制订高等学校人事管理的规章制度，规划、组织高等学校师资队伍和干部队伍建设。6. 指导高等学校的思想政治工作、教学工作、体育工作、卫生工作和总务工作。确定研究生、本科生、专科生的修业年限和培养规格。制订指导性的教学文件，规划、组织教材编审。组织检查、

①《中国教育年鉴》编辑部编：《中国教育年鉴（1985—1986）》，湖南教育出版社1988年版，第994页。

②《中国教育年鉴》编辑部编：《中国教育年鉴（1985—1986）》，湖南教育出版社1988年版，第1003-1004页。

评估高等学校的教育质量。7. 指导和管理高等学校和科学研究机构招收、培养研究生工作。指导学位授予工作。指导和管理高等学校博士后科研流动站工作。8. 指导和管理高等学校的科学研究工作。9. 指导和管理到国外高等学校的留学人员、来华留学生以及对外智力援助的工作。10. 组织为高等学校提供教育情报、人才需求信息和考试等方面的服务工作。11. 统一指导各种形式的成人高等教育。12. 直接管理少数高等学校。

《高等教育管理职责暂行规定》同时提出，要"扩大高等学校管理权限，增强高等学校适应经济和社会发展需要的能力"，明确了"高等学校管理权限"共有8项①，要点分别是：1. 在保证完成国家下达的培养人才任务的前提下，可以按照国家规定的比例实行跨部门、跨地区的联合办学，接受委托培养生和自费生。可以按照国家有关规定录取学生，处理和淘汰不合格的学生。落实国家下达的毕业生分配计划，制订毕业生分配方案，并向用人单位推荐部分毕业生。2. 执行勤俭办学的方针，并在遵守国家财务制度的前提下，按照"包干使用，超支不补，结余留用，自求平衡"的经费管理原则，可以安排使用主管部门核定的年度事业经费。3. 按照主管部门批准的总体设计任务书、总体规划、长远和年度基建计划，在向主管部门实行投资包干的前提下，可以自行择优选择设计施工单位。4. 按照干部管理权限，可以根据规定的干部条件、编制和选拔步骤由校长提名报请任免副校长；任免其他各级行政人员；聘任、辞退教师和职工。5. 经过批准的高等学校，可以按照国家有关规定，评定副教授任职资格，其中少数具备条件的高等学校，可以评定教授的任职资格；审定授予硕士学位的学科、专业，增补博士研究生指导教师。6. 根据党和国家的教育方针及修业年限、培养规格，可以按社会需要调整专业服务方向，制订教学计划（培养方案）、教学大纲、选用教材，进行教学内容和方法的改革。7. 在保证完成国家下达的科学研究任务的前提下，可以自行决定参加科学研究项目

①《中国教育年鉴》编辑部编：《中国教育年鉴（1985—1986）》，湖南教育出版社1988年版，第1005页。

的投标，承担其他单位委托的科学研究任务，面向社会开展技术服务和咨询。8. 在国家外事政策和有关规定的范围内，积极开展对外交流活动。

从实际内容看，这八项管理权限基本都属于高校的常规工作，但在当时的历史条件下，将这八个方面明确规定为高校的自主权限，已经实属不易，因为它针对的是铁板一块的"集中统一"体制，是高校被"统得过多过死"的积弊。

（三）改革的实施

在《中共中央关于教育体制改革的决定》和《高等教育管理职责暂行规定》发布之后，高等教育管理体制的改革开始付诸实施，一系列改革举措相继推出，一方面是政府主管部门渐次"放权"，另一方面是高校开始试点内部管理体制改革，例如有二十多所高校开始试行校长负责制（到1989年初已达二百多所）。[①]这些改革举措，在一定程度上确实动了真格，力度之大前所未有。

二、第二轮改革

始于20世纪80年代中期的这场改革，在80年代末戛然而止，重提高等教育管理体制改革是在三年以后。1992年，我国社会主义市场经济体制改革的大方向基本确定，经济体制改革进一步向深层推进，高等教育管理体制的改革也重新被提上议事日程。

1992年底，国务院批转的《国家教委关于加快改革和积极发展普通高等教育的意见》指出："高等教育办学体制的改革是要理顺政府、社会和学校三者之间的关系，按照政事分开的原则，使高等学校真正成为自主办学的法人实体。"[②]就文本看，"政事分开""自主办学的法人实体"这两个核

① 郝维谦、龙正中、张晋峰主编：《中华人民共和国高等教育史》，新世纪出版社2011年版，第445页。

② 教育部研究室编：《中华人民共和国现行高等教育法规汇编》，人民教育出版社1999年版，第157页。

心，已经足以显示高层对于高等教育管理体制改革的决心。

1993年初，更权威的《中国教育改革和发展纲要》由中共中央、国务院发布。这一纲要基本沿用了1985年《中共中央关于教育体制改革的决定》的提法，再次申明，要“改革包得过多、统得过死的体制”，并特别针对高等教育体制改革，指出“进行高等教育体制改革，主要是解决政府与高等学校、中央与地方、国家教委与中央各业务部门之间的关系，逐步建立政府宏观管理、学校面向社会自主办学的体制”；同时强调：“在政府与学校的关系上，要按照政事分开的原则，通过立法，明确高等学校的权利和义务，使高等学校真正成为面向社会自主办学的法人实体。”①总的来看，这个文件基本延续了1985年中央《决定》的基本主张和要旨，而在一些具体提法上则更为进取，更富新意。例如，指出管理体制的主要问题是“包得过多、统得过死”，改革的首要目标是“解决政府与高校的关系”，以“政事分开”为原则实行“政府宏观管理”，高校作为“法人实体”面向社会自主办学。尽管文件没有对“政与事”“法人实体”这些概念作出界定，但这些富有新意的提法确实令人耳目一新，加之当时高等教育主管部门的领导一再强调“体制改革是核心”，②高等教育界对管理体制的改革不能不令人充满期待。

随后，《关于国家教委直属高校内部管理体制改革的若干意见》《关于国家教委直属高校深化改革，扩大办学自主权的若干意见》《关于〈中国教育改革和发展纲要〉的实施意见》等一系列配套文件先后出台，这些文件可以视作《纲要》改革目标的具体化。在这一系列重要政策文件的部署之下，改革的路径进一步厘清，一些改革举措也得到切实推行，如校内机构设置、人事制度、专业设置、后勤社会化等方面的权力，都不同程度地下

① 教育部研究室编：《中华人民共和国现行高等教育法规汇编》，人民教育出版社1999年版，第46页。

② 周远清、陈祖福：《抓住“关键”和“核心”深化高教改革》，载《中国高等教育》1994年第5期。

放到高校。

《中华人民共和国高等教育法》（下文简称《高等教育法》）于1998年8月在全国人民代表大会常务委员会上通过，并于1999年开始施行。[①]该法对我国高等教育的管理制度以及高等学校的自主权作出了明确规定。

《高等教育法》第十三条规定：国务院统一领导和管理全国高等教育事业；省、自治区、直辖市人民政府统筹协调本行政区域内的高等教育事业，管理主要为地方培养人才和国务院授权管理的高等学校。第十四条规定：国务院教育行政部门主管全国高等教育工作，管理由国务院确定的主要为全国培养人才的高等学校。国务院其他有关部门在国务院规定的职责范围内，负责有关的高等教育工作。

《高等教育法》第三十条规定：高等学校自批准设立之日起取得法人资格；高等学校的校长为高等学校的法定代表人。并在第三十二至三十八条中，具体明确了高校的若干办学自主权，这些自主权包括：根据社会需求、办学条件和国家核定的办学规模，制定招生方案，自主调节系科招生比例；依法自主设置和调整学科、专业；根据教学需要，自主制定教学计划、选编教材、组织实施教学活动；根据自身条件，自主开展科学研究、技术开发和社会服务；按照国家有关规定，自主开展与境外高等学校之间的科学技术文化交流与合作；根据实际需要和精简、效能的原则，自主确定教学、科学研究、行政职能部门等内部组织机构的设置和人员配备，按照国家有关规定评聘教师和其他专业技术人员的职务，调整津贴及工资分配；对举办者提供的财产、国家财政性补助、受捐赠财产依法自主管理和使用。

《高等教育法》以法律的形式确认了我国各级政府对高等教育事业的领导和管理职责，同时也确认了高等学校所应有的各项自主权利，为高等教育管理体制改革奠定了法律基础。但作为一部成文的法律，《高等教育法》

① 《中华人民共和国高等教育法》，载《中国教育报》1998年8月30日。

不可能涉及高等教育管理体制改革这样的阶段性问题，管理体制的改革主要还是要通过政策来调整和部署。

三、第三轮改革

20世纪与21世纪之交，社会各界关于高等教育管理体制改革的呼声日益高涨，特别是在全国“两会”上出现了一些比较尖锐的批评声音。作为回应，教育部于1998年发布《面向21世纪教育振兴行动计划》，提出“加快高等教育改革步伐”和“深化办学体制改革”，对新世纪高等教育体制改革作出新的部署。

2004年，教育部发布《2003—2007年教育振兴行动计划》，以2003年颁布的《中华人民共和国行政许可法》为依据，提出了改革教育行政审批制度、清理教育行政许可项目、探索建立“现代学校制度”等事项。

2010年，中共中央、国务院印发了《国家中长期教育改革和发展规划纲要（2010—2020）》（下文简称《规划纲要（2010—2020）》）。这份权威文件提出：教育管理体制改革的目标是“推进政校分开、管办分离。适应中国国情和时代要求，建设依法办学、自主管理、民主监督、社会参与的现代学校制度，构建政府、学校、社会之间新型关系”；在高等教育领域，要“完善中国特色现代大学制度”“完善大学治理结构”。[①]这份文件最令人惊叹之处在于，首次提出了“克服行政化倾向”“取消行政化管理模式”的命题。能够如此直面矛盾，把问题说到这个程度，反映了高层领导改革高等教育管理体制的决心，这确实是需要很大勇气的。《规划纲要（2010—2020）》还具体部署了高等教育管理体制改革的一些重要项目，如综合改革、“现代大学制度”试点等。

2017年，随着国家行政管理体制“放管服”改革的整体推进，教育部

---

① 中共中央国务院：《国家中长期教育改革和发展规划纲要（2010—2020）》，载《中国教育报》2010年7月30日。

等五部委发布了《关于深化高等教育领域简政放权放管结合优化服务改革的若干意见》（下文简称《若干意见（2017）》）。《若干意见（2017）》提出，要“破除束缚高等教育改革发展的体制机制障碍，进一步向地方和高校放权，给高校松绑减负、简除烦苛，让学校拥有更大办学自主权”。[①]能够提出给高校“松绑减负、简除烦苛”，并将此作为“让学校拥有更大办学自主权”的前置语，说明主管部门认识到两者之间的主从关系，意识到了问题的症结所在。

2017年，中共中央办公厅和国务院办公厅发布《关于深化教育体制机制改革的意见》，重申要“依法落实高等学校办学自主权，完善中国特色现代大学制度”，并且要求“改进高等教育管理方式”，要求“深化简政放权、放管结合、优化服务改革，把该放的权力坚决放下去，把该管的事项切实管住管好，加强事中事后监管，构建政府、学校、社会之间的新型关系”。[②]将“简政放权”提到如此之高的程度，实属难得。

2019年2月，中共中央、国务院印发《中国教育现代化2035》，该文件“面向教育现代化”部署的十大“战略任务”之一，便是“推进教育治理体系和治理能力现代化”，具体举措包括：“提高教育法治化水平”“提升政府管理服务水平，提升政府综合运用法律、标准、信息服务等现代治理手段的能力和水平”“提高学校自主管理能力，完善学校治理结构”等。[③]与此同时，中共中央办公厅和国务院办公厅印发《加快推进教育现代化实施方案（2018—2022）》，要求“深化教育领域放管服改革，深化简政放权、放管结合、优化服务改革，推进政府职能转变，构建政府、学校、社会之

① 中华人民共和国教育部等五部委：《关于深化高等教育领域简政放权放管结合优化服务改革的若干意见》，载教育部网http://www.moe.gov.cn/srcsite/A02/s7049/201704/t20170405_301912.html.［2017-4-5］

② 中共中央办公厅、国务院办公厅：《关于深化教育体制机制改革的意见》，载《中国教育报》2017年9月25日。

③ 中共中央、国务院：《中国教育现代化2035》，载《中国教育报》2019年2月24日。

间的新型关系，推进学校治理现代化。”①教育部负责人在答记者问时指出，这两个重要文件“远近结合，各有分工，共同构成了教育现代化的顶层设计和行动方案”，并且特别说明，“建立多元参与的协同治理新机制，这是教育现代化的重要保障”。②

21世纪以来，随着各项政策文件的出台，高等教育管理体制改革在“放权”方面确实取得了积极的进展。例如，减少了行政审批事项，取消了“国家重点学科”“全国优秀博士学位论文”的评选，将自主招生、教师职称评聘、绩效薪酬发放、人才引进落户、国际学术交流、自筹经费使用等方面的权力不同程度地放给了高校，学位授权点的设置等事权也渐次向某些高校开放。应该说，21世纪以来高等教育管理体制改革在“放权”方面已经得到比较有力的推动，并且取得了阶段性的效果，高校自主权在范围上确实得到一定程度的扩大，实属不易。

第三节　改革的难点

中国的高等教育管理体制改革由于涉及一系列深层的难点问题，必定是一个长期的、艰巨的过程，不可能一帆风顺、一蹴而就。正因为它难，所以改革本身难免出现偏差和误区；也正因为它难，所以改革的意义更为

① 中共中央办公厅、国务院办公厅：《加快推进教育现代化实施方案（2018—2022）》，载《中国教育报》2019年2月24日。

② 新华社：《绘制新时代加快推进教育现代化建设教育强国的宏伟蓝图》，载《中国教育报》2019年2月24日。

重大，更为深远。

一、改革的得与失

始于20世纪80年代中期的三轮高等教育管理体制改革，有得也有失，有成功的经验也有失误和教训。对于这样一项前无古人的宏大改革工程而言，情有可原，何况这项改革还在进行中。

（一）第一轮改革的得与失

第一轮改革以1985年《中共中央关于教育体制改革的决定》发布为起点，拉开了高等教育管理体制改革的帷幕，矛头直指集中统一的体制以及“统得过死、统得过多”的弊端，改革目标指向“扩大高等学校的办学自主权”。这一轮改革所得在于触及了管理体制的某些深层问题，一定程度上动了真格，在很多方面都取得了显著的成效，让人们看到了一个与以往迥然不同的高等教育管理体制的可能性。但是，有得必有失，得失相依恰是历史的辩证法。这一轮改革主要失之于半途而废，究其原因，是改革本身过于超前，步子迈得太大，正所谓过犹不及，特别是在涉及一系列深层问题的管理体制改革方面，“过”所造成的偏差很可能远甚于“不及”。

（二）第二轮改革的得与失

第二轮改革以1992年《国家教委关于加快改革和积极发展普通高等教育的意见》和1993年《中国教育改革和发展纲要》为标志，明确提出高等教育体制改革的目标，“主要是解决政府与高等学校、中央与地方、国家教委与中央各业务部门”这三层关系，实行“政事分开”，“使高等学校真正成为面向社会自主办学的法人实体”。在所要解决的这三层关系中，前后次序在理论上是很清晰的，政府与高校的关系就是管什么和如何管的问题，是事关管理体制的核心问题，因而是第一位的；第二、三层关系主要是由哪一级政府来管的问题，实质是“办学体制”而非“管理体制”，因而是第二位的、从属性的。只要第一层关系通过改革真正解决了、理顺了，那么第二、三层关系实际上也就可以迎刃而解了。然而，改革的真正难点也正在于第一层关系。另外，《中国教育改革和发展纲要》虽然基本延续了1985年《决定》的基本精神，但略有不同的是，《中国教育改革和发展纲要》回避了“高等教育管理体制”一词，代之以“高等教育体制”的统称。由于“体制”这个概念的外延很广，这就有可能为管理体制改革的概念转换在文本上埋下某种伏笔。

从第二轮改革的实际进程来看，改革显然没有按照这三层关系层层推进，没有将第一层关系作为主攻方向，而是避开了第一层，主要在第二、三层关系上发力，因此改革在方向和进程上都偏离了第一层关系。

这种偏离，从1995年国家教委发布的《关于深化高等教育体制改革的若干意见》（下文简称《若干意见（1995）》）中可见端倪。从延续性上看，《若干意见（1995）》应该是1992、1993年两份重要文件的具体部署，但从实际提法和内容上看，《若干意见（1995）》与前两个文件已是大有差异。其一，《若干意见（1995）》的制定者显然是意识到高等教育管理体制改革的艰巨性和长期性，是“重点和难点”问题，因此指出，体制改革“要方向明确、态度积极，努力探索、措施得力，步子稳妥、逐步到位”。这个表述，调门明显比前两个文件低了很多，显示出一种审慎、求稳的心态；至于“态度积极”“努力探索”，则给人的感觉似乎只是一种姿态。其二，《若干意见（1995）》提出了高等学校“举办者”“管理者”和“办学者”的概念，这三个概念的提出，在理论上很有新意，可以看作“政府与高校关系”的另一种表述，然而，由于《若干意见（1995）》并未对这三个概念给出明确的界定，因此三者的“职责”如何“分明”也就无从知晓，至于在政策实践中如何分辨和把握则更加不易。尤其是对于我国的公立高等学校来说，其“举办者”和“办学者”到底是谁，至今在理论上仍未能完全厘清，更不要说实践推行了。其三，《若干意见（1995）》提出的高等教育体制改革目标是：“争取到2000年或稍长一点时间，基本形成举办者、管理者和办学者职责分明，以财政拨款为主、多渠道经费投入，中央和省、自治区、直辖市人民政府两级管理、分工负责，以省、自治区、直辖市人民政府统筹为主，条块有机结合的体制框架。”并且“要通过深化改革和立法，划分、规范举办者、管理者、办学者的权利和义务”。[①]这一改革目标的表述，与前两个文件相比，已有明显变化，由原先的“管理职能”层面被转换到“办学体制”的层面，进而又被转换到“经费投入体制”的层面，基本偏离了“管理体制”的核心义项。这也就意味着，高等教育管理体制改革的主要目标已经转向：从“政府与高校的关系”变成了“政府与政府的关系”，从政府“管什么”“怎么管”变成了“哪一级政府来管”的形式问题，变成了“条”（中央政府和地方政府）与“块”（部委之间）如何“有机结合”的技术问题。《若干意见（1995）》虽然也提出“政府部门的教育行政管理要简政放权，转变职能”，但主要是从举办者、管理者、办学者的关系角度加以说明，政策的重点显然不在“管理体制”问题上。改革的主攻方向的偏移是显而易见的。

从改革的实际进程看，第二轮改革的重点和热点几乎都集中在第二、第三层的关系上，加之“211工程”和“985工程”的先后启动，改革的主要举措就成了众所周知的高校“划转”（中央部委高校划转为地方高校）、“合并”（各地高校就近合并）和“共建”（中央部委和地方共建高校）。很显然，这些举措改的主要都是办学体制而非管理体制。此外，20世纪90年代在“高等教育体制改革”名义下推出的上大学收学费、自主招生、毕业分配改为自主就业、校内人事制度等等，虽然都在“体制改革”的名义下推出，然而这些改革显然不是高等教育管理体制的核心问题。

应该承认，在收学费、招生就业方面，尤其是在办学体制方面，第二轮改革的成效是非常显著的。正如当时主管教育的中央领导所说：“打破了条块分割、重复办学的局面，实现了优势互补、教育资源的合理重组、配置和充分利用。”之所以能取得这样显著的成效，重要经验之一就是“酝酿

① 教育部研究室编：《中华人民共和国现行高等教育法规汇编》，人民教育出版社1999年版，第162页。

成熟，一步到位”。[①]而要做到“一步到位”，没有强有力的行政手段无论如何是不可能实现的。正是由于运用了这只强有力的行政之手自上而下推行，所以在办学体制的改革上做到了一步到位，但这一步到位并未能触及管理体制的核心问题，反而在一定程度上助长了政府的行政手段，与管理体制改革背道而驰。第二轮改革，得在办学体制的调整效果，失之于管理体制改革目标的偏离。

20世纪与21世纪之交出台的若干重要政策文件，在论及高等教育管理体制改革问题时，基本精神都与1995年的《关于深化高等教育体制改革的若干意见》相同。例如，1998年的《面向21世纪教育振兴行动计划》，提出“加快高等教育改革步伐”和“深化办学体制改革”，但其所述重点，主要还是“共建、调整、合作、合并”，形成“两级管理、以省级政府统筹为主”的“新体制”。至于该“计划”提出的“办学体制”，主要是指“举办”体制，即“基本形成以政府办学为主体，社会各界共同参与，公办学校和民办学校共同发展的办学体制”。[②]1999年发布的《中共中央、国务院关于深化教育改革全面推进素质教育的决定》，虽然提到“进一步简政放权”，但此处的“放权”，主要是指中央向地方放权，重点举措仍在“共建、调整、合作、合并”。[③]2004年的《2003—2007年教育振兴行动计划》，2007年的《国家教育事业发展“十一五”规划纲要》等文件，关于高等教育体制改革的内容，除具体表述略有不同之外，基本精神都与1995年的《若干意见》相同，兴奋点主要在办学体制方面。

（三）第三轮改革的得与失

第三轮改革自2010年《国家中长期教育改革和发展规划纲要（2010—

① 李岚清：《李岚清教育访谈录》，人民教育出版社2004年版，第86、90页。

② 中华人民共和国教育部：《面向21世纪教育振兴行动计划》，载《中国高等教育》1999年第6期。

③ 中共中央、国务院：《中共中央、国务院关于深化教育改革全面推进素质教育的决定》，载《中国高等教育》1999年第7期。

2020）》（下文简称《规划纲要（2010—2020）》）发布而启动。《规划纲要（2010—2020）》提出要“以转变政府职能和简政放权为重点，深化教育管理体制改革”，并且提出了“克服行政化倾向”，形成“管办分离、政事分开、统筹协调、规范有序”的管理体制等全新的命题。

第三轮改革的主要举措之一，是放权和减少行政审批事项，先后“取消或下放了”包括“利用互联网实施远程高等学历教育的教育网校审批”“国家重点学科审批”等在内的多项行政审批，[①]并且将自主招生、教师职称评聘、绩效工资、人才引进、校内机构设置等事权相继下放给高校，实属不易。但是，对高等教育管理体制改革而言，“放权”只是问题的一个方面，并不具有系统性的改革意义；更何况“放权”需要以政府部门“简政”为前提。如果主管部门的“政”没有减少，未能得到实质性简化，“放权”就很难到位，往往有“权宜”之虞，主管部门收放自如也是常见现象。

第三轮改革的主要举措之二，是在高校层面进行现代大学制度改革试点。如果把试点看作一种“基层改革”，那么按照伯顿·克拉克的理论，“基层改革”也不失为一条有效的改革途径，[②]因为通过基层改革可以形成自下而上的作用机制，也有可能触动整体。然而，现代大学制度的改革试点却有两个特点，限制了它可能产生的意义：第一，试点主要是在高校的层面上进行，它被当成一项纯粹的“学校改革”，也就是高校内部体制的改革，而没有从整个管理体制的大框架下设计和部署，因而这项改革基本不可能触及管理体制的核心问题。在我国的高等教育管理体制之下，不首先转变政府的职能，不首先改革主管部门的管理方式，仅仅在高校的层面上建设“现代大学制度”是很难建成的。第二，“现代大学制度”试点采取了项目制的方式，任由高校按照自己对“现代大学制度”的理解自行申

① 孙霄兵：《我国高等学校办学自主权的发展及其运行》，载《中国高教研究》2014年第9期。

② 王承绪主编：《高等教育新论》，王承绪、徐辉等编译，浙江教育出版社1988年版，第135页。

报作为改革试点。由于缺少顶层设计，各校申报的现代大学制度试点方案名目繁多，其中许多方案不仅偏离了《国家中长期教育改革和发展规划纲要（2010—2020）》对“现代大学制度”的界定，而且南辕北辙的也不鲜见。现代大学制度的试点已经进行了十多年，总体上看，收效不大，主要原因就在于此。

随着国家行政管理体制“放管服”改革的推进，2017年发布的《关于深化高等教育领域简政放权放管结合优化服务改革的若干意见》（下文简称《若干意见（2017）》），提出“破除束缚高等教育改革发展的体制机制障碍”，“给高校松绑减负、简除烦苛，让学校拥有更大办学自主权”，继续给高校放权。但由于《若干意见（2017）》的主要着眼点仍然是高校的内部治理诸事项，没有特别关注更重要的“简政”问题，有就事论事的意味。这项以“放管服”为目标的改革目前仍在进行中，改革的效果还需假以时日来检验。

第三轮改革目前仍在推进中，就实际情况看，得之者在于提出了富有新意的改革理念，政府也切实下放了某些管理权力和事项，而失之者在于缺少整体性的顶层设计和整体推动。

20世纪80年代中期以来，我国高等教育管理体制改革已经走过了近四十年的历程，这是一条艰难而曲折的历程。对于改革的实际成效，多年来一直众说纷纭，见仁见智。褒之者称，“高教管理体制改革迈出了重要步伐，取得了明显的进展，在某些方面取得了突破性进展。”①而批评者却认为，多年的高等教育管理体制改革不但“没有取得进展”，反而在20世纪“90年代之后，官本位、行政化的价值回潮，……所以在高校管理体系的维度上，现在比80年代大大后退了。”②褒贬针锋相对，分歧明显，这是很正常的现象，有助于我们更加理性地对我国高等教育管理体制改革进行总结和探讨，更加清醒地认清改革的正确方向和目标。

① 周远清：《加速高教管理体制改革势在必行》，载《中国高等教育》1998年第2期。

② 马国川：《教育改革，从80年代再出发》，载《经济观察报》2009年3月9日。

二、政策话语之惑

近四十年来，高等教育管理体制改革始终是我国高等教育政策文本的重要主题。这些重要的政策文本，上以党和国家的重大战略方针为依据，下以实践问题调研和理论论证为支撑，在高等教育管理体制改革的进程中发挥了重要的纲领性作用。这些政策文件，不断推陈出新，与时俱进，富有实践意义，也具有理论价值。但是，这些政策文本关于高等教育管理体制改革的相关内容，也会出现一些模糊不清之处，可能会导致理解上的歧义和困惑，以至于影响改革的实际进程。对这些政策文本进行必要的话语分析，有助于我们认识高等教育管理体制改革的艰巨性，也有助于我们更加准确而坚定地推进改革的深化。

（一）改革目标时有偏移

1985年《中共中央关于教育体制改革的决定》之所以至今仍为人们所称道，就在于它直面"统得过死、包得过多"的"弊端"，鲜明地指出了改革的对象、改革的目标以及改革的行动路径。1992年的《国家教委关于加快改革和积极发展普通高等教育的意见》和1993年的《中国教育改革和发展纲要》，基本精神与1985年的《决定》存在明显的延续关系，如"包得过多、统得过死"的提法，并且还有所创新，如"政事分开""自主办学的法人实体"等。2010年的《国家中长期教育改革和发展规划纲要（2010—2020）》虽然在改革目标的提法上没有超越1985年的《决定》和1993年的《发展纲要》，但提出"以转变政府职能和简政放权为重点，深化教育管理体制改革"和"管办分离、政事分开、统筹协调、规范有序"，甚至要求"克服行政化倾向""取消行政化管理模式"，也非常不易。总之，从1985年的《决定》，到1993年的《纲要》，再到2010年的《规划纲要》，高等教育管理体制改革的主攻方向一直都是比较明确的，那就是转变政府职能，改革政府管理高等教育的方式，使高校真正成为面向社会自主办学的法人实体。但是，1993年的《发展纲要》，回避了"高等教育管理体制"一词，时而统称"高等教育体制"，时而又特指"办学体制"，确实可能影响对

“高等教育管理体制”核心问题的准确理解和把握。

同样值得注意的是，最高层级的这些政策文件，到了旨在落实改革战略的下一层级政策文件里，核心概念往往会发生某种程度的转换，如将“高等教育管理体制”或者扩大到“高等教育体制”，或者缩小到“办学体制”，抑或“收费体制”“招生就业体制”之类；概念转换了，改革的主要目标必然随之出现漂移和游离，每每由“管什么”“如何管”的问题漂移为“谁来管”的问题，由“政府与高校的关系”偏离为“政府与政府”的关系，或者漂移为高校内部治理的关系。

由于政策文本的核心概念被转换，主攻方向表述时有偏离，那么改革实践中的偏差也就不可避免。对于我国高等教育管理体制的实际情况而言，改革“管什么”和“如何管”的问题，显然是改革的实质所在。因为这些问题，从根本上决定了政府与高校的关系，决定了政府主管部门的管理性质，决定了高等学校的性质和地位。相比之下，“由谁管”以及由哪一级政府来管的问题，只是一个从属问题。其实，只要真正解决了政府“管什么”和“如何管”的问题，由哪一级政府来管的问题很自然地就可以迎刃而解了；在没有解决政府“管什么”和“如何管”的问题之前，无论由谁来管，都不能改变管理体制的实质，说不定反而还会制造出新的体制性弊端。

（二）改革对象时有隐身

很多政策文本存在一个比较普遍的现象，即大多没有点明高等教育管理体制改革的对象，使得改革的对象在文本上缺席。“弊端”到底针对谁而言，到底是谁在“包”和“统”，谁有“行政化倾向”，这些问题除1985年《中共中央关于教育体制改革决定》点到“政府有关部门”外，在其他政策文本中大多语焉不详。

在我国高等教育管理体制中，主管部门是主要的管理者，承担着管理高等教育事业的职责，而高校则是被管的“办学者”，在这对关系中，政府的管理职能和管理方式是矛盾的主要方面。我国高等教育管理体制中存在的各种“弊端”，尤其是“统得过死、包得过多”，所针对的主要就是政府主管部门的管理职能及管理方式。因此，高等教育管理体制的改革，理所当然地要以各级政府及其管理职能和管理方式为改革对象。在1985年《决定》、1993年《纲要》等文件中，对此已经基本点题。但是也有两点比较模糊之处，一是关于“政府”，大都停留在抽象的表述上，如“政府”“政府有关部门”“政府管理部门”等，而没有具体指明：各级政府的相关主管部门应有怎样的组织架构，其权力如何授予、如何行使、如何限定。因此，迄今为止的各项高等教育管理体制改革，也就不可能真正触及政府主管部门这个矛盾的主要方面。二是关于政府对高等教育的管理职能与职权，各项政策文件基本停留在“运用立法、拨款、规划、信息服务、政策指导和必要的行政手段，进行宏观管理”的表述上，没有对“宏观管理”“间接管理”“直接管理”等重要概念的内涵与外延作出清晰的界定。

由于改革对象在政策文本中隐身，给人的印象就是，即便改革的目标在文本上已经点题了，那个目标势必也只能是一个笼统的、缥缈的表述；这样笼统和缥缈的表述，往往让人难以捉摸，当然也就很难真正导向改革的入手之处，改革实际上就无从下手。这就好比我们虽然看出了病症，却没有找到病症的部位，因而手术刀没有下刀的地方，如此，头痛医头甚至头痛医脚的现象也就难以避免了。

在论及政府与高校的关系时，多项政策文件只是笼统地提到“转变政府职能”，紧随其后，往往就迅速地转到高校所应有的内部“自主权”问题上。由于文本没有明确规范政府主管部门的管理职能和权限，绕开了这个前提，因此关于“自主权”的表述，实际就显得空洞无力，更不要说文件往往还给这些“自主权”加上了“根据”“按照”等的限定词了。其实，政府部门管理职能的转变和高校办学自主权的落实是因果关系。只有真正规范并严格限定了政府部门的管理职能和职权，使政府真正管其所应管，坚决不涉足其不应管的领域，那么，高校办学自主权的落实才会水到渠成；只有政府部门的自主权小了，高校的自主权才会真正大起来。相反，如果没有政府管理职能的切实转变，那么，对高校办学自主权的文本规定无论如何详尽，这些自主权大多也只能是加上紧箍咒的权力，既可以随时被“放”下去，也可以随时被“收”上来，从而陷入“一放就乱，一乱就收，一收就死”的循环往复的改革怪圈。①

（三）改革主体基本缺位

高等教育管理体制改革如果明确以政府主管部门及其管理职能和管理方式为改革对象，那么，由谁作为主体来发动与实施这项改革，就成为一个不可回避的问题。改革到底由谁来推行和实施？谁有资格和能力来推行改革？谁是改革的责任主体，谁应该对改革负主体责任？然而，关于改革主体这一点，在很多政策文本中均告阙如。在提到“转变政府职能”“简政放权”时，几乎所有文件的相关表述都缺少主语，改革主体在政策文本中常常处于缺位状态。

如果不推出改革的主体，改革主体不现身，即便改革的主攻目标很明确，改革的对象很确定，对于改革的实际推行仍然无济于事。因为改革目标确定以后，改革的主体就是决定性因素。有没有合适的主体来推行改革，不仅决定着改革的成败，更重要的是决定着改革的起点，决定着改革能不能起步。这就好比已经看出了病症，也找到了病症的部位，但是医生没有到位，躺在手术台上的病人也只能徒叹奈何了。

从我国高等教育管理体制改革的性质来看，它是对权力部门及其权力运作方式的改革，因而是体制内的改革。对于这样的改革，关键的一点就是要有更高层级的权力部门作为改革的主体，通过自上而下的路径推动和实施改革。由于文件中大多没有明确改革的主体，没有明确更高层级的权力部门来承担改革的主体责任，因此，我国高等教育管理体制的改革，实际上都成为政府主管部门的自我改革，也就是由政府主管部门“自己改自己”，具有自导自演的性质。而在既有的体制框架内，在没有更高权力部门

① 王一兵：《如何走出高校放权“一放就乱，一乱就收，一收就死”的怪圈》，载《苏州大学学报（教育科学版）》2016年第1期。

的推动和督促下，政府主管部门自我改革之难也可以说难于上青天，道理很简单，在现行体制下，政府主管部门既没有自我改革的理由，也没有自我改革的动力。20世纪90年代中期以后改革主攻方向的偏移，可以认为正是主管部门不可能“自我改革”而导致的改革异化。

（四）顶层设计和顶层推动不力

任何政策要取得成效，都要有严密的顶层设计，要有清晰的改革路径和方案，尤其是对于高等教育管理体制改革这样的重大系统工程来说，更是如此。高等教育管理体制改革对改革路径的设计，应该包括改革的目标、起点、方法、步骤、进程、结果检验、责任主体等方面。然而，大多数有关高等教育管理体制改革的政策文件，都缺少关于改革路径的具体设计，都没有清晰地指明：高等教育管理体制的改革，从哪里起步？以哪个环节作为突破口？从何时开始，到何时结束？改革的效果如何评定和检验？等等。

我国高等教育管理体制的问题，主要是自上而下形成的，因此改革必须从体制的上端入手，自上而下推行，才能真正取得成效。而要做到这一点，就得有顶层设计、顶层推动，得从上游走出改革的第一步，否则改革就无从下手，即便声势浩大地发动起来，往往也是雷声大、雨点小，最终很难避免陷入做表面文章、走过场的窘境。事实证明，在自上而下的管理体制中，如果缺少顶层的严密设计和切实推动，任由基层单位去“试点”，往往是无效的。2010年开始的现代大学制度改革“试点”，由于各“试点”高校对“现代大学制度”的理解大相径庭，导致“试点”项目五花八门，其中很多与现代大学制度风马牛不相及，有少数甚至与现代大学制度的目标背道而驰，就是很好的证明。因此，2017年发布的《关于深化教育体制机制改革的意见》提出，要“坚持顶层设计与基层探索相结合”，已经看出了问题所在，确有必要。

三、自我改革之难

三十多年来，在中共中央、国务院颁发的各项有关改革政策文件中，对高等教育管理体制改革目标的表述，总的方向和目标基本明确，指向清晰。然而，在主管部门制定的旨在实施中央改革大政方针的部门政策文本中，“管理体制”的概念常被转换，改革目标时有偏离和游移，改革的对象和主体往往语焉不详，主要原因在于，在具体的实施层面上，改革都是由政府主管部门负责实施的，这意味着，改革的对象同时又是改革的实施者，改革也就变成了政府部门的自我改革。行政主管部门原本都有自己的“工具理性”和“价值理性”，也倾向于“有意义的社会行动”①。要行政部门进行自我改革，难度之大可想而知。

这就不难理解，为什么由中央确定的高等教育改革目标在进入主管部门的操作层面时，往往会出现某种程度的衰减和变换，以至于改革的目标发生某种偏移和游离。同样，也就不难理解，在很多政策文本中，改革的对象和主体会双双隐身、缺位。

我国高等教育管理体制改革的政策主要都是由“政府有关部门”制定或者是由这些部门召集有关人员来制订的；政府有关部门是改革政策的主要制定者，他们在改革政策的制订中起到主导的作用。而我国高等教育管理体制改革的对象，如1985年《决定》所称的“政府有关部门”，正是高等教育管理体制改革的主要对象。于是这就产生了一个明显的悖论：政府有关部门既是高等教育管理体制改革的主要对象，又是改革政策的主要制定者；高等教育管理体制改革政策的主要制定者，就是改革的主要对象。这样，改革政策的制定者与改革的对象就合二为一了。不仅如此，过去三十多年来高等教育管理体制的改革，事实上也主要是由政府有关部门具体负责推行实施的。也就是说，政府有关部门在改革实际工作中还扮演着改革

---

① ［德］马克斯·韦伯：《经济与社会（第一卷）》，阎克文译，上海人民出版社2010年版，第116页。

主体的角色，承担着改革主体的职责。于是，“政府有关部门”不仅是二者合一，更是改革政策制定者、改革对象再加上改革主体的三者合一，这样，高等教育管理体制的改革实际上就成了三体合一的“政府有关部门”的一种自我改革。“政府有关部门”既是改革的对象，又是改革政策的制定者，还是改革实施的主体，这样一种三体合一的自我改革，不是说毫无可能，但它在本质上类似于病人拿着手术刀在自己身上开刀，其难度可想而知。改革主题的转换，改革目标的偏离，改革对象和改革主体在各种政策文本中的双双缺席，难言之隐正是难在这里。

在三十多年高等教育管理体制改革的过程中，“一放就乱，一乱就收，一收就死”的怪圈始终如影随形，挥之不去。这在一定程度上也说明了管理体制自我改革之难。

“一放就乱”看似乱在高校，实则与政府的放权方式有关。一是选择性地有限放权：下放的事权不仅为数甚少，且大多不太重要，如专业设置权、网校审批权、自学考试专业审批权等。二是放得不够彻底：某些事权看似放给了高校，但绳索的另一端仍握在政府部门手里，行政部门不仅可以遥控操作，甚至还可以随时收回。“一放就乱”当然也有高校方面的原因，最主要的是高校内部管理体制改革滞后，校内治理体系不健全，校内权力缺乏约束，权力滥用甚至以权谋私现象多发，乱也就在所难免。

“一乱就收”也有多种变式，有些是直接的收，如校内机构设置权和人事编制权，早已下放给高校，但近年来其实已被收回；有些是变相的收，如“国家重点学科”审批早已取消，但后来又推出“世界一流学科”项目，尽管有论者认为二者的性质、机制完全不同，但实质区别真没多少。另外还有一种收法，是在下放的事权上新设各种项目，以项目方式实现权力的升级换代，例如，专业设置权下放之后，政府部门又相继在“专业”上新设了诸如“特色专业”“一流专业”以及“专业认证”等项目，每一个项目无异于新设一个权力品种，再生出一种“项目权力”。[①]加之这些项目权力借助于行

① 渠敬东：《项目制：一种新的国家治理体制》，载《中国社会科学》2012年第5期。

政手段而不断强化，其权威性已经远超原先的专业审批权。

有批评者认为，我国多年以来的高等教育管理体制改革不仅“没有取得进展”，反而有“官本位、行政化”的“回潮”和“后退”迹象。[①]尽管这种迹象尚需更严密的研究来实证，但这样的批评之声，倒是可以从另一个侧面说明管理体制自我改革之难。

由于行政主管部门也有自己的“工具理性”和“价值理性”，它们作为改革的实施者，不得不采用行政方式来推行改革，而这种行政方式恰恰又天然地具有部门权力和利益最大化的倾向。三十多年来高等教育体制改革的种种举措，基本都是由政府有关部门通过行政权力自上而下推行的，因此，这些改革举措在客观上就有这样的可能：不仅未能接近改革的目标，未能有效转变政府部门的管理职能和管理方式，反而进一步强化了主管部门的行政手段，强化了对高等教育的直接管理，以至于在效果上与高等教育管理体制改革的主要目标和方向渐行渐远，在某些方面甚至适得其反。

四、现实困境与改革出路

三十多年来，就“高等教育体制”而言，改革的成效有目共睹，例如收费上学、不包分配自主就业、高校的划转和共建等。然而，在高等教育“管理体制”层面，虽说改革也取得了不少进展，例如下放了校内机构自设、职称薪酬自定、自筹经费自主使用、部分高校的学位授予权自评等等事权，但总体来看，管理体制改革尚未达到预期目标，尚未取得实质性突破。否则，也就无须在2017年发布的《关于深化高等教育领域简政放权放管结合优化服务改革的若干意见》中，再次强调“破除束缚高等教育改革发展的体制机制障碍，进一步向地方和高校放权，给高校松绑减负、简除烦苛，让学校拥有更大办学自主权”。高等教育管理体制的问题非一日之寒，改革依然任重道远。

---

① 马国川：《教育改革，从80年代再出发》，载《经济观察报》2009年3月9日。

（一）两大困境

由于管理体制改革尚未取得实质性进展，当前我国高等教育管理方式的“行政化”倾向依然很顽固，“文件化”和“项目化”就是其最直观的表现。

从管理体制改革的目标来看，由政府部门下发到高等学校的各类行政公文，亦即“红头文件”，理应越来越少，直至保持在一个比较合理的数量上。但实际情况是，若干年来各级各类政府部门下发到高校的行政公文数量，非但没有减少，反而有不断增加的迹象。这些红头文件大多冠以“意见”“指南”“计划”“工程”“方案”“指标”“办法”“标准”“评估”“检查”“认证”“通知”等名称，每年从政府的各个部门、各级部门源源不断地下发到高校。

有调查显示，某地方高校在2017至2019三年间收到来自各级政府部门的“教学类行政公文”多达331份，平均每两个工作日一份。①这还仅仅是“教学类”的公文，如果考虑到我国高校目前的行政条线至少有一二十条，那么高校实际收到的行政公文用“泛滥成灾”来形容也许并不为过。

这些红头文件，不仅数量浩繁，而且指令性极强，具有强制性，对高校起着“指挥棒”的作用，调动着高校各方各层的人力和神经，指挥着高校各个方面和各个环节的运转。面对如此浩繁的红头文件，高校从上到下整天忙得团团转。应付这些文件都可能应付不过来，还能剩下多少精力去面向社会、面向学生“自主办学”？有论者指出，当红头文件“成为维系政府和大学之间关系的重要手段”时，就形成了高等教育管理的“文件化”现象。结果是，在权力结构上，政府与大学的关系事实上成为“命令与服从的关系”，进而成为“行政序列上的上下级关系”。②“文件化”是当前高

① 闫丽霞，周川：《政府部门如何管理高校教学》，载《复旦教育论坛》2021年第2期。

② 胡建华：《从文件化到法律化：改善大学与政府关系之关键》，载《苏州大学学报（教育科学版）》2015年第4期。

等教育管理“行政化”倾向的突出表现。

与“文件化”相应的是，各级各类行政部门越来越依赖以“项目”的方式来配置办学资源，从而使得办学资源的配置方式越来越“项目化”，形成了高等教育管理方式的“项目化”现象。在这种情况下，不计其数的大小项目，源源不断地从各级各类行政部门涌入高校，几乎涉及高校办学活动的各个方面和环节，加之行政权力不断地对这些项目额外赋值，致使项目从手段变成目的，进而强有力地左右着高校各个层面的办学行为。

作为“项目化”的一个变种，是各级各类行政部门“创设”出来的形形色色的头衔和奖项等名目，在校、院、系层面是各种各样的“牌子”，在教师个人层面是各种各样的“帽子”。这些“牌子”和“帽子”，数量之多、名目之杂，已经到了令人眼花缭乱的地步，几乎覆盖了高校中的各类人群、各种事务、各个环节。例如，在学校层面，有“一流”“高水平”“重点”“示范”等；在学科专业层面，有“优势”“一流”“特色”“高原”“基地”“中心”“博（硕）士学位点”等；在课程教学层面，有“精品”“卓越”“教学成果奖”“教学改革奖”“大赛奖”等；在教师个体层面，则有“杰青”“教学名师”“教学标兵”“拔尖人才”“领军人才”“名家”等“帽子”。

由于这些“牌子”和“帽子”都由行政主管部门设置，具有权威性，并被赋予相应的等级和额外利益，实际上都已进入高校办学的“绩效指标”，成为将高校、院、系乃至教师个人分为三六九等的重要依据。一定的项目和奖项也许是必要的，但是，如果项目和名目过多过滥，设置随意，再加之评审过程难以避免的不公正，那么，“项目化”的危害也是触目惊心的。

首先，它可能强化行政部门的“行政化”倾向，强化行政部门的威权性，与管理体制改革的目标背道而驰；其次，它可能增加政府部门的腐败风险：人为设置过多过滥的“牌子”和“帽子”，相关部门就有沦为项目头衔“批发部”之虞，寻租的可能性大幅增加，相关部门及其职位的腐败风险也势必增大；再次，它可能腐蚀师生的价值观念和行为方式，导致价值冲突、是非混淆、心态失衡、行为失范。“项目化”过头，给高等教育带来的负面作用可能会大大超过其正面作用，贻害无穷。

（二）高等教育发展方式转变的契机

我国高等教育管理体制改革尚未取得实质性的进展，与高等教育本身的发展方式也有一定关系。三十多年来，我国高等教育主要是走外延式发展道路，这种“跨越式”的外延发展方式，需要较强的行政手段来推动和贯彻，需要依靠必要的行政手段和方式有效地集中各类权力和资源，通过自上而下的机制，在较短的时间内快速促进高等教育的数量增长、规模扩大和结构变化。从这个角度看，三十多年来高等教育管理体制改革未能达到预期目标倒是情有可原的。

但是党的十八大以来，我国高等教育的发展主题已经从外延式发展转变为内涵式发展，从规模扩张转变为质量提升。在这一新的发展主题下，改革高等教育管理体制的固有弊端、革除“行政化”痼疾，既显得格外必要而迫切，也迎来了改革的新契机。

2017年发布的《关于深化教育体制机制改革的意见》已经明显意识到这一点，特别指出：“要健全促进高等教育内涵发展的体制机制。”无论从理论还是现实角度看，这一提法都具有深远的意义。与高等教育外延式发展相比，高等教育的内涵发展是一种内生性的质的发展，其动力主要来自高等教育内部的基层，来自高校的课堂、实验室，来自教与学、科研与服务的具体过程之中，其主体是高校里的师生和学术研究者，其结果表现为人才培养的质量、科研成果的水平以及对社会的实际贡献。

因此，高等教育的内涵发展就不可能直接通过行政的手段和命令的方式，而只能通过师生个体的创造性的工作，通过他们独立的思考和自由的探索去实现。“促进高等教育内涵发展的体制机制”，一定是一个不那么“行政化”的体制机制，是一个突出了师生与学者主体地位的体制机制，是一个有利于独立思考和自由探索的体制机制，是一个以自下而上为主、上下结合的体制机制。从这个新的视角部署高等教育管理体制的改革，就更有可能真正深入触及改革的核心问题，真正校准改革的目标和方向，从而引领改革再出发。

党的二十大报告号召“坚持深化改革开放”，“深入破解深层次体制机制障碍”，同时要求“深化教育领域综合改革”。这就为高等教育管理体制改革的深化指明了方向，提出了更高的要求。按照这一要求，为使高等教育管理体制的改革不断向前推进、不断深化，需要从以下几个方面持续努力。

（三）突围之路

第一，加强顶层设计和顶层推动。高等教育管理体制改革是一项系统性的改革，属于“深水区”的改革，会涉及权力结构和利益结构的调整，遇到的阻力肯定会很大。对于这样一项难度很大且事关高等教育全局的改革，加强顶层设计和顶层推动，是改革真正启动和实施的重要前提。在我国的整个行政体系里，顶层决策者更能够高瞻地远瞩从国家整体的改革布局中把握高等教育管理体制改革的目标和方向，更能够超越具体部门的利益，从而对改革作出合理合法的设计。为此，设立超越主管部门、直属顶层决策者的教育咨询机构就显得十分重要。

另一方面，改革的顶层设计一旦出台，同样需要顶层予以推动。这是因为在我国的行政体系中，任何一级行政管理体制的改革，只有更高的权力部门才有可能推得动、改得下去，并且改出实效。如果没有更高层的鼎力推行，仅仅寄希望于各个部门的自我改革，其结果不外乎避重就轻、避难就易，或者转换概念、走过场。三十多年来高等教育管理体制改革的历程，已经清楚地证明了这一点。2017年发布的《关于深化教育体制机制改革的意见》提出“要完善推动教育改革的工作机制”，并且要“坚持顶层设计与基层探索相结合”。这表明，顶层决策者已经意识到“顶层设计”对于高等教育管理体制改革的重要性。

第二，重新校准改革的目标和方向。进行顶层设计，最重要的一点，就是要重新校正高等教育管理体制改革的核心目标，明确改革的对象和改革的主体，将改革校准在正确的方向上。

如前所述，我国高等教育管理体制改革的核心问题，是调整与改善政府与高校的关系，主攻目标应是转变政府部门的管理职能和管理方式。在我国目前的政府与高校关系中，政府是起绝对主导作用的一方，是矛盾的主要方面。当前我国高等教育领域一系列新老问题的形成及其蔓延，大多是由于管理上的越位或缺位、管理方式的不当而引起的；许多问题从现象上看虽然发生在高校的基层，但根源一般都在行政主管部门。只有认清这一点，高等教育管理体制的改革才能始终明确目标和方向，明确改革的对象和主体，才能使改革形成共识，找到可以实施的起点。

第三，当务之急是大幅削减过多过滥的项目和头衔评审。乱设项目，乱发“牌子”和“帽子”，乱评奖，或可美其名曰“加强管理”“鼓励竞争”，甚至可能被当成管理部门的“政绩”，但其实质是权力的泛化和僭越，是一种折腾和内卷。滥设滥评项目，滥发“牌子”和“帽子”，其危害性在实际工作中已经暴露无遗，且是多方面、深层次的。如果这三十多年来没有这些形形色色的项目，没有如此庞杂的“牌子”和“帽子”，我们高等教育的质量是会比现状更好些还是更糟些？我们的大学校园是比现状更常态些还是更浮躁些？答案是不言自明的，至少在高校基层的教师心目中是非常明确的。因此，是痛下决心大幅削减过多过滥项目、废除过多过滥“牌子”和“帽子”的时候了。只有这样，才能还校园以平静，还人心以安稳，还秩序以正常，还评价以公正。

第四，推进高等教育管理体制的法制化。高等教育的管理体制，事关政府与高校的权力和责任关系，事关政府对高校的管理职能和管理方式，也事关高校内部的权力配置及其运行方式。这些关于高等教育管理的基本制度事项，最终应以法律的形式规范。以法律的形式对高等教育的管理体制予以确定，对高等教育的管理行为进行规范，是高等教育管理体制改革成果的最好表达，也是最权威的体现。

我国的《高等教育法》虽然规定了国务院对全国高等教育事业的“统

一领导和管理”，省（自治区、直辖市）人民政府对本行政区域内高等教育事业的“统筹协调”和“管理”，以及“教育行政部门”对高等教育工作的“主管”之责，但并未专条规定各级政府部门对高等教育事业和工作的管理职能和基本事项，未明确限定政府部门的管理职能和管理方式，这就给行政部门留下了很大的自由裁量权。

因此，在推进高等教育管理体制改革的进程中，应及时通过法律程序，修订《高等教育法》，或者新制定教育行政机构“组织法”，将改革的成果转化为法律条文，明确限定各级教育行政主管部门的管理职能，厘清主管部门的权力边界，规范主管部门的管理行为，并努力实现“法有授权应有为，法无授权不可为”的法治化目标。只有这样，才能从法治的角度规范政府部门与高校的关系，将高等教育的行政管理职能及其行为明确限定在法律授权的范围之内。

第四节　高等教育治理现代化的愿景

20世纪90年代后期，新的治理理论被引入我国，“治理”一词随即开始进入官方的政策文件，成为一个政策术语。治理理念的引入，为我国高等教育管理体制的改革提供了新的视野、新的思路，成为高等教育管理体制改革的一个新愿景。

一、何谓高等教育治理

“高等教育治理”是一个多义词，从不同的视角可以有不同的理解。

在大量的高等教育研究文献中，有把治理当作“整治”或“惩治”的，如“考试作弊治理”“高校腐败治理”；也有把治理等同于“管理”的，如“项目制治理”“大数据治理”等。厘清“高等教育治理”的基本含义，是探讨高等教育治理现代化问题的前提。

（一）政策视角

2010年的《国家中长期教育改革和发展规划纲要（2010—2020）》，提出了“完善大学治理结构”的问题，这是“治理”一词首次进入权威的官方教育政策文件。在这个文件中，“治理”一词虽然只是针对大学而言，主要是指大学的内部治理，但这个词能够在官方政策文件中提出来，意义不言而喻，在当时的高等教育界也引起了很大的反响。这就把治理问题提高到国家战略层面，提升到治国安邦的高度，也为高等教育管理体制的改革提供了新的行动纲领和指南。

在《国家中长期教育改革和发展规划纲要（2010—2020）》中，“完善中国特色现代大学制度”与“完善治理结构”是并列提出的，二者基本同义，可见“治理”主要针对学校层面。2019年的《中国教育现代化2035》和《加快推进教育现代化实施方案（2018—2022）》，提出“教育治理体系和治理能力现代化”，要求“提升政府管理服务水平，提升政府综合运用法律、标准、信息服务等现代治理手段的能力和水平”，同时要求“完善学校治理结构”“推进学校治理现代化”。①在政府和学校两个层面，分别表述为“治理手段”和“治理现代化”，可见其重点仍在学校层面。

《中共中央关于全面深化改革若干重大问题的决定》和《中共中央关于坚持和完善中国特色社会主义制度、推进国家治理体系和治理能力现代化若干重大问题的决定》分别于2013年、2019年颁布，这两份纲领性文件确立了“全面深化改革的总目标”，将“治理体系和治理能力现代化”问题提升到国家战略的高度，强调“更加注重改革的系统性、整体性、协同性”，

① 新华社：《中共中央国务院印发〈中国教育现代化2035〉》，载《中国教育报》2019年2月24日。

为探索中国高等教育治理现代化问题指明了方向。2014年，教育部领导对“教育治理现代化”的命题作出解读：“推行教育治理体系和治理能力现代化”，就是要“适应国家治理体系和治理能力建设，根据教育发展的自身规律和教育现代化的基本要求”，“以构建政府、社会、学校新型关系为核心”，“以转变政府职能为突破口”。[①]这一解读阐明了教育治理现代化在国家治理现代化中的定位，将推进教育治理现代化与转变政府职能和教育管理体制改革联系起来，对理解教育治理以及高等教育治理具有指导作用。

从2010年的《国家中长期教育改革和发展规划纲要》到2019年的《中国教育现代化2035》，高等教育“治理现代化”的愿景逐渐得以确立，思路从学校的层面到“体系”和“能力”层面也逐渐变得清晰。高等教育的“治理体系”应该是各种“治理”要素的总和，包括治理的主体、治理的程序、治理的规则、协调的方式、权力的分配，以及治理本身的调整等。在这些要素当中，最重要的当然是高等教育的治理主体及其相互关系，这是高等教育治理体系的核心要素，是决定其他各种要素的关键，也是“治理能力”的本体所在。

高等教育体系的各个层面，从高校基层到全国乃至全球，都有治理的问题，但就中国高等教育的现实状况而言，首要的问题是国家层面的高等教育治理。国家层面的高等教育治理是高等学校治理的前提，国家高等教育治理的现代化是高等学校治理现代化的前提。而要实现国家高等教育治理的现代化，就需要深化高等教育管理体制的改革，突破政府与高校的线性关系。

（二）学术视角

在学术界，“治理”被一些学者看作一个带有后现代色彩的“松弛概念”，国外不同的理论流派对它的界定也各有侧重，并不统一。“善治理论”针对某些国家的“国家失败”现象，认为治理是一个“多元制度结构”的

① 袁贵仁：《深化教育领域综合改革，加快推进教育治理体系和治理能力现代化》，载《中国高等教育》2014年第5期。

“政治革新”过程，强调国家与社会关系的重新调整、重新建构。“自组织网络理论”把治理界定为社会系统中政府、私人部门和志愿者部门通过“任意组合”来“提供服务”的过程，主张减少“单方面控制”，代之以“双向或多向”互动。[①]

全球治理委员会在20世纪90年代给出的“治理”定义是：“各种公共的或私人的个人和机构管理其共同事务的诸多方式的总和”，“它是使相互冲突的或不同的利益得以调和并且采取联合行动的持续的过程。”[②]按照这个定义，治理的特征被描述成：“治理不是一整套规则，也不是一种活动，而是一个过程；治理过程的基础不是控制，而是协调；治理既涉及公共部门，也包括私人部门；治理不是一种正式的制度，而是持续的活动。”[③]国内有学者对这个定义加以归纳，认为治理的特征主要包括：过程性、协调性、多主体性、持续互动性等。[④]

按照全球治理委员会的定义，“治理”与传统的“管理”概念显现出明显的区别：管理主要是一种控制性的活动，治理主要是一个协调性的过程；管理依赖的主要是上下级的垂直关系，治理体现的主要是多主体间的平面关系；管理主要是运用权力自上而下推行的，治理主要是通过平等的协商、合作实现的；管理体现的主要是稳定的科层状态，治理体现的主要是持续的动态平衡。治理区别于管理的最主要特点被认为在于，“管理过程中权力运行的向度不一样。政府统治的权力运行方向总是自上而下的，它运用政府的政治权威，通过发号施令、制定政策和实施政策，对社会公共事务实行单一向度的管理。与此不同，治理则是一个上下互动的过程，它主要通过合作、协商、伙伴关系、确立认同和共同的目标等方式实施对公

① 王诗宗：《治理理论的内在矛盾及其出路》，载《哲学研究》2008年第2期。

② 俞可平：《治理和善治引论》，载《马克思主义与现实》1999年第5期。

③ 俞可平：《治理和善治引论》，载《马克思主义与现实》1999年第5期。

④ 肖卫兵：《大学治理：被滥用的时髦词语》，载《苏州大学学报（教育科学版）》2017年第3期。

共事务的管理。”[①]

尽管这些理论的视角不同，侧重点不一，但它们都强调政府、社会、市场之间的新型关系，强调治理主体的多元化及其互动协调的过程。

在我国，随着治理体系和治理能力现代化国家战略的确立，学术界对国家治理的理论研究也蔚为大观。例如将治理主体、治理机制和治理效果视作国家治理体系的“三大要素”，认为“现代国家治理体系是一个有机、协调、动态和整体的制度运行系统”。[②]也有学者认为国家治理现代化主要有三个维度，即多元共治、和谐善治、文明法治。[③]主体多元、互动协调、善治法治，是国家治理理论的基本要点。

在高等教育学领域，众多学者把高等教育治理置于国家治理现代化的大背景下，对中国高等教育治理现代化问题进行了多视角的探讨。有学者着眼于“政府、社会、市场、大学”的四边关系，主张共同治理，从管理走向治理；[④]也有学者着眼于“大学、市场、政府”三边关系，主张高等教育“外部治理”需要实现从“权力逻辑”向“权利逻辑”的转换；[⑤]还有学者将政府与高校的双边关系视为高等教育治理现代化的“关键问题”，主张多元主体、共同治理和依法治理。[⑥]这些论述都将高等教育治理问题定位于宏观层面，以政府、社会、市场、高校的多边关系为着眼点，强调治理主体多元、共同治理以及法治善治，为探讨高等教育治理现代化问题提供了重要参考。

高等教育治理问题的提出，既是国家治理现代化的现实需要以及国家

① 俞可平：《治理和善治引论》，载《马克思主义与现实》1999年第5期。

② 俞可平：《推进国家治理体系和治理能力现代化》，载《前线》2014年第1期。

③ 吴汉东：《国家治理现代化的三个维度：共治、善治与法治》，载《法制与社会发展》2014年第5期。

④ 宣勇：《我国高等教育治理：体系构建、逻辑审视与未来展望》，载《国家教育行政学院学报》2015年第9期。

⑤ 高树仁，宋丹：《高等教育外部治理：历史源流、基本范畴与问题意识》，载《高等教育研究》2021年第1期。

⑥ 蒋凯，王涛利：《高等教育治理体系与治理能力现代化的关键问题和推进路径》，载《厦门大学学报（哲学社会科学版）》2021年第1期。

治理理论的逻辑推演，也是高等教育发展到大众化、普及化阶段的必然要求。在大众化、普及化阶段，高等教育以其庞大的规模成为“社会的轴心”，不仅在社会发展过程中扮演着越来越重要的角色，而且在社会的各个领域涉及越来越多的利益相关者，进而可能成为某些重大社会矛盾的焦点。在这种情况下，单靠政府的行政化手段进行管理，或者单靠市场进行调节，都有可能失灵，高等教育治理的出场实是高等教育发展到一定阶段的历史必然。

二、高等教育治理现代化的特征

高等教育治理现代化是一个过程，也是一个愿景，这个愿景具有三个基本特征，即共治、法治和善治。

（一）高等教育共治

高等教育共治的关键是治理主体的多元化。就各国一般情况而言，高等教育的治理主体既包括国家机构，如政府、议会、法院，也包括各种社会组织，如政党、社团、财团、企事业单位、中介机构、媒体，当然还有高校及其所有利益相关者。在我国的“政府、社会和高校”关系中，广义的政府包括国家的所有权力机构，狭义的政府则专指政府行政部门。

尽管相关的机构和组织众多，但并不意味着它们一定是治理主体。作为高等教育的治理主体，至少应满足三个必要条件：一是具有相对的独立性，不依附于其他任何主体；二是拥有规则所赋予的权利，并且可以独立地行使这些权利；三是具有独立行使权利的主体意识和能力，能够有效地参与治理。举例来说，无论从哪个角度看，高校都理应是高等教育治理体系中的主体，然而在我国目前的高等教育管理体制下，高校在一定程度上已经退化为政府部门的下属单位，对政府在权力、资源、知识、心理四个方面都存在着严重的“非对称性依赖”，[①]因而高校在当前难以满足以上三

① 陈良雨：《高等教育治理主体间非对称依赖关系研究》，载《内蒙古社会科学（汉文版）》2017年第1期。

个要件，也就很难成为高等教育的治理主体。高校尚且如此，更遑论其他社会组织或群体。

从理论上说，只要每一个治理主体都能满足这三个必要条件，那么多元治理主体一定是扁平化结构的。在这个扁平化治理结构中，各主体的地位基本平等，各自拥有规则赋予的权利，可以通过有效的协商、协调、互动实现共治。当然，扁平化的治理结构并不意味着各主体完全齐平，因为这个结构毕竟是扁平的，而非平面的；某些主体相对具有较大的影响力，能起到主导作用，这不仅很正常，也是治理所必需的。但即便如此，主导作用绝非主宰作用，任何主导作用都要以不排斥其他治理主体的作用为限度，否则就谈不上共治。

扁平化治理结构的构建，关键在于治理主体的成长和培育，一方面需要各主体不断地自我成长和发育，另一方面则需要借助于必要的外部因素加以培育和催化。就高校主体性而言，既需要高校自身强身健体，也需要通过管理体制改革来突破政府与高校的线性关系，降低高校对政府部门的依赖性。

（二）高等教育法治

法治是高等教育治理现代化的基石，也是高等教育治理制度化、规范化、程序化的保障。实现高等教育法治，首先需要完善高等教育法律体系，做到有法可依。就我国现实情况而言，需要进一步修订《高等教育法》，明确高等教育举办者、管理者、办学者的权责。其次，需要将高校章程上升为法律，提高它的法律权威和效力。事实上，将公立高校的章程提交立法机关表决通过使其上升为法律，是很多国家的通行做法。[①]再者，有必要彰显立法者作为高等教育治理主体的地位。高等教育立法者是高等教育事业最高的权力机构，这一属性决定了它作为高等教育治理主体的地位；高等教育立法者在高等教育治理中具有立法、释法、监督法律实施，

① 王一兵：《如何走出高校放权“一放就乱，一乱就收，一收就死”的怪圈》，载《苏州大学学报（教育科学版）》2016年第1期。

尤其是监督政府依法行政的独特作用。

（三）高等教育善治

高等教育善治，意味着高等教育治理处于一种良好的状态——治理主体的主体性到位，治理机制有效，治理效果最大化。

高等教育善治，首先是多元治理主体处于良好的状态，各主体相对独立，主体意识和主体能力到位。由于政府部门在高等教育治理体系中大多是起主导作用的一方，因此首先需要明确并限定政府部门的主体权限，使政府权力不能凌驾于其他主体权限之上。半个世纪以来，各国高等教育管理体制基本都在朝着这个方向改革，特别是集权式的“欧陆模式”发生了比较显著的变化，这从法国、德国以及日本近几十年来的改革中可以得到佐证。这些改革都是为了重新界定政府与高校的权责关系，减少政府集权，提高高校的独立性和自主性。善治首先要求政府“善政”，[①]只有政府首先“善政”，才能保证高等教育其他治理主体的独立性和主体性，保证其主体意识和能力处于良好状态。

高等教育善治也体现为治理机制的有效性。高等教育治理的直接目标是使不同的甚至相互冲突的利益得以调和，并且在此基础上合作行动。多元治理主体就是各个不同的利益方，治理的最重要机制是治理主体之间的协商、互动和协调。在这个机制中，各主体本着调和、化解冲突的善意，摆事实、讲道理，使各方的利益诉求得到充分的表达和观照。这就需要表达渠道畅通，同时需要各方在交流互动中有智慧和能力，异中求同，找到合作行动的基点。互动机制的有效性，既需要治理主体的意识和能力，也需要法律和规则来保障，因而善治必定是法治。

高等教育善治还体现在治理效果的最大化上。治理效果最大化并非“九九归一”，而是多元主体通过协商互动，在不同的利益诉求中求得最大公约数，形成最大共识，并以此为起点合作行动，而非共识部分则可以保

① 俞可平：《推进国家治理体系和治理能力现代化》，载《前线》2014年第1期。

留。这是多元主体既最大限度地协调合作，又保持适度“张力”的一种状态，也就是异中求同、同中存异、和而不同的状态。

这样一种治理效果，对于高等教育来说尤为重要，因为它是高等教育本质属性的内在要求。伯顿·克拉克曾将这种状态形容为“合理的无序”：在高等教育系统中，各方都可以“各显神通”、各抒己见，“彼此间的矛盾都通过非正式或正式的渠道来协商解决”，但各方都要“适可而止”“有所克制”，允许在整个系统中“维持一定程度的不满情绪”，接受“合理的无序”。高等教育系统运转过程中“最大的危险”，不是来自这种“合理的无序”，而是来自“过于集中的权力”。[①]在高等教育系统中，异中求同固然不易，但同中存异、和而不同却更加重要，更加不可或缺。

当然，高等教育治理效果的最大化，最终必须由高校人才培养、科学研究和社会服务效果的最大化来体现。也正因为如此，在高等教育治理体系中保障高校的主体地位和作用，提升高校的独立性和主体性，具有格外重要的意义。

三、一个“最小多元”治理体系的构想

中国高等教育治理现代化的进程，始于多元治理体系的构建，这既取决于国家治理现代化的进程，也取决于高等教育多元治理主体的成长。作为一个初步的构想，这个体系的构建以党和国家治理现代化的总方略为指针，首先从“最小多元”，也就是从高等教育的举办者、管理者和办学者三元着手进行。

对于我国公立高等学校而言，它的“举办者”从最一般的意义上看应是人民，或者说是纳税人：中央财政经费举办的高校，举办者是全国人民，或者说是全国的纳税人；地方财政经费举办的高校，举办者应是当地

① [美] 伯顿·克拉克：《高等教育系统》，王承绪、徐辉等译，杭州大学出版社1994年版，第301页。

的全体纳税人。由于人民代表大会制度是我国的根本政治制度，人民代表大会是人民意志的代表，因此可以认为，在现阶段，中央直属高校的举办者应是全国人民代表大会及其常委会，地方高校的举办者则应该是地方人民代表大会及其常委会。

我国高等教育的“管理者”，按照《高等教育法》的规定，是国务院及其教育主管部门，以及地方政府及其教育主管部门，无论什么性质的高等学校（包括民办高校），都应该接受“管理者”的管理，这应是没有疑问的，但问题的核心在于管理的职能和方式。

至于高等学校的“办学者”，最主要的办学者应是高校的教师，其次是高校的领导和管理人员，另外也应该包括学生（学生虽然是受教育者，但他们交了学费来接受高等教育，理应在“办学者”中占有一席之地）。

除这三大主体外，高等教育治理的主体还应该包括高等教育的其他利益相关者，如学生家长、其他捐资者、相关的社会机构和团体等。

综上所述，所谓“高等教育治理体系”，可以将它界定为：为有效实现高等教育的目的和使命，由高等教育机构的举办者、管理者、办学者以及其他重要利益相关者等主体构成的合作共同体，这个共同体总体上应该是平面型而非垂直型的，它的有效运行主要是通过主体间平等的互动、协商、调和来进行的。从这个定义出发，所谓的“高等教育治理能力”，实际上就是高等教育治理各主体履行其权力和责任的能力，是各主体之间平等而持续地互动、协商、调和的能力，最终是充分实现高等教育的目标和使命、使高等教育的社会功能最大化的能力。

由于我国公立高等教育的举办者在法律上和理论上至今都还是一个没有解决的问题，[①]因此这三元主体也可以表述为高等教育的立法者、管理者和办学者。就当前我国高等教育的实际状况而言，以这三个主体来构建一个“最小多元”的高等教育治理体系，特别需要明确的是以下三个方面的

① 申素平，周航：《公立高校举办者权利义务研究》，载《中国高教研究》2020年第6期。

问题。

（一）彰显立法者的主体地位

全国人民代表大会常务委员会是《高等教育法》的立法者，在国家高等教育治理体系中具有特定的主体地位，其主体作用的彰显是高等教育治理体系构建的关键。根据我国宪法规定，全国人大常委会有权解释《高等教育法》，对《高等教育法》的实施情况进行检查；有权监督和规制中央政府及其教育主管部门的高等教育管理行为，撤销政府部门与宪法及法律相抵触的高等教育行政决定和命令。此外，全国人大常委会也有权对中央部委直属高校的章程进行审议表决，以使这些学校的章程上升为法律。同理，地方人大常委会有权监督和规制同级政府的高等教育管理行为，对地方高校的章程进行审议表决，彰显地方人大常委会在地方高等教育治理中的主体作用。

2019年，全国人大常委会组成执法检查组对《高等教育法》实施情况进行执法检查，检查结果以《全国人民代表大会常务委员会执法检查组关于检查〈中华人民共和国高等教育法〉实施情况的报告》（下文简称《报告》）发布，《报告》分为实施成效、存在问题及监督建议三个部分。例如，在“放管服”和落实高校办学自主权方面，《报告》指出：实施成效主要是，教育部取消和下放了涉及高校若干“行政审批事项”和“职责”，初步实现了“一校一章程”；主要问题是，地方政府“放不下”与高校“接不住”现象并存，有些地方政府“推进改革仅仅停留在出台文件层面上，没有解决实质性问题的真招实招”，有些高校“依法自主办学能力不强，存在行政化惯性思维”；主要建议是，依法界定政府及相关部门在高等教育治理中的“职责权限”，深化“放管服”改革，“基础在学校，关键在政府”。①《报告》内容全面，覆盖了《高等教育法》的主要条款，尽管对同级政府

① 王晨：《全国人民代表大会常务委员会执法检查组关于检查〈中华人民共和国高等教育法〉实施情况的报告》，http://www.eol.cn/news/yaowen/201910/t20191022_1688419.shtml。

的监督力度显得不够，但《报告》的首要意义，主要不在具体内容而在执法检查的行动本身。全国人大常委会对《高等教育法》实施情况进行执法检查这一行动，显示了《高等教育法》立法者在国家高等教育治理中的主体地位和作用，标志着我国高等教育朝着共治、法治、善治的方向迈出了积极的一步。

（二）集合办学者的主体身份

办学者是具有法人资格的高等学校及其成员，理应是高等教育治理的重要主体。然而在政府与高校的传统线性关系中，高校实际处于政府部门下属的地位，并不能平等而规范地与政府部门互动协调。因此，可以在国家和地方两个层面成立高校校长委员会作为办学者的集合体，使之成为高等教育治理体系中的重要一环，发挥其在治理中的主体作用。

国家层面的高校校长委员会，可以由所有部委属高校的在任校长以及若干地方高校在任校长的代表组成，在高等教育治理体系中代表办学者主体，表达办学者的利益诉求，例如对国家的高等教育法律法规以及改革发展规划提出建议、对事关全国的高等教育重大项目进行评议。同理，地方层面的高校校长委员会，可由本地所有地方高校校长及民办高校校长组成，代表地方高校的所有办学者行使主体权利。高校校长委员会也可以按高校类型分为若干分委员会，分别参与相关类型高等教育的治理。

此外，高校教师和学生是办学者的基础，理应也是高等教育治理的主体，因此在条件具备时，可以在国家和地方两个层面成立高校教授协会、大学生协会等组织，并发挥其在高等教育治理体系中的主体作用。

（三）规范管理者的主体权限

《高等教育法》确立了我国高等教育的两级管理体制，并规定国务院“统一领导和管理”全国高等教育事业，国务院教育行政部门“主管全国高等教育工作”，省级政府主要“管理”地方高校。在中国高等教育治理体系中，政府作为管理者不仅是法定的重要主体，也是现实的需要。

但问题的关键在于，政府对高等教育事业到底应该管什么、如何去管。由于《高等教育法》没有对两级政府具体的高等教育管理权限作出限定，各项有关高等教育改革的政策文件大多也止步于“宏观管理”“依法管理”以及“统筹规划、政策引导、监督管理和提供公共教育服务”等原则性的表述，因而这两个核心问题在法律、政策乃至理论上至今都不甚明确，这就为政府部门的管理权力留下了巨大的空间。当前，我国高等教育管理中严重的“文件化”和“项目化”倾向，实际上就是行政主管部门权力自我扩张的结果。

为纠正文件化、项目化现象泛滥成灾的乱象，唯有继续深化高等教育管理体制改革，以“简政”带动“放权”，切实转变政府的管理职能，使其趋于“善政”；同时加快高等教育治理体系的构建，彰显立法者、办学者在高等教育治理体系中的主体地位和作用。例如，可由全国人大常委会对两级政府的高等教育管理权限作出法律解释并予以规范；加强人大常委会对政府高等教育管理行为的监督，并在必要时启动否决机制；还可以通过高校校长委员会对高等教育项目的出台进行审议和监督。

近四十年来，中国高等教育从管理体制改革到治理现代化，这两个主题前后相连、与时俱进，但这并不意味着二者是互不相关的两个独立阶段。中国高等教育治理现代化的命题是在管理体制改革尚未完成的情况下提出的，二者实乃同一历史进程中相辅相成的一体两面，是同一时代命题的两种不同表达。高等教育管理体制改革是手段和条件，高等教育治理现代化是目标和愿景。党的二十大报告再次强调，要“坚持深化改革开放，深入推进改革创新”，并且要求“着力破解深层次体制机制障碍”，为高等教育管理体制的改革进一步指明了方向。只有深化高等教育管理体制改革，首先突破政府与高校的线性关系，才有可能构建多元的高等教育治理体系，实现高等教育的共治、法治和善治；同时，也只有在高等教育治理现代化愿景的引领下，才有可能始终明确高等教育管理体制改革的目标和方向，通过多元治理主体的协同作用促进管理体制的改革真正有所突破。

第二章

现代大学制度

21世纪以来，“现代大学制度”不仅是我国高等教育学术探讨的热点，而且也是与高等教育管理体制改革密切相关的一个政策目标。虽然这个命题提出的时间不长，但它所承载的高等教育理想，实际上自19世纪末、20世纪初就已萌芽，国人为此已孜孜以求百年之久。

“现代大学制度”根植于现代大学组织，理解现代大学的组织特性，是准确把握“现代大学制度”的前提条件。

第一节　作为组织的大学

在所有的社会组织中，大学是一种很独特的组织。它的独特性源于对高深知识的传授和研究的工作内容，正是这种特殊的工作内容决定了其特殊的工作方式，进而决定了大学作为一个组织的特征。

一、大学组织建制的学科基础

在一般意义上，“建制”是指某部门的机构编制系列及其组织形式，具体涉及组织层级的划分及其隶属关系、内部机构的设立及其职能的确定、岗位及人员的配置等。军队有军师旅团营连的组织建制，政府部门有部司处科的组织建制，这些都是人们所熟知的。

现代大学的建制，校、院、系三个层级是一般惯例。但也正因为是惯例，人们往往司空见惯，熟视无睹，很少思考这三级组织背后的影响因素，虽然有伯顿·克拉克那样睿智的学者对大学组织做过系统的专门研究，其成果广为同行称道，但对于大学组织问题的理论研究，总体上仍然偏少，人们对于校、院、系的渊源、依据、内涵也还缺少应有的理性自觉。在实践中，一般惯例也因国情、校情的不同而呈现出各种变式，有的甚至大相径庭。尤其是在我国，大学组织受多种复杂因素的制约，对现代大学制度的建设更是至关重要。

大学的组织建制，是大学组织的机构编制系列及其形式。这样一个简单的定义，从逻辑上说是可以成立的，但从高等教育学理论角度来看，却过于简单化。因为这个定义不是高等教育学意义上的概括，没有触及大学组织建制的本质特征。从高等教育学的角度对大学组织建制进行界定，首要问题是要明确，大学组织建制所要编制的对象是什么？是人还是物？是教师还是学生？是人员数量还是权力关系？编制对象不同，组织建制的性质就不同。在我国大学组织建制的沿革和发展过程中，曾经有过简单模仿军队建制的历史，采用了师、团、连、排的编制系列；也有过比附政府机关的强烈倾向，复制了部、司、处、科的等级关系。不明确具体的编制对象，就不足以给出大学组织建制的准确内涵，也不足以洞察大学组织建制军事化和行政化倾向的症结所在。

大学组织建制的编制对象，只能从大学组织的本质属性和根本宗旨中探寻。大学从事的是高深的专业教育和研究，培养的是高级专门人才，是以学科专业为基本单位从事高等专业教育和学术研究的机构。伯顿·克拉克的研究表明，在大学里“教学和研究这些基本任务既由专业来划分，也由专业来联系；教授也同样划分”，因此大学组织的“第一个原则”就是：“任务和工作者围绕许多知识群体而结合；知识专业是其他一切工作的基础。”伯顿·克拉克进一步强调：“这一原则适用于研究性大学、师范学院、理工院校、社区学院或任何类型的中等教育机构。”[①]这就说明，大学组织建制的编制对象不是人，也不是物，更不是权力关系和等级关系，而是大学中作为人才培养和学术研究基本单位的学科专业；只有学科与专业，才是大学组织建制所要编制的对象，才是揭示大学组织建制概念内涵的关键与核心。学科专业被确定为大学组织建制的编制对象，主要理由如下：

（一）学科专业是大学组织的基本组成要素，也是根本的组成要素

大学是由什么组成的？从不同的角度，人们分别可以说，大学是由教师组成的，由学生组成的，或是由校舍组成的。从不同的角度看，这些说法都没错，但是，它们都未能揭示大学组织的本质特征，未能说明大学组

① [美]伯顿·R·克拉克：《高等教育系统》，王承绪、徐辉等译，杭州大学出版社1994年版，第16页。

织不同于其他各类机构、不同于其他各类学校组织的内在规定性。大学是由学科专业组成的，学科专业是大学的基本而根本的组成要素。一所大学之所以称为大学，首要的、最直接的不在于其有多少教师、有多少学生、有多少校舍，而在于其有多少学科专业。一如分子是由原子直接组成的，而不是由原子核与电子直接组成的那样，学科专业就是直接组成大学这个分子的原子。

（二）学科专业是大学的基本工作单位

大学的成员从事教学、科研等工作，都以特定的学科专业为单位，在特定的学科专业范围内开展。尽管学科专业本身的口径有大有小，有比较单一的学科专业，也有交叉的学科专业，但毫无疑问，学科专业是大学最基本的教学和研究工作单位，是从各自的领域实现大学宗旨与目标的基本单位。如同工厂里的生产线一样，一条生产线生产一种特定的产品，大学里的一个学科专业培养一种特定的高级专门人才和产出研究成果。

（三）学科专业是大学成员的基本身份单元

大学的主要成员是教师和学生，虽然他们可以有不同的身份归属，如属于某党派、某团体，但对于大学而言，他们的首要身份是归属于某一学科专业，是某某学科专业的教授，或是某某学科专业的学生，他们也首先因为学科专业而形成师生关系。正如从哲学上讲人是社会关系的总和一样，在大学里则可以说人是学科专业关系之和。在大学里，学科专业是教师与学生的存在方式，是教师与学生个人生存价值和意义的载体。

正因为学科专业是大学的基本组成要素，是大学的基本工作单位和大学成员的基本身份单元，所以，大学组织建制所要编制的对象不能是别的，只能是学科专业。也就是说，在大学中通过对特定学科专业的编制形成特定的大学组织建制，即由某些学科专业组成系，再由某些系组成学院，最后由学院组成校。学科专业是材料和内容，校院系只是对这些材料在不同层次上进行编制组合而成的外在的组织形式。学科专业是基本的、前提性的、第一位的，校院系建制是从属的、外在的、第二位的。

这样，我们就有可能对“大学组织建制”给出一个本质性的定义：大学里学科专业的编制方式及其组织形式。“编制方式”涵盖学科专业的种类、层次、数量及其隶属关系，“组织形式”则是指学科专业以一定方式编制后形成的组织系列，即校、院、系等。

二、三级组织特征

校、院、系是大学对学科专业进行编制后形成的三级组织形式，有什么样的学科专业，一般也就有什么样的校院系组织形式；形式要由内容来决定，不能脱离内容随心所欲地臆造，更不能为了猎奇而标新立异。各国大学一般都采用校、院、系三级组织形式，这是高等教育长期形成的惯例，而决定性的因素仍然是学科专业；校、院、系组织形式与学科专业的性质、口径有着内在的必然联系。

（一）何谓“大学”

在校级层面，“大学”是基本的组织形式，它在高等学校体系中占据主体地位。

大学这一组织形式，首要特征就是它的多学科性。现代意义上的大学，从欧洲中世纪产生之日起，就是一种“组合”。[①]这种“组合”，既是人的组合，即教师与学生的组合、同乡会与同乡会的组合，也是学科的组合。早期的中世纪大学，主要有文、神、医、法四大学科，一般的大学多由这四大学科或其中的几种学科组合而成。以这种方式组合而成的“大学”（university），从诞生之初就是多种学科的综合体。从这个意义上看，在“大学”之前加上“综合”二字，确有同义反复之嫌。“综合”本来就是“大学”的题中应有之义。没有多种学科的综合，就很难称为“大学”。

我国最早颁布的《大学令》（1912）规定，在大学之下，分设文、理、

① ［美］A. S. Knowles，et. *International Encyclopedia of Higher Education*（Vol.5）. San Francisco：Jossey-Bass Publishers，1978：2027.

法、商、医、农、工七“科”:“大学以文理二科为主，需合于下列各款之一，方得名为大学：一、文理二科并设者；二、文科兼法、商二科者；三、理科兼医、农、工三科或二科之一科者。”[①]可见当时国人对大学多学科性的认识还是比较到位的。所以年轻的胡适在1914年就说，“凡具各种学科合为一校者，始可称为大学”，而当时国内“乃有所谓文科大学、经科大学”，实为专门学校，却以“大学”命名，“足见吾国人于‘大学’之真义尚未洞然也”。[②]大学的学科专业虽然众多，但大学并非多种学科专业的简单并列，而是要以基础性的文理学科为建校基石，故《大学令》特别强调，大学需“文理二科并设”，至少需“文科兼法、商二科”或“理科兼医、农、工”数科，非此就不足以显示各学科专业的厚度，不足以显示大学的高深知识性质。大学之大，亦在集学科之高深也。

在校级层面上，除“大学”外，还有独立设置的学院、高等专科学校（专门学校）以及其他的高等教育机构形式，如美国的麻省理工学院（Institute）、韦尔斯利学院（College）、英国的格拉斯哥理工学院（College）、伦敦经济政治学院（School）、巴黎高等师范学校（École）、巴黎理工学校（École）等。[③]这些高等教育机构虽然规模有大有小，学科专业有多有少，但它们都具有多学科的特征，都是多种学科的综合体，只不过没有冠以“大学”名称而已。而独立设置的单科性学院、高等专科学校或专门学校，由于不具备多种学科的特点，一般不能称“大学”而只能称学院或高等专科学校。当年的胡适痛斥“文科大学”“经科大学”的名称荒诞不经，理由也正在于此。

① 宋恩荣、章咸编:《中华民国教育法规选编（1912—1949）》，江苏教育出版社1990年版，第402-403页。

② 胡适:《胡适全集（第20卷）》，安徽教育出版社2003年版，第24-25页。

③ 本节有关大学、学院的英文名称，均见孙贵立编:《各国大学手册》各分册，上海科技教育出版社1989年版。

（二）二级学院

大学内设学院，在隶属关系上是大学的二级机构，但从历史渊源上看，学院可能形成于大学之前。在欧洲中世纪，所谓学院（如College、Faculty），最初其实是按照学科对学生进行管理的基本单位，后来才转变为以学科为单位从事教学科研的组织。从形成次序上看，可能也是先有学科，而后有学院作为学科的组织形式，再后则有了这些学院的“组合”，即大学。但不管孰先孰后，可以肯定的是，在大学的三级组织架构中，二级学院是最复杂、最多样化的层级。在不同的大学里，二级学院的性质、名称、规模很可能各不相同，甚至大相径庭；即使在同一所大学里，二级学院的性质、名称、规模也常常有差异。

牛津大学、剑桥大学的二级学院是相对独立、多学科性且师生共同生活在其中的二级学院，如牛津的三一学院（College）、圣埃德蒙学院（Hall）、剑桥的彼得学院（House）、卡文迪许学院（Collegiate Society）等。由这些学院组成的牛津大学和剑桥大学，其实正是一群相对独立的学院的组合体，“是一个联邦大学，一个由学院结合而成的联邦团体”①。

美国大学的二级学院，大多按照教育层次划分为本科生学院和研究生学院，从而形成了大学内的“双层制”。本科生学院多称为“大学学院”或“文理学院”，如哈佛大学的哈佛学院和拉德克利夫学院、耶鲁大学的耶鲁学院、芝加哥大学本科部。本科生学院由于主要实施通识教育，一般设有多种文理学科，因此基本都是综合性学院（College）。但是，也有一些本科生学院是单科性、专业性的，如哥伦比亚大学工程学院。美国大学的研究生学院基本上都按照具体的学科专业设置，是单科性的专业学院，所以一般以学科专业命名（用School），也有在专业名称上再加“研究生院”名称的，如哈佛大学的教育研究生学院（Graduate School of Education）。但在美国大学的“双层制”中，本科生学院和研究生学院的具体情况也很复杂，

① 金耀基：《剑桥与海德堡》，辽宁教育出版社1995年版，第18页。

既有“本科生学院+研究生学院+兼招本科生的研究生学院”，也有“兼招研究生的本科生学院+研究生学院+兼招本科生的研究生学院”，还有“研究生学院+兼招本科生的专业研究生学院”，[①]这种情况很典型地反映出美国大学的多样化特点。

大学里的单科性、专业性的二级学院，无论是本科生层次还是研究生层次，在学科专业的口径上既有相似性也有差异性。最常见的情况是，这些学院一般都设立在口径较大的学科门类层次上，以学科专业命名，如文学院、理学院、工学院、法学院、农学院、医学院、商学院、教育学院等。1912年《大学令》规定的“七科”制，以及后来的“八科”制，也都符合惯例。但在惯例之外，也有很多大学设有一些富有特色的单科性专业学院，如美国康奈尔大学的旅馆管理学院、西北大学的演讲学院等，其专业口径都比较小，体现了学院的特色。

在校内二级组织层面上，和学院性质相近的还有一些其他的新兴组织形式，如法国大学的“教学与科研单位”，日本筑波大学的“学群”等。这些组织形式都是在20世纪高等教育综合化的浪潮中出现的，虽然也以学科专业为基础，但口径往往比单科二级学院大很多，具有多学科综合的特点，是顺应高等教育综合化潮流的产物。

（三）学系

在校、院、系三级组织中，系也就是学系处于第三级，是大学里最基层的专业组织。学系于1825年创设于美国哈佛学院。按照伯顿·克拉克的说法，哈佛学院建立学系的初衷主要是为了克服德国大学讲座制特有的制度性缺陷，即教授个人对讲座所有事务的专权，教授对讲座的“个人统治”。[②]

---

① 李凤玮，周川:《美国大学教育“双层制”的特征及其意义》，载《江苏高教》2016年第6期。

② [美] 伯顿·R·克拉克:《高等教育系统》，王承绪、徐辉等译，杭州大学出版社1994年版，第124页。

学系不同于德国大学讲座的特点在于：第一，它不像讲座那样只有一位教授，而是由若干位学科相近但职级不同的教师组成的基层学术组织，而且主要是教师的组织而不是学生的组织。在典型的学系组织中，尽管高级教授比低职级教师拥有更大的个人权利，特别是发言权，但在学系事务方面，教授和其他职级教师基本是平等的，都是人手一票。第二，从学科专业口径看，学系一般设在学科门类之下的一级学科之上，例如，理学院之下的数学系、物理学系、化学系、生命科学系，文学院之下的语言文学系、哲学系、历史学系。只有极少数极富特色的学科专业，才可能在更小的口径上设置学系。第三，学系一般只是单纯的教学科研组织，主要负责专业的教学事务及其管理工作，一般不具有行政级别。因此，以学系制代替讲座制，总的来看有利于拓宽学科专业的口径、加强学科专业之间的联系；有利于将教师组织起来，发挥教师群体在专业教学事务中的作用，从而减少教授个人对学科事务的专制。学系作为大学的基层组织在哈佛大学出现以后，其制度优势很快得以显现，至19世纪后期，学系组织已被美国大学普遍采用，并被传播到其他国家。

校、院、系是世界大多数国家大学组织架构的基本模式，三级组织的基本特性主要由所编制的学科专业决定，也由高深知识的生产方式决定。这个基本模式源远流长，并且延续至今，有其历史的必然性。当然，校、院、系三级组织基本模式绝不是标准模式，它们本身在历史的发展过程中已经发生了很大的变化，产生了许多变式。随着学科专业本身的变化发展以及知识生产方式的变化发展，随着高等教育体制改革的不断推进，大学组织形式也必然会发生相应的变革。

第二节　中国大学组织形式的演变

中国近代大学肇始于19世纪末，至今已经走过一个多世纪的历程。在这一个多世纪内，中国大学的组织形式也处在不断地探索之中，探索的过程生动地反映出国人对大学组织特性的认知的发展。

一、近代：从“堂科门”到“校院系”

中国近代大学，滥觞于内忧外患的清末民初。从19世纪末到1949年的半个世纪里，新与旧，中与西，前进与倒退，独立与依附，种种对立的两极始终伴随着中国近现代大学的发展历程，大学组织建制处于摸索和借鉴之中，屡经变动才逐渐定型。

（一）“堂科门”阶段

中国近代较早出现的高等学校，渊源各异，性质不一，反映在学校的组织形式上，大多各行其是，缺少统一的规制。在校一级，有称“大学堂”者，如京师大学堂（1898年）、山西大学堂（1902年）；也有称“学堂”“公学”“学院”者，如天津中西学堂（1903年改名为“北洋大学堂”）、上海南洋公学（1902年）、震旦学院（1902年）等。

至于大学校内的组织形式，更是五花八门、各行其是。京师大学堂成立之初，设预备科和速成科。预备科下分艺、政二“科”；艺科下再分农、工、医、算等“科”，政科下再分通商、经史、政治、法律等“科”。速成科下则设仕学、师范、译学、医学实业等“馆”；而师范馆下又有博物农学、数学物理、历史地理、国文外语等“部”。[①]出现了科中有科、科馆并立、科部并立的复杂局面。

1902年，清政府制定《钦定京师大学堂章程》，拟对全国大学堂予以统一管理，但该章程并未颁布。1904年，《奏定大学堂章程》正式颁布实施。《奏定大学堂章程》确定了大学堂内“科–门–目”的体系：按八“科”设“分科大学”，即经学科大学、政法科大学、文学科大学、医科大学、格致科大学、农科大学、工科大学、商科大学；每科大学下再设若干“门”，如文学科大学下设中国史学、万国史学、中外地理、中国文学等九门；在每门之下再设若干“科目”，也就是具体的课程。《奏定大学堂章程》还规定，“以上八科大学，在京师大学务须全设，若将来外省有设立大学者可不必限定全设；惟至少须置三科以符学制。”[②]如是，第一次明确了以三“科”作为设立大学的基本条件。

后来有关法规中的相关规定大多源出于此。《奏定大学堂章程》颁布以后，虽然有些学校由于各种原因，并未完全照此执行，如两江师范学堂曾将“科”改称“学部”（该校有多位日本教习任教，故仿日制），[③]但从总体上看，自《奏定大学堂章程》颁布，“堂科门”三级组织形式在大学堂中基本得以明确。

（二）“校科门”阶段

辛亥革命后，根据“壬子学制”和“壬子癸丑学制”，学堂改称学校，大学堂则改称“大学”或“大学校”。大学（校）与大学堂虽仅一字之差，但它们的旨趣却大相径庭，代表了两个不同的时代。这种变化在学校的组织形式上也有相应的体现。

---

① 萧超然等：《北京大学校史（1898—1949）》，上海教育出版社1981年版，第323页。

② 朱有瓛主编：《中国近代学制史料（第二辑上册）》，华东师范大学出版社1987年版，第771页。

③ 朱斐：《东南大学史（1902—1949）》，东南大学出版社1991年版，第20页。

1912年10月，北洋政府教育部公布了《大学令》，明文规定，“大学分为文科、理科、法科、商科、医科、农科、工科”，并规定，“大学以文理二科为主，须合于左列各款之一，方得名为大学。一、文理二科并设者。二、文科兼法、商二科者。三、理科兼医、农、工三科或二科一科者。”①

与《奏定大学堂章程》相比，《大学令》除以“大学”代替“大学堂”称呼外，至少还有三个重要的变化。第一，突出了文理二科在大学中的主体地位和基础地位，限定没有文科或理科就不能设立大学。这一变化肯定与民国首任教育总长蔡元培的倡导有关。蔡元培晚年曾回忆说：“民国元年，我长教育部，对于大学有特别注意的几点：一、大学设法、商等科的，必设文科；设医、农、工等科的，必设理科。……”②在蔡元培的心目中，突出文理二科，是保证大学的学术性基本而首要的条件。第二，“科”虽然仍是大学之下的二级组织建制，但“科”后不再缀“大学”二字，取消了单科大学之名（但是，北洋政府教育部后来颁布的有关教育法规，一度又恢复了“分科大学”一说，如1917年的《修正大学令》、1922年的《学校系统改革案》、1922年的《国立大学校条例》等）。第三，取消了原先独立的“经学科”，改八科为七科。另外，在《大学令》中还提到“大学各科设讲座，由教授担任之”。但是，讲座的性质是什么？讲座又如何运作？《大学令》以及后来的《大学规程》等，均语焉不详。

在“大学堂”改为“大学（校）”之后，一个相应的变化是，原先大学堂的“总监督”改称为大学“校长”；原先大学堂内的各分科“监督”，则改称为大学的各科“学长”。京师大学堂其实早在《大学令》颁布前五个月就改称北京大学，时任校长的严复，也就成为京师大学堂的末任“总监督”和北京大学的首任“校长”。

---

① 宋恩荣、章咸编：《中华民国教育法规选编（1912—1949）》，江苏教育出版社1990年版，第402-403页。

② 蔡元培：《我在北京大学的经历》，见高平叔编：《蔡元培教育论集》，湖南教育出版社1987年版，第535页。

《大学令》颁布后的次年，又公布了《大学规程》。《大学规程》作为《大学令》的子法，将大学组织规范进一步具体化，不仅规定了大学里各“科”所辖之“门”，而且规定了各“门”所辖之“目”（亦相当于具体课程），从而形成了一张比较详尽的大学各科、门的课“目”表。[①]与此同时，教育部还颁布了《私立大学规程》，规定私立大学的组织形式遵照《大学令》的有关条款执行。至此，在各公立私立大学，“校科门”三级组织建制初步形成。

（三）“校科系”阶段

在新文化运动和五四运动的推动下，中国近现代大学的组织形式开始了新的探索。大约从1919年开始，学“系”逐渐进入中国的大学取代了原先的学“门”。

1919年2月，北京大学在蔡元培主持下，决议废除学长制，改学长为各科教务长，其目的在于消除各科之间的壁垒，促进文、理学科交叉。学长制的废除，为学系的建立开通了道路。自1919年秋季新学年开始，北京大学正式实行学系制：以“系”代“门”，同时取消“科”，将性质相近的系归并成“组”。1919年12月，校评议会通过《国立北京大学内部组织试行章程》，规定北京大学共设有五组十八系（组一：数学系、天文学系、物理学系；组二：化学系、地质学系、生物学系；组三：哲学系、心理学系、教育学系；组四：中国文学系、英国文学系、法国文学系、德国文学系、俄国文学系；组五：史学系、经济学系、政治学系、法律学系）。[②]

继北京大学之后，许多大学纷纷废“门”建“系”。也就是在这一变革的过程中，人们对“学系”的性质与作用有了更深入的认识。如1921年的《东南大学组织大纲》议定，该大学组织“其特点在以各学系为主体，而

① 朱有瓛主编：《中国近代学制史料（第三辑下册）》，华东师范大学出版社1992年版，第3页。

② 王学珍、郭建荣主编：《北京大学史料（第二卷，一）》，北京大学出版社2000年版，第80页。

以有关系之学系分别性质先行组织成文理、教育、农、工、商五科”；并明确规定，“本校教授以学系为本体”（当时东南大学共设有23个系）。①

鉴于学系制已经在一些大学实行并已显示出一定效果，1924年2月颁布的《国立大学校条例》对此予以确认。《国立大学校条例》将“国立大学校分科为文、理、法、医、农、工、商等科”，规定“国立大学校得设数科或单设一科”“国立大学校各科分设各学系”；同时还规定“国立大学校各科各学系及大学院，各设主任一人，由正教授或教授兼任之”。②《国立大学校条例》颁布以后，虽然其中有关“董事会”的条款曾招致一些国立大学的强烈反对，但关于“学系”的规定得到普遍认同。

（四）“校院系”阶段

大约在20世纪20年代中期，大学的二级组织出现了“学院”形式。不过，最初的情况比较复杂，特别是在1927年6月开始试行“大学区制”后，更显混乱。

以第四中山大学为例，1927年底制定的《第四中山大学本部组织大纲》规定，“大学本部设若干学院，院设若干系或科”；同时还补充说明：“凡同性质之课目，在学术上能构成系统者为系；合适当之课目，在应用上能构成课程者为科；综合性质相近应行联合设立之各系各科为学院。”③当时，第四中山大学本部共有自然科学院、社会科学院、文学院、哲学院、教育学院、工学院、农学院、商学院、医学院等九大学院。但是，在学院之下，不仅有“系”“科”，而且还有“门”“组”，形成了系、科、门、组并设的局面。例如，自然科学院、社会科学院全部设系（物理学系、地学系、社会学系、政治学系等），工学院、商学院则全部设科（土木工程科、

---

①《南大百年实录》编辑组编：《南大百年实录（上卷）·中央大学史料选》，南京大学出版社2002年版，第124页。

② 中国第二历史档案馆编：《中华民国史档案资料汇编（第三辑　教育）》，江苏古籍出版社1991年版，第173页。

③《南大百年实录》编辑组编：《南大百年实录（上卷）·中央大学史料选》，南京大学出版社2002年版，第249页。

电机工程科、银行科、会计科等），而教育学院既设系又设科（教育系、体育专修科、艺术专修科等），农学院则既设门又设组（农作物门、园艺门、昆虫组、森林组等）。[①]虽说有“学术”与“应用”、“系统”与“课程”作为区别，但毕竟显得烦琐纷杂，不够规范。

但这种情况为时较短，随着大学区制的迅速退场，大学组织形式开始建立新的规范。1929年，国民政府颁布了《大学组织法》，规定：“大学分文、理、法、农、工、商、医各学院。凡具备三学院以上者，始得称为大学。不合上述条件者，为独立学院，得分两科。大学各学院及独立学院各科，得分若干学系。”[②]由此，大学的“校院系”组织系列，首次以法律的形式得以确认。

1930年以《大学组织法》为依据公布了《大学规程》。《大学规程》在《大学组织法》列出的七个学院的基础上，增加了教育学院，同时具体规定了各学院所属学系（如教育学院可设“教育原理、教育心理、教育行政、教育方法及其他各学系”，若大学不设教育学院，“得设教育学系于文学院”）。《大学规程》还附加规定：“大学医学院不分系”，而“各学系遇必要时，得再分组”。[③]

1932年，编制了新的《学校系统图》。在这份系统图中，确认了《大学规程》中的八个学院及其所属各学系名称，并特别附注：“具备三学院以上，且必须包含理学院或农、工、医学院之一者，始得称为大学。”[④]之所以强调大学必须至少设理、农、工、医学院之一，主要是考虑到当时大学

①《南京大学史》编写组：《南京大学史（1902—1992）》，南京大学出版社1992年版，第93页。

② 中国第二历史档案馆编：《中华民国史档案资料汇编（第五辑第一编　教育）》，江苏古籍出版社1994年版，第171页。

③ 中国第二历史档案馆编：《中华民国史档案资料汇编（第五辑第一编　教育）》，江苏古籍出版社1994年版，第174页。

④ 中国第二历史档案馆编：《中华民国史档案资料汇编（第五辑第一编　教育）》，江苏古籍出版社1994年版，第19页。

中的文理科发展极不平衡的状况，许多求学者为“学而优则仕”之计，多选择文科；而不少大学也避难就易，只设立办学成本相对较低的文、法、商、教等学院，故《大学规程》有此规定。

这些法规颁布以后，明确了“校、院、系”三级组织形式的规范。但是，一些大学在执行的过程中还有变通，特别是在系一级，名称多有不同，隶属学院亦有异。例如，在《大学规程》中，农学院有“蚕桑系”“林学系”，“社会学系”隶属于法学院，而在中央大学却分别称为“蚕丝系”“森林系”“社会学系”，并设于文学院。[①]可见，各校实际执行与法规规定之间，还是可以自主变通的，而且这种变通的情况并不少见。

有鉴于此，1939年发布了《大学及独立学院各学系名称》命令，对大学文、理、法、农、工、商等学院所属各学系之名称，予以统一规定。[②]发布这一命令，表明了官方对院系名称加以规范的强烈愿望。正是因为有了这种统一性，所以在全国范围内对院系情况进行统计，就有了统一的依据和口径。1943年10月公布的《国立专科以上学校院系设置概况》[③]，就是在这一基础上做出的。当然，由于时值抗战，各大学颠沛流离，加上各校实际情况不同，各行其是的情况依然不少。此后，一些教育法规还多次涉及大学组织问题，如1948年的《大学法》。但这些法规的相关内容与《大学组织法》《大学规程》等均无大异，“校院系”组织建制自20世纪20年代末期开始如此这般延续下来，在中国大陆一直延续到1949年。

二、20世纪50年代的院系调整

中华人民共和国成立之后，高等学校主要有两个来源，一是战争时期

① 中国第二历史档案馆编：《中华民国史档案资料汇编（第五辑第一编　教育）》，江苏古籍出版社1994年版，第300页。

② 中国第二历史档案馆编：《中华民国史档案资料汇编（第五辑第二编　教育）》，江苏古籍出版社1994年版，第709页。

③ 中国第二历史档案馆编：《中华民国史档案资料汇编（第五辑第二编　教育）》，江苏古籍出版社1994年版，第750页。

中国共产党领导的革命根据地的高等教育机构，二是中华民国遗留下来的二百多所高校。尽管当时的高等教育规模很小，但体系比较混乱，布局也很不合理，不能适应新的国家建设的需要。于是在20世纪50年代初，仿照苏联高等教育的模式，全国进行了两轮大规模的院系调整。

（一）第一轮院系调整

第一轮院系调整始于1951年11月的全国工学院院长会议，会议确定了华北、华东、中南三个重点地区的工学院调整方案：将清华大学、浙江大学改为多科性工业大学；将南开大学、津沽大学的工学院等合并为天津大学；成立南京工学院、广东工学院、航空工程学院、矿业学院；在武汉大学创建水利学院。[①]1952年年中，院系调整开始实施，但调整的重点地区将工学院院长会议确定的华北、华东、中南，改为华北、华东、东北三地。

这一轮院系调整的方针是："以培养工业建设人才和师资为重点，发展专门学院，整顿和加强综合性大学。"[②]院系调整的主要措施是：将大学中的工、农、医、师、商、法等科系分离出来，单独或以"合并同类项"的方式新建独立的专门学院；将私立大学全部改为公办；撤销教会大学，其各院系就近并入其他院校；组建以文理二科为主的综合性大学；取消大学里的学院建制，代之以学系为二级组织，在学系之下设置口径较小的"专业"作为教学科研的基本单位，并使之与计划经济相匹配。

至1952年底，全国已有四分之三的高校进行了调整。调整的主要结果，一是加强了工学院，例如，将北京大学工学院、燕京大学的工科各系并入清华大学，将清华大学改为侧重于工科的大学；将南开大学工学院、津沽大学工学院、河北工学院合并组建为天津大学；将南京大学工学院、金陵大学和之江大学的若干工科合并组建为南京工学院。二是新组建了大

---

① 中央教育科学研究所编：《中华人民共和国教育大事记（1949—1982）》，教育科学出版社1983年版，第31页。

②《中国教育年鉴》编辑部编：《中国教育年鉴（1949—1981）》，中国大百科全书出版社1984年版，第233页。

批专业性的学院，除工学院之外，师范学院、农学院、医学院、财经学院、政法学院，以及航空学院、矿冶学院、水利学院、药学院、林学院、地质学院、机械工程学院、冶金工程学院、船舶工程学院、艺术学院、体育学院，等等，在全国各地布点。

第一轮院系调整在1953年继续扩展，调整的重点，一是中南地区高校的重组，二是加强师范院校建设。与此同时，华北、华东、东北三个地区的高校在上一年调整的基础上进行专业调整，西北、西南地区的高校进行局部的院系调整和专业调整。

第一轮院系调整在1953年底基本收尾，为时只有短短的一年半。到1953年底，全国共有高等学校184所，其中，综合大学14所，工业院校38所，师范院校33所，农林院校29所，医药院校29所，财经院校6所，政法院校4所，语言院校8所，艺术院校15所，体育院校4所，少数民族院校3所，其他院校1所。①

这一轮院系调整的结果，不仅体现在校、院、系的组织形式上，而且还体现在办学体制上。归纳起来，结果主要有三：一是高校体系，明确了各类高等学校的性质与分工，划分了单科院校和文理综合大学的类别；二是初步形成了中央直属高校、行业部委高校和地方高校的三大条块格局，将高等教育纳入国民经济计划之中，实行严格的计划管理体制；三是大学的组织形式，取消二级学院，代之以学系，在学系之下设置针对具体产品或工艺的“专业”，按照“专业”招生、培养并分配毕业生，形成了专才培养模式。

（二）第二轮调整

第二轮院系调整始于1955年，主要目的是适应国民经济整体布局的需要，改变高等学校主要集中于少数沿海大城市的状况，逐步加强内地高校建设。调整的主要举措是：第一，沿海主要城市已有的高校，除造船、海运、水产等院系仍需设在沿海并适当发展外，其他高校一般不再扩建，并

①《中国教育年鉴》编辑部编：《中国教育年鉴（1949—1981）》，中国大百科全书出版社1984年版，第233页。

且这些高校要缩小发展规模，支援内地高校；第二，加强东北、华中、西南、西北等内地城市的现有高校建设，适当扩大这些高校的原定规模。

第二轮院系调整的具体实施，主要有内迁和援建两种方式。内迁，是沿海高校部分或全部迁移至内地办学，如交通大学在1957年大部分迁至西安，进而有了上海交通大学和西安交通大学两个独立的学校。援建方式，是抽调沿海高校的相关系科专业在内地新建或扩建院校，如借助沿海相关高校力量新建或扩建的成都电讯工程学院、西安建筑工程学院、武汉测绘学院等。

据统计，经过第二轮院系调整，内地高校由1951年的87所增至1957年的115所；西安高校的增幅尤为明显，由1951年的8所增至22所。[①]由于第二轮院系调整的规模相较于第一轮小很多，因此也被称为“小院系调整”。经过第二轮院系调整，至1957年全国共有高等学校229所，全国高校共设置专业323种。[②]

20世纪50年代的两轮院校调整，涉及面之广、变动之大、实施之迅速，在世界高等教育发展史上绝无仅有。在中华人民共和国成立之初，从改造旧的高等教育体系、构建新的高等教育体系的角度来看，两次院系调整当然有理由被认为是必要的，也有理由被评价为“成绩是主要的，应予以肯定，失误也有，但成绩大于失误”。[③]

院系调整的主要失误，被认为主要是“理工分家”，文科受到一定程度的影响，最主要的是过度专业化，使得专业的口径过于狭小，对具体产品或工艺环节的针对性太强，虽然在某种程度上适应了当时经济建设和计划经济的需要，但是显然背离了当时高等教育和科学技术已经出现的综合化

---

① 郝维谦、龙正中、张晋峰主编:《中华人民共和国高等教育史》，新世纪出版社2011年版，第97页。

②《中国教育年鉴》编辑部编:《中国教育年鉴（1949—1981）》，中国大百科全书出版社1984年版，第234页。

③ 余立主编:《中国高等教育史（下册）》，华东师范大学出版社，1994年版，第42页。

趋势，使高等教育的发展远离了世界高等教育发展的主流。此外，由于在调整的过程中主要是运用行政手段予以实施，甚至是半军事化的方式，这就强化了政府主管部门对高等学校的权威性，为行政权力直接干预高校内部事务开了先例。

三、20世纪90年代的新一轮调整

从1992年起，随着改革开放的推进和社会主义市场经济体制目标的逐渐明晰，我国高等教育办学体制的改革进入一个新阶段。改革的主要举措有五种，即划转、合并、共建、合作、协作。这五种方式既涉及政府、高校、社会三者关系的调整，也涉及高校与高校之间、院系与院系之间以及学科专业之间的重组。至1998年底，全国共有31个省（市、自治区）、50多个部委、648所高校参与了这场改革。[①]由于改革面广量大，涉及大学组织的一系列制度问题，因此，这场改革被称为新一轮“院系调整”。

新一轮院系调整，是我国高等教育体系在世纪之交的一次重组，是高等教育发展规律在我国社会转型时期的一种综合而又复杂的体现。这次调整被称为“新一轮”，主要是与20世纪50年代的院系调整相比较而言的。将时隔四十年的两次院系调整进行比较，确实可以发现很多不同的特点。

（一）取向不同

从改革定向的社会目标看，20世纪50年代的院系调整完全定向于计划经济，而90年代的新一轮院系调整则主要定向于社会主义市场经济。

20世纪50年代两轮院系调整，针对的主要是民国时期遗留下来的二百多所高校，这些高校规模都较小，体系较混乱，质量也参差不齐，无法满足新的实际需要。院系调整的出发点和归宿，以国家经济建设和社会发展的计划为指针，从工科调整开始，到华北、华东、东北地区的铺开，再到

① 郝维谦、龙正中、张晋峰主编：《中华人民共和国高等教育史》，新世纪出版社2011年版，第537页。

中南和西部地区的跟进，直到第二轮的内迁，都是按照国家经济建设和社会发展计划的需要，有计划、有组织地予以实施。

通过20世纪50年代的两轮调整，所有私立大学改为公办，明确了综合大学和专门学院的面向重点和分工，形成了中央直属高校、行业部委所属高校和地方（大行政区）高校的条块格局，使高等教育成为国民经济计划的有机组成部分。这场院系调整，无论在调整的方向上还是在调整的路径上，都打上了计划经济的烙印，是计划经济的产物。

1992年，社会主义市场经济体制的改革目标得以明确，在这一目标的引领下，市场在资源配置中起基础性调节作用，经济发展从行业经济转向区域经济，人才培养相应地也要改变原先由行业主管部门进行规划与管理的办法。因此，20世纪90年代新一轮院系调整在社会目标上与50年代不同，改革的主要目标，就是要将计划经济下的高等教育转变为社会主义市场经济下的高等教育，改条块分割为条块结合，结束行业高校自成系统、小而全、封闭僵化、与地方经济社会发展脱节的局面，逐步建立起中央和省级两级管理、以省级管理为主的高等教育办学体制，以增强高校面向社会和市场自主办学的积极性，以及为地方经济社会发展服务的能力。

为了达到这一目标，新一轮院系调整与高等教育办学体制改革相伴随，部委高校划转到地方、部委与地方共建、高校与社会（市场）合作办学，此类改革举措是必然的选择。这些举措的最终指向，就是改变计划经济的办学模式，使高等学校成为面向社会自主办学的实体，以增强高校适应社会经济发展的主动性。

（二）专业结构不同

从学科专业结构看，20世纪50年代的院系调整重在专业化，90年代的院系调整则重在综合化。

中国近代高等学校进入“校、院、系”阶段，培养目标倾向于英美的通才教育模式，学科专业口径相对较大，学系之下一般不分专业。这种模式自有其存在的理由，被很多国家广泛采纳。但是，中华人民共和国成立之后，这种模式显然不能满足国家对大批专业人才的迫切需求，也不能适应计划经济的体制，因此，20世纪50年代院系调整的重要取向，就是要将高等教育的通才模式转变为专才模式，转变到根据国民经济计划按专业培养专门人才的轨道上。

为了培养国民经济急需的大批各类专业人才，将通才模式改为专才模式，就必须将大学中的工、农、医、师、财、法等系科分离出来，或者单独设置，或者以“合并同类项”的方式组建独立的工业、农林、医药、师范、财经、法政等专门学院，使得大学只剩下文、理二科；就必须在高校之内取消原先的院一级组织建制，在学系之下则按照国民经济计划中各行业部门的具体要求设置专业，作为专门人才培养的基本单位。

从当时的专业口径看，绝大多数高等学校都是直接按照行业的具体产品，甚至按照产品的零部件和具体的工艺环节来设置专业，专业性极强，适应面很窄，如“锅炉”“热处理工艺及设备”“木材水运”等专业，就是高度专业化的表现。经过院系调整，到1953年初，全国高等学校共有通用专业215种；后来经过不断的专业化，1980年全国高校的专业竟达到惊人的1039种。[①]自20世纪50年代形成的这套专业体制，此后一直延续了四十年。

到了20世纪90年代，过度专业化的专才模式弊端已暴露无遗，它既不能适应现代科学技术在高度分化基础上高度综合的趋势，也无法满足在社会主义市场经济体制下提高专门人才综合素质的要求和职业流动性显著增强的现实。同时，小而全的高校格局也造成了高等教育资源的浪费和办学效益的低下。因此，综合化便顺理成章地成为20世纪90年代院系调整的主流。

当时的综合化主要在两个层次上推行。第一个层次是校际的综合，一些单科性或多科性的专门学院以及一些文理综合性大学，通过合作办学乃至实质性的合并，重新组建学科门类比较齐全、专业涵盖面较广的名副其

①《中国教育年鉴》编辑部编:《中国教育年鉴（1949—1981）》，中国大百科全书出版社1984年版，第247页。

实的综合大学。从1993年开始，先后有原江西大学和江西工学院合并成南昌大学，原四川大学和成都科技大学合并成四川联合大学，原江苏农学院、扬州师范学院等六校合并成扬州大学；原上海建材学院和上海城建学院并入同济大学，原上海教育学院等三所师范学校并入华东师范大学，原苏州丝绸工学院和苏州蚕桑专科学校并入苏州大学，等等。据统计，到1997年底，全国已有184所高校合并为73所，另外还有228所高校开展了多种形式的校际合作办学。①

第二个层次是高等学校内部系科专业之间的综合。在许多高校，一些性质相近、口径较小的专业进行合并，重新组成口径较宽的专业，并且淡化专业之间的界限，打破专业之间的壁垒，促进学科之间的相互交叉与渗透，形成大范围的“学科群”。例如，南京大学将全校20多个学系和近百个专业进行重新组合，形成了九大“学科群”；西安交通大学按大学科门类将50多个专业合并为30多个；浙江大学已经摒弃了按专业为基本单位招生的传统做法，改为按学院为基本单位进行招生。与此相应，大学的组织形式也发生了变化，重新恢复二级学院，实行校、院、系三级建制的组织形式。

（三）参照系不同

在调整的参照系方面，20世纪50年代的院系调整主要是照搬苏联模式，20世纪90年代新一轮调整则在广泛吸收发达国家先进经验的基础上着重借鉴了欧美模式。

1949年新中国成立后，百废待兴，明确提出“必须彻底地系统地学习苏联高等教育先进经验”的工作方针，甚至采取了“一边倒”的姿态。20世纪50年代初的院系调整，几乎完全照搬了苏联高等教育的模式，不仅高等学校及其学科、专业体系都模仿苏联，而且大部分专业都原封不动地采用了苏联高等学校的教学计划、教学大纲和教科书；与此同时，大批苏联专家来华指导高等学校的学科专业建设。在一段时间内，我国的高等教育

---

① 高思：《面向新世纪的高等教育》，载《光明日报》1997年12月19日。

几乎成为苏联高等教育的翻版。

20世纪90年代新一轮院系调整是在我国改革开放十多年之后启动的，在学习借鉴国外的先进经验方面，远比50年代成熟了很多。总的来看，新一轮调整基本上顺应了世界高等教育发展的潮流，在广采各国高等教育经验，尤其是发达国家经验的基础上，着重借鉴欧美的高等教育模式，并且结合中国的实际加以取舍，为我所用。一方面，这是由于欧美高等教育在当时确实代表了世界高等教育的较高水平，处于世界领先地位，而且很多国家都是实行市场经济体制的国家，有众多可借鉴之处；另一方面也是由于苏联解体后，俄罗斯等国的高等教育本身也处在改革之中，而改革趋势之一恰恰也是向欧美模式靠拢。在新一轮院系调整中出现的“高等教育地方化”、学科门类齐全的综合性大学、总校分校“一校多区”形式、院校系三级建制、学校董事会制度等，都是自觉或不自觉、直接或间接地借鉴欧美高等教育模式的结果。

（四）动力机制不同

在改革的动力机制上，20世纪50年代的院系调整是自上（政府主管部门）而下（高校）的路径，90年代新一轮院系调整则表现出自上而下、自下而上、上下结合的特点。

20世纪50年代的院系调整是在政府主管部门的周密计划下通过行政手段实施的。当时，鉴于旧有高等教育体系的混乱状况和恢复国民经济的迫切需要，首先由中央和各大行政区教育主管部门提出院系调整的要求和任务，然后以华北、华东、东北以及中南等各大行政区为重点制订实施方案，最后以行政手段落实到各有关高校和系科，甚至落实到具体的人员和设施上，自上而下，层层下达，全国一盘棋，限时、限地予以完成。这种自上而下的实施过程，不仅是行政性的，而且还是“半军事化”的。如此大规模的调整（尤其是那些异地的调整）能在那么短的时间内完成，在今天是难以想象的。

20世纪90年代新一轮的院系调整方式与50年代有所不同，更多地体现出上下结合的特点。首先是国家鉴于社会主义市场经济体制的现实需要和“穷国办大教育”的实际困难，提出高校合并或联合办学的政策目标，并使之成为新一轮调整的指导方针。而在具体的推动过程中，或者以上促下，或者以下促上，最终通过上下结合取得基本共识后予以实施。

以上促下，是主管部门及其领导审时度势，在有关高校之间牵线搭桥，充当“红娘”，促成相关高校进行接触、协商、研讨，最终实现合并。当时主管全国教育工作的李岚清副总理就曾多次充当这样的“红娘”。比较典型的两个案例，一是宁夏大学合并同位于银川的宁夏医学院、农学院、工学院、师范专科学校、民族学院；二是苏州大学合并一路之隔的苏州丝绸工学院，都是在李岚清副总理的直接推动下，由地方政府与相关高校一起予以实施的。①

另一方面，在社会体制转型的大潮中，很多高校都不同程度地感受到专业化过度、适应面偏窄、办学资源短缺、办学效益不高的痛苦，产生了通过与当地其他院校合并而综合化并做大做强的内生动力。这种内生动力由于两个外部因素的作用，在一部分高校表现得尤为强烈。因素之一，是20世纪90年代相继推出的“211工程”和“985工程”；因素之二，是当时正在兴起的各类大学排名榜。一些高校为了跻身“211工程”和“985工程”，为了在排名榜上提高名次，通过合并做大做强，似乎成为捷径。于是，一些相关或者不相关的在地理位置上比较接近的高校，经过各种途径的接触交流，“自由恋爱”，逐渐达成合并或联合办学的意向，然后得到主管部门的认可，加之政策的导向和高层领导的鼓励，自下而上最终付诸实施。

以上四个方面，是20世纪50年代和90年代两轮院系调整在取向和路径上的主要区别。这些区别，反映了不同时期社会对高等教育改革和发展的制约作用，也反映了不同时期人们对大学组织的不同理解。

① 李岚清：《李岚清教育访谈录》，人民教育出版社2004年版，第87、98页。

四、组织形式的新问题

20世纪90年代初启动的新一轮院系调整，至90年代中后期达到高潮，在21世纪初基本结束，由此形成的高等教育新格局以及大学组织的新形式，基本延续至今。这一轮调整从预期的目标上看，当然是有必要的，但是，它在实践和理论上也都提出了一些新的问题。

（一）规模与效益

提高办学效益，是20世纪90年代高校合并的一个重要理由。办学效益的衡量指标有很多，包括人、财、物等方面，其中一个重要指标是生均成本。那么，并校到底能否降低生均成本呢？

高校合并能够扩大校均规模（校均在校生人数），却难以直接降低生均成本。其重要原因在于，当时我国高校的办学效益之所以较低，即生均成本较高，主要高在“人头费”上，也就是过低的“师”生比。合校之后，校均规模扩大了，但“师”的比例也同步增加了。这里的“师”之所以加了引号，是因为当时在我国的高校里，这个“师”不仅仅包括在教学科研第一线的专任教师，还包括为数不少的实际不在教学第一线的“非师”人员，诸如“双肩挑”人员和其他教辅人员。

当时就有研究表明，在校均规模和师生比这两个影响生均成本的因素中，师生比的影响发生在百位数上，而校均规模的影响仅仅发生在十位数上。①也就是说，师生比对于生均成本的影响比之校均规模，是起决定作用的主要因素。由此可见，高校合并的直接作用只能扩大校均规模而难以立即降低生均成本。

这并不是说并校对于提高办学效益就没有意义。一方面，从办学资源的角度来说，并校有利于资源共享，提高资源的使用效率，这当然有助于提高办学效益。另一方面，并校虽不能直接降低生均成本，但可以为提高

① 闵维方：《高等教育规模扩展的形式与办学效益研究》，载《教育研究》1990年第10期。

“师”生比创造条件，因为并校之后，虽然“师”不能直接裁减，但毕竟“庙”可以减少，这样就可能为以后裁减“非师”人员作好铺垫。

因此，要使高校合并直接起到提高办学效益的作用，就必须把形式上的合并与实质上的改革统一起来，通过合并促进改革，通过改革完善合并。从这个角度来看，改革的主要突破口应是校内人事制度的改革，即通过裁减那些多余的非师之“师”，结束“生寡食众”的局面，[①]最终达到减员增效之目的。

（二）何谓“综合大学”

20世纪90年代新一轮院系调整过程中出现频率很高的一句话是“建设真正意义上的综合大学”。其实，“综合大学”并不是世界高等教育界的一个通用术语，它主要出自苏联，因此在我国《教育大辞典》中，将“综合大学”一词直接界定为“苏联等国高等学校的一种”，特指那些主要设置文、理基础学科，兼顾部分经济、法政学科，且侧重基础理论教学与科研的高校。[②]我国近代有“大学”或“分科大学”一说，而无“综合大学”一说，只是从20世纪50年代院系调整开始，才出现了“综合大学”这个词。

在英语国家，并没有专门的“综合大学”一说，因为其“大学”一词本身已经包含了“综合”之义。英语“大学”一词在词源上本身就包含着“普遍的、全体的、通用的、多才多艺的”等含义。由此似乎可以推断，在英语国家，人们心目中的“大学”与“综合”是等同的，“综合”本身就是“大学”的题中应有之义，因此也就无须在“大学”前面冠以“综合”一词。

20世纪50年代经过院系调整，工、农、医、商、法等科均被撤出大学，成为独立的专门学院，大学只剩下文理二科，而仅有文理二科的大学是很难被称为“综合大学”的。20世纪90年代的新一轮院系调整，提出要建设“真正意义上的综合大学”，主要也是从这个角度考虑的。然而，在20

① 潘懋元：《大学教师待遇偏低评析》，载《光明日报》1994年11月17日。

② 顾明远主编：《教育大辞典（3）》，上海教育出版社1991年版，第61页。

世纪90年代的调整中，由一些专业性学院合并而成的“综合大学”，是否能够称为“真正意义上的综合大学”，也是需要具体分析的。

“真正意义上的综合大学”，首先当然是学科门类比较齐全，涵盖文、理、工、农、医、商、法等多个学科门类。但是，仅仅学科门类多，甚至齐全，似乎还不足以体现“综合大学”的全部意蕴，因为综合大学除学科门类多之外，更重要的是，它还应具备强大的文理基础学科，是高深知识的前沿和学术研究的重镇，并且能够为其他众多学科在理论和方法上提供思想动能，将其他众多学科在学术上综合起来。如果没有强大的文理基础学科作为支撑，大学的基础就难以牢固，很难达到高深知识的程度，而其他学科也就可能因为缺少基础理论和方法的支撑而就事论事，失之于肤浅，这些都不是“真正意义上的综合大学”应有的样态。

（三）学院应设于哪个学科层面

经过20世纪90年代新一轮的院系调整，大学的组织形式又恢复了“校、院、系”三级建制。按照学科专业设置学系，而学系之上组建二级学院，目的是扩大学科专业的口径，促进学科专业的综合化。按照这一目的，二级学院理应建立在学科专业的“门类”上，即建立在文、理、工、农、医、财经、法政、教育、管理这一层次上，而系则建立在“二级学科”的层次上，如文科门类中的哲学、历史、中国语言文学，理科门类中的数学、物理、化学、生命科学等。

然而，20世纪90年代绝大多数改设二级学院的大学，实际的做法不是通过学系的合并组建门类层次上的学院，而是简单地把原先的学系升格为“学院”，出现了诸如“数学学院”“物理学院”“化学学院”“哲学学院”“历史学院”之类的牌子，以至于大多数大学拥有十几到二十几个二级学院成为常态。如此这般，学系升格了，却无助于学科的综合化；非但没有促进综合化，反而在一定程度上进一步细化了专业，强化了专业化。同时，原先的“教研室”升格为“学系”，“学系”再升格为“学院”，名称向上升格，相对就意味着专业口径向下细化，这就与综合化的初衷背道而驰，并且有可能以学院为单位形成新的“小而全”。因此，20世纪90年代新一轮院系调整恢复的“校、院、系”三级组织形式，实际上与中国近代大学的组织模式有很大的不同，也与国际惯例有别。

在20世纪90年代的新一轮院系调整中，由于缺少必要的规范，一些大学的院系设置实际上存在不少失范的现象。一是许多大学实际上是“校院系室”四级组织形式并存，各级组织性质不清，职能不明，层次过多；二是一些高校的组织形式叠床架屋，院下有院，系下有系，造成了名称的混乱；三是校内院系组织变动既无章可循，又缺乏必要的论证环节，行政化倾向严重，个人意志横行，因而违背学科专业的内在联系和规律，以至于变动频繁，乱折腾，造成新的矛盾。

总之，学科专业是大学组织形式的内容和材料，大学的各级组织形式只不过是学科专业的外在表征。内容决定形式，大学的组织形式要由学科专业来决定。当然，形式也能从正反两方面反作用于内容，大学组织形式也会反过来影响和制约学科专业的发展，或促进，或促退，或推动，或阻碍，最终影响大学的办学水平和质量。因此，通过法律形式规范我国大学各级组织形式，以科学、合理、规范的大学组织建制促进学科专业的发展，促进大学宗旨的实现，具有重要的意义。

第三节　现代大学制度的特征

高等学校的内部管理体制是高校内部各种权力的配置方式和行使方式，主要涉及决策权、行政权、监督权等方面。在不同的高等教育管理体制下，高校内部管理体制也不尽相同。我国高校的内部管理体制，其权力配置方式和行使方式显然受到高等教育管理体制的直接制约，在结构上与高等教育管理体制基本同构，既有其优势，也有其不足。改革高校内部管理体制，是建设和完善现代大学制度的前提。

一、大学管理体制的沿革

大学内部管理体制涉及各个组织层级的权力配置与运行，其中，校级权力配置方式和行使方式是该体制的核心。七十多年来，我国高校的内部管理体制一直处在探索的过程中，其间经历了多次变革，屡有反复，反映出高校管理体制改革的复杂性和敏感性，也反映出这一改革的艰难和曲折。

（一）“校长负责制”

1950年8月，教育部发布的《高等学校暂行规程》规定了“大学及专门学院采校（院）长负责制”，同时明确了大学校（院）长的五项主要职责，具体包括：“代表学校；领导全校（院）一切教学、研究及行政事宜；领导全校（院）教师、学生、职员、工警的政治学习；任免教师、职员、工警；批准校（院）务委员会的决议。”[①]同时发布的《专科学校暂行规程》对专科学校也作出了同样的规定。

这两项规程的发布，确立了我国高校“校长负责制”的最初框架，明确了校长是学校的主要行政首长，是“一把手”。当时，一批革命家纷纷走上大学校长的领导岗位，如蒋南翔（清华大学）、匡亚明（吉林大学）、郭影秋（南京大学）等，他们的职务一般都称为“校长兼党委书记”，而江隆基在北京大学则是以副校长身份兼任党委书记（时任校长为党外的马寅初）。

建国初期，高校实行校长负责制，有其历史原因：一是当时全国普遍遵循“以俄为师”的方针，高等教育领域也是“一边倒”地仿照苏联，而

①《中国教育年鉴》编辑部编：《中国教育年鉴（1949—1981）》，中国大百科全书出版社1984年版，第778页。

苏联的高校管理体制一直是"一长制"，校长作为学校的最高首长。二是中国近代大学也是"一长制"，校长是学校的最高行政负责人。建国初期，百废待兴，来不及细致地设计新政之下的高校管理体制，因此，效法苏联并沿用原有的"一长制"也是势所必然。

（二）"党委领导下的校务委员会负责制"

1956年9月，中国共产党第八次全国代表大会召开，大会通过的《中国共产党章程》第五十一条要求："在企业、农村、学校和部队中的党的基层组织，应当领导和监督本单位的行政机构和群众组织积极地实现上级党组织和上级国家机关的决议，不断地改进本单位的工作。"[①]这一要求实际上明确了党的基层组织在本单位的领导地位，此后，校长负责制逐渐被取消，各高校开始成立校党委，于是，"一切高等学校都实行党委领导下的校务委员会负责制"。[②]

1958年《中共中央、国务院关于教育工作的指示》（下文简称《指示》）进一步明确地指出：为了实现党的教育方针，"教育工作必须由党来领导"；"一切教育行政机关和一切学校，应该接受党委的领导"。这一《指示》还强调："在学校内部，在政治工作、管理工作、教学工作、研究工作等方面，也应贯彻党委领导下的群众路线的工作方法。"[③]自此，高校党委领导下的校务委员会负责制得以巩固和加强。

（三）"党委领导下的以校长为首的校务委员会负责制"

1961年，随着国民经济"调整、巩固、充实、提高"方针的提出，高等教育也进入调整和充实的时期，目的在于确立以教学为中心的原则，恢复高等教育正常的教学秩序。在此背景下，《中华人民共和国教育部直属高

① 中共中央党校党章研究课题组编：《中国共产党章程编介（从一大到十七大）》，党建读物出版社2008年版，第229页。

② 郝维谦、龙正中、张晋峰主编：《中华人民共和国高等教育史》，新世纪出版社2011年版，第162页。

③《中国教育年鉴》编辑部编：《中国教育年鉴（1949—1981）》，中国大百科全书出版社1984年版，第688-689页。

等学校暂行工作条例（草案）》（下文简称《工作条例（草案）》）于1961年9月发布。《工作条例（草案）》共十章六十条，总结了新中国成立以来高校管理体制的经验和教训，其中第五十一条明确规定："高等学校的领导制度，是党委领导下的以校长为首的校务委员会负责制。"①

这一规定，是对先前"党委领导下的校务委员会负责制"的一次更新，最主要的一点，就是突出了高校校长在校务委员会中的"首要"地位和作用，明确了校长在校务管理中的首要职责。《工作条例（草案）》规定："校长是国家任命的学校行政负责人，对外代表学校，对内主持校务委员会和学校的日常工作。"同时规定，"校务委员会"是"学校行政工作的集体领导组织"，学校工作中的"重大问题"，"应由校长提交校务委员会讨论，作出决定，由校长负责组织执行"。《工作条例（草案）》还规定了校务委员会的组成，"由校长、副校长、党委书记、教务长、总务长、系主任、若干教授和其他必要人员组成"，在强调"人数不宜过多"的同时，特别引人注目的是要求"党外人士一般应该不少于三分之一"。这一规定的用意是很明显的，因为当时高校的大多数知识分子，尤其是高级知识分子，都是民国时期过来之人，绝大多数为"党外人士"，《工作条例（草案）》规定他们的人数在校务委员会中不少于三分之一，实际上是肯定了他们在校务管理中的特殊作用。

值得注意的是，《中华人民共和国教育部直属高等学校暂行工作条例（草案）》指出：校党委"是学校工作的领导核心，对学校工作实行统一领导"，但同时也强调，在高校中，"党的领导权力应该集中在学校党委会一级，不应该分散"。②也就是说，党的领导权力主要集中在学校一级，不应分散到下级组织层级，所以《工作条例（草案）》在规定系的管理制度时，

①《中国教育年鉴》编辑部编：《中国教育年鉴（1949—1981）》，中国大百科全书出版社1984年版，第697页。

②《中国教育年鉴》编辑部编：《中国教育年鉴（1949—1981）》，中国大百科全书出版社1984年版，第698页。

在规定系主任和系务委员会的关系时，特别指出：系的党总支委员会主要是做好思想政治工作和党建，“保证和监督系务委员会决议的执行和本系各项工作任务的完成”。

《中华人民共和国教育部直属高等学校暂行工作条例（草案）》虽然针对“教育部直属高等学校”，但其基本精神实际上适用于全国所有的高校，具有全国性的政策效力。因此《工作条例（草案）》发布之后，试行的高校并不限于教育部直属高校。据统计，截至1963年初，全国试行这个条例的高校已达222所，其中教育部直属高校24所，其他部委高校71所，地方高校127所，[①]而其余高校“也大都参照这个条例的精神改进了工作”。

“文化大革命”十年动乱期间，《工作条例（草案）》被诬为“资产阶级知识分子垄断学校”的纲领，“党委领导下的以校长为首的校务委员会负责制”瞬间土崩瓦解。从1968年暑假开始，先后有“工宣队”或“军宣队”进驻高校，“工宣队”“军宣队”实际上成为高校的领导机构；随后，由“工宣队”“军宣队”主导建立的“革命委员会”成为高校的“一元化”领导机构。

（四）“党委领导下的校长分工负责制”

1978年秋，教育主管部门对1961年的《中华人民共和国教育部直属高等学校工作条例（草案）》进行修订，修订后的文件以《全国重点高等学校暂行工作条例（修订草案）》命名公布。这份《工作条例（修订草案）》明文规定，高等学校在学校一级实行“党委领导下的校长分工负责制”，而在学系一级则实行“系党总支委员会（或分党委）领导下的系主任分工负责制”；同时，取消了原有的校务委员会和系务委员会，另行成立校、系两级学术委员会。《工作条例（修订草案）》虽然名中有“重点高校”，但当时针对高校内部管理体制并无其他规范性政策文件，因此，“党委领导下的校长分工负责制”事实上对全国高校都适用。但在实际工作中并不完全统一，

① 中央教育科学研究所编：《中华人民共和国教育大事记（1949—1982）》，教育科学出版社1983年版，第298页。

例如有些高校取消了校务委员会，成立了学术委员会；有些学校的校务委员会却没有取消，仍然与学术委员会并行运行了一段时间，只不过前者侧重于学校的行政事务，而后者侧重于学术事务。

1985年，《中共中央关于教育体制改革的决定》提出要扩大高校办学自主权，在有条件的学校逐步试行“校长负责制”。至1989年，全国试行“校长负责制”的高校已达200多所。

（五）“党委领导下的校长负责制”

20世纪90年代初，《高等教育法》的立法工作启动，关于高等学校的管理体制问题，始终是立法讨论的焦点。最终经过调研，综合各方及各界的意见，1998年，经全国人大常委会通过的《中华人民共和国高等教育法》首次以法律的形式，对我国公立高等学校的管理体制作出了规范表述：“国家举办的高等学校实行中国共产党高等学校基层委员会领导下的校长负责制”；同时规定：高校党委“按照中国共产党章程和有关规定，统一领导学校工作，支持校长独立负责地行使职权”。校党委的主要职责是：“执行党的路线、方针、政策，坚持社会主义办学方向，领导学校的思想政治工作和德育工作，讨论决定学校内部组织机构的设置和内部组织机构负责人的人选，讨论决定学校的改革、发展和基本管理制度等重大事项，保证以培养人才为中心的各项任务的完成。”

《中华人民共和国高等教育法》还规定：“高等学校的校长为高等学校的法定代表人”；“高等学校的校长全面负责本学校的教学、科学研究和其他行政管理工作”，并行使六项主要职权：“拟定发展规划，制定具体规章制度和年度工作计划并组织实施；组织教学活动、科学研究和思想品德教育；拟定内部组织机构的设置方案，推荐副校长人选，任免内部组织机构的负责人；聘任与解聘教师以及内部其他工作人员，对学生进行学籍管理并实施奖励或者处分；拟定和执行年度经费预算方案，保护和管理校产，维护学校的合法权益；章程规定的其他职权。”

《中华人民共和国高等教育法》自颁行之后，纲纪四方，令行禁止，高等学校“党委领导下的校长负责制”由此得以确立，成为我国高等学校的基本制度。正由于这是由法律形式规定的高校基本制度，因此在具体的执行中，还要依据其他的法律和规章来协调和具体规范，顶层如《中国共产党党章》《中国共产党基层委员会工作条例》等，基层如高等学校章程等。在各校实施“党委领导下的校长负责制”的体制中，校章也起到了一定的调节和补充作用。

二、何谓现代大学制度

20世纪90年代后期，我国经济领域出现了探讨“现代企业制度”的热潮，随后“现代大学制度”的命题就出现在高等教育领域。当时的学者们参照“现代企业制度”的相关理论，对现代大学制度进行了阐释。例如，“现代大学制度的核心是在政府的宏观调控下，大学面向社会，依法自主办学，实行民主管理”；“建立现代大学制度，基础在大学”，“关键在政府”，“根本在法治”。[①]这样的理解，抓住了问题的实质，把握了问题的核心和关键，也引领着学界对这个问题进行深入探讨。

从官方的政策文本来看，对现代大学制度的理解角度经历了一个发展的过程。2004年，教育部的《2003—2007年教育振兴行动计划》首次在官方文件中提出“现代学校制度”的概念。从文件内容来看，这份文件主要是从“学校内部管理体制”角度提出的，[②]虽然它也在别条文中提到“转变政府职能”“改革教育行政审批制度”问题，但因为囿于“校内管理体制”，因此，这份文件并未能完全从实质上来把握现代学校制度的核心问题。

2007年，教育部颁布《国家教育事业发展“十一五”规划纲要》，首次提出了“现代大学制度”的命题。从内容看，这份文件主要从“明确和落实各级各类学校的法律地位，完善学校法人制度”的层面提出“建立和完

① 袁贵仁：《建立现代大学制度推进高等教育改革和发展》，载《国家高级教育行政学院学报》2000年第2期。

② 教育部：《2003—2007年教育振兴行动计划》，载《中国高等教育》2004年第7期。

善现代大学制度”的问题，[①]这在提法上显然比《2003—2007年教育振兴行动计划》更进一步。

2010年，《国家中长期教育改革和发展规划纲要（2010—2020）》颁布，要求“推进政校分开、管办分离。适应中国国情和时代需求，建设依法办学、自主管理、民主监督、社会参与的现代学校制度，构建政府、学校、社会之间新型关系”。同时提出要“完善中国特色现代大学制度”“完善大学治理结构”以及“克服行政化倾向”“取消行政化管理模式”。[②]《规划纲要（2010—2020）》对现代学校制度给出了“依法办学、自主管理、民主监督、社会参与”这四个限定词，对现代学校制度作出了内涵界定，同时部署了现代大学制度的改革试点。

然而，随着研究视野的扩展，对于现代大学制度的解释也变得复杂起来，有仿照“现代企业制度”的，有从“准公共产品”的角度论述的，也有认为德国洪堡的大学改革是现代大学制度源头的，还有从伯顿·克拉克那里寻找现代大学制度概念原义的。站在不同的立场，从不同的角度，对于现代大学制度的理解呈现出多样化的趋向，歧义丛生也就不可避免。

特别是在启动现代大学制度改革试点之后，由于试点采取了项目制的方式，在缺少必要顶层设计的情况下，任由各高校根据自己对现代大学制度的理解自行申报作为改革试点，然后由各校自行实施改革。从当时各校实际申报的现代大学制度试点方案来看，能真正抓住现代大学制度实质的，十分少见，而大量进入试点的项目，名称却五花八门：既有试点“实行党委书记兼校长的现代大学制度”，也有“试行完全学分制建设现代大学制度”的，还有通过实行“绩效工资”“评聘分离”“顶岗实习”“产学研合作”之类来建设现代大学制度的，几乎覆盖了高校管理工作的各个方面

① 中华人民共和国教育部：《国家教育事业发展“十一五”规划纲要》，载《中国教育报》2007年5月29日。

② 中共中央、国务院：《国家中长期教育改革和发展规划纲要（2010—2020）》，载《中国教育报》2010年7月30日。

和环节，应有尽有。然而，诸如此类的试点项目，明显文不对题，甚至离题万里，令人啼笑皆非，最后大多不了了之，也是事所必然。究其原因，或者是这些试点高校的主事者真的不理解何谓现代大学制度，因而自说自话、自以为是；或者明知现代大学制度的核心要义所在，却没有改革的诚意，只是顾左右而言他，找了些五花八门的名目应付罢了。

现代大学制度是一个中国化的命题，也是一个实践的命题，它是针对我国高等教育管理体制中存在的问题，承载着国人对“现代”大学制度的憧憬而提出的。在20世纪末、21世纪初，我国高等教育领域提出这个命题，有其特定的背景和指向，因此，我们对这个命题的理解就不能脱离我国特定的高等教育体制背景，不能脱离中国高等教育的现实语境。“现代大学制度”一词可以说是“中国特指”，极具中国特色。在国外的语境中，在关于高等教育的各种理论著作里，我们似乎很难找到一个与此完全对应的外文词；国外学者在使用相近的概念时，基本上都不是特指而是泛指。

虽然这是一个中国化的命题，但是对于命题所指向的事物本身，也就是现代大学制度的实质，我们却不能不从历史演进的角度、不能不将其放到世界高等教育的参照系中来理解，否则难免坐井观天、自说自话，反而对于实现这个目标无所助益。

首先，从历史的角度看，所谓现代大学制度，其实不完全是“现代”的，它在一定程度上也是“历史”的，它是在高等教育长期发展的历史过程中逐渐积淀形成的，“依法办学、自主管理、民主监督、社会参与”这四个基本要素可以说是“古已有之”。作为现代大学始祖的欧洲中世纪大学，也必须“依法办学”，要取得教会、王室或世俗政权颁发的“特许状”之后才能开办；其“自主办学”的权利，一般都在“特许状”上有明文规定，这些大学在当时已经享有我们今天难以想象的特权和自治权；中世纪大学也不乏现代民主的要素，“学生同乡会”或“教授会”之类的团体在大学管理中起着重要的甚至是关键的作用；“自主办学”的权利也受到某种意义上的社会监督，只不过那些监督不一定都起正面作用，有时甚至还会演变成与大学的矛盾和冲突。

从历史角度看，中世纪大学已经奠定了现代大学的诸多制度基因，经过一千多年的发展演变，这些基因仍在牢固地发挥着作用，决定着当下大学制度的基本特性。所以我们很难找到一个时间节点，认定从何时开始、在哪一个国家率先建立了我们所说的这种“现代大学制度”。

其次，从国际比较的角度看，现代大学制度不仅仅是某一国的，而是多国的，甚至可以说是世界性的。各国的大学制度大不相同，存在优劣、高下之分，而且我们在谈论“现代大学制度”这个命题时，虽然也难免会以某个国家作为参照系，但是迄今为止，几乎没有哪个国家自诩就是现代大学制度的样板。

在我们常常作为参照系的那些高等教育发达的国家的大学制度中，我们既可以看到那些很“现代”的要素，也不时会发现在某些方面也有一些不太“现代”的要素。任何一个国家的大学制度，都不可能全是标准的“现代”的，更不可能十全十美，都可能会有一些不够“现代”的地方，都会有某些不足之处。因此，我们所谓的现代大学制度，其实可以看作将各国大学制度中那些比较“现代”的要素、好的要素抽取出来之后在观念上的综合，是一种理想的愿景。既然是将各国大学制度中比较“现代”的要素抽取出来综合而成的，那么，这些“现代”的要素在各国高等教育体系中本质上都应该是共同的，是有“国际惯例”的，只不过在具体的表现形式上可能有所不同而已。这些共同的要素，用我们的政策语言来说，不外乎就是“依法办学、自主管理、民主监督、社会参与”，或者是“中立”“自治”“分权”“制约”而已。

其三，从制度本身来看，现代大学制度也不是某种单一的制度，更不是某一个具体的制度，而是多种制度的综合体，是多种制度配套形成的制度体系。因此，我国建设和完善现代大学制度，理应是一个制度体系改革的系统工程，既不是简单地只下放几项权力（尽管放权是重要的一步），也不是简单地取消大学的行政级别所能解决的，任何单科突进式的改革都不足以建立起现代大学制度。

这个制度体系的改革，有一个核心、两个关系维度是我们始终必须把握住的。一个核心，就是权力，是高等教育管理权力的产生、授予、行使和制约。两个关系维度，一是大学与其举办者、管理者的关系，在我国当前体制下，对公办大学来说，实质上就是大学与政府的关系维度，属于高等教育宏观管理体制的维度；二是大学内部的关系维度，主要是校、院、系的权力关系。因此，在我国建立与完善现代大学制度，核心的问题就是解决大学内外部权力的产生、授予、行使和制约的问题，改革的关键就在于，在这两个关系维度上改变现行的权力关系，从而使大学真正实现“依法、自主、民主、监督”的“现代”制度体系和运行机制。

三、两个关系维度

我们之所以将建设和完善现代大学制度作为改革目标，原因就在于我们现行的大学制度还有一些不太“现代”的成分，就是要通过改革去除这些不太“现代”的成分，代之以更“现代”的成分。因此，我们在启动现代大学制度的系统改革时，就需要首先认准这些不太“现代”的成分所在，然后才能找准症结，改革才有可能对症下药。否则仓促上阵、任由高校自行试点，难免东一榔头西一棒子，看起来很热闹，实则放空炮，甚至可能南辕北辙、适得其反。

（一）大学与政府的关系

由于现代大学制度的系统改革涉及大学与政府的权力关系以及大学内部的权力关系两个主要维度，因此，改革就必须在这两个维度上进行；而且就从属关系来看，大学与政府的关系是第一位的关系，大学内部的权力关系是第二位的关系，是受第一位前提性关系制约的关系。

我国高等教育管理的“行政化倾向”和“行政化管理模式”，是自上而下形成的，因此以现代大学制度为目标的系统改革，最理想的路径也应该自上而下推进改革，首先应从政府自身改起。如果政府主管部门真正能够转变高等教育管理职能，改变管理方式，摒弃“行政化倾向”和“行政化管理模式”，让大学真正面向社会自主办学，让教师能够心无旁骛地专注于教学和学术，那么在此前提下，大学制度本身的改革也就可能水到渠成，并非难事。

也就是说，为了建立现代大学制度，首先必须从政府部门改起；只有首先建立“现代政府制度”，才有可能在此基础上建立起理想的“现代大学制度”。只要大学与政府的关系理顺了，政府的管理职能和管理方式真正改善了，真正做到管其所应管，不管其不应管，以符合高等教育规律的方式去管，那么，大学内部的权力关系也就比较容易解决，甚至可以迎刃而解。相反，如果大学与政府的关系没有理顺，政府的管理职能和管理方式没有实质性改善，那么，在前提性制约不改变的情况下，大学想要靠自己的力量来建设和完善现代大学制度，将难上加难。

关于理顺大学和政府的关系、改进政府的管理职能和管理方式，已在第一章中述及，主要是加强顶层设计和顶层推动，重新校准管理体制改革的目标，以壮士断腕的勇气，大幅度削减文件化和项目化管理方式，等等，在此不再赘述。但从建设和完善现代大学制度的角度考虑，仍然有一些特殊的具体路径可加以探讨。

例如，进一步以法律形式，明确国立、省立、市立、民办高等学校的性质及其举办、管理的权限；并根据我国人口、经济、社会、教育的分布状况，规范一定时期内全国各性质（国立、省立、市立）、各类型（普通-职业、综合-多科-单科）、各层次（博硕士研究生-本科-专科）公立高等教育的比例、规模、任务，将全国各性质、各类型、各层次高等学校的比例、规模等事项，通过立法形式使其法治化。对于地方高校，则以《高等教育法》为依据，由地方人民代表大会及其常委会根据本地人口、经济、社会、教育状况，通过法律形式确定本地区各性质、各类型、各层次公立高等教育的相关事项。强化法律保障，就有可能淡化高校对政府部门的依赖，从而提高高校的自主性。

又例如，改革现行高等教育财政拨款方式，实行按照高校规模（学生数）拨款的体制。现行的“基本支出预算+项目支出预算”的拨款方式，是在20世纪90年代初期确立的。这一方式突出了“项目”在经费结构中的比例和地位。其目的在于通过拨款机制对高校加以引导或控制，“使高校拨款与政府的高等教育政策目标更紧密地结合起来”。[①]但是，这一方式在当时确实起到了激励的作用，但其缺陷也是显而易见的，一是项目的设立权在政府主管部门，从目前的情况看，项目设置表现出某种无序性、人为性、随意性；二是项目审批过程缺少公正、公开的机制，有可能为权力寻租提供可乘之机，造成“跑部钱进”的乱象。因此在目前情况下，公共财政对公立高校的拨款，宜采用按照学生数拨款为主的方式：高校按照法律限定的规模进行招生，政府按照高校的学生数进行拨款。这样的拨款机制，可以保证公共财政拨款的基本公正性和透明性，以及拨款者与高校之间的信息对称性，从机制上减少权力寻租的空间。另一方面，可将现有的各种名目的“项目”经费予以合并，改为设置高额的国家（省、市）奖学金、助学金，资助优异生和优秀贫困生，从而形成公共教育经费的良性机制：学生直接获得国家（省市）资助的经费，有利于增强他们的国家认同感；学生向学校缴纳学费，也就赋予了他们要求学校提供优质教育服务的权利；学校从学生那里收取了学费，对学生会产生基本的责任心和敬畏心。这样就有可能在付费者、使用者、受益者之间建立起良性的责任关系。而过度依赖项目制的拨款方式，由于经费付出者、使用者、受益者关系不清、责任不明，一方面导致经费不足，另一方面却以“项目”的方式造成大量浪费，弊端也越来越明显。

（二）大学内部权力关系

高等教育宏观管理体制的改革，事关国家政治体制和行政体制，兹事体大，任重道远。尽管党的二十大明确提出要“坚持深化改革”，要“着力

① 马陆亭：《高等教育财政拨款模式改革研究》，载《北京教育·高教版》2006年第5期。

破解深层次体制机制障碍”，方向已经指明，目标已经明确，但仍然需要一个过程，不可能一蹴而就。

那么，在高等教育管理体制改革尚未取得实质性进展、大学与政府的关系尚未实质性理顺的情况下，有没有可能从高校层面改起，从校级治理结构改起？由于前提性关系对高校内部权力关系具有严密的制约性，在一般情况下，前提性关系没有改革，仅从校级层面改起，肯定很难。

当前大学内部的权力关系，首要问题在于校级领导尤其是主要领导权力过大，过于集中，个人专权独断的现象比较严重，其权力的触角在校内几乎无所不在、无所不及，可以不受任何限制地干预校内每一个角落、每一个工作细节、每一个具体成员。同时，校内行政等级分明，校、院、系自上而下完全按照行政规则运作，校部行政职能部门权力远大于院系，行政人员权力也远大于教授。再则，校内各层级对行政权力都缺乏有效的民主制约机制，最具民主意识和能力的大学教师对校政、院政也基本上没有制度化地发表意见的渠道。正由于教师缺少畅通的意见渠道，又进一步加剧了行政权力的膨胀，行政人员也越来越像官员，越来越成为教师的上级。更严重的问题在于，权力会腐蚀人，无限的权力会无限地腐蚀人，近年来一些大学领导因贪腐而相继落马，警示人们去思考他们贪腐后面的复杂原因。

为了克服高校管理的行政化倾向，人们关注和谈论比较多的，是取消高校的行政级别问题。其实，高校的行政级别只是行政化倾向的一个外部表征，不是问题的本质和关键。因为，在某种管理体制下，高校即使有行政级别，它也未必一定会“行政化”“官僚化”；而在另一种管理体制之中，即便高校没有行政级别，它仍然可以表现出“行政化”“官僚化”，甚至“行政化”“官僚化”得很严重。因此，问题的关键并不在于高校有没有行政级别，而在于高校行政权力的授予方式、行使方式和制约机制。

有学者从理论上论述了“中层突破”的可能性，认为借助于“一流大学”的建设和民办高校的发展，有可能从校级层面推动现代大学制度的建设。[①]但总的来看，这方面成功的案例实在太少，而且成功之处也不尽在现代大学制度的核心问题上。不过，“中层突破”理论启发我们，即便在前提性关系没有实质理顺的情况下，高校在建设现代大学制度的改革中，也不完全是被动的，而是可以主动作为而且有所作为的。要做到这一点，既取决于高校领导者对现代大学制度的正确理解，也取决于高校领导尤其是“一把手”的改革决心和勇气，还取决于广大师生员工尤其是高职级教师的激励和促进。只要高校内部能形成改革的共识与合力，同时借助于政策的利好，高校在建设现代大学制度的改革方面就有可能主动作为并且有所作为。

在高校主动作为方面，首先应重视学校章程在规范校内权力关系、建构治理体系中的重要作用，通过完善学校章程来促进高校治理体系和治理能力的现代化。除按照《中华人民共和国高等教育法》的要求，在学校章程中规定有关事项外，学校章程的核心条款应该是对学校的权力关系进行界定，对学校各级各类权力的授予、行使、监督作出明确的规定，使权力在章程的框架下运行。例如，校（院）长的选聘程序及其职权，教学科研机构的设置标准与程序，行政管理机构的设置标准与程序，学术委员会的组成及其权限，其他各种委员会的组成及其权限，教师评聘的权限与程序，等等，均应在学校章程中有明确的规定，实现制度化、规范化。制定高校章程的主要目的，就在于构建一个权限清晰、分工明确、相互联系又相互制约的治理体系，实现治理体系和治理能力的现代化。

就当前我国高校治理体系的现状而言，发挥校学术委员会在学校治理中的主体作用，具有特别重要的意义。按照《高等教育法》规定，高校的学术委员会具有“审议学科、专业的设置，教学、科学研究计划方案、评定教学、科学研究成果等学术事项”的职能，是高校学术事务的审议和评议机构。只要我们承认高校是学术机构，那么学术委员会在本校学术事务

① 龚放：《“中层突破”：建设现代大学制度的新思维》，载《探索与争鸣》2013年第6期。

中的地位和作用就是无可替代的。从现实情况看，一部分高校较好地履行了《高等教育法》的规定，比较切实地赋予校学术委员会在本校学术事务管理中的具体权限，发挥了学术委员会在学校治理中的独特作用。

但是，也有相当一部分高校并没有把《高等教育法》的规定落到实处，以至于校学术委员会形同虚设，可有可无，发挥不了应有的作用。某些学校的章程，甚至学术委员会章程，都没有对学术委员会的“审议”和“评议”权限作出具体而明确的规定，相关条款全都失之于笼统抽象的表述，从而在校法、校规上造成了学术委员会基本权限的虚化、空心化。

有些高校即便在章程中对校学术委员会的“审议”和“评议”权限有比较明确的规定，但在实际工作中，学校的行政管理部门和领导却常常不按章办事，越俎代庖，超越学术委员会而主要通过行政渠道、运用行政手段来处理相关学术事项，使得学术委员会成为行政领导想用时就拿来一用、不想用时就可以弃之不用的摆设。

还有些高校的章程，对校学术委员会的权限只作了选择性的规定，对于一些重要的学术“审议”和“评议”事项虚化、抽象化，从而为行政管理部门越俎代庖预留了很大的空间，而将一些行政部门避之唯恐不及的学术争议事项，如学术争议、学术不端的认定等，归于学术委员会，以至于校学术委员会在重要的学术“审议”和“评议”上权限不彰，而仅仅成为一个处理学术争议、学术不端等棘手事宜的仲裁和调解机构，大大窄化了校学术委员会的作用。

总之，学术委员会的虚化和弱化，是行政权力过度强化造成的，因此，按照《高等教育法》全面落实校学术委员会应有的作用，一方面需要加快高校行政管理体制改革，通过学校章程等规章限定行政权力，明确学术权力，使学术委员会的主体作用有法可依；另一方面，也需要学术委员会按照《高等教育法》授予的权限，自强不息，主动作为，在学校的治理体系中自己硬起来、强起来。只要我们承认高校是学术机构，那么学术委员会在本校学术事务中的地位和作用就应该是无可替代的。

按照《高等教育法》的规定，高校“以教师为主体的”教职工代表大会是“依法保障教职工参与民主管理和监督、维护教职工合法权益”的组织形式，然而就落实的现状来看，除比较忠实地遵循《高等教育法》相关规定的高校外，确实也存在与校学术委员会类似的问题，在很多高校里，或者是一些事关学校发展的重要问题进入不了教职工代表大会的议程，或者是一些重要问题虽然进入了教职工代表大会的议程，但由于没有表决机制，每每议而不决，只能“仅供领导参考”。改革的途径同样有二，一是按照《高等教育法》的相关规定，在学校章程中明确教职工代表大会的具体权限和议决程序，使其民主管理和监督作用有法可依；二是教职工代表大会要按照《高等教育法》的授权，在学校事务的民主管理和监督方面自强不息、主动作为。

实现高校治理体系和治理能力的现代化，关键是在校级层面有所突破，限制过大的校级行政权力，在校级层面首先克服“行政化”“官僚化”倾向。然而，要在校级层面有所突破谈何容易。究其原因，一是学校层面的权力构成与行使方式，与上级政府和组织基本同质同构，它就是上级行政权力结构在大学里的复制品，同根同源，一脉相承。加之大学的领导，大多由上级政府和组织任命，他们大多习惯于“向上看”，上面不动，他们一般很难动起来。二是在大学的校级层面，对于完善治理结构、建设现代大学制度，动力严重不足。因为现行的这种较“不现代”的大学管理制度，对于校级领导层来说，是心满意足且得心应手的制度：辖内的权力几乎无边，在校内又没有什么制约；校门一关，君临一切，何乐而不为?

管理体制改革滞后，学校层面动力匮乏，建立现代大学制度到底还有没有希望，还有没有路可走？山重水复之中，如果将改革的目光进一步向下，将改革突破口下移至高校的二级机构——学院层面，或许我们能另辟蹊径，找到一条自下而上、通过建立“现代学院制度”完善现代大学制度的改革路径。

第四节　现代学院制度

在大学里，二级学院是大学职能的主要承担者，是大学职能性活动的实际组织者，也是高等教育管理体制中的一个基本行政层级（本节以下所称“学院”，均指二级学院）。按照自下而上的“基层改革”思路，以建设和完善“现代学院制度”为起点，通过“现代学院制度”促进“现代大学制度”的建设，在政府层面和校级层面改革相对滞后的情况下，也许是一条值得探索的路径。

一、学院的演变

清末高等教育机构内的二级组织，有称“馆”者，也有称“斋”“院”者；戊戌维新运动后，则以称“科”者（亦称“分科大学”）为多。1903年的《奏定大学堂章程》规定：“大学堂全学名称：一曰大学院，二曰大学专门分科，三曰大学预备科。其附属名目：曰仕学馆，曰师范馆。”同时还规定，“分科大学”每科设“监督”一人，“掌本科之教务、庶务、斋务一切事宜。”[①]民国初年的《大学令》规定，“大学”以下设“科”，“各科设学长一人，主持一科事务”[②]。

① 朱有瓛主编：《中国近代学制史料（第二辑，上）》，华东师范大学出版社1987年版，第817页。

② 宋恩荣、章咸编：《中华民国教育法规选编（1912—1949）》，江苏教育出版社1990年版，第403页。

20世纪20年代中期，大学出现了二级学院，如当时的国立广东大学，设有“法科学院”“理科学院”“农科学院”等。[①]1927年底开始实行大学区制，大学之下大多设立了学院，如《第四中山大学本部组织大纲》规定，“大学本部设若干学院，院设若干系或科”。[②]1929年《大学组织法》第一次以法律的形式统一规定：“大学分文、理、法、农、工、商、医各学院。凡具备三学院及以上者，始得称为大学。大学各学院及独立学院各科，得分若干学系。”[③]由此，学院作为大学组织中的二级机构得以明确，并且一直延续到20世纪50年代初。

中华人民共和国成立后，通过20世纪50年代初大规模的院系调整，建立了与计划经济相对应的高校专业体制，除个别大学（如安徽大学、福州大学）因为某些特殊原因还暂时保留有“学院”建制外，[④]全国的大学几乎清一色地都取消了学院，大学以下直接设立“系”作为二级组织，系下再设教研室。自此，大学-系-教研室的体制得以确立，这一体制稳定地延续了将近半个世纪。

20世纪90年代中期，随着高等教育体制的变动，“学院制”重新被提起，“学院”作为二级组织重回大学。当然，90年代中期兴起的“学院制”，并不是恢复到1952年之前的“校院系”系列，而是产生了“数学学院”“历史学院”“哲学学院”之类极富中国特色的二级学院。如今，我国大学里的二级实体组织，除少数“学部”或“学系”（如北京大学“中文系”）之外，绝大多数均已改称学院；学院已成为我国大学二级实体组织的主要形式。

---

① 吴定宇：《中山大学校史》，中山大学出版社2006年版，第24-25页。

②《南大百年实录》编辑组编：《南大百年实录（上）·中央大学史料选》，南京大学出版社2002年版，第249页。

③ 宋恩荣、章咸编：《中华民国教育法规选编（1912—1949）》，江苏教育出版社1990年版，第416页。

④ 胡建华：《现代大学制度的原点》，南京师范大学出版社2001年版，第113页。

二、学院的实体性

如今，我国大学的二级学院，是以学科为基础设置的实体性机构。二级学院的这种实体性，可以从以下几个方面体现出来。

（一）教师是学院的主体

从构成主体看，学院主要由特定学科的教师集结组成；学院拥有教师，因此学院首先是教师的组织。教师在某一学科学有专长，术有专攻，他们在大学里实际上就是学科的载体和化身，是学科得以存在的标志。首先是因为拥有学有专长、术有专攻的教师，然后才有学科，再后才能形成学院。如果没有这些教师，学校图书馆里相关的图书著作再多，官方文件规定的“学科点”在学校里布得再多，那也只是空的学科，并不意味着学校真有这个学科。

教师，是学科的化身；学科，是学院的基石；归根到底，从事某一学科教学与研究的教师，是构成学院的最重要的基石。因此，学院归根结底是由教师构成的，是教师的组织。学院一旦在大学里设置起来，教师在身份上和业务上一般就直接隶属于学院，学院因而也就成为特定学科教师的基本工作单位，成为教师身份及其业务活动的基本组织者和管理者。学院拥有属于相应学科的教师，教师是学院最重要的实体成分。

（二）学生也是学院的主体

学院拥有学习相关学科专业的学生，学生也是学院的重要实体成分。当然，学生具有流动性，本科生在学院里一般也只待四年左右，他们迟早要毕业离开学院进入社会，在这个意义上可以说，他们只是学院的过客（尽管这样称呼他们有点不敬）。尽管他们像过客，可一旦入学，一般都直接隶属于大学里的某一学院；他们在学期间，主要是在学院里学习，在学院里活动，甚至在学院里生活，他们无疑是学院的重要构成要素。

正如哈佛大学文理学院院长亨利·罗索夫斯基所说的那样：没有学生

的存在，学院也就没有设置的“缘由”。[①]如果大学里的某个机构只有教师而没有学生，那么，这个机构一般只能称为研究院而不能称为学院。即便是研究院，学生的存在对于教师的研究工作依然是极其重要的，这一点早在两百年前就被洪堡证明过了。

（三）“学院就是大学”

学院是大学职能的直接承担者、各项职能性活动的直接组织者，学院是在特定学科层面上实现大学职能的基本业务单位。

大学承担着培养人才、发展科学、服务社会的三大职能。这三大职能在大学的校、院、系三个层级中，并不是平均分配的，而是有轻重之别。其中，学院是承担大学三大职能的核心层级，是履行和实现三大职能的主力。大学培养的是高级专门人才，是按照学科专业来培养这种专门人才的；大学主要也是按照学科专业来组织科研活动的，大学发展科学的职能主要也是在学科专业的层面上实现的；大学还承担着直接服务社会的职能，这种职能本质上是大学前两项职能的延伸，主要也是在学科专业的层面上开展的。然而，大学是综合的，除大学的公共事务和跨学科协调之外，它本身并不直接从事这些职能性工作；院下的学系，专业口径更窄，规模更小，以教学工作的组织和协调为主，难以全面承担三大职能的繁杂事务。

因此，大学培养高级专门人才、发展科学、直接服务社会的职能，主要是以学院为主要单位来承担的，三大职能主要是在学院的层面上履行的，主要也是在学院的层面上实现的。也正是在这个意义上可以说，“学院就是大学”，或者说，“学院办大学”。

（四）学院有行政级别

在我国现行的高等教育行政体系中，大学里的学院都有行政级别。不论大学本身的行政级别是正厅级还是副部级，学院的行政级别一般都是正

---

① [美] 亨利·洛索夫斯基：《美国校园文化》，谢宗先等译，山东人民出版社1996年版，第5页。

处级，或者说是“县团级”。这种行政级别，对于学院履行其基本职能来说也许并不重要，但是对于学院成为一个实体机构来说却不能缺少。因为学院有行政级别，因此才能设有一套与整个体制相应的领导机构，有学院行政和学院党委（或党总支），其下分别设有院办公室和学生工作办公室、团委等等；因为有行政级别，学院就有一套领导班子，有了“正处级”的院长、书记，若干“副处级”的副院长、副书记，也就有了正科级的院办公室主任、院团委书记、院学生工作助理等；因为有了行政级别，学院负责人自然也就被授予了一系列行政权力，包括院内的专业与课程设置权、人事岗位调配权、经费使用权、教职工职务与业绩考评权、学生奖惩权、自有经费使用权等，几乎囊括了学院一切重要或不重要的事务。

在我国现行的高等教育体制下，正是因为有了这种行政级别，学院才能被纳入体制之中，才能获得相应的行政性质，因而才能被体制认为是“实体”。

（五）经费核算和使用权

学院虽不是经费独立核算单位，但其经费核算的独立性正日益增强。目前，我国很多大学都实行校、院二级财政，学校将各类“办学经费”按一定标准下拨至学院，学院对这些经费具有较大的自主权，这些经费包括：“教学工作经费”（“本科生包干经费”“研究生业务费”等）、“科研工作经费”“学科建设经费”“学生工作经费”“学生社团经费”“招生就业经费”“社会服务经费”“人事工作经费”“外事工作经费”“离退休专项经费”“实验室管理工作经费”“后勤工作经费”以及各种各样的专项经费等。尤其是各学院通过社会服务“创收”提留的所谓“自有经费”，进一步增强了学院独立性和实体性的重要物质基础。

（六）自成体系的下属机构和设施

学院一般都拥有自成体系的下属机构和人员，有自己的办公场馆和工作设施。除学院行政和党委两套系统及相关人马外，学院一般都下设若干学系作为三级组织。学系一般设在次一级的学科专业层面上，它主要是专业教学的一个协调机构，没有行政级别，不是实体性的机构。其次，学院往往还下设有实验室、资料室等教学科研的辅助机构以及专业辅助人员。另外，大学里的学院，一般都有自成体系的相对独立的办公场馆和工作设施，条件较好的学院可能独自拥有一栋甚至若干栋大楼及其附属设施，这也是学院作为大学中一个实体机构的外显标志。

三、学院组织的双重性

我国大学里的学院具有双重性质，它既是学术组织，又是行政组织；既有学术性，又有行政性。

学院以教师为主体，以培养人才、发展科学、服务社会为基本职能，以教学、科研为主要职能性工作，因此，学院首先是一个学术组织，具有学术性。但是，学院又负有相关学术事务的管理职责，还设有相应的管理机构和职位，还有一定的行政级别，因此，我国大学的学院，同时也是一个行政组织，具有行政性。伯顿·克拉克在研究各国高等教育体制的基础上，归纳出高等教育系统组织的三个基本要素，即“工作”“信念”“权力”。[①]以这三个基本要素为框架对学院组织进行分析，将有助于我们更深入地认识学院的组织特性。

（一）工作层面的双重性

在“工作”层面上，教师是真正的主体，从事的是教学和科研工作，本质上都是学术工作。学术工作的前提条件，就是要保证工作者的“独立之精神，自由之思想”，保证他们的学术自由和一定的教学自由。因此，作为学术组织的学院，其组织特性首先是松散的：学者的独立思考和自由探索是所有工作的基础；工作的创造性成分越多，其工作的方式和方法就越是个体化，越与众不同，因而学术性的学院在组织形式上是松散的、动态的。

---

①［美］伯顿·R·克拉克：《高等教育系统》，王承绪、徐辉等译，杭州大学出版社1994年版，第6–7页。

学术性学院的边界也是比较模糊的：学者在工作过程中主要属于整个学术共同体，他需要与分散在世界各个角落里的同行保持广泛的交流，身心都需要不断地超越校院系的边界。

学术性学院也是相对独立的，它建立在特定学科专业基础上，在大学中独一无二，不能被其他学院所代替，因此它与大学不仅仅是部分与整体的关系，还是同一性的关系，在这个特定学科层面上，学院代表着大学，学院就是大学，所以说“学院办大学”。

而作为行政组织的学院，其工作特性全然不同。行政性学院是规制严明、计划明确、分工明晰的，各项工作主要是通过行政渠道自上而下层层布置、分解进行的；行政性学院是有边界的，有编制的边界、岗位的边界、工作任务的边界，这种边界原先主要在教学领域，现在也迅速地扩展到科研领域；行政性学院之间是同质的，具有同样的级别、同样的管理机构和职责。相应地，行政性学院与大学的关系也不仅仅是部分与整体的关系，更主要的是上下级关系，它是校级机构的下级组织，因此必须服从上级，必须贯彻执行校方的部署和要求。

（二）信念层面的双重性

在“信念”要素层面上，伯顿·克拉克认为，学科和学院都在“号召他们的忠诚”，[①]这就产生了阿什比所谓的“双重忠诚”：“教师不可避免地既忠诚于他们所专长的学科，又忠诚于他们所服务的大学。”[②]但是，这种“双重忠诚”在不同性质的学院那里是有区别的。作为学术组织的学院，对于专业合格的教师来说，他们一般会更多地忠诚于他们所从事的学科和学术共同体，因为“他们个人声誉的主要基础并非聘请他们和付他们薪金

① 王承绪主编：《高等教育新论》，王承绪、徐辉等编译，浙江教育出版社1988年版，第125页。

② ［英］阿什比：《科技发达时代的大学教育》，藤大春等译，人民教育出版社1983年版，第101页。

的学校，甚至他们在校内的评价也都靠他们在校外的声誉。”[①]因此，教师的“学科忠诚”会高于他的“学校忠诚”，也高于他的“学院忠诚”（至于“学校忠诚”和“学院忠诚”的高低，则与两者的相对地位和状况有关）。

但是，作为行政组织的学院，是与教师工作条件和切身利益直接相关的单位，因此总是倾向于培植教师的“学院忠诚”，致力于使教师们成为“好员工”。尽管教师的“学院忠诚”一般远不及他的“学科忠诚”，但是由于教师个人在身份上牢固地隶属于学院，身处学院职场之中，他们即使没有什么“学院忠诚”，但至少是有“学院意识”的，尽管这种“学院意识”可能是正面的，也可能是负面的。

（三）权力的双重性

在“权力”要素层面上，作为学术组织的学院，主要通过协商的方式进行工作，发挥其影响力。虽说在协商的过程中，“谁的知识越多、学问越大，谁就越有发言权”，但是协商的过程在本质上是平等的，人人均可参与；在投票环节，人手一票，所有人更是平等的。可见，学术本身并不需要“权力”，只要能保证其“权利”（发言的权利、投票的权利），那么，“权力”也就自然体现在其中了。从学术组织的角度就可以理解，为什么许多专业教师不愿意担任学院行政领导职务：“人们不愿意担任院长之类的学术领导职务的根本原因基本可以确定为，人们认为在高校内部担任学术领导不是一个好的职业生涯选择。”[②]

但是，作为行政组织的学院，行政权力是职位赋予的，具有强制性、排他性。掌有权力的人，通过决策、批准、授予等方式，控制和影响学院的各项事务。而且在目前的体制下，这种行政权力既可以通过领导集体的方式来行使，也可以以相当个人化的方式来行使。以什么方式来行使这些

---

①［英］阿什比：《科技发达时代的大学教育》，藤大春等译，人民教育出版社1983年版，第101页。

②［英］亚伦·博尔顿：《高等院校学术组织管理》，宋维红译，江苏教育出版社2010年版，第69页。

权力，目前尚无明确的章程和制度进行约束，很大程度上只能取决于学院领导者的个人素质和意愿。正因为如此，作为行政组织的学院，其领导职位对于那些热衷于权力的人来说，就成为一个颇具诱惑力的官位，进而常常成为你争我夺的目标。

四、“现代学院制度”的可能性

从二级学院的性质和特点来看，在自上而下的途径畅通的情况下，通过建立“现代学院制度”来推动“现代大学制度”的建设，也许是一条具有一定可能性和可行性的路径。

一方面，学院在学科层面代表着大学，在体制上是大学的实体终端，是大学里的一个关键层级，它既有可能将现行高等教育管理体制的各种优点在这个层级上或是放大或是缩小，同样也有可能将管理体制中的各种缺陷和弊端在这个层级上或是放大或是缩小。因此，从学院改革入手，首先建设和完善“现代学院制度”，等“现代学院制度”真正建立起来，那时距离现代大学制度的目标也就为期不远了。

其次，作为大学的二级机构，学院的规模相对比较小，结构相对不那么复杂，涉及的范围相对不那么广，因此，学院治理结构改革的难度相对也就比较小，改革的成本相对比较低。换言之，以学院作为改革的突破口，从学院治理结构改起，可行性可能比较大，成功的概率会比较高。伯顿·克拉克在比较分析多国高等教育制度变革方式之后指出：“惰性随规模的增加而增加。一所大学比一个系更难发生变革。一国的高等教育系统比一所大学更难发生变革。”[①]以学院作为突破口，从学院改起，符合伯顿·克拉克提出的那条“基层变革”路线，有较大的可行性。

更重要的是，大学教师是教学、科研的主力，以“精神之独立、思想

① 王承绪主编：《高等教育新论》，王承绪、徐辉等编译，浙江教育出版社2001年版，第136页。

之自由”为精神支柱，然而在目前的高等教育管理体制中，教师恰恰是“行政化管理模式”的直接受害者。他们对于“行政化”“官僚化”造成的危害，有切肤之痛，本能地深恶痛绝；他们对于建设现代大学制度，由衷地渴望和憧憬。因而，建设与完善现代大学制度的改革，只有广大一线教师才是最真实的动力，也是最根本的动力。同时，由于学院是教师业务工作的基本单位，是教师业务工作的直接组织者、管理者，是教师主要的“工作和生活方式”，因此，教师与“行政化”“官僚化”管理方式的矛盾和冲突，也最容易首先在学院层面上发生和激化。从这个角度看，以学院作为改革的突破口，不仅改革动力比较充足，而且十分迫切。

当前，学院管理体制的主要问题，与校级层面的问题基本是相同的，主要表现为：一是学院主要领导的行政权力过大，独断专行现象比较普遍；二是学院行政领导由校方任命，上下级依附关系比较严重；三是院内学术委员会、教职工代表大会等民主管理、监督制约形式大多形同虚设，既没有被授权，也没有独立性，基本处于形同虚设、可有可无的状态。这些正是建设“现代学院制度”、完善学院治理结构所要解决的主要问题。

由于学院兼具学术性和行政性，因此，作为学术组织的学院和作为行政组织的学院，纵横交错地形成了伯顿·克拉克所描绘的那种“矩阵”。建立“现代学院制度”的治理结构，关键就在于找到这个“矩阵”的平衡点，既要确保“学术权利”，又要合理行使“行政权力”；既要突出学术的特性，又要不失行政的效率。为此，针对我国高等教育体制的实际，按照现代大学制度的要求，体现“现代学院制度”的学院治理体系可以着重从以下几个方面进行构建。

首先，健全院务联席会作为学院综合决策机构的职能。

目前，学院的决策机构一般称为“党政联席会议”，名称也许并不重要，问题主要在于“党政联席会议”的成员仅仅是学院的正、副处级党政领导（院长、副院长、党委书记和副书记），其他有关人员最多只是列席，而不能作为当然组成人员。将“院务联席会”作为学院的综合决策机构，关键是其当然组成人员要有所扩大，不仅仅由党政领导组成，院学术委员会主席和院工会主席分别代表着学术和教职员工，理应成为院务联席会的当然组成人员。

院务联席会的主要权限至少应该包括：编制学院发展规划、学科专业建设规划、系室机构设置方案；决定院内各岗位职责、待遇及奖惩办法；编制各学科、专业的年度招生计划；决定系、室负责人（如系主任、办公室主任、实验室主任等）的人选；编制学院事业经费和自有经费的年度预算，决定大宗经费支出项目；制订年度师资引进计划；审批院学术委员会及其他各职能委员会提交的相关事项；决定学校布置的重要工作的执行方案；决定日常工作中的其他重要事项。

作为学院的综合决策机构，民主的议事规则对于决策结果具有极为重要的作用。院务联席会议事规则应保证：联席会成员对所议事项，均具有平等发表意见的权利；各项决定应在充分讨论并取得一致意见，或表决通过后生效；涉及人事、经费的议题，原则上应采取无记名投票的方式予以表决；对于任何一个议项，只要有一位成员明确表示“反对”或“不同意”，在讨论仍不能取得一致意见的情况下，就应采取无记名投票方式表决。

其次，改革学院主要行政领导的产生方式。

院长是学院的主要行政领导，其主要职责包括：主持院务联席会；负责执行、落实院务联席会决定的事项；主持学院日常行政工作；对外代表学院。为体现“党管干部”和“教授治校”原则，学院院长的产生应采取校党委组织考察和教授投票选举相结合的方式，具体程序如下：公开岗位；校党委组织部门考察，确定至少两位候选人；由全院教授、副教授（含各系、室主任）投票表决，得票多者当选。院长是兼具学术性和行政性的职位，应设任期（三至四年一任），可连选连任。

第三，赋予院学术委员会具体而明确的学术评定权。

学院学术委员会应成为学院所有学术事务的评定机构，其主要权限包括：教师职务任职资格评定（代行院教师职务评定小组职责）；教师任课资格评定；根据院务联席会的年度引进计划，负责引进师资的业务考核，确定引进人选，报院务联席会审批；主持制订专业培养方案；根据学院年度招生计划，制订并执行各专业招生的具体标准；各级各类学术项目、奖励、荣誉的评定及推荐；院内其他学术事项的评定。

院学术委员会委员应由本院教授（含副教授）互相推选产生；院学术委员会主席、副主席由委员民主推选产生，院行政领导不得兼任。院学术委员会的推选应在院长换届后一个月内进行。院学术委员会的工作方式应以委员平等讨论协商为主，重要事项采取无记名投票表决方式；需要报院务联席会审批的事项（如引进教师的业务考核），院务联席会有权不予批准，但不得更改结果。

第四，赋予学院教职工大会实际的权力。

当前，学院的教职工大会基本是一个形式，关键就在于没有赋予它应有的实际权力。学院的教职工大会应由全院教职工参加，并赋予其民主审议院务的实际权力。就学院治理的实际情况看，特别需要赋予学院教职工大会至少两项实际权力，一是审议通过学院的年度预决算，审议学院年度事业经费、自有经费使用（特别应公开“自有经费”的使用情况）；二是对学院行政领导进行年度“信任投票”，使教职工代表大会真正起到制约和监督作用。具体办法可以是，在学院行政领导年度述职报告的基础上，对学院领导进行民意投票，凡“合格”票数未满二分之一，或“不合格”票数超过三分之一者，应进入罢免程序。院教职工大会应由院工会委员会主持。院工会委员会换届，应在院长换届后一个月内进行，可由学院党委主持，实行全院民主推选；院行政领导不得兼任院工会主席。

学院治理体系，还涉及其他许多方面，以上仅仅是针对我国高校学院的现状而言四个比较重要的关节点。当然，需要强调的是，以学院作为改革的突破口，从学院的治理结构改起，未必是理想的改革路径，这只是在自上而下路径不通的情况下相对比较可能且可行的一条路径。最理想的改革路径当然是自上而下的路径。

然而，由于学院的实体性以及学院功能的重要性，它不仅关系到现代大学制度的改革目标，关系到我国整个高等教育的管理体制，也直接关系到教师的职业满意度和职业行为，进而关系到高校三大职能的实现，因此，改革学院治理体系，通过建设“现代学院制度”以促进“现代大学制度”的建设，既有现实性和迫切性，也具有较大的可能性和可行性。如果真能把学院的治理结构改好了，改得比较“现代”了，在垂直的行政化链条上实质性地先行完善院级治理体系，那么，不仅可以有效地改善第一线教师的生态小环境，而且就有可能自下而上形成一种倒逼机制，通过建立“现代学院制度”来加速现代大学制度的建设。

第三章

世界一流大学

“世界一流大学”，在中国高等教育领域已经激荡了一个多世纪。近代以来，国人对这个美好的字眼始终怀着一种复杂的心情，既充满了景仰、向往和期盼，又常常望洋兴叹、恨铁不成钢。直到1998年，建设中国的世界一流大学，成为我国高等教育发展的一个战略目标横空出世，并且作为一项宏大的高等教育工程进入到建设阶段，我国终于朝着这个宏伟的战略目标迈上了继往开来的征途。

第一节　百年之梦

在中国高等教育一百多年的发展史上，世界一流大学始终都是国人的一个心结，也是国人孜孜以求的一个梦想，只不过有时直言“世界一流”有时采用了其他比较含蓄的称呼而已。

一、胡适之问

1898年夏，在梁启超代拟的《京师大学堂章程》中，开宗明义写道：“京师大学堂：为各省之表率，万国所瞻仰。”[①]要达到“万国瞻仰”的程度，即便不是世界一流，也离世界一流不远了。在梁启超的心目中，京师大学堂必须按照世界一流的“首善体制”来创办。遗憾的是由于历史条件的限制，京师大学堂非但未为“万国所瞻仰”，反而却有“官僚养成所”之嫌，与世界一流的差距何其远矣。

在近代中国的知识分子中，胡适是最早提出并论述世界一流大学问题的学人之一，而且最初纯粹出于一个小小的偶然事件。1915年2月20日，时在美国哥伦比亚大学留学的胡适，与英文老师聊天，英文老师漫不经心地问了他一句：“中国有大学乎？”面对这个随口一问，一向能言善辩的胡适竟一时语塞、无言以对。更让胡适感到受刺激的是，英文老师还谆谆告知

① 北京大学校史研究室编：《北京大学史料（第一卷1898—1911）》，北京大学出版社1993年版，第81页。

胡适："大学乃一国文化之中心""国之先务"；他还说，如若中国真有一所"完美之大学"，他愿意将自己珍藏的数千册英国古今剧本相赠。胡适在当天的日记中记下了这件让他感到耻辱的事，既是为国家感到耻辱，也是为自己感到耻辱，并发了一个"毒誓"："吾他日能生见中国有一国家的大学可比此邦之哈佛，英国之康桥、牛津，德之柏林，法之巴黎，吾死瞑目矣。嗟夫！"[①]好像意犹未尽，他在日记中还愤慨地写道："国无海军，不足齿也；国无陆军，不足齿也！国无大学，无公共藏书楼，无博物院，无美术馆，乃可耻耳。我国人其洗此耻哉！"[②]从此以后，大学问题就不断地在拷问他：中国的大学称不称得上大学？中国什么时候才能有哈佛、剑桥那样的世界一流大学？问题的种子就此埋在了这位年轻留学生的心中，激励着他对中国大学问题进行长期不懈的观察和思考。

1936年9月，胡适作为北京大学、南开大学和中央研究院的代表，前往美国参加哈佛大学三百周年校庆。世界各国共有五百多所高等教育机构派代表出席了这一盛典，校庆活动项目之一，是参会的所有代表按其所代表大学的校龄为序排队游行，结果在这个五百人左右的队伍里，胡适所代表的北大排在第419位（南开排在第454位，中央研究院则在第499位）。[③]这个排序再次深深地刺激了胡适，使他感到很"惭愧"："我们中国是具五千多年历史、文化最早的古国，反屈居于最末的次序。"他问道：欧美大学为什么能够长久延续，最高龄的已有九百多岁，连建国才一个半世纪的美国居然也有了三百岁的哈佛，而有着五千年历史的中国为什么"竟没有成立五十年的大学"？[④]

1945年秋，胡适被任命为北京大学校长，他自以为实现梦想的机会到来了。1947年9月，他在筹备中央研究院院士选举期间，开始构思他的"建

① 胡适：《胡适全集》（28），安徽教育出版社2003年版，第56−57页。
② 胡适：《胡适全集》（28），安徽教育出版社2003年版，第57页。
③ 胡适：《胡适全集》（22），安徽教育出版社2003年版，第515页。
④ 胡适：《胡适全集》（22），安徽教育出版社2003年版，第519页。

国根本要图”，提出了宏大的《争取学术独立十年计划》。胡适所谓的“学术独立”，主要包括：“现代的学术训练”有中国自己的大学可以充分担负；受到这些训练的人才，在国内有条件继续做专门的科学研究；本国需要解决的各种实际应用科学问题，在国内有适宜的专门人才与研究机构可以帮助解决；本国的学人与研究机构能够“和世界各国的学人与研究机构分工合作，共同负担人类学术进展的责任。”①为了实现中国的“学术独立”，胡适认为必须打好“一个良好的、坚实的基础”，为此他建议：“中国此时应该有一个大学教育的十年计划，在十年之内，集中国家的最大力量，培植五个到十个成绩最好的大学，使他们尽力发展他们的研究工作，使他们成为第一流的学术中心，使他们成为国家学术独立的根据地”，成为“第一流的大学”。②这“第一流的大学”，在胡适心目中当然是世界第一流的。

为此，胡适提出了一个具体的十年建设计划，第一个五年选择五所大学（胡适的设想是北京大学、清华大学、浙江大学、武汉大学和中央大学），“予以充分经费，使其发展，成为全国全世界有名大学”。第二个五年再加上五所大学。胡适解释说，这个计划不单单是一个经费的问题，而且也是制度和观念的变革问题，“这个十年计划应该包括整个大学教育制度的革新，也应该包括‘大学’的观念的根本改换。”

在这个“计划”的最后，胡适信誓旦旦地写道：“我深信，用国家的大力来造成五个十个第一流大学，一定可以在短期间内做到学术独立的地步。”③胡适对这份计划颇为自得，加之计划也得到最高当局的首肯，胡适很想大干一番。然而，当时的中国正处在风雨飘摇的剧烈动荡期，这份雄心勃勃的计划随着旧政权的倒台，最终只能是一纸空文，甚至成为某些人冷嘲热讽的笑柄。

---

① 胡适：《胡适全集》（20），安徽教育出版社2003年版，第226–227页。
② 胡适：《胡适全集》（20），安徽教育出版社2003年版，第227页。
③ 胡适：《胡适全集》（20），安徽教育出版社2003年版，第230页。

二、重点高等学校制度

中华人民共和国成立后，主管部门开始部署“重点高等学校”工作。虽然用了“重点高校”而未用“一流高校”称谓，其初始动机主要是为了提高教育质量，但其实际的一流取向还是很明显的。

1953年在全国高等工业学校行政会议上，高等教育部有意扭转建国初期因高校数量增长过快而出现的“重量轻质、贪多冒进、要求过急”的偏向，提出了“整顿巩固、重点发展、提高质量、稳步前进”的方针，要求“掌握重点，适当集中使用力量。”①次年10月，高等教育部发布《关于重点高等学校和专家工作范围的决议》，决定将中国人民大学、北京大学、清华大学、哈尔滨工业大学、北京农业大学、北京医学院等6校确定为全国性的重点高校。高等教育的《决议》指出，重点高校的主要任务是：培养质量较高的各种高级建设人才及科研人才；为高等学校培养师资；在培养师资和教学工作、教学资料等方面经常给予其他学校以帮助。②从此，我国开启了重点高校的建设工作。

1959年，中共中央发布《关于在高等学校指定一批重点学校的决定》，指定16所高校为全国重点，目的是“逐步提高高等教育的质量”。除1953年确定的6所之外，新增了复旦大学、中国科学技术大学、上海第一医学院、天津大学、上海交通大学、西安交通大学、华东师范大学、北京工业学院、北京航空学院、北京师范大学等12所。次年，中央又决定新增4所重点高校（中国医科大学、哈尔滨军事工程学院、第四军医大学、通讯工程学院），使全国的重点高校数达到20所。③

1960年2月，教育部在天津召开重点高等学校问题座谈会，会议认为：

---

① 中央教育科学研究所编：《中华人民共和国教育大事记（1949—1982）》，教育科学出版社1983年版，第81页。

② 中央教育科学研究所编：《中华人民共和国教育大事记（1949—1982）》，教育科学出版社1983年版，第114页。

③ 中央教育科学研究所编：《中华人民共和国教育大事记（1949—1982）》，教育科学出版社1983年版，第247页。

全国性的重点高等学校，不但要在全国同类高校中起带头提高教育质量和科学水平的作用，而且“应在三年到八年内，力争成为世界上最先进的高等学府。”①“世界上最先进的高等学府”，其目标指向已经非常鲜明。同年10月，中共中央鉴于两年来高校数量大量增加，认为原定20所重点高校的数量太少，发布了《关于增加全国重点高等学校的决定》，决定再新增44所重点高校，以“更有力地促进我国高等教育事业和支援新建高等学校的工作”。至此，全国重点高校数量达到64所。②同时，中共中央转发了教育部《关于全国重点高等学校暂行管理办法》，以加强对重点高校的管理。

1961年，全国高等教育按照“调整、巩固、充实、提高”的方针进行调整，决定压缩高等教育规模，计划将全国高校由1251所减少到800所左右。③与此相应，教育部年初在北京召开全国重点高校工作会议，对全国重点高校实行“四定”（定规模、定任务、定方向、定专业）。同年4月，中共中央、国务院批转了教育部党组提出的《关于审定全国重点高等学校发展规划和专业设置的报告》，以落实重点高校的“四定”工作。④但是，全国重点高校的数量并没有受此影响，至1963年10月已增至68所。

“文化大革命”结束后，为恢复高等教育秩序，国务院于1978年2月转发了教育部《关于恢复和办好全国重点高等学校的报告》，决定恢复“文革”前原有的60所重点高校（在“文革”中，部分高校被拆分或停办，一些重点高校在1978年初尚未复校），另新增28所为重点高校。《报告》对办好这88所重点高校提出了具体的意见，国务院在《报告》上批示指出：恢复和办好全国重点高等学校是“一项战略措施”，要求各级领导给予足够的

① 中央教育科学研究所编：《中华人民共和国教育大事记（1949—1982）》，教育科学出版社1983年版，第266页。

② 中央教育科学研究所编：《中华人民共和国教育大事记（1949—1982）》，教育科学出版社1983年版，第283页。

③ 余立主编：《中国高等教育史（下册）》，华东师范大学出版社，1994年版，第69页。

④ 中央教育科学研究所编：《中华人民共和国教育大事记（1949—1982）》，教育科学出版社1983年版，第287页。

重视。[①]至1979年底，全国重点高校增至97所。

除中央确定的“全国重点高校”之外，各省（直辖市、自治区）及各部委也相继确定了本地区、本行业的“省（市）重点”或“部重点”高校一至数所不等，基本形成了一个“全国性”和“省部”级重点高校的二层结构。

三十多年的重点高等学校制度，定位于“世界上最先进学府”，体现了高等教育建设的中国特色。一是党和国家领导层高度重视，直接部署和推进；二是集中力量和资源予以重点建设，比较迅速地收到了某些预期的效果，提高了重点高校的质量和水平，也带动了其他一般高校的发展。

但是，重点高校制度也不可避免地带有那个时期特有的一些问题。最主要的问题是，重点高校是指定的，缺少必要的竞争，带有典型的计划经济的特点；某校一旦被指定为“重点”，那么它就成为一种身份的象征，不仅可以拥有更多更好的办学资源，而且还享有地位和声望。而且，由于缺少对重点高校的考核，“重点高校”似乎更多地体现为一种荣誉，而不是责任。其次，重点高校的遴选，由于缺少科学的论证程序，主事者的长官意志难免掺杂其中，因此个别因非教育因素而被指定为“重点高校”的大学，就成为指责“重点”不重、不公的口实。

三、从“211”到“双一流”

1983年5月，我国四所著名大学的名誉校长匡亚明（南京大学）、刘丹（浙江大学）、李曙森（天津大学）、屈伯川（大连工学院）联名致信国家领导层，建议“将五十所左右高等学校列为国家重大建设项目”，[②]为新时期我国高等教育的重点建设奏响了序曲。

---

① 中央教育科学研究所编：《中华人民共和国教育大事记（1949—1982）》，教育科学出版社1983年版，第510页。

② 南京大学高等教育研究所编：《匡亚明教育文选》，南京大学出版社2000年版，第282-285页。

（一）“211工程”

1993年底的《国家教委关于加快改革和积极发展普通高等教育的意见》和1993年初的《中国教育改革和发展纲要》，公布了“211工程”计划：“面向21世纪重点建设100所左右的高等学校和一批重点学科”。该工程建设的主要目标是：力争在21世纪初，“有一批高等学校和学科、专业，在教育质量、科学研究和管理方面，达到世界较高水平。”在国家教委1993年7月制定的《关于重点建设一批高等学校和重点学科的若干意见》中，将工程建设目标表述为：经过十年或者更长一点时间的努力，使相当一批高等学校和重点学科“处于国内先进水平，并有一定的国际影响”，“其中若干所高等学校和部分重点学科点达到或接近世界先进水平”。[①]有关“211工程”的这些文件，在表述上都是“重点建设”高等学校，始终回避了“重点高等学校”的提法，意在显示与过去“重点高校”办法的区别。

在实施办法上，“211工程”与“重点高校”有比较显著的区别，“重点高校”是“指定”的，而“211工程”则是竞争性的。“211工程”的立项程序是：学校申报，主管部门组织“预审”、可行性论证，主管部门审查，批准立项为“工程建设单位”。“211工程”是竞争性的，立项原则是“公平竞争，择优遴选；分期分批，滚动实施”。立项只是第一步，立项进入工程的高校和学科点，要经过十年或更长时间进行建设，力争在十年后达到“世界较高水平”或“世界先进水平”。从1995年正式启动到2010年基本结束，“211工程”进行了三期遴选和建设，先后有119所高校和600多个重点学科进入工程。

关于“211工程”的建设成就，教育部分管领导在2010年总结认为：工程建设顺利进行，并“取得举世瞩目的巨大成就，产生了一批标志性的成果”。这些成果主要表现为：抓住机遇，深化改革，推动了高等教育体系整体发展和进步；学科结构得到了进一步优化，全面提高了学科建设的整体

① 郝维谦、龙正中、张晋峰主编：《中华人民共和国高等教育史》，新世纪出版社2011年版，第566页。

水平，明显增强了开展科学前沿领域研究和解决重大科技问题的能力；学科建设与社会、经济发展结合得更加紧密，有力地突出了高校服务国家经济建设和社会发展的生力军作用；使高层次人才培养能力和培养质量得到了提高；加强师资队伍建设，为培养和造就中青年学术骨干创造了条件；加大投入，在一定程度上缓解了教育经费不足的局面，改善了高等教育的基础设施和硬件条件。①

“211工程”的建设目标是“世界先进水平”，在没有进行系统评估的情况下对这个目标的达成度很难下定论，因此主管部门分管领导在总结报告中很审慎地指出：通过“211工程”建设，“摸清了我国高校的底数，认识到了我国高校与世界发达国家高等教育的差距，掌握了各高校的实力现状”。②这是一种比较实事求是的态度，也为后续的“985工程”留下了余地。

（二）“985工程”

1998年5月，国家领导人在北京大学百年校庆大会上向全社会宣布，“为了实现现代化，我国要有若干所具有世界先进水平的一流大学”，③以“985工程”为名的“世界一流大学”建设工程由此奠基。

1999年，教育部发布《面向21世纪教育振兴行动计划》，提出到2010年，要有“若干所高校和一批重点学科进入或接近世界一流水平”，同时论述了创建若干所世界一流大学和一批重点学科的“重大战略意义”，分析了“国际上一流大学”的基本特征，指出：“办成一流的大学，需要有一定的历史过程，要经过社会实践的考验。对此，我们既要有雄心壮志，又必须脚踏实地。要相对集中国家有限财力，调动多方面积极性，从重点学科建设入手，加大投入力度，对于若干所高等学校和已经接近并有条件达到国

① 韦钰：《“211”工程是科教兴国战略的基础工程》，载《光明日报》2010年2月10日。

② 韦钰：《“211”工程是科教兴国战略的基础工程》，载《光明日报》2010年2月10日。

③《新中国超级工程》编委会编：《振兴中华的雄师伟业》，研究出版社2013年版，第162页。

际先进水平的学科进行重点建设。”[①]

教育部2004年发布的《2003—2007年教育振兴行动计划》再次强调：“建设世界一流大学和高水平大学是党和国家的重大决策，对于增强高等教育综合实力，提高我国国际竞争力具有重要的战略意义。”该文件重申要继续实施“985工程”和“211工程”，以“努力建设一批高水平大学和重点学科”。[②]由于“985工程”立项高校的数量较少，涉及的面相对较小，一期选定了34所高校，二期增加了5所，至2005年，这39所立项高校以及一大批“国家重点学科”的格局也就基本定型了。

但是，也就是从这个时期开始，高等教育领域对于“211工程”和“985工程”的争议却明显增加了，批评的意见主要是：这两大工程都采取了“行政主导”“西医式治病”的方式，政府部门通过专项拨款重点投入并且用“有形的手”严控资金的使用范围，实际上限制了高校的自主权，“不仅严重影响到了重点建设资金最大使用效能的发挥，也影响了工程建设的实际效果”。更重要的是，这种在“行政主导”下的“高校分层分等”方式，“缺少对大学组织特殊性的足够尊重，也不符合当前市场化的绩效原则”，会导致“高校身份固化”“符号化”，既不符合高等教育发展规律和趋势，也不利于重点建设效果的充分发挥。[③]因此，主张废除两大工程的呼声，在当时的高等教育界也是时有所闻。

教育部于2016年宣布，有关“211工程”和“985工程”的各项文件“失效”，一方面是由于“双一流”建设计划已经启动，另一方面也不排除是对上述批评意见的一种回应。至此，这两大工程实际上已经成为历史。

（三）“双一流”建设

2015年11月，国务院印发的《统筹推进世界一流大学和一流学科建设

① 教育部：《面向21世纪教育振兴行动计划》，载《中国高等教育》1999年第6期。

② 教育部：《2003—2007年教育振兴行动计划》，载《中国教育报》2004年3月31日。

③ 刘佳、方兴：《“211工程”和“985工程”存废争论究竟争什么——对高校重点建设以及高校身份符号的透析》，载《现代教育管理》2016年第6期。

总体方案》提出，要坚持“以一流为目标、以学科为基础、以绩效为杠杆、以改革为动力”的基本原则，“加快建成一批世界一流大学和一流学科”。①“双一流”建设由此开启。

《统筹推进世界一流大学和一流学科建设总体方案》确定了三个时间节点的具体目标：一是到2020年，“中国若干所大学和一批学科进入世界一流行列，若干学科进入世界一流学科前列”；二是到2030年，“更多的大学和学科进入世界一流行列，若干所大学进入世界一流大学前列，一批学科进入世界一流学科前列，高等教育整体实力显著提升”；三是到21世纪中叶，“一流大学和一流学科的数量和实力进入世界前列，基本建成高等教育强国”。

《统筹推进世界一流大学和一流学科建设总体方案》提出了“建设世界一流大学和一流学科的任务”，主要包括：建设一流师资队伍，培养拔尖创新人才，提升科学研究水平，传承创新优秀文化，着力推进成果转化。“改革的着力点在于加强和改进党对高校的领导、完善内部治理结构、实现关键环节突破、构建社会参与机制、推进国际交流合作。”“双一流”建设具体的建设策略包括：加强总体规划，鼓励和支持不同类型的高水平大学和学科差别化发展，每五年一个周期，2016年开始建设，建设将更加突出绩效导向，“建立健全绩效评价机制，积极采用第三方评价，提高科学性和公信度”。②

2017年初，由教育部、财政部、国家发展和改革委员会联合印发的《统筹推进世界一流大学和一流学科建设实施办法（暂行）》出台，对“双一流”遴选条件、遴选程序、支持方式、管理方式、组织实施作出具体部署，“双一流”建设随即进入实施阶段。

2017年9月，“双一流”建设高校和建设学科名单公布，42所高校成为

① 本报电：《国务院印发统筹推进世界一流大学和一流学科建设总体方案》，载《人民日报》2015年11月6日。

② 本报电：《国务院印发统筹推进世界一流大学和一流学科建设总体方案》，载《人民日报》2015年11月6日。

“一流大学建设高校”，95所高校成为“一流学科建设高校”。[①]据报载，“双一流”建设高校和建设学科的认定遴选程序主要有四个步骤：组建“双一流”建设专家委员会；依托专家委员会确定遴选认定标准并产生拟建设高校和学科名单；确定拟建设高校的建设方案；三部委根据专家委员会的意见，确定“双一流”建设高校和建设学科，报国务院批准。[②]9月公布的42所“一流大学建设高校”和95所“一流学科建设高校”及其建设学科名单，当属经过这四个步骤的程序之后由主管部门发布的。

“双一流”是我国高等教育继“211工程”和“985工程”之后又一项重大的建设工程，目标直指“世界一流大学”，是我国制度优势的特殊体现，有其历史的、现实的必然性。但是，从建设结果的技术环节上看，确实存在着一个如何认定、如何宣布的难题：最终如何认定是否已经建成为“世界一流大学”，是否需要宣布这一结果？在2020年秋冬季，主管部门陆续对“一流大学建设高校”进行评估和验收，尽管主事方一再强调是对“建设成效”进行评估验收，不是宣布已经建成了“世界一流”，但是，民间的理解与此却有很大的偏差，舆情上的歧义也是显而易见的。

“世界一流大学”是一个内涵和外延都十分复杂的概念，它有一些外显的指标，例如一流的师资、一流的毕业生、一流的研究成果、一流的学术条件、一流的管理方式、一流的国际声誉和影响力等，或许是可以评估的，但是，它还有很多内在的品质和精神气质，是很难用具体的指标去衡量的。因此有学者提出，建设我国的世界一流大学，需要实现从“形似”到“神似”的过渡。论者认为，早先中国的顶尖大学在主要可比指标上与西方著名大学差距很大，所以当时着重在提高这些可比指标方面下功夫，使其“形似”，有其合理性；但发展到21世纪的第二个十年之时，中国的

① 董鲁皖龙，高倩：《“双一流”建设高校和学科名单公布》，载《中国教育报》2017年9月22日。

② 高倩，董鲁皖龙：《探索世界一流大学建设的中国模式——“双一流”建设高校和建设学科名单解读》，载《中国教育报》2017年9月22日。

顶尖大学在可比指标上已经大大进步，因此，中国的“世界一流大学”建设就需要从“形似”阶段进入到“神备”阶段，需要从简单地“追随模仿外形”过渡到着重“打造自身气质和灵魂”。[①]相比较而言，“形似”固然不易，但“神备”显然更难；“形似”可以通过加大投入加以建设，而“神备”则必须经过长期的精神和文化积淀。总之，世界一流大学的建设是一个内外兼修的过程，路漫漫其修远兮。

四、他山之石

建设世界一流大学，其实不仅仅是国人的百年梦想，也是其他很多国家多年的追求。他山之石，可以攻玉，了解别国在国家层面和大学层面的动态，对我们的“双一流”建设不无启示。

20世纪中叶以来，随着世界高等教育的发展，大学从社会的边缘迅速走进社会的中心，显示出前所未有的社会意义：一方面，大学通过培养人才，提供高新科技成果和社会服务，对社会发展和综合国力的提升发挥着越来越直接、越来越重要的作用，成为社会经济发展的重要引擎，被看作综合国力竞争的“战略工具”甚或“秘密武器”；另一方面，大学，尤其是一流大学，它本身也逐渐被赋予了“目的”的意义，成为综合国力的一个组成部分，成为综合国力及其国际威望的一个标志。

因此，除了我国，其他很多国家也都不再坐视高等教育的自由发展，而是想方设法运用各种手段，制定各种政策，对高等教育进行重点投入和建设，以期成为高等教育大国和强国，跻身世界一流。这一趋向，无论是在高等教育管理体制实行中央集权的国家还是地方分权的国家，也无论是在行政本位的国家还是市场本位的国家，程度可能不同，但基本方向大体一致，这是当代世界高等教育发展的一个共同趋势。

① 史静寰:《“形”与“神”：兼谈中国特色世界一流大学建设之路》，载《中国高教研究》2018年第3期。

集中有限资源重点建设一流大学，是许多国家采取的一种国家战略，且渐成国际共识。例如，德国在2006年启动“精英大学计划”，以资助学术成就卓越的精英大学，先后有慕尼黑工业大学、海德堡大学、柏林洪堡大学等十多所大学入选，并称经过十年建设已经初步“取得成功”。①日本在先前实施“卓越研究基地计划”的基础上，于2014年推出“顶级全球性大学计划”，以“目标明确，公平竞争，信息透明，动态调整”为方针，重点建设有可能进入世界百强、承担世界级教学与科研的“顶级大学”和富有创新能力、能够引领日本社会的“全球化牵引型大学”。②韩国在2013年开始实施“21世纪智慧韩国一流大学与卓越人才建设工程”，计划由政府拨出专款，具体通过国际化人才培养计划、特殊领域专业化人才培养计划、未来创意人才培养计划以培养引领“创新经济”发展的硕博高端人才。20世纪90年代出台了“高等教育卓越计划”，旨在重点培育世界水平的一流大学、一流研究生院，并重点资助“地方卓越大学”。③

“世界一流大学”建设，归根结底是学校行为，除国家政策导向之外，还有赖于大学自身的努力和进取。1998年在巴黎召开的首届世界高等教育大会提出了“进取型大学”（Pro active University）的新概念，④这种进取型大学被描绘成：

一个实施高质量教学的场所，它能有助于学生在广阔的公共和专业领域里，包括在最复杂、最新颖和最专业的领域里有效地行动并发挥作用；一个基于心智和能力标准择优录取学生，同时又力求社会公平的场所；一个将许多致力于创造并传播知识的人、许多致力于促进科学发展的人、许

① 吴燕：《德国称精英大学运动取得成功》，载《世界科学》2015年第11期。

② 陈瑞英：《日本创建世界一流大学的政策措施：全球顶级大学》，载《比较教育研究》2018年第3期。

③［韩］魏玉亭，高长完：《韩国一流大学与卓越人才发展计划：“BK21 PLUS工程”实施述评》，载《高等工程教育研究》2020年第3期。

④ United Nations Educational，*Scientific and Cultural Organization*：*Policy Paper for Change and Development in Higher Education*. Paris，1995：42–43.

多致力于技术发明和革新的人会聚在一起的场所；一个追求道德和知识的学习场所，它培养毕业生具有追求知识的志向，具有运用知识服务于社会进步的社会责任感；一个欢迎人们随时“回归”以更新知识和能力并以此为己任的场所；一个鼓励人们积极参与工业合作和服务于地区、国家经济社会发展的场所；一个鼓励以独立的学术批判精神探讨各种当地、区域、国家、国际事务的场所，讨论各种社会、文化、知识议题的场所；一个能够提供科学的、可靠的信息，从而有助于政府和其他公共机构作出决策，并且有助于公民在公共决策方面广泛参与的场所；一个确保其成员恪守学术自由原则，自由地追求真理，自由地在本国社会及世界范围内促进人权、民主、正义、宽容，自由地引导公民精神并营造和谐文化的场所；一个在世界范围内能直面所有的威胁和挑战，能适应当代生活节奏，并能理解每一地区、每一国家独特性的场所。

在国际上，有一些建校历史不长却后来居上的新大学，常常被看作进取型大学的范例。如创立于1967年的英国华威大学，注重与企业及政府的合作，激励高水平的学术研究和师生互动教学模式，一跃而入英国最好大学的行列，成为所有英国大学在办学活力、质量和企业家精神方面的标杆。美国卡内基梅隆大学早先只是一所技术学校，真正升格为“大学”是在1967年，这所以“心无二用”为校训的大学，以学业要求严格、课业繁重而著称，被戏称为“学生累得像狗一样的大学”，如今其计算机科学、机器人、应用数学、统计学、美术、工业管理等学科，都处于世界一流水平。韩国浦项科技大学建于1986年，建校伊始就以“最好的教学，最尖端的研究，培养未来的国家和全球事务领导者”自期，学校只设理科和工科，如今它已成为韩国理工学科实力最强的大学之一，在机械工程、计算机技术、生物工程等领域已跻身国际一流。

其实，像牛津与剑桥、哈佛与耶鲁这一类老牌的世界一流大学，又何尝不在努力进取之中！这些大学的历史，少则数百年，多则近千年，古老陈旧的楼宇殿阁，一副老气沉沉的模样，看似很符合著名的“赫斯伯格悖论”：“大学是所有社会机构中最保守的机构之一，同时，它又是人类有史以来最能促进社会变革的机构。”[①]其实，大学看似保守，但只要我们进入到这些老牌大学的内部，深入到它们的教学和科研过程之中，深入到它们的课堂上和实验室里，深入到它们的校长室和行政办公室之内，我们就不难窥其堂奥：师生们是如何像猎手一样在知识的前沿追赶，校长们是如何殚精竭虑地在与官员或金主们谈判，管理人员是如何无微不至地在为师生服务。这些老牌的一流大学其实比谁都更清楚：高处不胜寒，逆水行舟不进则退，没有最好只有更好；唯有不断与时俱进，唯有更加倍地奋力进取，舍此谁也不能保证自己长盛不衰永远一流！在精神和观念上，这些老牌大学非但不保守，实则比谁都更加进取，更加与时俱进，也正因此，所以才能始终处于世界高等教育的顶端，始终处于一流。

高等教育的发展，有共同的基本规律，但没有统一的模式。世界各国的高等教育，有很多的共同点和惯例，这是由高等教育的基本规律决定的，所以办高等教育必须遵循高等教育的基本规律；各国的高等教育，也必定或多或少地有一些不同于其他国家的独特之处，有自己的特点，这是由各国特定的社会条件和文化传统所决定的，任何国家的高等教育，都是共性和个性的统一体。剑桥大学副校长阿什比曾经断言：“任何类型的大学都是遗传和环境的产物。”[②]所“遗传”者，正是高等教育的基本规律，大学的内在逻辑，它决定了大学之所以为大学的本质特征；而“环境”者，则是本国本地特定的国情社情。大学的发展，就是在共同的基因和特定的环境因素综合作用下实现的。

历史上所有成功的高等教育改革发展先例，都是既遵循高等教育的基本规律，又根据本国、本地的社会实际和文化传统因时因地制宜的结果。

---

①［美］伯顿·R·克拉克：《高等教育系统》，王承绪、徐辉等译，杭州大学出版社1994年版，第16页。

②［英］阿什比：《科技发达时代的大学教育》，藤大春、藤大生译，人民教育出版社1983年版，第7页。

高等教育的改革与发展过程，实质上也是一个探索的过程，一个创造与再创造的过程。

美国霍普金斯大学创校校长吉尔曼早年曾留学德国柏林大学，对洪堡的大学思想推崇备至。1876年，在霍普金斯大学的创建过程中，吉尔曼依据自己对大学本质的认知以及对德国大学经验的判断，同时依据自己对美国社会实际和学界状况的洞察，审时度势，执着地继承了洪堡“教学与科研相统一”的原则，却坚决地放弃了德国研究生教育奉行的一对一师徒制培养方式，创造性地在霍普金斯大学建立了专业研究生院，将研究生教育层面的“教研统一”奠定在宽广的课程体系上。[①]新建不久的霍普金斯大学，就因其在研究生培养和科学研究方面的突出成就，成为美国研究型大学的“原型”，开创了美国研究型大学的先河。霍普金斯大学的成功，正是吉尔曼创造性地将洪堡的大学理念与美国本土实际圆满结合的一个丰硕成果。

因此，中国的“世界一流大学”建设，不应该是原有重点建设项目的简单重复，也不应该是国外类似计划的简单移植，而是在我国特定的历史发展阶段进行的一项新的高等教育建设工程。这项工程不仅仅是硬件的建设过程，也应该是一项高等教育改革与发展的系统工程，是一个在观念和体制、方法和措施方面需要不断探索、不断创新的过程。首先，需要探索既符合高等教育基本规律又适合国情的一流大学建设的一套新理念、新路径、新机制、新体制，通过一流大学的建设来推动全国高等教育水平的整体提升和体制机制的深层改革。其次，我国是高等教育大国，高校类型多样，既有多所部委直属大学又有很多地方高校，既有综合性大学又有许多特色鲜明的行业性大学，因此在学校的层面上，需要探索基于各自校情的独特发展方式和建设举措，建设的结果应该是使得我国高等学校更加多样化、特色化，而非同质化。

---

① 王廷芳：《美国高等教育史》，福建教育出版社，1995年版，第175页。

第二节　大学的品德

大学是追求理性的机构，但也需要德行来保障。在高等教育进行“重点”和“一流”的建设过程中，一个比较常见的偏向是过于注重大学外在的指标，如“高被引”论文、重大科研项目、重大学术奖励等，而不太重视大学内在的精神品质。这实际上不仅仅是一个工作偏颇的问题，而且是一个事关大学的本质和意义的问题。这里所称大学的品德，主要是指为大学成员所尊崇和恪守并且在大学职能性活动中表现出来的职业品德、精神操守及其行为规范的总和。

一、大学品德的历史性

大学的品德早在中世纪就孕育了初始的基因，并且随着大学的发展而不断地得以传承与弘扬；它在不同的历史时期有新的内涵，也会受到新的挑战和考验。

（一）中世纪大学的品德基因

欧洲中世纪大学在早期的教学活动中就已经孕育了初始的品德基因。例如，新生入学时，有“清扫典礼”，典礼的目的就是要把新生原先的“粗鲁习气”“野蛮兽性”统统“清扫”干净；[①]硕士、博士资格的获得，不仅

①［法］雅克·勒戈夫:《中世纪的知识分子》，张弘译，商务印书馆1999年版，第88页。

要通过严格的考试答辩，也要证明已具备“与其身份相应的那些品德（公正、对同事和学生慈善、热心工作）”，且能“避免那些直接玷污品行的罪恶（贪财、不检点、虚荣）”，因而硕、博士资格的意义，就“不仅是理智上的，而且是道德上的”。[①]同样，中世纪大学的教师不仅要学有专长，也必须品行端正，新教师入职一般都有宣誓环节，宣誓的内容包括了服从大学章程、忠于教职、保质保量地完成与薪酬相符的教学任务等项，也折射出那个时代对大学教师职业品德的基本要求。

中世纪大学已经养成了“对社会批评的爱好”，师生们无所顾忌地批评教会的专制，批评僧侣的奢靡，也批评市民对他们的欺压和盘剥，批评一切他们看不顺眼的社会现象。其实，早期中世纪大学的师生，素质还真高不到哪里去，他们当时在社会上被称作“哥利亚德”，[②]多少是带有几分贬义的，但就是这样一批人，他们对各种自认为是不道德的社会现象进行抨击，这至少可以说明，他们自认为是站在道德的高地上，明显带有道德的优越感。

（二）欧洲文明进程的助推

近代欧洲历经一系列重大的社会变革运动，大大提高了欧洲社会的文明程度，对大学品德也产生了积极的促进作用。这些运动虽然没有明显改变中世纪沿袭下来的大学组织形式，却不可能不影响大学的观念和精神，不可能不影响师生的思想和行为方式。

一个可见的变化，是大学师生在社会地位和声誉上的提高，原因当然是他们自身素质的提高。特别是经过文艺复兴的洗礼，中世纪的“哥利亚德”终成过去，取而代之的是“文人学士”“文化人”或“绅士”。随之，大学教师逐渐跻身“贵族”阶层，他们不仅贵在生活品质，更贵在素质和

---

①［比利时］希尔德·德·里德-西蒙斯主编：《欧洲大学史（第一卷）·中世纪大学》，张斌贤、程玉红等译，河北大学出版社2007年版，第178页。

②［法］雅克·勒戈夫：《中世纪的知识分子》，张弘译，商务印书馆1999年版，第20页。

精神；大学生也逐渐被社会高看，被看作未来的社会精英。相应地，大学教师对自己的职业认知也发生了改变，“他们开始把自己看作不仅是自己学生的教师，而且是他们所处社会中精英们的教师”，于是，“大学随即获得了这样一项重要任务：即为社会训练与‘斯文’、‘文明’或‘文化’的规范相一致的‘文人学士’或‘绅士’。”[①]宗教改革运动的导火索由维滕贝格大学神学教授马丁·路德一手点燃。1519年盛夏正值斗争最激烈的时候，路德前往莱比锡论战，一路不仅有校长亲自护送，还有二百名学生“执戟带盔充当卫队”，[②]他面临的是生与死的考验。经过宗教改革这场运动的生死考验，大学扩大了规模，加速了世俗化的进程，而且在精神上也历练得更加强壮，对品德和自由的信仰也更为坚定。其后相继发生的资产阶级革命、启蒙运动，确立了民主、自由、平等、公平、正义的共同价值观，则进一步强化了大学品德的价值基础和行为准则。

19世纪初，威廉·洪堡以“教学与科研相统一”为原则重塑德国的大学，在他看来，大学“乃是民族道德文化荟萃之所”，它的“立身之根本”，就“在于探究深邃博大之学术，并使之用于精神和道德的教育。”[③]洪堡把理性看作德性的基础，把纯粹学术当作通向理性和德性的不二法门。经过洪堡的改革，科学研究成为大学的“立身之根本”，成为大学的一项新职能。科研进入大学，对大学德行的提升有双重意义，一是科研能够为大学铸魂健体，强其精神之脊梁，固其思想之底气，健其心智之内功，正如学问可以变化气质，科研也可以改善校魂和校风；二是科研本身的道德准则和规范，可以丰富大学德行的内涵，提供德行的榜样。因此有学者断言，由于科研进入了大学，故从19世纪开始，“随着这种关于学术成就的道

① ［比利时］希尔德·德·里德-西蒙斯：《欧洲大学史（第二卷）·近代早期的欧洲大学（1500—1800）》，贺国庆、王保星等译，河北大学出版社2007年版，第8页。

② 李纯武等：《简明世界通史（上）》，人民教育出版社1981年版，第331页。

③［德］威廉·冯·洪堡：《论柏林高等学术机构的内部和外部组织》，见陈洪捷《德国古典大学观及其对中国的影响》，北京大学出版社2006年版，第198页。

德的普遍传播，大学变得更加纯洁了。”①

当然，科研作为大学的“立身之根本”，也可能会在实际工作中产生新矛盾，那就是科研与教学的关系问题。不过从机制上看，这个矛盾不是由科研本身带来的，而是由于实际工作中对科研与教学的关系处理不当造成的，解决这个矛盾恰恰不是能力问题，而是职业道德问题，是需要通过提升大学的道德水准来解决的。

（三）社会服务时代的新考验

20世纪初，社会服务在美国成为大学的又一项新职能。威斯康星大学校长范海斯对这一新职能曾作如是说：“州的大学必须服务于全州人民，服务于它的所有的儿女，在所有的方面帮助州，以所有的方式与州的人民建立起密切的联系。”②著名的“威斯康星理念”由此得以确立，大学于是纷纷走出象牙塔而进入社会，利用自己的智力优势直接服务于社会，扮演起“社会加油站”“社会轴心”的新角色。

然而，大学走上十字街头之后，面对着熙熙攘攘的社会和眼花缭乱的市场，如何才能洁身自好，也就越来越成为一个带有道德意味的问题。尤其是随着高等教育大众化、普及化时代的到来，各国大学普遍面临着规模扩张、经费短缺、竞争加剧的多重挑战，在这种情况下，大学如何才能守身如玉，不辱其志，不降其身，更是一道无法回避的道德必选题。20世纪中叶以来，众多的大学校长和著名学者那么热衷于研究和探讨大学的道德问题，正反映了西方高等教育界对大学品质状况的一种集体焦虑。

大学自古孕育的品德基因，是由大学自身的本质和属性决定的，它随着时代的发展会有新的内涵，也会面临新的挑战，但其基因在本质上并没有发生根本的变异，依然代代相传，融化在大学的血液里至今仍顽强地起

① ［美］爱德华·希尔斯：《教师的道与德》，徐弢等译，北京大学出版社2010年版，第206页。

② 李凤玮：《范海斯的现代大学观及其办学实践》，载《苏州大学学报（教育科学版）》2017年第3期。

着作用；另一方面，大学走进社会中心之后，也有一个客观上的好处，那就是使大学置身于社会各界的视野之中，自然而然地成为社会监督的对象。这种社会的监督机制，对大学的品德是一种重要的外部约束。

二、大学品德源自大学本身

大学是探索高深学问、培养高级人才的机构，大学品德是大学本质属性的内在要求，也是大学实现自身使命的必要条件，更是大学享有高度自由及社会声望的基本前提。大学品德根植于大学自身。

（一）高深学问之根

大学的品德是由大学自身的本质属性决定的。大学是传授和探究高深学问的学术机构，高深学问的特质奠定了大学品德的内在基础。高深学问具有真理性，它是人们对自然规律和社会规律的正确认识，是对事物的本质和意义的正确揭示，能够将人类从无知提升到已知，从知之较少提升到知之较多，从自然王国提升到自由王国，它的本质功能体现着善。高深学问也有高贵性，因其高深，所以来之不易，探索高深知识的过程是一种艰苦卓绝的精神历险，既需要高的才智，也需要高的品德，凝聚着丰富的真善美要素；同样因其高深，能够理解、掌握它的人毕竟是少数，这需要很多的知识积累和较高的才智，因此，有高深知识的人被看作“精神贵族”，受到人们的景仰，是有其心理的和社会的原因的。

古希腊苏格拉底提出“知识就是美德”的著名论断，尽管由此引起无休止的争议，但从可能性上来说，知识通向美德之路确实很畅通，至少大学人自认为是这样的。中世纪有哲学教授曰：“哲学专注于学习与深思，天然地合乎道德，即纯洁与节制、公正、强大与自由、温柔与崇高、宏伟卓越。”[①]19世纪初的威廉·洪堡坚信，只要大学“迫使学生至少在他一生中

① ［法］雅克·韦尔热：《中世纪大学》，王晓辉译，上海人民出版社2007年版，第60页。

有一段时间完全献身于不含任何目的的科学”，就一定能促进“他个人道德和思想上的完善”。[①]19世纪中叶，纽曼在论述大学教育目的时，断言“知识本身即为目的”，他认为“自由知识”的高贵之处不在于“它的结果”，而在于它是一种心智的“胚芽”，一种“精神启示”，一种“习惯”，一种“内在的禀赋”，因而是一种“美德”，它“通常与宗教和美德连在一起”，能够“使人变得品德高尚”。[②]20世纪80年代，芝加哥大学的希尔斯为学校拟定教师聘任标准，他依据的核心理念则是“大学具有崇高的道德价值”，其先决原因在于“大学所致力的是对真理性知识进行无私追求的理想”。[③]高深知识的特质奠定了大学品德内在的知性基础，所以他们才能如此坚定地对大学的品德怀有如此这般高度的自信。

（二）教育伦理之本

大学也是培养高级专门人才的教育机构，高等教育的特质决定了大学品德教育的目标和方法。大学教育目标所指向的高级专门人才，不仅要有高深的才智，也要有高尚的品德，这在古今中外的所有大学中都是没有例外的。知识可以通向美德，是一种可能性，但不是必然性。有高深知识的人，他可能成为一个品德高尚的人，但也可能相反，在某些内外部因素的影响下堕落为一个缺德的人；而一个才智很高但品德很低劣的人，他对社会的危害会比一般人大得多。

要使知识转化为美德，受到多种主客观因素的复杂作用，其中很重要的是教育本身的主导性作用。因此，自古以来的大学在传授高深知识的同时，无不标榜还要培养学生的品德，也无不为此而努力。尤其是在当代，人类共同的价值观念正经受着消解的威胁，“培养有道德的大学生”更是

① [德] 卡尔·伯克:《联邦德国的高等学校及其问题》，张玉书译，载《中国教育报》1984年9月1日。

② [英] 约翰·亨利·纽曼:《大学的理想》，徐辉等译，浙江教育出版社2001年版，第23页。

③ [美] 爱德华·希尔斯:《教师的道与德》，徐弢等译，北京大学出版社2010年版，第218页。

被各国的大学所重视。只有品德才能培养品德，品德的培养需要有道德的环境，需要有道德的榜样。因此，大学本身的品德水准状况，正是学生品德发展最直接、最有力、最重要的环境因素和榜样因素；大学的品德，既是教育的目标，也是教育的手段。正人先正己，是放之四海而皆准的教育铁律。

（三）自由和自治之基

大学是拥有自由、自治权利的机构，而这种权利的获得，也与大学本身的品德状况密切相关。自古以来，大学在争取自由自治的权利时，无不抬出“探究学问、追求真理”作为理由。因为大学是“探究学问追求真理”的，所以它需要自由自治，也能够自由自治，它比较能自律，能自己管好自己。

中世纪的教皇或国王在授予大学自治特权时，虽然内心深处无法排除“招安”的私念，但这个冠冕堂皇的理由也是他们不得不承认的。菲烈德力克一世在颁给波隆那大学的谕旨上写道：大学“以学问之功，启导斯世，及抟塑吾等臣民之生活”，且趋向“行为方正”，故而“吾人本其忠敬之心”而慷慨授予其“此等特权”。①国王对大学存有一份“忠敬之心”实属不易，而这份“忠敬之心”显然是来源于大学本身的“学问之功”和“行为方正”。谕旨说得很明白，因为你有“学问之功”且“行为方正”，所以授予你特权，其中暗含的学问和德行要求其实也很明确。

事实上，大学的自由自治权利，以及它在社会上所享有的种种声誉和威望，都是与其德行相辅相成的：因为你有品德，所以你可以享有自由自治的权利，享有崇高的声望；因为你享有自由、自治、声望，因此你必须自珍自爱自律，必须用品德来保证这种自由、自治的特权不被滥用。这也是权利与责任、自由与自律关系的必然要求。

---

①［美］格莱夫斯：《中世教育史》，吴康译，华东师范大学出版社2005年版，第82页。

三、大学品德的行为特征

大学的品德不是抽象的理念，而是可以被观察、被感知的行为，它直接体现在大学教学、研究、管理等职能性活动的全过程之中，主要通过教师、学者、管理者的职业行为表现出来。从大学的职业行为角度看，大学的品德可以操作性地划分为教学的品德、科研的品德和管理的品德。

（一）职业品德的表现

教学的品德是大学品德的核心，主要由教师的教育教学行为表现出来，相当于师德。教学的品德表现在教育教学的全过程和所有环节上，诸如关爱学生，尊重学生，对学生负责，始终把学生的发展放在一切工作的首位；敬畏教学，诲人不倦，甘为人梯；坚持学业标准，严格要求学生，从不敷衍塞责，从不"放羊"，更不会对"背景特殊"的学生"放水"。总之，一切为了学生，一切对学生的发展负责，是教学品德的根本，也是教育良知的基点。

科研的品德是大学品德的重要支柱，体现在大学科研工作的全过程之中，由各类研究者具体的科研行为反映出来，诸如实事求是的研究态度，独立思考、质疑问难的学术精神，严谨诚实的学风，追求真理坚持真理的勇气，对他人研究成果的尊重等等；从相反的角度来说也就是，不唯书不唯上，不主观臆测，不浮夸，不粗制滥造，更不弄虚作假、抄袭剽窃、巧取豪夺。由大学的教育目标所决定，大学里的科研品德还应该表现在教育教学工作中，也就是要有意识地将科研结合到教育教学的过程之中，使科研成为一种教育教学的资源，通过科研来实现教育教学的目标。如果在大学里，科研不能作用于教育教学，而是"漂移"成遥不可及的两张皮，甚至"重科研轻教学"，这实际上正是一种失德的表现。因此，实际工作中处理好教学与科研的关系而使其相得益彰，就不是一个简单的方法问题，而是一个重要的职业道德问题。

管理品德也是大学品德的重要方面，它体现在学校各层级、各条线的管理工作中，通过各级各类管理者的管理行为表现出来。大学管理就其性质而言，本来是对教学和研究的一种服务，因此，管理品德首先可以用服务的态度和质量来衡量，诸如敬业、负责任、保质保量等。然而，管理又是掌握着一定权力的大小官员运用权力管理人和事的工作，在这个意义上管理品德实际上也就是官德，它可以通过大小官员的权力运用方式表现出来，诸如是以权谋公还是以权谋私？是正当行使权力还是玩弄权术，抑或是进行权斗？是维护和捍卫学校的学术标准，还是大搞权学交易、钱学交易？这些都是衡量大学管理品德的关键指标。在大学里，管理的品德往往不像教学品德、科研品德那样被人重视，并不是因为它不重要，而是因为大学的管理比之于“前台”的教学科研，主要是在“后台”进行的，因而不易为当事人以外的师生所察觉。可实际上，管理的品德对大学品德的整体面貌起着非同小可的作用。尤其是大学的“一把手”，他们的品德状况至关重要，对内是全体师生员工的示范，对外则代表着整个大学的形象。“一把手”的品德好，那么上行下效，就能形成好的风气，给大学品德锦上添花；“一把手”的品德如果不好，就会产生难以想象的杀伤力和腐蚀力，会导致大学品德的塌方式堕落。

（二）大学品德的示范者

大学的品德是通过大学所有成员的行为表现出来的，每个成员的品德状况都与大学品德的整体面貌息息相关；其中，教师和管理者的品德具有示范作用。

大学教师是教育和科研的主体，他们在教育和科研工作中表现出来的品德状况，决定了大学品德的风貌。自文艺复兴以来，大学教师在社会上的形象，从来不仅是学富五车、才高八斗，而且还要温文尔雅、品行端正。早期神学院的教授都由修士担任，也是因为在人们的眼中，修士都信仰纯正且修成正果。西方在相当长的历史时期内，大学教授和导师在校期间必须穿特制的黑袍，一如弗莱克斯纳所说，既在显示其身份的“高贵”，也在提醒他们时刻检点自己的言行，以显示“教授的长袍应与法官的长袍一样纯洁”。[1]

哈佛大学校长博克一直推崇耶鲁大学某校长就职演讲中的一句话：大学里“最有效的道德影响力来自教师的个人品格”“高尚的品格，再加上学者的智力和成就的尊严就可以成为一种启迪和追求”。[2]20世纪末，耶鲁校长雷文曾这样赞美该校的一位老师：具有“水晶般清晰的头脑和高尚的道德情操”，他“自己就是一门课，他将各种美德集于一身。”[3]教授的品德历来都是最可贵的教育资源。

大学教师从事高深学问的教学和科研，工作性质决定了他们德行的基本面，再则，身旁有学生在，外面还有学术共同体在，这些也都能从外部督促他们的德行基本面。相比较而言，大学管理者的情况很不相同，他们掌握着一定的权力，偏偏又主要在后台工作，能有效监督他们的人相对比较少，因此，管理者的品德状况就更需要靠他们的道德良知来维持，同时也更需要靠严格的制度来保障。

历史上，德行好的大学管理者，尤其是那些名垂青史的杰出大学校长，为后人树立了光辉的德行榜样。国外的暂且不论，就中国来说，近代如蔡元培、梅贻琦、萨本栋、吴贻芳、竺可桢、吴有训、傅斯年，当代如匡亚明、吴玉章、江隆基等，这些杰出的大学校长，留给后世的最宝贵财富，不仅仅是他们治校的成就，更是他们的道德操守、人格风范及其种种嘉言懿行，他们堪称是“他的时代道德最好的人”，足以“代表他的时代可能达到的道德发展的最高水平”，[4]是大学管理者的杰出代表。

---

①［美］亚伯拉罕·弗莱克斯纳：《现代大学论》，徐辉等译，浙江教育出版社2001年版，第183页。

②［美］德里克·博克：《走出象牙塔——现代大学的社会责任》，徐小洲等译，浙江教育出版社2001年版，第134页。

③［美］理查德·雷文：《大学工作》，王芳等译，外文出版社2004年版，第231页。

④［德］费希特：《论学者的使命·人的使命》，梁志学等译，商务印书馆1997年版，第45页。

四、大学品德的保障机制

大学的品德主要靠大学成员的职业良知来保证，良知在哪里，品德就在哪里；良知有多少，品德就有多少。良知是大学品德的先决因素。但光靠良知来保障显然还不够，在良知之外，还需要严格的制度来保障，制度也许不能决定大学品德的高度，但至少可以维护大学品德的底线。健全的揭错和纠错机制是制度保障的重要内容。

（一）准入制度

大学招聘教师，历来既重视学术水平，又注重个人品德，尤其是对于那些申请进入“终身轨”的教师更是如此。在哈佛大学任校长四十年的埃利奥特，是一位道德至上主义者，他在聘用教师方面留给人们的最深刻印象是，“我们不能说埃利奥特先生不注意学识或教学才能，但他最关注的还是品德问题”；①芝加哥大学聘用教师的目标，是“杰出的学者”又是“最好的教育家”。②

至于管理人员的招聘，同样也很严格，德能勤绩一样也不能少。特别是大学“一把手”的遴选，更是严上加严。从吴家玮被选为加州大学校长的过程看，遴选委员会从履历核查，到面试口试，再到“外调”察访，然后把四位候选人及其夫人接到学校小住，实地听其言观其行——包括其夫人的言和行，最后由遴选委员会和校董会共同对候选人再次面试、投票产生最终人选。③整个遴选过程，将候选人的个人经历和德才、声望乃至生活习惯，从里到外都翻个底朝天，简直到了苛刻的程度。

（二）荣誉和奖惩制度

对品德操守予以嘉奖树为榜样，对失德加以惩处以儆效尤，这对处在

---

① ［美］德里克·博克：《走出象牙塔——现代大学的社会责任》，徐小洲等译，浙江教育出版社2001年版，第134页。

② ［美］威廉·莫菲等编：《芝加哥大学的理念》，彭阳辉译，上海人民出版社2007年版，第94页。

③ 柯南：《从加州大学校长的遴选看美国的用人之道》，载《科学·经济·社会》1985年第8期。

成长过程中的大学生来说尤为重要。

杜克大学、弗吉尼亚大学等校建有著名的“荣誉准则体系”，加入体系的学生必须承诺“不撒谎，不欺骗，考试不作弊”等等，[①]信守承诺者予以嘉奖，违反承诺者则要受到重罚。杜克大学校长桑福德在解释这个体系时说，“杜克学生的礼貌、诚实、荣誉和自律等品质”是进入体系的必备条件，建立这个体系的目的在于，“杜克立志要给它的学生留下一些宝贵的东西，即：永远关注正义，坚持同情和关心他人……整个生命历程中有能力去正直地思考。”[②]据他称，这种“荣誉准则体系”在培养学生诚实、守信等品德方面收效显著。

对于大学教师来说，品德荣誉和奖励也许不是最紧要的，因为大学教师所从事的高深学问工作包含着品德的因素，工作成果本身在很大的程度上就是他们品德的一种证明，附加过多的荣誉和“帽子”反而有画蛇添足之嫌。但是对于大学教师来说，制定严格的工作规范和对失德行为的揭露、惩处制度，以维持品德的底线，却大有必要。当下的大学，规模越来越大，人员越来越多，内外部关系越来越复杂，各种诱惑也越来越多，谁也不能保证教师一定都是贤良君子，即便是贤良君子谁又能保证从不犯错。

近年来大学教师中跌破底线的失德行为乃至丑行，被披露出来的并不少见，即便是一流的名牌大学也难以幸免，尤其是科研上的弄虚作假，似乎已然成为大学里的一个重灾区，例如2005年麻省理工学院揭露的一位被誉为免疫学“金童”的副教授的论文编造数据事件，[③]就是比较典型的案例。

（三）纠错机制

这些学术造假事件很丑陋，抹黑了大学的美名，固然令人遗憾，但是，

---

① 蒋秀英：《美国杜克大学荣誉准则制度的经验与启示》，载《西南农业大学学报（社会科学版）》2008年第2期。

② 眭依凡编：《学府之魂——美国著名大学校长演讲录》，教育科学出版社2013年版，第31页。

③ 牛震：《麻省理工开除造假副教授》，载《文汇报》2005年10月31日。

这些事件更值得我们关注的是，对于此类失德行为，大学本身有没有一套揭露、惩处的纠错机制，有没有一种认错、纠错的勇气。揭错纠错机制的有无、认错罚错勇气的大小，这本身也可以看作大学品德的一个试金石。

校园丑行发生后，学校如能通过有效机制得到及时揭露、惩处和纠正，知耻而后勇，于学校的声誉倒也是一个弥补；相反，如果丑行发生，学校不但不能加以揭露和纠错，甚至反而刻意隐瞒掩盖，那么，当事人是个人失德，校方则是管理失德，付出的也许是整个学校的道德声誉的代价。2015年在美国德州的贝勒大学，学校足球队一明星级的学生球员性侵女生，校方在接到举报后竟然将此事压下，让这位明星球员又打了几场重要比赛。事情被媒体曝光后，在美国高等教育界一片哗然，该校校长斯塔尔（在克林顿总统弹劾案中力主弹劾总统的独立检察官）不得不辞职谢罪。[①]是非其实很分明，赢几场比赛是小事，校方隐瞒球员的恶行是大节，大节有亏，当然就要付出大的代价。

校内纠错机制的另一个典型案例是哈佛大学校长萨默斯。在2005年全美经济学家年会上，萨默斯不慎失言，说大学里理工科女教师少是因为“男女先天有别”。这话本来也就是随口一说，但传到哈佛之后却引起轩然大波，最后萨默斯只能以辞职平息事态。[②]萨默斯因随口一言而下台，只能说明哈佛校内纠错机制的厉害，此外似乎还可以说明的一点是，美国人对大学校长的品德操守期望值很可能比对总统还要高，总统可以大嘴巴信口开河，但大学校长却必须谨言慎行，人们在心理预期上似乎容不得大学校长有丝毫的品德瑕疵。

---

① 王欣：《校园性暴力与橄榄球丑闻：重新审视美国的高校管理和领导道德》，载《苏州大学学报（教育科学版）》2016年第4期。

② [美]路透社：《哈佛校长萨默斯宣布辞职》，载《参考消息》2006年2月23日。

第三节　一流大学的一流品德

时人谈及世界一流大学，兴奋点多集中在屈指可数的几个学术指标上，这种情况与大学排行榜的盛行有很直接的关系。排行榜将复杂无比的大学简化为几个数字并据此排出名次，这就给急于求成的主事者们造成了一种错觉，似乎只要这几个指标达到了，“世界一流大学”便大功告成。殊不知，“世界一流大学”这个沉甸甸的称号远远不是几个数字就能框得下的，它有极其丰富的内涵和意义。早在六十多年前，芝加哥大学校长金伯顿就曾指出：“大学排名常常依据随意的标准而定，这些标准大多忽略了大学里最有价值的部分。”[①]金伯顿认为，这些“最有价值的部分”恰恰都体现在“无形的方面”，而大学的“道德准则”就是其中之一。

大学的品德是大学在其工作过程中表现出来的行为方式，反映的是大学与其工作对象之间的关系。大学品德不是抽象的道德教条，而是具体的行为方式，是通过大学成员个体的工作行为表达出来的，因而它是直观的，可以被感知的。通过一流大学在品德行为方面的案例，可以了解一流大学的品德操守及其内外部保障因素，由此可以拓展时人对“世界一流大学”的理解，为我们的“世界一流大学”建设提供一个别样的视角。

---

①［美］威廉·莫菲等编：《芝加哥大学的理念》，彭阳辉译，上海人民出版社2007年版，第45页。

一、一流大学如何对待学生

大学是高等教育机构，培养人才是大学的基本职能，大学如何对待学生，是检验大学品德的首要试金石。是以生为本，把学生当作学校的目的，还是本末倒置，把学生当作另有所图的某种工具或手段？是坚持学业标准严格要求学生，对学生的发展负责，使学生得到充分发展，还是敷衍塞责，放任自流？是有教无类，对所有学生一视同仁，还是势利眼大睁，只对“背景特殊”的少数学生给予“特殊照顾”？诸如此类的现实问题，时时都会出现在大学的教室、实验室或办公室里，出现在校园的每一个角落里，考验着大学的教育品德。

学生是学校的目的，而不是手段和工具，更不是商品，这是教育的基本道德准则。把学生当目的，那就意味着学校是手段，学校是为学生而存在的，是为学生的发展服务的，因此，学校必须尊重学生，关心学生，对学生有敬畏之心，把学生的发展放在学校所有工作的首位；学校的一切活动，从制度设计到教职工个体行为，都要服务于学生的发展，有利于学生的发展。一流大学的生源一流，录取的都是百里挑一的最优秀学生，同时一流大学又无不以培养各行各业的“领袖人才”自期，甚至以“为全世界培养领袖人才”自期，[①]因此一流大学如何看待学生、如何对待学生，意义更是非同一般。“大学者，有大师之谓也”，这是我们耳熟能详的名言，然而在一流大学我们也时常能听到另一种声音，这是“学生就是大学”的声音，是以学生为本的声音。

耶鲁大学校长小贝诺·施密德特上任之初对学生说：“我非常高兴、非常自豪地对你们说：你们就是大学！”校长在迎新会上说这番立志的话也许不稀奇，但施密德特解释说，“这句话，我与我的前任用不同的方式对新生已经说了近三百年”，并称这是耶鲁的“连续性价值”。[②]可见此语不是他个

---

① ［美］理查德·雷文：《大学工作》，王芳等译，外文出版社2004年版，第10页。
② 陈宏薇：《耶鲁大学》，湖南教育出版社1990年版，第4页。

人的看法，而是耶鲁全校的看法，是耶鲁三百年一以贯之的信念，凡是了解一点耶鲁教育史的人，多少都能体会到这句话在耶鲁的分量。

“现代加州大学之父”克拉克·克尔曾在校长工作报告中说：“学生是一所大学存在的主要原因”，因此“我们必须向学生表示敬意”，[①]学生在他心目中的位置，由此可见一斑。哈佛大学文理学院院长罗索夫斯基认同学生是“大学得以存在的理由”一说，他认为，“大学是学校，如果没有学生，学术成就终将枯萎。”[②]当罗索夫斯基每次会晤《深红哈佛》报的本科生记者时，他自述的那种心理活动，栩栩如生地反映出这位院长对每一位学生的敬畏。[③]在这些校院长的心目中，大学好比是水库，学生是水库里的水，学生是大学的源泉，是大学之所以为大学的根本。

看法决定做法，态度决定行动，坚持学业的高标准、严要求，就是一流大学在教学上的不二法门。世界一流大学历来“严进严出”，进门难，出门更难，即便是那些智力超群的学生，倘若不努力学习也很难达到毕业的要求。巴黎高等师范学校外号“人道主义的修道院”，旨在培养“精英教师”，以学业高难著称，就连天赋异禀的让-保罗·萨特，毕业前的资格考试竟然也未能一次过关。[④]被比尔·盖茨誉为“神奇学府”的印度理工学院（IIT），采用近乎“斯巴达式”的教学方式，常常严格到“不通人情”的地步，有教授竟要求计算结果准确到小数点后面第四位，全校毕业率一直徘徊在50%左右。[⑤]康奈尔大学流行的口头禅是“门门会挂，人人都怕”，

---

① 眭依凡编：《学府之魂——美国著名大学校长演讲录》，教育科学出版社2013年版，第15页。

② ［美］亨利·罗索夫斯基：《美国校园文化》，谢宗仙等译，山东人民出版社1996年版，第5页。

③ ［美］亨利·罗索夫斯基：《美国校园文化》，谢宗仙等译，山东人民出版社1996年版，第40页。

④ 杨帆，易然：《巴黎高等师范学校精英师范模式及其启示》，载《高教探索》2017年第6期。

⑤ 张丹：《印度理工学院如何培养一流理工人才》，载《大学（研究版）》2016年第9期。

在康奈尔学习，被比作“是在10华氏度的温度下登上50度的斜坡”。[①]玉不琢不成器，教不严师之惰，再好的生源，再优秀的学生，也必须在学业上严格要求，学生自己也唯有全力以赴学习才能毕业。

在世界一流大学，学生毕业时的那种激动和兴奋，那种笑容和泪水，没有历尽艰辛、过关斩将苦学经历的人，是不可能有这种苦尽甘来、扬眉吐气的狂喜体验的。他们手里的那张毕业证书，是学业证明，也是汗水和心血的证明，来之不易，也货真价实、含金量十足，是走向各行各业的通行证，成为身份和身价的标志。

据协和医学院的老校友回忆，我国近代医药界曾流行“协和毕业的”和“协和出来的”两种说法，[②]这就是协和医学院培养质量的口碑，只要是经过刻苦学习从协和“毕业的”、经过刻苦的临床实习从协和“出来的”，那就是在医疗机构畅通无阻的通行证，个个都得过硬。对学生的学业发展负责，在学业上严格要求学生，决不“放羊”和“放水”，确保每一位学生都学有所获、学有所成，这是一所大学最根本的品德、第一位的品德。

世界一流大学大多是顶尖的研究型大学，如果望文生义，以为研究型大学只重视科研而不重视教学，或者用博克的《回归大学之道》、刘易斯的《失去灵魂的卓越》以及“博耶报告”等著述来说事，以此当作研究型大学不重视教学的证明，那是极大的误解。重科研轻教学作为一种偏向，是世界高等教育普遍存在的偏向，研究型大学确实也难免，但相比较而言，特别是比之那些一心追求排名的大学，一流研究型大学的这种偏向可以说相当严重，为克服这种偏向而做出的努力也有目共睹。有亲历者对美国一流研究型大学教学与科研关系的实情如是说：“高度重视本科和博士，而在本科和博士之间，天平又向本科倾斜。越是顶尖的私立大学越重视本科教育”，因为“这是它们的看家本钱”；这些大学“真心实意地把真金白银大

---

① 眭依凡编：《学府之魂——美国著名大学校长演讲录》，教育科学出版社2013年版，第46页。

② 北京市政协文史资料委员会：《杏坛忆旧》，北京出版社2000年版，第113页。

把大把地往里投入。在资源分配上，当研究生的发展和利益与本科生发生冲突时，研究生要为本科生让位；当科研与本科生教学发生冲突时，毫无疑问科研要为本科生教学让位”。[①]这一说法虽然源于经验观察，是经验之谈，但经验也是事实。许多在一流研究型大学学习的人，大多有同感，这可以从他们大量的自传或回忆录中得到佐证。

至于博克、刘易斯、博耶的那些著述，批评研究型大学在教学方面存在的问题，言辞颇多激烈之处，是耶非耶全在我们从什么角度去看。如果我们只是盯着他们的激烈言辞并以此当证据，那可能就会觉得这些大学的教学问题非常严重，甚至是流弊丛生、一塌糊涂；如果我们把这种批评看作他们恨铁不成钢、永不满足，是他们为了再接再厉、更上层楼，那么从这些著述中能够读出的也许就是，这些大学的本科教学实际上已经做得挺好，最起码比大多数大学都做得好，但这些校院长们仍不满足，还在追求更好。此外我们或许还能读出的是，这些校院长们对不断改善本科教学、不断提高本科教学质量的殚精竭虑和不懈追求。

20世纪初，牛津大学和剑桥大学学费上涨较快，非议四起。1922年皇家成立专门调查委员会对两校进行调查，调查结论充分肯定了这两所大学独特而成本又很高的导师制，称赞“牛津和剑桥的教育具有其他地方的教育所少有的内涵和品质”，在它们“为这个国家提供的教学体系中，学生个体所得到的关注也许比其他任何地方的都要多”，这里的学生“得到了导师们更多的教诲”。[②]这个结论等于向外界宣布，两校的学费是物有所值，甚至是物超所值。美国的弗莱克斯纳曾毫不吝啬地称赞说：“牛津大学和剑桥大学在本科生与导师之间确立的人际关系，尽管可能存在种种个人的局限

① 秦春华：《美国顶尖大学如何保证本科教学质量》，载《光明日报》2014年8月26日。

② ［英］大卫·帕尔菲曼主编：《高等教育可以为“高”》，冯青来译，北京大学出版社2011年版，第33页。

性，却是世界上最有效的师生关系。”[①]“世界上最有效”，对于一所大学的教学来说，这应该是最高的美誉！英国有学者鉴于此，索性称这两所世界公认的一流研究型大学是“最有名的教学型大学”。[②]牛津和剑桥对这个称呼非但不以为忤，似乎还洋洋自得，它们显然把这个称呼当作是对教学品质的最高褒奖而笑纳了。相较于眼下那些唯恐甩不掉“教学型大学”帽子、对“研究型大学”虚名趋之若鹜的某些高校来说，这是很有讽刺意味的。

世界一流大学对学生的发展负责，不仅体现在学生的才智方面，同样体现在他们的个人品德方面。爱因斯坦认为，“第一流人物对于时代和历史进程的意义，在其道德品质方面，也许比单纯的才智成就方面还要大。即使是后者，它们取决于品格的程度，也远超通常所认为的那样。”[③]由于一流大学旨在培养各行各业的“领袖”，也就是各行各业的第一流人物，他们将来要建功立业、领袖群伦，立功立言首先要立德，因此，培养他们正确的价值观和社会责任感，培养他们优秀的道德品质，在一流大学就显得格外重要，也更需要教育者费心费力。

哈佛大学校长博克在就职演说中说过：“在所有面临的挑战中，大学校长首先需要特别关注一个问题——学生的价值观和道德观。”[④]在博克校长的各种教育言论中，对哈佛学生品德培养问题的论述，期望之殷，思考之深，设想之细，大大超出我们对世界一流大学校长操心重点的预料。在美国高等教育界有重要影响的杜克大学校长桑福德也同样重视学生的品德培养，他说为学生“设置大学的道德标准确实是大学自己的责任”；他明确要求“杜克立志要给它的学生留下一些宝贵的东西”，包括“永远关注正

① [美] 亚伯拉罕·弗莱克斯纳：《现代大学论》，徐辉等译，浙江教育出版社2001年版，第240页。

② [英] 大卫·帕尔菲曼主编：《高等教育可以为“高”》，冯青来译，北京大学出版社2011年版，第34页。

③ [德] 爱因斯坦：《爱因斯坦文集》(第一卷)，商务印书馆1977年版，第339页。

④ 眭依凡编：《学府之魂——美国著名大学校长演讲录》，教育科学出版社2013年版，第56页。

义”“坚持同情和关心他人”“致力于服务社会”“正直地思考”等等。[①]

一流大学的通识教育，从基本的教学目标看，重在批判性、创造性思维方法和能力的培养，而更深层的目标则包含着道德品质的因素。从通识课程体系看，绝大多数大学都有一门“道德分析”之类的课，课程目标重在道德认知和道德推理，并且通过道德认知和道德推理的教学提升道德判断能力和道德行为能力。

除这类专门的课程外，通识教育实际上都包含着品德培养的深层目标。美国大学通识教育的标志性人物、“名著阅读运动”的推动者赫钦斯，很直白地指出了通识教育的这一深层意蕴，那就是不仅要“培养人们理智方面的优点”，还要培养“人性的共同点”；他强调指出，“在普通教育中，我们的兴趣在于发掘我们共同的人性要素，在于种族的品质，而不是个体的偶然性。”[②]奥尔特加·加塞特倡导的“文化修养”教育，与赫钦斯的普通教育有异曲同工之处，加塞特指出，“在大学里再度建立文化教学，建立符合时代要求的核心思想体系，是非常必要的。这是大学的基本功能，也必须是大学驾凌于其他一切之上的基本功能。”[③]一流大学所注重的所谓“通识”，通在思维方式、学术逻辑、研究方法，识在世界观、人生观、价值观；“通识”的着眼点，在于德才兼备、品学兼优。

二、一流大学如何对待科研

大学也是学术机构，一流大学都是科学研究的重镇，大学如何对待科研，也是检验大学品德的特效试剂。是为真理而研究、为人类的福祉而研究，还是为个人或某些集团的私利而研究？是按照科学的伦理法则从事正

---

① 眭依凡编：《学府之魂——美国著名大学校长演讲录》，教育科学出版社2013年版，第31页。

② [美] 罗伯特·M·赫钦斯：《美国高等教育》，汪利兵译，浙江教育出版社2001年版，第39、43页。

③ [西班牙] 奥尔特加·加塞特：《大学的使命》，徐小洲等译，浙江教育出版社2001版，第55-59页。

当的、有益的研究，还是不计后果地从事可能带来危害的研究？是严守科学的规范、诚实地进行研究，还是急功近利、粗制滥造甚至弄虚作假地做研究？这些事关科研伦理的问题，同样也会出现在大学校园里，出现在从事科研工作的所有师生面前，考验着他们的科研品德。

科学研究从其社会意义来说，最高尚的动机是发现真理、造福人类。这个高尚的动机在科学发展的漫长历史中始终都是至高无上的道德准则。培根认为："研究真理""认识真理""相信真理"，"乃是人性中最高的美德"。①洪堡将科学研究确立为大学"立身的根本原则"，并坚信这必将"服务于全民族的精神和道德教育"。洪堡之所以如此自信，是因为他把大学的科研严格界定在"纯学术"范围内：只要大学"最大限度地认同于纯学术的观念"，就一定"可能实现其目标"，收精神和道德教育之效。②

然而也就是从那个时代开始，科学的巨大能量迅速地在人类的物质生活和社会生活中释放出来，科研活动本身也不断地社会化、体制化，被分化为不同的性质和目的，科研的动机变得越来越多样而复杂起来，于是就有了高尚与卑下之分野。无数的科学家都曾现身说法，言明只有在高尚动机的指引下，研究者才能在科学的"地狱口"攻坚克难、勇攀高峰，否则就很难迈过这个"地狱口"。彭加勒从伦理与科学的关系角度指出，研究者只有出于"对真理的热爱"，由这种"高尚的道德"支撑，才可能"达到忘我的境界"，并"不遗余力地忘我工作"，而这正是攻克科学难关必备的品质。③雅斯贝尔斯从大学职能的角度阐明，"真正重要的贡献只能由那些长年累月不间断地将自己的心力倾注于真理探索事业的人做出"，这是大学里"最优秀的人"，只有他们才可能"将大学的理念贯彻到底"。④许多世界一

---

①［英］弗·培根：《培根论说文集》，水天同译，商务印书馆1984年版，第5页。

②［德］威廉·冯·洪堡：《论柏林高等学术机构的内部和外部组织》，见陈洪捷《德国古典大学观及其对中国的影响》，北京大学出版社2006年版，第198页。

③［法］H.彭加勒：《伦理与科学》，李醒民译，载《科学学译丛》1988年第2期。

④［德］卡尔·雅斯贝尔斯：《大学之理念》，邱立波译，上海人民出版社2006年版，第118页。

流大学的校训都与“真理”“求知”有关，这不是偶然的，它实际上是一流大学对崇高学术理想的一种标榜，也是对师生科研动机的一种道德引领。

理论上可以说科学无禁区，但具体的研究课题应该有红线。科研是对未知的探索，如果研究者对研究后果不能确定是有益于人类还是有害于人类，这种研究实际上就有很大的伦理风险。

16世纪30年代，威尼斯大学数学教授塔塔格尼亚应军方要求研究炮弹弹道的准确性，当他的研究“达到完善的地步”之后，他的内心却很纠结：“这种技术可能损害邻国，可能毁灭人类……我觉得这实在是一桩应该受到谴责的事，一桩可耻的事，一桩野蛮的事，应在上帝和人类面前受到惩罚。”[①]这样一种矛盾心理，是学者内心的道德良知与战争需要之间深刻矛盾的反映。

20世纪40年代初，利物浦大学的罗特布拉特加入美国的“曼哈顿计划”。尽管他当时也坚信这是一场与纳粹法西斯在科技领域的“赛跑”，然而随着原子弹的巨大杀伤力不断被他“看出”，他越来越怀疑这场赛跑的必要性和人道性。1944年底，罗特布拉特坚决要求退出“曼哈顿计划”回到了利物浦大学，他告诫自己必须选择“核物理的一个肯定是对人类有益的专业”，于是他选定了“核在医疗中的应用”，并决心将“余下的学术生命全部花在医学院和医院之中”。[②]第二次世界大战结束之后，“科学的社会责任”运动高潮迭起，主要发起者大多是参与“曼哈顿计划”的原子科学家，这不能不说与他们内心的负疚感有相当的关系。

科学的双刃剑效应是随着科学不断被滥用而显现出来的。小赫胥黎（T. H. Huxley）在1931年指出：科学“本质地是一种手段”，“它可以用来指导

① ［英］J. D. 贝尔纳：《科学的社会功能》，陈体芳译，商务印书馆1985年版，第247页。

② ［英］J. 罗特布拉特：《我为什么离开原子弹研制基地》，王德禄译，载《科学与哲学》1986年第4期。

达到任何目的，建设的或破坏的，为私人利益的或谋公共幸福的。”[①]因此，研究者必须对科研可能产生的后果有清醒的判断，并为此而承担道义的责任。

世界一流大学大多从事科学前沿的研究，面对大片的未知领域，什么可以研究，什么在现有条件下暂时不能研究，是事关科研伦理的原则问题。“基因编辑”在当前之所以被限制，就是因为在现有条件下科学还无法确定和控制这一研究对人类可能产生的危害。2018年发生的“基因编辑婴儿事件”，其罪责就是“跨越了基因编辑技术临床应用的伦理底线”，“违背了有关人类受试者试验研究的基本规范”。[②]始作俑者受到科学界的强烈谴责并受到法律的制裁，实属咎由自取。1960年哈佛大学曾叫停了两名教授招纳本科生作被试的“迷幻剂实验”研究，博克校长后来解释说，“毫无疑问学校有权对此事进行干涉”，这无关学术自由，因为在这样的问题面前，“研究者有责任对自己的研究是否可能会造成危害性作出判断”，[③]符合科研伦理是选择研究课题的首要准则。

科学研究在长期的实践过程中形成了自己的行为规范，从默顿提出的“普遍性、公有性、合作性、合理怀疑性”四大基本规范，[④]直到具体的操作规范，如实验室规则、操作规程、论文署名规则、引文注录规则等，这些规范贯穿科学研究的全部过程和所有环节之中，约束着研究者的研究行为。所有这些规范的核心要素，无非就是“诚实”二字。国际科学协会联合理事会制定的《科学家宪章》，在第一条“科学家的义务与责任”中，第

① [英] 赫胥黎：《科学与行动及信仰》，杨丹译，（台北）商务印书馆1979年版，第108页。

② 李建军：《基因编辑婴儿试验为何掀起伦理风暴》，载《科学与社会》2019年第2期。

③ [美] 德里克·博克：《走出象牙塔——现代大学的社会责任》，徐小洲等译，浙江教育出版社2001年版，第216页。

④ [美] R. 默顿：《科学的规范结构》，李醒民译，载《科学与哲学》1982年第4期。

一款就是“诚实、高尚、合作”。[①]“诚实”是第一中的第一。诚实，决定了科研活动的真实性、客观性，也逐次决定了各个层面上的具体规范、规则、规程；反过来说，一切具体的操作规范、规则、规程，最终的指向都在“诚实”一端，其目的都是为了确保科研的真实性、客观性。J. 萨力凡认为，科学精神就是“科学家工作时所显示出来的忠诚精神”，是一种“对事实的欲望”，一种“公正谨慎的品质”；科学家在研究中必须保持“特别程度的诚实”，否则他的研究“绝不会成功”。[②]萨力凡特别推崇剑桥大学的卡文迪许教授，说他是那个时代“理想的科学家”，理由是“没有人比他具有更大的纯粹的科学精神”，剑桥大学将自己最牛的实验室以卡文迪许的名字命名，也印证了萨力凡所言不虚。

世界一流大学走在科学的最前沿，多从事重大的前沿尖端课题研究，研究意义重大，难度也巨大，从事这样的研究，需要更高程度的诚实，更高程度的严谨、细致、合作，更高程度的专注和执着。而诸如伪造数据、弄虚作假、抄袭剽窃、粗制滥造、霸占下属科研成果等等丑行，出于什么动机姑且不论，但在研究行为上说到底都是缺了“诚实”二字。这样的丑行一旦出现在大学的校园里，倍加可恨，因为它不仅败坏了科研的道德，也败坏了教育的道德，是双重的罪过。

三、一流大学如何立身处世

无论身在“象牙塔”还是“社会中心”，大学都需要与社会发生联系，需要与社会中的各色人等打交道。然而社会是复杂的，大学如何在复杂多变的社会中立身处世，以什么方式与各色人等打交道，也是检验大学德行的重要标准。是守身如玉、洁身自好，努力成为“社会之良心”，还是随波逐流、自甘堕落？是充当“社会之公器”，服务于社会的发展和进步，还

---

① 徐少锦：《西方科技伦理思想史》，江苏教育出版社，1995年版，第529页。

②［英］J. W. N. 萨力凡：《科学的精神》，萧立坤译，（台北）商务印书馆1971年版，第5–7页。

是趋炎附势，沦为满足某些人私欲的玩物？是捍卫大学的尊严和标准，自爱自重，还是见利忘义，利用学校的资源作种种丑陋的权学交易或钱学交易？凡此种种，俯仰之间即刻分出是非、善恶两重天地。

学额和学位，是大学最重要的教育资源。一流大学的学额和学位尤为珍贵，它是多少莘莘学子梦寐以求、寒窗苦读之鹄的，也是社会各界尤其是学生家长关注的焦点。每到招生季，社会上的各种关系通过各种渠道纷纷向大学渗透，在考验着大学的品德，特别是那些企图用权力和金钱打通旁门左道的，对大学品德更是严峻的考验。

哈佛大学文理学院院长罗索夫斯基在其院长生涯中经历过多次这样的考验，他说，要拒绝一位既是“主要捐赠人”又是“校友会领袖人物”请求录取其孙女的“公关”，“这可不是容易做出的一项决定”，[①]但哈佛坚持录取标准，做到了这一点。

抗战期间，厦门大学校长萨本栋先后拒绝了当地驻军军长、海军要塞司令等要员“破例录取”其子女的“公关”，宁可不欢而散，萨本栋说，也绝不能“把学校的规章制度拿来作交易”。[②]潘光旦任清华大学教务长期间，握有招生大权，安徽省主席曾为两个公子到清华旁听事，登门疏通关节，这个旁听的要求倒也不太出格，不过却与清华的规定有所不合，潘光旦按章办事拒绝了。拒也就拒了，最难得的是潘光旦对省主席的一番话，叫人不得不承认：“承主席看得起。但清华之被人瞧得上眼，全是因为它按规章制度办事，如果把这点给破了，清华还有什么，不是也不值钱了吗？”[③]这番话道出了大学的品德操守，也道出了一流大学为一流的原因。

学位是莘莘学子寒窗苦读的成果，是毕业生专业身份和身价的证明，一流大学的学位更加珍贵，因而也更易成为权力和金钱垂涎的猎物。大学

---

① [美] 亨利·罗索夫斯基：《美国校园文化》，谢宗仙等译，山东人民出版社1996年版，第59页。

② 陈武元：《萨本栋博士百年诞辰纪念文集》，厦门大学出版社2004年版，第129页。

③ 金富军：《“破格”与“守格”》，载《中华读书报》2019年9月25日。

能否按照学术标准授予学位，很能区分出大学品德的高下，即便是“荣誉学位”，虽属荣誉性质，但授予什么样的人，大学也都有一定之规，不能随手拿来作交易。

1986年哈佛大学350年校庆，校方邀请时任美国总统的里根莅临共襄盛举，谁知里根竟暗示校方到时给他授一个名誉博士学位。按里根当时的政绩，哈佛给他颁发一个名誉学位也不算为过，但是，可能是考虑到里根演员出身，缺少书卷气，或者还有其他什么原因，博克校长不但拒绝了里根的要求，反而还公开对媒体说“无意奉承另一位总统的虚荣”，弄得“两个总统”之争一时成为特大新闻。[①]“哈佛总统”不买美国总统的账，如此胆大包天，是因为有大学的学术标准和自治特权撑腰；而博克校长所捍卫的，也正是这种学术标准和自治权力。一位校长的德行高度，一所大学的德行高度，在这一回合的“两个总统”之争中体现得淋漓尽致。

与学额、学位一样，一流大学的教职也是珍稀资源，“教授”或“兼职教授”，既是水平和责任的标志，也是一种地位和荣誉，同样不能用来做交易。1917年初，蔡元培出任北京大学校长，决定不再续聘两名不学无术的英国教授，此二人仗着大英身份无理取闹，运动英国驻华公使出面向蔡元培施压，以“蔡元培是不要再做校长的了”相威胁，[②]但蔡元培不为所动，宁可不当校长也绝不作交易。

1927年，权倾天下的总司令蒋介石推荐一位姓支的文人到东南大学当国文教授，当这位支先生拿着蒋的亲笔信来见国文系主任钱基博时，却吃了闭门羹。钱基博不满意支先生亦官亦学的身份，对蒋的这种做派更是反感，于是不客气地对来人说：“总司令可以委任军长师长，而没资格聘用哪怕是一个小学教员，因为不在他职权之内。教授需要哪种人哪种知识，做总司令的人不会了解。”钱基博还说：“如果不符合条件，有总司令的信也

① 朱国宏：《哈佛帝国》，上海人民出版社2002年版，第147页。

② 蔡元培：《我在北京大学的经历》，见高平叔编《蔡元培教育论集》，湖南教育出版社1987年版，第537-538页。

难以从命。”硬生生把这扇门给关上了。[①]蔡元培和钱基博如此不识相，但他们维护了教职的尊严，表现的既是他们个人的，也是大学的品德操守。

经费短缺在大学是普遍现象，一流大学办学成本尤高，需要更多的钱。但君子爱财取之有道，这个“道”按照博克校长的说法，那就是对于各类社会捐赠，校方须持有正当性判断，有的可以接受，有的就不能接受。诸如捐赠者附加了明显违反大学自主、自由原则之条件的教职捐赠，“捐赠者与研究结果有明显利害关系”的研究捐赠，资金来源不合法或者“来源于不道德活动”的捐赠，等等，都在不能接受之列。[②]这就不难理解，哈佛大学曾经拒绝了“由利比亚政府选定的人当教授”的教授职位捐赠、由希腊军政府提供的“用来获得希腊裔美国人的好感”的“现代希腊研究教授职位”捐赠、由问题食品公司提供的“食物防腐剂”的研究捐赠；同样也就不难理解，牛津曾拒绝了某军火商为设立牛津商学院提供的巨额捐赠。送上门来的钱不要，表现的不仅仅是清高，更主要的是人穷志不短，是大学的正义和正气，是大学的品德操守。

大学在与社会打交道时，如何对待权力，如何对待金钱，是大学品德操守最具有显示度的两个判断依据。一流大学由于其特殊的地位和资源，在权力和金钱面前经受的考验往往更具挑战性、更为严峻，一流大学只有经受住这些考验，方显其一流本色，方能成其为一流。

四、一流品德是如何炼成的

一流大学的一流品德，是一流大学的本质属性在工作行为上的反映，是一流大学特定的使命对工作行为的内在要求；它是个体职业良知和学校规章制度共同约束的结果，也是大学自由自治与社会监督问责交互作用的

---

① 凌河：《从“博士问题”想到“教授问题”》，载http://pinglun.eastday.com/p/20140315/u1a7981258.html［2020-2-9］

②［美］德里克·博克：《走出象牙塔——现代大学的社会责任》，徐小洲等译，浙江教育出版社2001年版，第300-315页。

效应。

（一）共同性和差异性

大学的品德通过大学成员个体的职业行为表现出来，是每个成员个体职业品德的综合体现。对于教师、学生、管理者来说，品德要求既有共同性，也有一定的差异性。

教师是教学和研究的主体、主力，是大学职能使命的直接承担者，是居于首位的、最关键的大学成员，教师在教学、科研工作中表现出来的品德水准，对大学品德的整体面貌具有决定性的作用；而且，由于教师身份对于学生的特殊意义，教师的品德在客观上还具有教育的示范作用，其重要性更是非同寻常。一流大学招聘教师无不着眼于“一流”或“杰出”，这种“一流”和“杰出”，不单单体现在学术水平及其成就方面，实际上也体现在个人品德方面，只不过对后者的考察方式不像学术评价那么显性、直接罢了。埃利奥特在四十年的哈佛校长经历中，始终重视教师的“品行”表现，招聘新教师必问“品行如何”，并且注重考察应聘者过往的各种“活动表现”，①他的目的很明确，哈佛的教授不但个个要有“学问、启迪力和个人影响力”，而且还要有“美德和荣誉”。②

其次，学生是教育的对象，也是大学的重要成员，他们的品德状况与学校的品德水准密切相关。一流大学招收的都是“最优秀”的学生，这个“最优秀”里同样包含着品德因素。考生光有高的考试分数，并不能确保被世界一流大学录取，因为除分数之外，校方还有对考生社会活动、志愿者经历、发展潜力等方面的综合考量。

此外，管理者、领导者也是大学里不可缺少的成员，从职员到科长、处长、院长再到校长等“一把手”，他们虽然不是大学职能的直接承担者，而是服务者、协调者，但他们大多是各个层面上的掌权者，肩负管人管事的重任，对师生的行为也具有直接或间接的影响，他们的品德操守水准对

---

① ［美］伊利亚著：《大学之行政》，谢冰译，商务印书馆1928年版，第36页。

② 赵卫平：《走向一流的历史轨迹》，浙江大学出版社2015年版，第59-63页。

大学品德同样具有决定性的作用。一流大学招聘管理人员，特别注重个人品德也是理所当然的。尤其是一流大学对校长的遴选，品德要求之挑剔，考察程序之严苛，真不亚于国家首脑的选举程序，原因就在于大学校长这个职位，对学校来说具有品德操守象征的意义，他的品德操守直接代表着学校整体的品德水准；同时，大学校长握有学校的最高行政权力，权高位重，他的权力行使方式，他对全校师生员工的实际影响，更多的是取决于他的德行操守而不是他学术水平。

无数的事实证明，对于一所大学来说，学校“一把手”的学术水平远远不如我们想象的那么重要，而他的道德操守却远远超出我们的想象显得无比重要；在个人的所有素养中，大学“一把手”的品德操守始终是影响学校工作和形象最重要、最关键的因素。古人云：“德不配位必有灾殃。”这个灾殃，一方面是学校工作的灾殃，“其身不正虽令不从”必将妨害大学的健康运转；另一方面则如孟子所言，“不仁而在高位”必“播其恶于众也”，这是人的灾殃，是大学品德水准大面积恶化的灾殃。只有从这个高度来认识大学“一把手”的品德问题，才有可能真正把好大学“一把手”的选人用人关，让真正的贤能君子走上这个职位。按照梅贻琦的主张，大学应为“四方善士之一大汇总”，①因此，大学各类成员的准入门槛，除学术标准、能力标准之外，还必须有品德素养的标准，这是大学品德水准的基点，是保障大学品德操守的起始条件。

（二）使命引领

一流大学的品德，本质上是由一流大学的特殊使命所决定的。一流大学旨在培养一流的精英人才、领袖人才，这样的人才将来要建功立业、领袖群伦，必须品学兼优、德才兼备，而要培养出这样的人才，就需要教育者具备一流的教育品德，否则就不可能实现这么美好的教育目标；一流大学从事前沿性的科学研究，这是在未知领域“地狱口”进行的艰难探险，

① 梅贻琦：《大学一解》见刘述礼、黄延复编《梅贻琦教育论著选》，教育科学出版社1993年版，第107页。

这就需要研究者有一流的科研品德，否则就不足以攻坚克难、有所发现有所创新。一流品德是一流大学崇高使命的内在要求，也是实现其崇高使命的必要条件。

一流的使命是由大学的成员共同承担的，从一流的使命到一流的品德，关键在于大学成员个体对大学使命的自觉认同，以及由这种认同升华而成的职业良知；只有形成了这种使命认同和职业良知，才有可能渗透到每个成员的职业行为之中，表现为个体的工作德行。这种使命认同和职业良知，内化于心而外化于行，是一种精神上的自觉、行为上的自律，它“根植于心灵之中”而“不再是立法者的命令”。[①]当然，通过各种方式增强大学成员内心的使命认同和职业良知，在大学的实际工作中也是有必要和可能的。

对大学生进行品德教育和培养，本来就是高等教育目标的题中应有之义，因此，在世界一流大学，为了培养未来各行各业的领袖，尤其需要注重他们的品德操守培养，这自不待言。对教师和管理者来说，他们的专业发展同样也离不开品德操守的因素，这既是他们自己的责任，也是学校的责任，只不过他们品德发展的路径和方式有自身的特点。

博克校长曾公开要求大学成员，“学校和个人针对自己的行为”都应该“具有崇高的道德志向”，每个人“在向别人提出正当的要求的同时”，应该“对自己的要求更高”。[②]其意无非是提醒哈佛人，在充当“社会的良心”时首先要当好“自己的良心”。哈佛大学是世界一流顶尖名校，大学的使命当居最高层面，哈佛人对大学使命的认同感肯定也不会低，但就是这样一位顶尖名校的校长，对大学成员尤其是对教师如此直白地提出“道德志向”要求，其实是有道德说教风险的，可博克深知“道德志向”对这样

①［英］约翰·亨利·纽曼：《大学的理想》，徐辉等译，浙江教育出版社2001年版，第107页。

②［美］德里克·博克：《走出象牙塔——现代大学的社会责任》，徐小洲等译，浙江教育出版社2001年版，第275页。

一所顶尖名校的极端重要性，不怕风险直抒己见，其良苦用心由此可表。

中国的蔡元培、梅贻琦、萨本栋、马相伯等校长，他们也都曾有过近乎“道德说教”的先例，蔡元培在北大还倡办过“进德会”，这一方面表明，他们是怎样重视大学成员个体的品德操守，另一方面也可以推知，他们本人个个都能以身作则，都堪称德隆望重的一代师表，否则他们哪有资格和底气对大学教师在德行方面慷慨陈词呢！

（三）制度保障

当然，大学的品德如果仅仅靠个人的内心自觉，也未必保险。如今的一流大学，少则数千人，多则数万人，甚至十数万人，数量如此众多的大学成员，谁能保证个个都是正人君子？即便是正人君子，谁又能保证他永远不犯错、不堕落？金无足赤，人无完人，更何况人心易变。诸如哈佛大学、麻省理工学院、斯坦福大学、牛津大学那样的顶尖名校，也时有科研造假、招生舞弊之类的丑闻曝出，这是避免不了也否认不了的事实。

因此，在强调个人内心自觉的同时，还需要依靠严格的规章制度来规制、约束大学所有成员的工作行为，通过严格的制度以扬善、救失、惩恶，守护大学的德行底线，因为德行底线一旦失守，就不是品德多与少的问题，而是善与恶的问题。个人的使命认同和职业良知，能够决定大学德行的高度，诸如高风亮节、一代师表这样的高度，没有崇高的使命认同和职业良知，肯定不可能企及；良知走到哪里，品德的高度就在哪里。而规章制度的作用，在于守护大学品德的底线，这条底线是一条清晰可辨的红线，它横在品德操守的边缘，醒目地警示“此路不通”；如有违规过线者，等待他的将是严惩，甚至是身败名裂。

美国佛蒙特大学一教授实验数据造假事件，从他的实验助手对数据感到疑惑，到实验室同事对他的善意警告，到系主任和教师组成五人调查组进行初步调查，到校方启动正式调查，再到“美国科研诚信办公室”的核查，以及由佛蒙特州检察长办公室启动的司法调查，最终该教授实验数据造假及其骗取研究经费的丑行被确证，该教授受到行政处罚、民事赔偿以至刑事处罚，被判刑一年零一天。[①]这一案例表明了制度对于守卫大学操守底线的重要性，自实验助手向系里反映情况，每一层的调查、核实，都是制度在起作用；每一种处罚，都有制度和法律的依据。

杜克大学、普林斯顿大学、弗吉尼亚大学等一流名校，都实行“荣誉准则体系”制度，考试不用监考，在高等教育界已传为美谈。其实我国早在一个世纪之前就曾有过类似的举措，据记载，当时的湘雅医学院实行过“荣誉诚实制度”，那时的湘雅医学院每年因考试不及格而留级或退学的大有人在，如此决定命运的大小考试，却不用监考，每当考试之时，老师在课堂上出完考题后便离开教室，学生各自独立答题，由最后一位考完的学生负责收齐试卷交给老师。[②]这种制度最直接的作用，是给学生的考试操守画出一道红线，线上是诚实和荣誉，线下则是严惩。

大学自古享有学术自由和学校自治的权利，这种权利在一流大学尤为突出，几近“特权”级别。从认识论的角度看，这种权利是探究和发现真理的前提和保障，没有这种权利就没有真理的探索和传播，也就没有大学的崇高使命，对大学实乃性命攸关。布鲁贝克别具慧眼，在认识论基础上再从道德论的角度来审视这种权利，他认为，自由自治“意味着把学者们自我约束、制订学者公认的基本规范和决定学者行为准则的责任交给了他们自己”，进而使得他们成为“他们自己的伦理道德准则的监护人”。[③]布鲁贝克从权利和责任的关系上揭示了自由自治对大学德行操守的重要性。这与主体性、自主性对于个人发展之重要是一样的道理。假如一个孩子从小到大都过着寄生式的生活，终日被人捧着抱着，饱食各种保健药品，不能独立地跑、独立地跳，遇事不容独立思考、自主判断，那么常识告诉我

① 刘爱生：《美国高校学术不端的调查程序与处罚机制》，载《外国教育研究》2016年第11期。

② 俞可：《海上教育家》，文汇出版社2010年版，第100页。

③［美］约翰·S·布鲁贝克：《高等教育哲学》，郑继伟等译，浙江教育出版社1987年版，第43、112页。

们，此人成年后充其量也就是一个“巨婴”，不但丧失基本的独立生活能力，而且体质一定是弱不禁风，经不起任何病菌和风雨的侵袭。

自由和自治的作用，就在于使大学保持主体性，使大学能够自主独立地生长，大学就在这种自主独立的生长过程中经风雨见世面，不断强身固本、发展壮大。一者，自由自治有助于保持大学独立之精神，使大学唯真理是从，保持高度的道德理性及道德辨别力、判断力，能够自主地在善恶问题上作出正确抉择；二者，它也有助于保持大学的独立之身，促使大学自觉地强身健体，增强道德上的免疫力和抵抗力，自主抵抗各种病菌的侵袭，从而保持大学肌体的健康；三者，它还如同布鲁贝克所说的那样，有助于提高大学的道德责任感，提高大学的道德自觉性和自律性，因为权利总是和责任联系在一起的，有权必有责，权利加大一分，责任相应就会增加一层。这种责任反映在大学的实际工作层面上，具体表现为两种机制：一种是自我防护机制，另一种是自我纠错机制。前者使大学肌体有足够的免疫力抵抗道德病菌的侵袭，尽量不生病；后者是在大学一旦生病时，保证大学自身有足够的抵抗力来战胜病患，有足够的自信和自主能力自我检错、纠错、改过自新。

（四）社会问责

社会监督问责是一流大学品德的外部防线，特别是在个体良知和学校制度失灵之际，社会的监督问责更显重要。大学成为社会监督问责的对象，是大学走出象牙塔进入社会中心之后的必然结果。如今，社会对大学的监督问责呈现出全方位的态势，几乎涉及大学工作的所有方面和所有环节。其中，对大学德行的监督问责是最普遍、最严格的基本项。原因之一，大学被视为“社会的良心”“公众的良心”，因此，社会对大学的品德普遍持有很高的期望值，公众丝毫容不得他们的“良心”犯错；原因之二，比之于那些专业性很强的工作内容，对大学品德操守进行监督问责并不需要特别专门的知识，一般的公众都可以根据基本的公共道德准则对大学的品德操守作出自己的判断。

一流大学身处高位，名声大，声誉隆，万众瞩目，甚至为世人所崇敬和景仰，故而社会对一流大学品德操守的期望值更高、要求更为严格，作为问责主体的社会面也就更广，社会的各个方面、各色人等，眼睛几乎都盯着它，注视着它的一举一动、一言一行。这也是身在高位如履薄冰、高处不胜寒的难处，一流大学洁身自好、出淤泥而不染，在世人眼里往往是理所当然的，而一旦不慎失足失身，其负面社会效应就会显得更为严重，还可能被发酵和放大。

克拉克·克尔曾叹曰，公众对于大学“违背他们的愿望所作的一时的反映又是何等强烈”，①想必这是他的夫子自道，如果没有吃过苦头他可能不会发出这样的感慨。哈佛大学校长萨默斯在2005年一言不慎，引起社会舆论大哗，最终不得不以辞职来平息事态。平心而论，萨默斯关于“男女差异”的随口一语，真算不得什么大错，也够不上品德操守层面，可谁让你是哈佛大学，是哈佛的校长呢！

五、一流大学的品德建设

纽曼、赫钦斯等先哲都曾经说过，大学是理智的而非道德的。这从大学职能的角度说当然没错，不过它有一个前提，即大学的品德操守保持在正常的阈值范围之内，没有发生严重的偏差；如果大学的品德操守大面积跌至底线以下，乃至酿成一种道德危机，从根本上悖逆了大学的职能和使命，那么此时此刻，大学道德问题的重要性就会迅速浮出水面，甚至可能会上升到首位。

大学的品德操守可以比作人体的健康，当一个人身体健康时，他可以不在意自己的身体状况而维持正常的生活目标，可一旦患上影响到正常生活的重病，此时此刻身体就是第一位的，治病就是第一目标。20世纪中叶以来，

① ［美］Clark Kerr：《大学的功用》，陈学飞等译，江西教育出版社1993年版，第131页。

众多的西方学者和大学校长，如W. 梅兹格、H. 康马杰、J. 布鲁贝克、E. 阿什比、C. 克尔、D. 博克、E. 希尔斯等人，如此热衷于探讨大学的道德问题，正是对西方大学在道德上出现滑坡现象的一种集体焦虑和回应。

当前，我国的“世界一流大学”建设仍然在路上，我们在奋起直追排行榜上学术指标的同时，道德建设也切不可缺位；道德建设理应是一流大学建设的题中应有之义，一流大学对大学的品德操守应该有更自觉的追求。因为大学的道德建设不仅是建设世界一流大学的必要条件，本身也是“世界一流大学”的题中应有之义。为此，我们应努力提高认识，采取切实措施，痛下决心革除不利于大学德行操守的制度和文化痼疾，把大学的品德操守努力提高到一流的水准，否则，无论排行榜上的数据怎样光鲜，我们距离真正名副其实的“世界一流”依然会很遥远。

从现状来看，我们的认识还没有完全到位，实际工作更是相当薄弱，情况不容乐观。为此，特别需要从两个层面同时发力予以弥补和加强：一是在学校层面加强大学自身的道德建设，包括心理建设和制度建设。通过教育、体验、榜样等途径，营造道德氛围和舆论环境，提高大学教师和管理者的道德良知，增强他们的道德自觉和自律，使他们能够自觉地在工作中趋善避恶，求真打假；同时建章立制，为大学的教学、科研、管理等工作制定明确而严格的德行标准，建立有效的揭错、纠错机制，力守大学德行的底线。

二是在宏观层面上，要深化高等教育管理体制改革，真正在管理体制改革上有所突破、有所改善。现行高等教育管理体制的弊端主要是“行政化”“官僚化”倾向，其结果一方面是捆住了大学的手脚，使大学成为行政的下属机构；另一方面则是压抑、禁锢了大学自身的主动性和能动性，压抑和禁锢了大学本应具有的品德自觉和自律，使大学在一定程度上丧失品德的免疫力和抵抗力，丧失自律、自理、自愈的能力。高等教育管理体制改革的根本目标，应该是改革政府对大学的管理职能和管理方式，通过体制改革来释放大学的主动性、能动性，释放大学内在的品德自觉性和自律性，提高大学自律、自理、自愈的能力，从而使得大学能够自主地将自身的品德操守提升到一流水平。

到那时，展现在我们面前的一流大学，就不单单是一些硬性学术指标和统计数字的堆砌，更是一个鲜活而美好的形象。这个形象的基本轮廓可以粗略地描绘成：它是一个凸显人性的机构：始终以学生为本，有教无类，一视同仁，教人求真向善、学做好人真人，一切为了学生的发展，一切有益于学生发展，永远把学生当作目的而不是手段；它是一个追求真理的机构：求真唯实，服膺真理，在真理面前人人平等，不盲从于权威，不唯书不唯上，只说真话不说假话；它是一个有风骨、有气节的机构：精神独立，思想自由，敢为天下先，不迷恋于名利，也不臣服于权贵，“威武不能屈，富贵不能淫，贫贱不能移”；它也是一个高雅脱俗、公正严明的机构：情高致远，从容不迫，守身如玉，充当天下之公器……总之，一流大学理应具有一流品德的机构，因而也是“社会的良心”“民族的良心”之所在。

第四章

大众化时代的高等教育质量

从20世纪80年代起，中国高等教育在规模控制与规模扩张之间经历了一个摸索的过程，最终在21世纪以超常规的跨越式路径相继迈入大众化、普及化阶段。这样的发展方式和速度在世界高等教育史上独一无二，显示了中国高等教育的独特优势，也远远超出了马丁·特罗“三阶段论”所能解释的范围。但是，规模的跨越式增长也会加大高等教育数量和质量之间的张力，形成对质量的威胁。在高等教育大众化、普及化阶段，如何保持高等教育的质量，是中国高等教育需要解答的重大命题。

第一节　高等教育大众化的中国路径

21世纪以来，中国高等教育以超常规的跨越式的增长方式相继迈入马丁·特罗所定义的大众化、普及化阶段。[①]这是世界高等教育史上一个独特的案例，既显示出中国高等教育发展的特有优势，同时也不可避免地会加大高等教育体系内的各种张力，对高等教育质量形成威胁。

一、跨越式增长之路

自20世纪80年代以来，随着经济社会的发展，中国高等教育的规模在总体上呈现出扩张的态势，但在不同阶段的具体行动路径上，规模的控制和规模的扩张，两者之间并不平衡，时有起伏，快慢不均；增长的过程略显曲折，而最后的结果却很神奇。

（一）初期的起伏

20世纪80年代初，我国加速了“四个现代化”的建设步伐。在这一大背景下，教育部和国家计委于1983年联合编制了《关于加速发展高等教育的报告》。《报告》指出：为了落实教育在现代化建设中的“战略重点”地位，“迫切要求教育先行，早出人才，多出人才”，因此“加速发展高等教育事业，已成为刻不容缓的大事”，同时部署了“加速发展”的多项举措，目

①［美］马丁·特罗：《从精英向大众高等教育转变中的问题》，王香丽译，载《外国高等教育资料》1999年第1期。

的很明确，就是为了“尽可能再多招些学生”。[①]教育部分管领导也在报端披露了一个设想，全日制大学的招生人数在20世纪80年代要“翻一番”。[②]可是此后的十多年间，我国高等教育的规模总的来看并没有表现出“加速发展”的态势，反而是定格在“稳定规模”的基调上。

这个基调在1985年《中共中央关于教育体制改革的决定》中已初显端倪，《决定》关于高等教育问题，主要是部署管理体制改革和结构调整，具体要求“改变高等教育科类比例不合理的状况”“改变专科、本科比例不合理的状况”，同时，比较出人意料地强调“近期内一般不建新校”。[③]由于这是关于“教育体制改革”的一个决定，重心在“改革”而不是“发展”，强调“不建新校”也顺理成章。但《决定》是中央文件，对中国教育体制改革具有大政方针的意义，所以此后一段时期，我国高等教育的发展实际上是按照这个决定的要求推进的，“充实整顿、稳定规模、调整结构、内涵发展”成为以后十多年的基调。[④]从官方教育统计公报可以看出，高等教育的招生数从20世纪80年代后期至90年代初，除1988年普通本专科招生数略高于1985年之外，其他年份均低于1985年，形成了一个比较明显的波谷，这无疑是贯彻“稳定规模”基本方针的结果。

（二）从“积极发展”到“适度发展”

1992年底，国家教委《关于加快改革和积极发展普通高等教育的意见》对规模问题有一个“积极发展”的表述，即“使我国高等教育的发展在质量、数量、结构和效益等方面达到一个新的水平，并为下世纪的更大

① 《中国教育年鉴》编辑部编：《中国教育年鉴（1985—1986）》，湖南教育出版社1988年版，第988页。

② 中央教育科学研究所编：《中华人民共和国教育大事记（1949—1982）》，教育科学出版社1983年版，第671页。

③ 《中国教育年鉴》编辑部编：《中国教育年鉴（1985—1986）》，湖南教育出版社1988年版，第995页。

④ 宋旭峰：《地方高等教育发展轨迹——江苏高等教育结构演变实证研究》，南京师范大学出版社2008年版，第142页。

发展和提高打下坚实基础。”《意见》对这一目标的具体说明是：“通过改革达到，规模有较大发展，结构更加合理，质量上一个台阶，效益有明显提高，到21世纪末，初步建立起有中国特色的社会主义高等教育体系。”①

与此相应，在1992、1993两年，我国高等教育的规模确实出现了一个“较大发展”的小高峰：高等教育在校生分别增长了20%和16%；普通高校在校生1990年为190万人，到1994年已达280万人，②这样的增长率，说是“迅速扩大”也不为过。这个小高峰的出现，与“积极发展”肯定有直接的关联，也与当时我国社会主义市场经济体制大方向的明确有内在的关系。

然而，这个小高峰只是一个短暂的现象，因为紧接着这个小高峰，便是主管部门提出了具有调和意味的“适度发展”一说，“对此我们很快就提出高等教育发展要适度”，并且再次强调要把“重点放在质量和效益上”“学校数量不但不能增加，还要减少”。③与此同时，主管部门凭借自己“看得见的手”在全国推行高等学校的“共建、调整、合作、合并”，使得全国的高校数不增反减，从1992年底到1997年底，普通高校从1053所减到1020所，成人高校由1198所减到1107所。④于是继1992、1993年短暂的小高峰之后，我国高等教育再次回到“稳定规模”的基调上。

在这个基调上唯一有所“破例”的省份是江苏省，该省从1996年开始连续三年突破计划框架“率先扩招”，以1995年普通高校招生数为基数，每年增加招生一万人。⑤这一“破例”之举，当时在社会上曾引起较大的反响，主事方遇到的压力也是可想而知的。

---

① 教育部研究室编：《中华人民共和国现行高等教育法规汇编》，人民教育出版社1999年版，第156页。

② 周远清：《中国高等教育的改革和发展》，载《清华大学教育研究》1997年第1期。

③ 周远清：《中国高等教育的改革和发展》，载《清华大学教育研究》1997年第1期。

④ 郝维谦、龙正中、张晋峰主编：《中华人民共和国高等教育史》，新世纪出版社2011年版，第625页。

⑤ 宋旭峰著：《地方高等教育发展轨迹——江苏高等教育结构演变实证研究》，南京师范大学出版社2008年版，第175页。

（三）开启大扩招

“稳定规模”的基调在20世纪90年代一直顽强地起着指导性作用，一直坚持到1999年春夏之交，而全面突破这一基调的则是一只比教育主管部门更强有力的“看得见的手”。1999年6月上旬的国务院总理办公会议，基于对当时国内经济社会状况的判断，做出了一个出人意料的“顶层设计”，决定“大幅度扩大高等学校招生规模”。[①]这个决策之突然，扩招幅度之大，社会影响之强烈，可谓石破天惊，不仅大大超出了广大高等、中等学校的预期，也大大超出了各级教育主管部门原定的计划。

在手忙脚乱地按照“顶层设计”紧急调整当年的招生计划并予以实施之后，1999年我国的本专科招生数上升到275.45万人，比上年陡增66.95万人，增长率达到24.21%，其中普通本专科招生159.68万人，比上年陡增51.32万人，增长率高达47.4%；1999年底，全国本专科在校生达到718.91万人，比上年增加95.82万人，其中普通高等教育在校生达到413.42万人，比上年增加72.55万人，增长21.3%；[②]当年的高等教育毛入学率也攀升至10.5%。[③]扩招的闸门一朝开启，便一发而不可收，从1999年迄今，我国普通高等教育连年都在扩招，最高的年增长率高达40%；近几年招生增幅虽有所下降，年增长率保持在3到5个百分点，但由于目前我国高等教育规模基数已经很大，个位数的增长率对规模扩张的效应仍然十分可观。

经过连年扩招，2002年我国高等教育的毛入学率一跃超过15%，高等教育于是进入到马丁·特罗所界定的大众化阶段。2019年，我国各类高等教育“在学总规模”在2019年底已升至4002万人，毛入学率高达51.6%，[④]

---

① 李岚清：《李岚清教育访谈录》，人民教育出版社2003年版，第119页。

② 教育部：《1999年全国教育事业发展统计公报》，载《中国教育报》2000年5月30日。

③ 郝维谦、龙正中、张晋峰主编：《中华人民共和国高等教育史》，新世纪出版社2011年版，第644页。

④ 教育部：《2019年全国教育事业发展统计公报》，http://www.moe.gov.cn/jyb_sjzl/sjzl_fztjgb/202005/t20200520_456751.html［2020-05-20］

高等教育又一步跨入普及化阶段。这样的增长速度和增长方式，呈现出超常规、跨越式的态势，这正是中国高等教育大众化、普及化路径的独特性所在。

1999年是我国高等教育规模增长的关键转折点，当年6月上旬的大扩招“顶层设计”，在国务院的各项行政决策中也许是很常规的一项，但它对我国高等教育发展所产生的影响却广泛而深远。当时之所以作出大扩招的决策，按照当时领导人的解释，最起码有四个很重要的理由：一是“我国持续快速发展的经济需要更多的高素质人才”；二是“广大群众普遍渴望子女都能受到高等教育”；三是“可以推迟学生就业，增长教育经费”并“拉动内需、推动相关产业发展”；四是有利于“素质教育的全面推行”。有鉴于此，当时的决策层领导坚信，“高校大幅度地扩招是客观上的必然，也是民心所向，势在必行。”[①]正是在这只更加强有力的“看得见的手”推动之下，坚守多年的“稳定规模”基调就此全线被突破，扩招的闸门全面洞开，中国高等教育勇往直前，以史无前例的速度相继迈向大众化、普及化的新时代。

二、“大众化”理念的接受史

与数量增长方式相映成趣的是，中国高等教育界在观念上对高等教育“大众化”“普及化”理念的接受，也经历了一个先冷后热的转变过程。这个过程反映出教育理论与教育决策在我国教育体系中那种既复杂而又简单的独特关系。

（一）学术界的早期译介

马丁·特罗的“三阶段论”是在20世纪80年代初期引入我国的。早在1981年，滕大春教授发表《谈谈美国战后高等教育大众化的问题》一文，

① 李岚清：《李岚清教育访谈录》，人民教育出版社2003年版，第119页。

引用了马丁·特罗（文中译为“楚欧”）的高等教育“大众化”概念，[①]这是目前所能检索到的国内最早引用“大众化”概念的专文。随后，马丁·特罗的理论开始散见于一些汉译的外国学者论著中，如纳伊曼《世界高等教育的探讨》（1983年）、天野郁夫《日本高等教育大众化过程及其结构》（1989年）等，均有所介绍。20世纪90年代初我国出版的《教育大辞典》和《高等教育辞典》，分别收入了“英才高等教育”“大众高等教育”“普及高等教育”[②]和“高等教育三阶段论”[③]等词条。

20世纪90年代后期，国内学者译介马丁·特罗理论、阐释高等教育大众化普及化问题的专文逐渐增多，如侯定凯《高等教育如何迈入“大众化”时代》（1996年）、潘懋元和吴岩《走向21世纪的中国高等教育》（1996年）、叶欣如《我国高等教育大众化前景展望》（1998年）、王一兵《知识经济、信息社会与高等教育大众化》（1998年）等。围绕着“大众化”问题，在高等教育研究领域也出现了一些争议，如庞守兴的《高等教育大众化：一种理论误导》（1998年）一文，属一家之说，但也很引人注目。

1999年初，马丁·特罗的著名论文《从精英向大众高等教育转变中的问题》在《外国高等教育资料》杂志全文发表，对国内深入了解马丁·特罗的“三阶段论”起到了积极的推动作用。这篇译文后来成为高等教育研究领域引用率最高的文献之一，也是势所必然；时势将马丁·特罗的“三阶段论”推到了中国高等教育领域几乎耳熟能详的地步，其知名度也远远超过了这一理论在自己祖国的影响。

然而，与学术界热烈议论的情况相反，在1999年大扩招开启之前的整个20世纪90年代，有官方背景的各种高等教育研究报告和政策文件几乎都回避了“高等教育大众化”一词。1993年“建设中国特色社会主义高等教育理论要点”重大课题启动，四年后作为研究成果出版的专著与当时的政

① 滕大春：《谈谈美国战后高等教育的大众化问题》，载《外国教育》1981年第5期。
② 顾明远主编：《教育大辞典》（第3卷），上海教育出版社1991年版，第11-12页。
③ 朱九思、姚启和主编：《高等教育辞典》，湖北教育出版社1993年版，第76页。

策基调保持一致，强调“必须坚持规模、结构、质量、效益协调统一，即适度规模，优化结构，提高质量，增加效益的发展战略方针”。[①]由于这项重大课题启动之时尚处20世纪90年代前期，不提“大众化”尚情有可原。

1996年启动的“面向21世纪的中国高等教育”重点课题，从第一次研讨会到1999年4月的总报告统稿会，要不要写入“高等教育大众化”这几个字，自始至终是争论的焦点，并且没有取得共识。该课题的最终成果于2001年底正式出版，虽然该书在“发展战略”一节提出了“21世纪初中国高等教育必须确立大众化的发展战略”，[②]但从出版时间看，那已是开启大扩招两年之后的事了。

更耐人寻味的是，1999年教育部发布的《面向21世纪教育振兴行动计划》，这是一项“面向21世纪”的“振兴行动”计划，而且是在1999年初发布的，距离21世纪已不到一年。《计划》虽然明言“积极稳步”发展高等教育，并提出了2000年和2010年两个时间节点的数量指标（2000年本专科在校生660万人，入学率11%；2010年毛入学率“接近15%”），但依然未使用“高等教育大众化”一词。[③]从文件中两个时间节点的数量指标看，1998年我国本专科在校生实际上已经有623.09万人，计划两年后达到660万人，与大扩招之后数年的增幅相比实在算不上一个多么“积极”的指标，倒是仍然可以感觉到“稳定规模”的意味。可见，《行动计划》在制定的过程中（时间应该在1998年），主事者关注的重点依旧不在数量，“积极”更多地表现为一种姿态，而“稳步”才是重点，是实际的行动策略。由此似乎可以推知，时至1999年初《行动计划》发布之时，主管部门还没有预料到当年6月会有大扩招的“顶层设计”，更加预料不到这两个时间节点的数量指

---

① “建设有中国特色社会主义高等教育理论要点”课题组：《建设有中国特色社会主义高等教育理论要点》，高等教育出版社1997年版，第19页。

② “21世纪的中国高等教育”课题组：《21世纪的中国高等教育》，高等教育出版社2001年版，第48页。

③ 教育部：《面向21世纪教育振兴行动计划》，载《光明日报》1999年2月25日。

标分别在1999年当年以及2002年就被远远突破了。

（二）“大众化”成为热词

在1999年大扩招的推动下，“高等教育大众化”几乎一夜之间在我国高等教育领域就成为流行的热词。2006年，“高等教育大众化”正式写入《中华人民共和国国民经济和社会发展第十一个五年规划纲要》，2010年这个词又写入《国家中长期教育改革和发展规划纲要（2010—2020）》。在《规划纲要（2010—2020）》文本中，使用这个词的用意是在宣布我国已经进入到“高等教育进入大众化阶段”，同时作为“战略目标”提出，要使“高等教育大众化水平进一步提高”。[①]《规划纲要（2010—2020）》虽然没有对“高等教育大众化阶段”作出界定，但业内人都明白，这实际上是以马丁·特罗“15%的毛入学率”为依据的。

以1999年大扩招为界，前后过程比较清楚地显示出教育理论和教育决策在我国存在着一种既复杂而又简单的特殊关系。当学术界对“高等教育大众化”命题早已言之凿凿的时候，决策者却非常谨慎，非但是政策文件，即便是主管部门领导，对这个命题基本上都闭口不提（这当然很有必要，因为政策决策毕竟不同于学术研究，考虑的因素总归要复杂得多），这是理论与决策之间关系复杂的一面；而这个命题一旦被领导者接受而写入政策文件之后，那么事情也就变得非常简单，它不但迅速成为各级主管领导的口头禅，而且还有可能在实践中把它简单地设定为政策目标。

（三）对马丁·特罗理论的争议

马丁·特罗《从精英向大众高等教育转变中的问题》一文，是1973年在经合组织的会议上发表的。马丁·特罗自己对此文的不足之处其实心知肚明，所以他在这篇论文中特别提出了诸多“防止误解的说明”，其中最重要的一个说明是：这三个阶段是“人为的划分”，是“从实际经验中抽象出

① 中共中央、国务院：《国家中长期教育改革和发展规划纲要（2010—2020）》，载《中国教育报》2010年7月30日。

来的”。[①]他后来又在许多场合解释说，关于毛入学率的两个数字只是一种“想象和判断”，切不可用作工作指标或行动目标。

2003年，马丁·特罗在与中国学者邬大光教授的对话中得知“三阶段论”在中国所受到的热捧，竟显得有些不安，他几乎是很谦卑地表示：“这个划分标准没有任何数学工具的支撑，或者说没有统计学上的意义。它是我的一种想象和推断，是一种根据事实而进行的逻辑判断，是我根据自己从事高等教育的经验对当时世界高等教育发展形势的一个判断。数字并不是一个非常重要的因素，并不具有实际的意义。”[②]尽管马丁·特罗一再强调要“防止误解”，但误解和误用（把15%和50%两个数字用作政策目标）还是难免会发生，以至于他非常不解地问道：“我不知道中国为什么会对15%的入学率如此感兴趣，并列出了达到这个目标的时间表。”[③]

马丁·特罗认为，“三阶段论”的重点是在“揭示变化”，旨在说明数量发展到一定程度时会引起高等教育的质的变化。量变导致质变，是这篇论文的核心要点，也是作者自己比较得意的部分。然而正是他自己比较得意的这个部分，恰恰是招致学界批评最多的箭靶。

日本学者天野郁夫教授认为，“三阶段论”在不同的阶段用了不同的标准，“在精英阶段是以欧洲，特别是德国的高等教育为模式，在大众化阶段是以美国的高等教育为模式”，然后通过对这两种模式进行“理想型”处理；因此“三阶段论”“并不是连贯的，而是有缺陷的”。[④]从马丁·特罗论文的论证方式看，论据标准上的不一致确实是存在的。

---

①［美］马丁·特罗：《从精英向大众高等教育转变中的问题》，王香丽译，载《外国高等教育资料》1999年第1期。

② 邬大光：《高等教育大众化理论的内涵与价值——与马丁·特罗教授的对话》，载《高等教育研究》2003年第6期。

③ 邬大光：《高等教育大众化理论的内涵与价值——与马丁·特罗教授的对话》，载《高等教育研究》2003年第6期。

④［日］天野郁夫：《日本高等教育的大众化与特罗“理论”》，陈武元等译，载《高等教育研究》2001年第6期。

中国学者潘懋元教授和谢作栩教授则根据中国高等教育自20世纪80年代以来发展的实际状况论述了“量变导致质变”的一个反例，他们认为：在中国与“大众高等教育阶段的低限”尚有相当距离时，“高等教育系统在许多方面就出现了局部性的质变，呈现出显著的大众化教育特征，甚至是普及化教育的特征”；由此他们提出了高等教育从精英阶段向大众阶段转变的“过渡阶段论”，并且认为在这个“过渡阶段”中“局部质变推动总体量变”是普遍存在的现象。[①]从中国的实际情况看，这一质疑也言之成理，因为中国高等教育自20世纪80年代后期起通过办学体制的改革确实发生了许多“局部质变”，诸如大学的合并与共建、收费上学且不包分配、高校后勤社会化、大力发展高等职业教育和高等教育自学考试等；诸如此类的“局部质变”，在客观上为1999年开启的跨越式“量变”创造了必要的条件，更何况我们还具有“没有条件可以创造条件”的巨大优势。

其实就中国高等教育大众化路径的特殊性而言，还可以对马丁·特罗理论提出反例的是，在中国高等教育的数量经过跨越式增长而快速进入到大众化乃至普及化阶段之后，如此大幅度的“量变”竟也没有明显地发生马丁·特罗所预言的那些重要“质变”，比如高等教育的价值取向、培养模式、管理方式等。马丁·特罗自己比较得意的“量变导致质变”一说，在解释中国高等教育大众化、普及化的独特路径时，在很多方面都显得比较苍白无力。这一方面可以说明，马丁·特罗理论确实有其自身的局限性，它毕竟只是根据欧美特定背景中的高等教育作出的“想象和判断”，因而不能无条件地用以解释另一背景中的高等教育；另一方面也可以说明，中国高等教育是世界高等教育体系中独一无二的“这一个”，有自己独特的运行逻辑，它的发展路径及其动力机制根本不是基于欧美背景的马丁·特罗理论所能解释得通的。

① 潘懋元，谢作栩：《试论从精英到大众高等教育的“过渡阶段”》，载《高等教育研究》2001年第2期。

三、质量问题的出现

有学者认为，欧美国家高等教育的大众化、普及化，大多走的是一条"内生的自然演变"路径，①它是高等教育直接面对社会需求、市场需求作出的一种自然应对和变革，因而是一个相对渐进的过程。以西方最早、最快进入大众化、普及化阶段的美国为例，美国高等教育毛入学率从7%到15%大约用了三十年，而从15%到50%则用了将近四十年。②

相比之下，中国高等教育大众化、普及化的路径却表现出"外力推动、整体突变"的特点：由顶层领导者设计并决策，借助那只"看得见的手"强力推行，因而是一个相对激进的突变过程。我国高等教育的毛入学率，从7%上升到15%只用了短短的5年时间，而从15%升到50%只用了17年。这样的增长速度举世无双，在高等教育史上堪称奇迹，如果没有那只强有力的"看得见的手"，无论如何是难以实现的。这条路径是我国特有的优势，是欧美国家只能望洋兴叹、无法企及的，当然也是马丁·特罗难以想象和预测的。

这条路径虽然速度奇快、优势明显，但其副作用也同样不可小觑。凭借行政手段强力推行大扩招，尤其是在很多软、硬基础条件还很薄弱的情况下突飞猛进，不可避免地会加大高等教育体系内的各种张力，陡然加剧各种张力之间的紧张关系并可能因此而激化矛盾，这种副作用对于高等教育的内涵发展是一种不利的因素，也是刚刚迈入普及化阶段的中国高等教育必须面对的挑战。

（一）数量与质量之间的张力

任何事物在其他条件相同的情况下，数量的剧增必然会对质量造成某种威胁。马丁·特罗在阐释高等教育阶段转变过程中的各种"两难问题"

---

① 谢作栩，吴薇：《高等教育大众化的国际比较与本土观照》，载《苏州大学学报（教育科学版）》2020年第1期。

② 王一兵：《历史机遇与教育决策——再论高等教育大众化的历史经验与发展中国家面临的挑战》，载《高等教育研究》1999年第5期。

时，也非常明确地将数量与质量的两难摆在第一位，可见他对此是有清醒认识的。[①]

二十多年来，我国高等教育数量上的超常规、跨越式增长，有没有导致教育质量的相对下降？对于这个问题，学界目前还缺少严谨的实证研究，还拿不出有说服力的实证数据来佐证，因此众说纷纭、分歧很大。地位不同、角度不同，答案就大不相同：乐观的论调是“成就显著”“质量有保障”，悲观的论调是“质量严重滑坡”“底线失守”。要对一个体系的高等教育质量作出一个比较准确的描述和判断，绝非易事，非得依靠客观严谨的大规模调查和实证研究不可。马丁·特罗也承认，数量扩张对质量的影响“是一个复杂和不确定的问题”，[②]原因在于“高等教育质量”本身很难界定和把握。

高等教育质量本身就很难判断和把握，更由于大众化、普及化阶段特有的异质性而更加复杂。在精英阶段，高等教育基本上是同质的，都以培养学术精英为目标，以学术标准为圭臬，实行教授治校。然而，到了大众化、普及化阶段，高等教育的这种同质性已经基本瓦解，除保留下来的精英高等教育那一部分之外，各种新型的高等教育机构和高等教育形式层出不穷，高等教育在总体上呈现出令人目不暇接的多样性，这种多样性表现在高等教育的性质、职能、培养目标、课程体系、师生关系、入学方式、教学方式、评价标准、管理方式和“权力中心”等各个方面。即便是保留下来的精英高等教育部分，本身也在发生变化，一些精英大学也兼容了大众化、普及化高等教育的某些特征，克拉克·克尔所描述的“多元化巨型大学”，实际上就可以看作精英、大众、普及高等教育的综合体，它们是

① [美] 马丁·特罗：《从精英向大众高等教育转变中的问题》，王香丽译，载《外国高等教育资料》1999年第1期。

② [美] 马丁·特罗：《从精英向大众高等教育转变中的问题》，王香丽译，载《外国高等教育资料》1999年第1期。

“多元”的、“联合”的、“综合”的。[①]在这种情况下，不同性质和类型的高等教育相互之间的差别之大，人们事实上已经无法用同一把尺子来衡量高等教育的质量。

为此，马丁·特罗特别强调了“多样化”的观点，旨在区分不同阶段高等教育质量的不同标准，从而为分析高等教育质量问题构建一个可用的解释框架。在高等教育普及化阶段，精英性、大众性、普及性高等教育并存，我们就不能用某一阶段的单一标准而必须用多样化的标准来看待高等教育的质量：既不能以精英高等教育的标准来衡量大众性、普及性高等教育的质量，也不能以大众性、普及性高等教育的标准来衡量精英性高等教育的质量。“多样化”观点的真谛是三种高等教育各有各的质量标准，各安其位，各得其所。“多样化”是高等教育大众化、普及化阶段的价值观和方法论，没有“多样化”的观点，就无法解释大众化、普及化时代高等教育的各种具体问题，尤其是高等教育的质量问题。

如果说我们目前由于缺少严谨的实证数据还无法比较准确地判断“多样”的高等教育整体质量问题，但具体到某“一样”高等教育的质量，近年来一些相关的研究还是可以对质量问题作出一定程度的间接证明。在普及化阶段，精英高等教育是“多样”中的“一样”，只要精英高等教育的质量没有下降，那么我们确实有理由对普及化阶段高等教育的质量保持乐观。

然而，关于“清考”“清零”现象（在学生毕业前通过“补考”等途径将学生原先的不及格成绩“清零”）的一项研究，却揭示出精英高等教育在质量方面的一个很大隐患。研究者于2015年对我国145所大学进行调查后发现，这些大学的平均“清考率”为69%，其中“985高校”和“211高校”在60%以上，而一般的普通本科高校竟高达71%。[②]这个结果也就意味着，在

① ［美］Clark Kerr：《大学的功用》，陈学飞等译，江西教育出版社1993年版，第96页。

② 邬大光，滕曼曼，李端淼：《大学本科毕业率与高等教育质量相关性分析——基于中美大学本科毕业率数据的比较分析》，载《高等教育研究》2016年第12期。

这145所高校中，考试不合格、学业未达到毕业要求的学生中竟有69%的人最后都由于“清考”“清零”而“合格”毕业了，特别是本应属于精英高等教育层次的“985高校”和“211高校”，“清考率”竟也如此之高，它们的教学质量从这个角度看显然不容乐观，令人深感忧虑。研究者在文中惊呼“我国大学在外部压力下已经没有质量底线”，这说明了问题的严重性。

博士教育应该是精英高等教育中层次最高的“一种”，据统计，2021年我国各类高等教育机构共招收博士生12.58万人，在学博士生高达50.95万人，①我国已成为名副其实的博士教育第一大国。但是，我国博士教育在数量剧增之后产生的质量隐患，从招生、课程、培养到毕业各个环节上的失范乱象，早已受到各界的质疑和批评。②近些年来，“学术型”博士生的学业压力越来越大，但他们的压力并非全部来自“学业”，而主要来自当“科研小工”。至于招生规模越来越大的“专业型”博士生，在校学习时间很多都难以保证，培养质量尤为堪忧。

尽管眼下还缺少严谨的高等教育质量实证数据，但仅就已有的这些研究结果和批评言论来看，高等教育的质量现状是我们凭经验和常识不难作出判断的。中国高等教育在快速进入到普及化阶段之后，我们无论在学术上还是在经验上都有必要对高等教育质量作出基本的判断，因为这个判断是事关高等教育基本价值和意义的根本性问题，也是对高等教育事业乃至社会发展都可能产生严重后果的问题，否则那种“虽健步如飞却误入歧途”的危险就很难避免。

（二）他律与自律之间的张力

其实，主管部门对全国高等教育的质量问题是有清醒认识的，21世纪以来有关高等教育的各项重要政策文件无一不是以“质量”“内涵”为关键词，就足以证明这一点。2012年教育部专门发布《关于全面提高高等教育

---

① 教育部：《2021年全国教育事业发展统计公报》，载《中国教育报》2022年9月15日。

② 顾海兵：《中国研究生教育制度：批评与建设》，载《学术界》2002年第3期。

质量的若干意见》，强调要“牢固确立人才培养的中心地位”“走以质量提升为核心的内涵式发展道路”，并且从质量标准、培养模式、质量评估、治理结构等环节上部署了一系列加强质量管理的举措。[①]

二十多年来，我们在提高质量方面确实很努力，也取得了一定的进展，但必须直面的现实是，我国高等教育的质量问题依然严峻，总体上不容乐观。原因之一，就在于我们依然习惯于以行政的手段来进行质量管理，不断地强化他律，而意识不到在其他条件相同的情况下，质量的根本保障在于高等学校的自律，在于基层高等教育工作者的自律。

高等教育管理当然需要必要的行政手段，尤其是高等教育的外延发展，行政手段可能是很有效的方式，但是在高等教育的质量提高和内涵发展方面，行政手段的效力是很有限的，尤其是那些过度的行政手段甚至还可能起某种副作用。例如，通过行政渠道自上而下实施的旨在提高高等教育质量的各种“工程”“计划”，还有各种教学的“评估”“评奖”“项目”“大赛”等，在客观上所产生的效果可以说都是利弊相依的，其中有些可能利大于弊，但也不能排除有些是弊大于利。

高等教育是以高深学问为内容的自主性事业，需要通过一线教育者个人自主的创造性劳动来完成，因而高等教育的质量归根结底需要依靠一线教师个人的自律来保障。越是符合高等教育职业本性的管理手段，就越有助于一线教师的自律，也就越有助于提高高等教育的质量；一线教师越是自律，其自主性也就越强，其工作质量也就有可能最大化，从而使质量得到最大程度的保障。

依靠行政手段他律，是强制性、威权化的，方式上具有“集中统一”性，因而在很大程度上与高等教育自主性、创造性的职业本性相异，更何况是那些过度的行政管理手段。当高等教育的职业本性受到过度行政手段的掣肘时，体系张力就最易于在高等教育基层生成和积聚，矛盾也最易于

① 教育部：《教育部关于全面提高高等教育质量的若干意见》，载《中国教育报》2012年4月21日。

在基层激化并扩大，而教育者的自律性也就有可能在这种张力的作用下消弭甚至丧失。

在我们目前所处的高等教育普及化阶段，当“在学总规模”超过四千万人、毛入学率超过百分之五十之后，过度依赖行政手段来管理规模如此庞大的高等教育，体系张力就有可能随着高等教育规模的扩大而同步甚或是几何式地增加。因为在普及化阶段，漫无边际的多样性使得高等教育的办学基础已经发生根本性的变化，“高等教育”作为一个整体的内在统一性也正在消解，这就对高等教育工作者的自主性、创造性和自律性提出了更高的要求，更加需要高等教育工作者根据具体工作对象的特点进行自主性创造性劳动，也更加需要他们的自律来保障。

另一方面，面对如此庞大的高等教育体系，行政管理者无论多么高明，计划多么严密，“集中统一”的基础已经不复存在，因而行政手段不可避免地会发生某种程度的失灵，这是大势所趋，不以人的意志和权威为转移。在这种情况下，如果高等教育质量管理方式不进行改革，不顺势而为，反而通过强化行政手段以“加强管理”，不断强化他律，那么其结果很可能事与愿违，会直接危及一线教育者的自律性，最终损害的还是高等教育的质量和内涵。在高等教育普及化阶段，行政管理的他律手段过渡到什么程度，在高等教育基层影响到什么程度，它与一线教育者自律之间的张力就可能扩大、强化到什么程度，对高等教育质量和内涵的危害性也就可能累积到什么程度。

因此，为了全面提高普及化阶段我国高等教育的质量，根本出路依旧在于高等教育管理体制的改革。20世纪90年代，我国高等教育主管层面明确提出“体制改革是关键”的命题，[①]意在先行改革高等教育管理体制，为21世纪高等教育数量大发展奠定制度基础，这无疑很富有远见。遗憾的是，我们的高等教育管理体制改革未能按照预期的目标推进，管理体制的

① 周远清，陈祖福:《抓住“核心”和“关键”进一步深化高等教育改革》，载《教学与教材研究》1994年第3期。

改革总体来看相对滞后。因此，在我国高等教育昂然迈入普及化阶段之际，有必要重提“体制改革是关键”的战略目标，这不仅是历史使命的延续，更是新时代的现实之需。在此新的历史阶段，以更大的决心和勇气推动高等教育管理体制的改革向纵深发展，通过高等教育管理体制的改革，在质量管理上变他律为主为自律为主，是普及化阶段我国高等教育改革和发展的当务之急，也是提高普及化阶段高等教育质量的必由之路。

第二节　教学质量的内外部保障

随着我国高等教育相继进入大众化、普及化阶段，高等学校的教学质量问题，也就是人才培养质量问题，也如影随形成为我国高等教育的一个焦点。围绕这个焦点问题，新理念、新口号不断推出，各种“内外部保障”举措也随之不断出台，显示出强化质量管理的良好趋势。然而，高校教学质量是一个极其复杂的理论和实践问题，涉及人的发展规律、教育教学规律，涉及高等教育内外部几乎所有的影响因素，因此，高校教学质量“内外部保障”机制的建立，也是一个复杂的系统工程，需要在理论和实践上进行更加深入细致的探索。

一、大相径庭的质量判断

当前我国高校的教学质量到底是“高”还是“低”？“高”高到什么水平，“低”又低到什么程度？对我国高校教学质量作出正确的判断和估计，是探讨我国高校教学质量问题的一个前提。如果这个前提不明朗，连基本的事实都不甚了了，那么各种质量保障的举措就很难有针对性，甚至可能流于形式主义。

比较遗憾的是，当前我国关于高校教学质量的大量文献，基本上都没有正面回答这个前提问题，既缺少关于质量现状的质性资料，更缺少严谨翔实的量化数据。正因为前提不明朗、事实不清楚，所以当前对于我国高校教学质量的判断，基本处于言人人殊、莫衷一是的状态。地位不同，视角不同，判断也大不相同。

（一）乐观的估计

乐观的判断大多出现在媒体上，如“高等教育质量稳步提升”“教学质量有保障”“质量软实力显著增强”“高等教育满意度指数全面提升”一类的标题，近些年在媒体上的出现频率很高。

另外，乐观的判断也出现在各校的《本科教学质量报告》中，这些报告显示出来的大多是质量“得到有力保障”“稳步提高”，而对质量的短板大多轻描淡写，或者语焉不详。同样乐观的是各类教学评估报告，这些报告除“特色”一项成为常见的“不足之处”外，其他各项指标非“优”即“良”，评估结果自是皆大欢喜。

此外，乐观的判断从近年涌现出来的各级各类“教学成果奖”“教学名师”“教改项目”以及“精品”“金课”“一流”等“牌子”和“帽子”上也可以感觉到，有如此之多的“教学成果”“精品”和“一流”，没有理由不叫人乐观。

（二）不乐观的估计

关于高校教学质量，悲观的估计也不少见。同样是在一些媒体上，“教学质量严重滑坡”“学生不爱学，本科四年成放羊”“老师不愿教，不爱讲台爱科研”之类的标题，不仅很吸引眼球，而且比较刺眼。

其次，就一般的社会舆论看，诸如“放羊”“放水”“学不到东西”之类的负面评价不胫而走、流传甚广。也有一些相关的专题研究，从某些侧面揭示出高校教学质量的忧患，如2015年对“清考”“清零”现象的研究表明，在被调查高校中，学业成绩不合格的学生竟有69%的人最后都被“清考”“清零”而“合格”地毕业了，如此严重的“放水”现象，无论如何叫人乐观不起来。研究者称“大学在外部压力下已经没有质量底线”，[①]亦非危言耸听。

一些影响很大的高等教育研究报告，例如《中国高等教育质量报告》和《全国高等教育满意度调查报告》，对我国高等教育的质量问题进行了大范围的调研和论证，从研究结果看，乐观的结论和悲观的结论也都比较醒目。前一份报告“以充分的教育自信和冷静的教育自省为主要基调”，论证了我国高等教育“社会需求适应度”“培养目标达成度”“质量保障有效度”“办学资源支撑度”和“学生及用户满意度”等“软实力”显著增强；[②]后一份报告在全国范围内调查大学生的满意度，结果显示，虽然“高等教育总体满意度”达到69.42%，但在“大学生最不满意”的十个方面，“课程与教学”“师生课外互动”等项均居于前列，对“教学方式”“学习反馈”的满意度也“较低”。[③]“不满意”的诸项，显然都属于教学范畴，而且都与教学质量直接相关。这两份报告的研究难度都很大，结果有一定误差在所难免，完全可以理解，但两份报告显示出来的结果差异却是一个实实在在的问题。

21世纪以来，我国有关高等教育的重要政策文件，无一不以“质量”和“内涵”为核心主题，足以说明主管部门对我国高校的教学质量有着清醒的意识和估计。2012年教育部《关于全面提高高等教育质量的若干意见》，强调要“牢固确立人才培养的中心地位”“走以质量提升为核心的内涵式发展道路”，从质量标准、培养模式、质量评估、治理结构等环节上部署了一系列加强教学质量的措施。2018年教育部《关于加快建设高水平本

① 邬大光，滕曼曼，李端淼：《大学本科毕业率与高等教育质量相关性分析——基于中美大学本科毕业率数据的比较分析》，载《高等教育研究》2016年第12期。

②《中国高等教育质量报告（摘要）》，载《中国教育报》2016年4月8日。

③ 中国教育科学研究院：《全国高等教育满意度调查报告》，载《中国教育报》2017年5月18日。

科教育全面提高人才培养能力的意见》聚焦本科教育，明确提出本科教育的五年建设目标："初步形成高水平的人才培养体系"，"高校专业建设水平和人才培养能力全面提升，学生学习成效和教师育人能力显著增强"。[①]官方的这些政策文件，虽然没有对我国高校的教学质量状况作出必要的判断和估计，但从文件提出的目标要求和具体部署来看，针对性、指向性都十分明确，人们不难从这些文件中"读出"高校教学质量实际存在的问题和隐患。

近年来主管部门领导又提出了高等教育"质量革命"的命题，更是醍醐灌顶、振聋发聩。"革命"，意味着对旧事物的"根本否定""彻底否定"，也意味着寻求"根本的改变""彻底的改变"。从"质量革命"这样的提法中，我们不难感受到领导层对当前教学质量的严重不满，也可以体会到领导层在整治教学质量方面有所作为的坚定决心。

二、孰"内"孰"外"

针对高校教学质量实际存在的问题，建立教学质量的"内外部保障体系"是必然的选择。这不仅是我国高等教育发展的现实要求，也是世界各国高等教育发展的共同趋势。

教学质量的"内外部保障体系"是一个综合的体系，很多文献都把这个体系表述成"高校自主保障""政府宏观调控""社会参与监督"以及"多元主体""保障合力""内外相互统一"。[②]这样的表述涵盖了高校、政府、社会几个主要方面，自有其道理。但是如果深入一步，对"内部"和"外部"的内涵，对"合力"的形成机制和条件，作出更贴切的界定和解释，却非易事。至少在目前，我们对这些较深层的问题并没有在理论上完全厘清，还有很多模糊不清之处。如果连这些基本概念在理论上都未完全厘

① 教育部：《关于加快建设高水平本科教育全面提高人才培养能力的意见》，http://www.moe.gov.cn/srcsite/A08/s7056/201810/t20181017_351887.html［2018-10-18］

② 吕锐等：《优化高等教育质量保障体系》，载《中国高等教育》2021年第10期。

清，那么要在实践中准确地把握并实施，那就难上加难了。

（一）以学校分“内外”

首先是“内部”和“外部”的界定，就很值得细究。一般的理解是以学校为界，把学校之内的保障当作“内部”，把学校之外的保障当作“外部”。以学校为界来划分保障体系的“内外部”，当然也有其道理，因为高等学校是培养人才的机构，把高校视作教学质量的责任主体，要求高校对教学质量负有领导和管理责任，也是顺理成章的。

“外部”一般被认为是政府、中介机构、用人单位以及所有的校外利益相关者。在我国现行的高等教育管理体制之下，政府主管部门是外部保障的权威机构，在外部保障中具有权威的地位。近年来，高等教育主管部门为保障高校教学质量出台了一系列“组合拳”，诸如发布相关政策文件，推行本科教学评估和学科评估，以项目方式推出“一流专业”“一流课程”“示范”“教学成果奖”“教学名师”“精品”等等，都是意在加强外部保障的举措。

“内部”与“外部”本来是一个相对的概念，从不同的角度可以作出不同的界定。以“学校”为界划分内外，虽然自有其道理，但这个界定主要是基于“管理”的角度，因而教学质量的所有保障，无论是“内部”（校级、院系级）的还是“外部”（省部级、国家级）的，基本上都是管理的举措，奉行的是“管理出质量”“项目出质量”的信条。从“管理”的角度看，这些“内外部保障”举措并没有什么不妥之处，不仅顺理成章，而且也很理直气壮。

但是，这些举措的实施状况却并不尽如人意，因为这些项目式的举措几乎已然成为“教学质量”的标志和代名词，在各级奖励系统中都被赋予了超高的权重，因而也就牵动了高等教育界几乎所有人的神经，成为各类高校趋之若鹜、你争我夺的规划目标。这就有可能在客观上造成两大错觉：其一是，本来作为手段的这些保障举措，通过赋予额外的权重而变成了目的，这从很多高校的官网上就可以看得出来。这些高校的官网在介绍本校教学质量的栏目中，基本都是以“教学奖”“教学名师”“一流专业”“一流课程”的数量来表示的，手段变成了目的，这种情况很普遍。其二是，误认为高校教学质量的“内外部保障”就是管理保障，只是管理部门的事，似乎与教师、学生无关。

（二）以教学过程分“内外”

“教学质量”从根本上说是“教学”的质量，因此就可以从“教学”的角度来界定质量保障的“内部”和“外部”。教学是由教师的教和学生的学构建而成的双边活动，教师和学生是这个活动中的“双主体”，教师在教学过程中起主导作用。这是教育学的基本原理，也是教育的基本常识。

从“教学”的角度界定质量保障的“内外部”，可以得出的第一个结论是，所谓“内部”，只能在师生教学活动的“内部”，只能在师生教学活动的过程之中；而在教学活动过程之外的保障，无论是校外的还是校内的，无论是国家级或省部级，还是校级或院、系级，统统都只能是“外部”。

由此可以得出的第二个结论是，只有教学过程之中的教师和学生，才是教学质量保障的真正主体，他们是教学质量保障的“双主体”（如果考虑到教师在教学过程中的主导作用，把学生因素假定为一个常数，那么教学质量保障就只能以教师为主体，因而可以说教师是质量保障的“一元主体”），除此之外，在教学过程之外任何身份的人，包括校外、校内任何一级的领导者和管理者，都称不上是质量保障的“主体”，充其量只能看作质量保障的辅助者、推动者或监督者。因此，质量保障“多元主体”一说很值得商榷。

从“教学”角度来界定“内外部”，缩小了“内部”的外延，扩大了“外部”的外延，这就使得教学质量保障的内外界限更加清晰，主次作用更加分明，也就更有利于“内部保障”与“外部保障”各安其位、各司其职。

具体而言，只有高质量的教与学，才是教学质量真正的“内部保障”，是直接的、实质性的保障。如果这个“内部保障”完全尽职尽责、充分发挥作用，“外部保障”实际上已经不是特别重要；相反，如果没有高质量的教与学，或者只有低质量的教与学，那么在这种情况下，无论“外部保障”的举措如何繁多，规定如何严厉，举措如何翻新，效果都不尽如人意，事倍功半甚至无功而返，都是很可能的，因为外部保障在任何情况下都不可能代替“内部保障”，不可能对教学质量起到决定性作用。“外部保障”的作用是间接的、条件性的、辅助性的，“管理出质量”的信条即便在企业管理领域，也是有条件的，何况是在复杂无比的高校教学领域。

当然，教与学不可能都在教师和学生双方完全尽职尽责的理想状况下进行，教师和学生的内部保障也不可能都处于高位，群体差异和个体差异更是普遍的现象，这种情况在高等教育大众化、普及化阶段尤为明显。正是在“内部保障”不能得到保证的情况下，才出现了“外部保障”，才需要外部保障发挥作用，尽管它的作用是间接、条件、辅助性的，不恰当的外部举措甚至可能是有副作用的，但在这种情况下别无选择，只能借助于外部来推动和促进。

三、内部保障的实现机制

由于教师在教学过程中具有主导作用，因此教师教的质量对教学质量来说就成为主导性的一方。也就是说，如果没有高质量的教来保障，基础很好的学生也有可能做不到高质量的学，除非学生本人高度自觉自律；如果有高质量的教来保障，即便是差生也有可能尽其所能地学有所得，发展到潜质允许的最高限。无论学生有多大差异，教师的教都具有主导作用；教的质量主导了学的质量，主导了教学的质量。

（一）质量隐含在教学环节中

高质量的教，是在教学活动的内部实现的，体现在教学过程的所有环节之中。教学过程是一个极其复杂的过程，先哲们早在几千年就已经指出：“教学是最高的理解形式。”[①]其意无非是说，教学是世界上难度最大的

① 国家教育发展研究中心：《发达国家教育改革的动向和趋势》，人民教育出版社1994年版，第30页。

实践，不仅需要最高的智慧，也需要最高的良知。在教学过程的备课、上课、作业批改、课外辅导、考试评定等环节中，教师的智慧和良知时时处处都起着主导作用，影响着教学的质量。

备课必须备学生、备内容、备方法。仅“备学生”一项，就是一个无底洞，要了解所教的一班学生，甚至了解每一个学生，谈何容易。没有对学生的关爱之心和责任之心，没有与学生密切而有效的教育交往，就不可能真正了解学生。至于要在了解学生的基础上“备内容”“备方法”，更是运用之妙存乎一心，没有最好，只好更好。

上课不能照本宣科，教师在课堂上也要目中有人，要通过现场观察以及与学生的互动，了解学生的理解和接受情况，并且根据这种了解及时对教学进行调整，所谓“教学机制”即如是；上课还要对学生严格要求，互动环节要机会均等、一视同仁。对上课的这些要求，看似很基本，但要真正做到也大不易。

对学生的作业要有批改并反馈到教与学的改进；课外要对学生进行集体或个别辅导；考试的难度要适宜，评分要公正，评价要富有教育性。凡此种种，也都是基本的要求，件件都要用心用力才能做得好。

在其他因素等同的情况下，教师如果在这些环节上都达到了基本的要求，那么教的质量就应该有基本的保障；如果高质量地达到了这些要求，那么就可以认定是实现了高质量的教，教学的高质量就有保障。然而，仅就基本要求来看，要在教学各个环节自始至终、年复一年地做到位，教师就必须身在心在，必须有足够的精力和时间投入；至于高质量的教，更是需要教师全身心的投入，需要对学生和教学的“最高理解”，需要忘我的“蜡烛精神”，否则就不可能达到尽可能高的境界。

（二）教育良心是根本保障

从每个教学环节的实施过程看，除学生之外的其他任何人都难以实质性地进入“内部”，这正是教学作为教师和学生“双边活动”过程的特殊性所在。因此，教师在各个教学环节中实际有多少精力和时间投入，花了多少心血，出了多少力气，只有他自己心里最清楚，也只能靠他的自觉和自律来保障。即便是学生，对教师在教学上的投入程度，也很难直接体会，可能会有某种感觉，但这种感觉毕竟很有限，很不牢靠；学生对教的质量的切身体会，一般都要在教学过程完成之后，或者是在毕业若干年之后，才能比较清晰、比较真切。

因而教的质量，不仅要依赖教师的教学能力，还要依赖教师的职业良心；在教学能力等同的情况下，职业良心可能就上升到首要地位，对教的质量起着决定性的作用。也正是在这个意义上，教学工作才被称作“良心活”。[①]教师心目中是否有学生，是否关爱学生，是否对学生负责？自己教了多少，学生学了多少，是否尽心尽力、尽职尽责帮助每个学生都学有所得？对学生是否一视同仁、严格要求，有没有“放羊”或“放水”？凡此种种，都是对教师职业良心的拷问。职业良心在教师的内心深处对教学质量起着保障作用，真正的教学质量在教师的内心深处。

四、教师为何“不愿教”

当前的一个严峻问题，恰恰是高校的相当一部分教师“不愿教”，[②]从而使得教学质量的保障失去了最重要的根基。这是制约我国高校教学质量的真正忧患，这个忧患不解除，教师个人的学术水平再高、教学能力再强，都于教无补，都不可能实现有质量的教，更不用说高质量的教。在这种情况之下，无论外部保障的举措如何密集、规定如何严格，只要这些举措解决不了教师“不愿教”的内心问题，最终也都难以起到保障作用。

教师“不愿教”当然是失职渎职，不足为训，把它上升到职业道德的层面也不为过。然而值得我们深思的是，教学本是教师的天职，对学生负

---

① 陈武元，曹荭蕾：《如何促进我国高校教学从“良心活”向“用心活”转变》，载《现代大学教育》2020年第5期。

② 邓辉：《重拳频出，能否治好本科教育这些“病”》，载《光明日报》2018年10月26日。

责也是教师的职业本性，如今连这个天职和本性都受到严重威胁，正在发生异变，到底是什么原因造成的？原因无疑是多方面的，既有教师个人的原因，也有管理制度的原因，还有社会风气的原因。而在众多的影响因素之中，最直接的原因是当前在高校普遍盛行的、对教师职业行为起着强力指挥棒作用的“绩效评价”制度。

从2010年前后起，我国高校开始实行绩效工资制，其意是用经济杠杆激发教师的工作“绩效”，它的理论前提是“经济人”，关键的一环是对教师进行“绩效评价”。然而，什么是高校教师的“绩效”，用什么方法来评定高校教师的“绩效”？这至今都是一个世界性难题，没有一个国家能够很好地解决这个难题，这是由高校教师职业的特殊性所决定的。在我国，绩效工资制由高层决策、统一推行，而绩效评价却是高校的自主行为，各高校都是在比较仓促的情况下推出了各自的绩效评价指标体系。这些评价指标体系虽然因校而异，但普遍存在两个偏向，一是重科研、轻教学，二是重数量、轻质量，尤其偏重可以计件的、周期短的“科研成果”。至于教师以什么态度和方式从事教学、教的质量是高还是低，在这些指标体系中都得不到体现。

而且，不少高校迫于大学排名之类的外部压力，制定的量化科研指标将“高被引”“奖项”及“项目”的权重抬高到不切实际的程度，远远超过大多数教师所能达到的限度。教师的精力和时间是一个常数，再拼也拼不出一天二十五个小时，正是在这样严苛的“绩效评价”制度下，教师出于切身利益的理性权衡，只能有所为、有所不为，而为很多教师所“不为”的，恰恰是教学工作。当然，教学上的“不为”并不是不教，拒不上课的毕竟是个别，“不为”的表现主要是“不作为”，人虽然在教学过程中，但身在心不在，在各个教学环节上缺少起码的精力和时间投入，得过且过，甚至敷衍塞责。片面绩效评价的要害就在于，教师虽然在教学上“不作为”，但影响不到他的“绩效”，影响不到他的绩效工资，因为教学的绩效主要是由课时数衡量的；而如果他在科研指标上少几分，绩效不仅立马分出高低，而且悬殊可能很大。

对于教师的“不愿教”和教学“不作为”，从职业道德的角度进行批判并不为过。但是，如果仅仅局限于职业道德的批判，并不能从根本上解决问题。绩效工资的理论前提是“经济人”，既然把教师当作“经济人”，那么在绩效工资制度框架下，他们出于切身利益而做出理性的选择，也是势所必然。“完全撇开教师的切身利益与艰难处境而评判教师的职业道德”，那就“很难让教师本人心服口服”，[①]我们不能孤立地对教师的“不愿教”“不作为”作简单化的道德批判，也不能不切实际地对教师提出过高的道德要求。

当然，除“绩效评价”制度之外，导致教师“不愿教”的影响因素还有很多。在高等教育大众化、普及化阶段，一个教师面对的学生从早先的几个或一二十个，陡然上升到数十个甚至数百个，加之学生群体的多样化和异质化，他们的学习动机、态度、基础千差万别，教学负担和难度也随之急剧加大。另外，教育管理的行政化倾向，近年来非但没有淡化的迹象，反而有愈演愈烈之势，高校教师一年到头有填不完的表格，申报不完的项目、课题和奖项，这些名堂样样都与“绩效”直接挂钩，势必会使教师分心、分神，甚至疲于奔命，职业倦怠、教学倦怠也就在所难免了。

五、外部保障何以可能

从20世纪70年代起，世界各国高等教育相继进入大众化、普及化阶段，开始探索高校教学质量外部保障的可能途径和举措。“美国高质量教育委员会”和“美国高质量高等教育研究小组”，日本中央教育临时审议会下设的“大学审议会”，英国的“高等教育质量保障署”，澳大利亚的“大学质量署”等外部保障机构，都是在这一背景下问世的。

① 吴康宁：《教育改革的“中国问题”》，南京师范大学出版社2015年版，第254页。

这些外部保障机构大多从调查研究、发布质量报告入手开展工作，例如，美国的两个机构经过为时三年的调研，分别于1983年、1984年发布了题为《国家处在危险中，教育改革势在必行》和《投身学习：发挥美国高等教育的潜力》两份报告，对美国高等教育的质量缺陷予以揭露并对提高教学质量提出了建议。①

日本大学审议会在成立后的最初十年内，共发布了《关于改善大学教育》《关于改善短期大学教育》《关于改善高等专门学校教育》《关于研究生教育的调整充实》《关于提高研究生教育质量的审议结果》等22份咨询报告，②报告的主题都聚焦于“高度化”，也就是高水平化、高质量化的问题。从调查研究、厘清事实入手，是外部保障工作的重要基础。

我国高校教学质量的外部保障，目前主要是由行政主导的“硬举措”。校外的“外部保障”，主要来自政府主管部门，具体举措如前所述，包括发布政策文件、督导评估，以及各种项目式的“牌子”和“帽子”评比等。其目的都是为了保障质量，用心良苦，也起到一定的作用，但也存在着过度依赖行政手段、评比项目过多过滥的倾向。

一项关于某省地方本科院校的案例研究显示，该校在2017至2019三年间共收到来自各级政府部门的“教学类行政公文”多达331份，这些红头文件以保障教学质量为目标，意在对教学活动进行“规范约束”“组织协调”或“引导配置”。③仅仅是关于教学的行政公文，地方高校平均每年就要收到一百多份，文件的内容再好，也会让人产生阅读疲劳和心理疲劳。至于那些项目式的“牌子”和“帽子”评比，不仅数量多，而且都是自上而下的一级级推行、自下而上的一级级评审，从高层到学校基层大多是一竿子

---

① 教育发展与政策研究中心编：《发达国家教育改革的动向和趋势》，人民教育出版社1986年版，第4–5、37–38页。

② 胡建华：《战后日本大学史》，南京大学出版社2001年版，第245–246页。

③ 闫丽霞、周川：《政府部门如何管理高校教学》，载《复旦教育论坛》2021年第2期。

到底，行政化倾向十分突出。

行政手段的优点是覆盖面广、贯彻速度快、赏罚分明，但其缺点也同样很明显，例如重形式轻实质，过多过频，甚至内外不分、以外代内、以手段代目的，最后可能非但不能保障质量，反而有可能掩盖了质量的缺陷和隐患，甚至引发出种种副作用。针对项目式质量管理的弊端，有学者研究指出，“项目制”方式已经形成了本科教育改革中的诸多“仪式”，使得本科教育的流程“被科层系统所同构”，“项目与任务控制下的改革目标被扭曲”。[①]当前外部保障中的行政化倾向和形式主义倾向，其危害不可小觑。

高校校内的“外部保障”，大多都是校外“外部保障”自上而下“硬性地”贯彻执行。至于校、院、系层面上自设的一些举措，包括督导听课、教室监控、学生评教等，看上去很严密，但效果也有限。比如督导听课、教室监控，看似进入了教学过程的“内部”，但蜻蜓点水式地听一两节课，很难全面了解教师整个教学过程及其各个教学环节的实际状况，更何况处在督导和监控之下的课堂教学，往往会有不同程度的失真。过度听课和监控，也可能对教学形成干扰，引发教师的反感和逆反，反而不利于内部保障。

“外部保障”无论是校外的还是校内的，相对于教学过程之中的“内部保障”，都是“外部”的，因此，外部保障对高校教学质量的作用，只能是间接的、条件性的、辅助性的。外部保障本身不能产生教学质量，不能决定教学质量，它保障的不是质量本身，而是对“内部保障”的保障，外部保障只能通过引导和促进内部保障而发挥作用。既然是间接的条件和手段，那么，它在任何意义上都不能成为目的，不能成为教学质量的标志。

针对当前外部保障项目过多、过滥的现象，当务之急是应该做减法，尽最大努力减少各种以保障质量为名义的项目评比，从而减少外部保障对内部保障的干扰，使外部保障与内部保障各安其位、各司其职。潘懋元早在1985年就指出：教学改革“往往是上面提口号，教务部门搞方案，而作

① 李海龙：《“项目制”驱动本科教育改革的审思》，载《苏州大学学报（教育科学版）》2020年第3期。

为改革的真正的主人——教师，不是被当作依靠的力量，而是被作为改革的对象，这只能使广大教师或者消极等待，奉命行事，或者漠不关心，我行我素。”[①]这个论断当时虽然针对的是教学改革，但同样适用于当前的教学质量保障。对于外部保障方而言，只有严格分清外部保障与内部保障的关系，最大限度地保障教师在教学质量保障中的主体地位和主导作用，激发教师职业良心的内生动力，恢复教师对教学工作的热情和信心，外部保障的条件、辅助作用才能得以显现，质量保障的“内外部体系”及其“合力”才有望真正形成。

国外外部保障给我们的一个启示是，教学质量内外部保障的起点都应该是对质量状况的真实了解，首先发现质量问题，发现质量隐患和缺陷，然后才有可能分析原因进而寻求有针对性的保障对策。这个起点，在内部保障方面主要靠教师的实践反思来完成，而在外部保障方面，则应该靠深入、细致的调查研究来完成。

外部保障的真正作用，不在栽花，而在挑刺；而要挑刺，首先就要以科学的态度和勇气，通过严谨的调查研究发现问题和症结所在。没有调查就没有发言权，外部保障要真正发挥应有的作用，就需要首先转变职能，以严谨的质量调查为工作起点，集中力量在各个层面上摸清质量事实，发现问题，直面问题。只有这样，一方面才能使所有的外部保障举措都建立在正确的前提和基础之上，富有针对性；另一方面才能证明外部保障的必要性与合法性。此外，真实反映质量状况的调查研究报告公布之后，也有利于引起高等教育内外部的重视，增强内外部的质量警觉性，增强质量意识，形成质量保障的良好舆论氛围，争取更多的质量保障资源。严谨的质量报告对于教学质量的保障作用，势必远胜于那些冠冕堂皇的行政公文。

① 潘懋元：《潘懋元文集（卷二·理论研究）（下）》，广东高等教育出版社2010年版，第451页。

第三节　科研的分化对教学质量的影响

在探讨高校教学质量问题时，就不能不涉及高校科研的质量，因为教学和科研是高校两项最基本的职能性工作，两者之间存在着非常复杂的双边关系，既可能相互促进、相得益彰，也可能相互干扰，甚至相互妨碍。

特别是在当前的绩效评价体系下，“重科研、轻教学”的偏向已经到了十分严重的程度，这就需要我们对这个问题进行更加深入的探讨。从现有的文献看，以往的探讨比较侧重于教学方面，而较少关注科研方面，较少关注科研的质量状况对教学质量可能产生的正负面影响。面对现实中“重科研、轻教学”的严重偏斜，现在确实需要我们对高校的科研问题加以更多的审视，对高校科研的分化及其对教学质量的影响进行更多的探究。

一、洪堡原则的本意

19世纪初，洪堡在创办柏林大学的过程中形成了“教学与科研相统一”的思想，主张在一种“批判性、创造性的复杂思维活动”中，将大学的教学和科研形成“一种连续发展的统一体”。①他认为，大学教育的“最好途径”无可争辩地在于，把“尚未解决之问题”提出来，让教师和学生一起“自己去找出最巧妙的解决办法”，或者“自己去发明这种解决办法”；在大学里，“教师不是为学生而设”，师生“两者都是为学术而共

① [美] 赫尔曼·勒尔斯：《经典的大学理念：洪堡构想的大学观念的起源及其意义》，陈民译，载《外国高等教育资料》1990年第4期。

处”。[①]他甚至还说过，“在大学中，听课只是次要的事情”，“重要的是”让师生“紧密合作”进行学术研究。[②]在洪堡的观念中，大学的教学和科研本来就是一回事，它们是一个连续的统一体：科研的过程就是教学的过程，实验室和“习明纳尔”就是最好的教学形式，教学的目标就应该在实验和研讨的过程中得以实现。

洪堡这一思想对于当时“既不耕地又不施肥”的德国大学来说，是具有创新性和革命性意义的，柏林大学的巨大成功有力地证明了这一点，“教学与科研相统一”因此成为现代大学普遍推崇的一条办学原则。但是，洪堡由此也落下了不重视大学“教学”的罪名，被后世很多人看作“轻教学”的始作俑者。

把这个恶名安在洪堡的头上，其实是对洪堡原则的一个误解，而这种误解正如弗莱克斯勒所说，“无疑源于德国教授不采取灌输式教学这样一个事实”。[③]洪堡所理解的大学“教学”，与传统意义上的“教学”，内涵有着本质的区别，甚至可以说完全是两回事。传统的“教学”是由教师的“讲课”和学生的“听课”构成的过程。而洪堡的“教学”，主要是由教师的“研”和学生的“研”构成的过程，以“研”为基本方式，教师在“研”中教，学生在“研”中学，通过“研”将教师和学生联结起来，“教学”也就在“研”的过程中得以实施，并得以“统一”。

因此，如果把大学教学仅仅理解为传统的讲课和听课，那么洪堡的确不重视这样的教学。但关键在于，洪堡认为大学教学不仅仅是讲课和听课，大学教学还有丰富得多的含义，涵盖着师生双边交往互动过程中的所有经验和形式。与其笼统地说洪堡轻视大学教学，毋宁说他所轻视的只是

---

①［德］威廉·冯·洪堡：《论柏林高等学术机构的内部和外部组织》，见陈洪捷《德国古典大学观及其对中国的影响》，北京大学出版社2006年版，第198页。

②［德］洪堡：《立陶宛的学校计划》，见李其龙编《教育学文集·联邦德国教育改革》，人民教育出版社1991年版，第7页。

③［美］亚伯拉罕·弗莱克斯纳：《现代大学论》，徐辉、陈晓菲译，浙江教育出版社2001年版，第278页。

刻板的讲课、听课及单纯的“讲课方法”。洪堡所重视、所倡导的，是一种与传统的讲课听课全然不同的大学教学方法，这种教学方法就是科研的方法，以科研的方式进行教学，在科研的过程中进行教学。正是在这个意义上，洪堡非但不轻视大学教学，反而可以认为，他比任何人都更加重视大学教学，并且苦苦地探索和追寻最有效的大学教学方法。

洪堡的“教学与科研相统一”的原则，源于他的新人文主义哲学思想。这一思想的核心是对理性的推崇，把理性看作精神和道德发展的源泉，看作人之所以为人的根本特征。洪堡秉持新人文主义的哲学思想，以培养“完人”作为教育的最高理想。在洪堡的心目中，这种“完人”主要表现为“想象力生机勃发、精神深邃、意志坚强、整个言行一致”，并且一生都“永远处在研究的过程之中”。①

与此相应，洪堡把大学的“立身根本”奠基在理性的层面上，而学术研究尤其是纯学术的研究，在洪堡看来正是人类理性最高水平的体现，是“完人”一生的精神追求，所以，大学只有使所有人都“能最大限度地认同于纯学术的观念”，并且“总是把学术视为尚未解答之问题，因而始终处于探索之中”，那么，大学才能“使之用于精神和道德的教育”，并且“才可望实现其目标”，②培养出他心目中的“完人”，同时又推动科学和学术的发展。

洪堡倡导“教学与科研相统一”原则，在他所处的那个时代，也有其现实性和可能性。当时的高等教育整体上还处在精英化阶段，大学及其教师和学生，总体上保持着同质性，他们都为学术而来，都可以统一在学术的旗帜之下。从数量上看，一个教师一般也就面对几名学生，多则十几名学生。19世纪30年代在吉森大学李比希的化学实验室里，实验助手加上学

---

①［德］威廉·冯·洪堡：《论国家的作用》，林荣远等译，中国社会科学出版社1998年版，第28页。

②［德］威廉·冯·洪堡：《论柏林高等学术机构的内部和外部组织》，见陈洪捷《德国古典大学观及其对中国的影响》，北京大学出版社2006年版，第198页。

生，通常也就十几个人。[①]在这样的情况下，将实验室和习明纳尔研讨室当作教学的场所，师生一起通过研究来进行教学，教授在研中教，学生在研中学，人财物的条件都许可，时间、空间也都不是问题，两者的“统一”不存在客观条件方面的障碍。

在洪堡时代，科研总体上还保持着比较纯真的品质，纯学术无论是在知识界还是在一般的社会心理上，都深孚美好的声誉。人们普遍倾向于相信，纯学术是出于对客观奥秘的好奇，以揭示自然规律、探求真理为根本目的的精神活动，是一种探索未知、创造新知的心智活动；纯学术不仅凝聚着科学知识、科学方法、科学精神的要素，也凝聚着各种品德要素，它本质上是一个求真、至善、达美的活动。

正因为如此，洪堡坚信，只要学生投身到纯学术之中，尽管他们所研究的对象可能是一个比较狭窄、专门的领域，但纯学术的特性就在于，它本身能起到举一反三、触类旁通的作用，最终可以提升人的理性能力，同时也能惠及人的品德。这正是洪堡的过人之处，他比同时代的其他人更敏锐地认识到纯学术的教育意义，所以他才敢于决绝地主张将教学“统一”到科研之中，并将科研看作培养“完人”乃至重塑大学的利器。

二、科研的分化

但是，进入现代社会以后，科学技术和高等教育双方都发生了天翻地覆的变化，大学“教学与科研相统一”的条件已经不可同日而语，两者统一的基础也已经动摇。

（一）多样化的科研

就科研活动而言，随着科学在人类物质生活和社会生活中的广泛应用，“第一生产力”的观念深入人心，纯学术在大学里一统天下的局面已经难以

① ［保］卡·马诺洛夫：《名化学家小传》，潘吉星等译，科学普及出版社1981年版，第36页。

为继，各种各样的新型科研都开始进入大学，呈现出多样化的特点。在那里，既有纯粹科研，也有实用科研，还有诸如工业科研、商业科研、军事科研等；既有基础理论研究，也有应用研究，还有形形色色的开发研究。

同时，由于科学的重要性日益突出，科研越来越成为国家战略的一个工具或武器，因而不断被体制化，成为“体制”的一部分：研究的方向被“体制”所规划，研究的经费由“体制”来拨款，研究的结果由“体制”主导鉴定验收，研究的过程甚至也可能受到“体制”的调控。总之，科研一旦对应上各种实用的需求，一旦与金钱和权力挂上钩，其性质难免变异，其结果便是，研究动机越来越复杂、多样，研究的过程和方式也不再单纯。

20世纪30年代，贝尔纳在《科学的社会功能》一书中对现代科学的社会功能进行了全面的剖析，全书的主旨其实就是一句话：“科学兼起建设和破坏作用”，因此“它本身的生存权利正遇到挑战”。[①]特别是到了我们所处的当下，科研本身已经不能保证价值纯正和伦理纯洁，因此，科研对于教育的意义，科研活动的教育价值，也就不是内在的、必然的，而是有条件的，需要具体问题具体分析，需要我们首先鉴别科研本身的性状，审视科研本身的合理合法性。

就高等教育而言，从19世纪中后期开始，各国高等教育先后朝着大众化的方向发展，如今大多数国家都已经进入大众化、普及化的阶段，一个教师面对的往往不是几个、十几个学生，而是几十个甚至几百个学生。在这样的情况下，教学与科研完全“统一”在单一过程中的可能性基本不再，谁都很难想象，一个教师能同时带领几十个甚至几百个学生在实验室或“习明纳尔”里“研中教”或“研中学”。

同时，高等教育的目标也发生了根本性的变化，它早已超越了洪堡时代那种理想化的学术“完人”，而进入多样化、异质化的状态。今日高校里

① ［英］J·D·贝尔纳：《科学的社会功能》，陈体芳译，商务印书馆1985年版，第34页。

成千上万的莘莘学子，上学的动机五花八门，绝大多数可能都不是为了做学术，而是为了就业、找个好工作；而就业一项，本身就千差万别，因人而异，众口难调，高校如何适从？在这样的新形势下，教学和科研在过程和形式上分途似乎是大势所趋，因此，如何处理教学与科研的关系，怎样促使两者互益而不是互扰，就成为一个棘手而迫切的难题。

（二）有益于教学的科研

20世纪70年代初，戈兰《科学与反科学》一书出版，这部著作的要旨就是要告诉人们，什么是“好的”科学、什么是“不好的”科学，以帮助人们“纠正对科学的印象”。①戈兰将科学分为“好的”和“不好的”，是对二战以后科学本身分化的严峻现实给出的严肃解答，是贝尔纳的科学社会功能思想在战后的进一步发展。既然科学有“好”与“不好”之分，那么，以此来审视当下高校里的科研活动，也就有理由将其分为有益于、无益于甚或有害于教学的两类来考察。

有益于教学的科研，首先应该是本真的科研，也就是说，本质上是求真的科研。现今的科研尽管在类型上呈现出多样化，但是，无论从事什么类型的科研，它们在本质上都应该是一个探索未知、求得真知的过程，是一个运用科学方法解决真实问题的过程，基础理论研究旨在求得真知识，应用研究旨在求得真技术真工艺，开发研究旨在求得真产品。求真唯真，真实真诚，真理真知，真言真品，是一切科研活动的本质要义，而不管其具体类型是什么；偏离了这个本质要义，掺杂进假的、伪的、虚的成分，肯定不是好的科研。

其次，有益于教学的科研，应该是诚实、求实的科研。客观诚实的研究态度、谨严的学风、扎实的功夫、虔诚而从容的心态，应该既体现在研究的过程中，也反映在研究结果的表达上。这样一种诚实、求实的态度和作风，是所有科研的内在要求，也是一切求真活动的必要条件。

① [美] 莫里斯·戈兰：《科学与反科学》，王德禄等译，中国国际广播出版社1988年版，第1页。

再者，有益于教学的科研，也应该是质朴的科研。科研当然需要钱，甚至需要很多的钱，但是，钱是为科研所用的，钱也应该是以科研本身的真实需求为限度的。科研从其求真求实的本性出发，它本身在实际进行过程中应该是节俭的、质朴的，钱是不能成为科研的目的的。

值得一提的是，有益于教学的科研，还应该是能够进入教学过程，而不是远远隐藏在教学过程之外的科研。虽说在当下的高校里，教学与科研已不可能像洪堡时代那样全面统一了，但是，为了使科研能够有益于教学，科研进入教学过程就是一个必不可少的条件。这就要求，科研的进展和结果要尽可能及时进入教学内容，科研的过程要尽可能多地吸收学生参与，否则，科研再“好”，如果学生无从感知、无从体验，科研的教育价值也就白白地浪费了。

（三）无益于教学的科研

在“好的”科研的对立面，当然就是“不好的”甚至是“坏的”科研，是无益于教学甚至有害于教学的科研。例如急功近利的科研：研究的主要动机不在求真求知，而在成果背后的名利，甚至把科研当作升官发财的敲门砖。出于这种动机的科研，在研究过程中势必不肯下扎扎实实的苦功夫，势必会出现偷工减料、投机取巧、急于求成的现象。不肯下苦功夫的结果，必然是粗制滥造，导致科研上的“豆腐渣工程”和“烂尾楼”；也正因为功夫下得不够，自己心虚，所以才要包装和炒作，虚张声势哗众取宠。最坏的当然是弄虚作假的科研：篡改、伪造数据，罔顾事实无中生有，还有抄袭剽窃、取豪夺霸占别人的研究成果。

诸如此类的所谓科研，实际上已经从骨子里变质、异化，根本不能称之为科研了，无疑都是“不好”的“科研”，“坏”的“科研”。这些“不好”的抑或“坏”的“科研”，不仅没有正面的教育价值，无益于教学，反而会产生负教育效应，加害于教育教学。对于这些“不好”的科研，如果我们一时还不能杜绝它们在高校里出现，那么首先要全力以赴做的，还真应该是防止、阻止它们进入教学过程；它们不进入教学过程，所加害的仅仅是科研本身，是研究者本人，而一旦进入了教学过程，它所加害的将是莘莘学子，是一代又一代成长中的人，后患无穷。

高等学校虽然不再局限于纯学术领域，而是做着多样化的学术，但不能因此成为科研活动可以不纯洁的理由；高校是培养人的学术机构，它在本质上理应是纯洁的净土，因此，在这个特殊的机构里，此类“不好”的科研按理一个也不能出现，一个也不能容忍。然而令人忧虑的现实是，在我们当下的高校里，由于片面绩效评价体系的盛行，虽然“好”的科研很多，但“不好”的科研委实也不少，而且从趋势来看，还有蔓延泛滥的迹象。因此，怎样增加“好”的科研，减少和杜绝“不好”的科研，促使科研真正有益于教学，助益于教学目标的实现，是高等教育必须正视和解决的重大问题。

三、科研管理的导向

科研从其本真的意义上来说，是“好”的，即便偶有“不好”的科研出现，由于科学共同体具有一种内在的自我矫正机制，应该有能力对“不好”的科研进行矫正和纠偏，所以不至于泛滥成灾。然而，为什么在当下的高校里，“不好”的科研却有增无减呢？原因当然很复杂，但违背科研本真意义的科研管理和评价体系，无疑难辞其咎。这就需要彻底改革现行的高校科研管理制度，发挥科研管理的正确导向作用，以维护高校科研的“性本善”及其正向的教育教学价值。

第一，坚持科研道德与学术操守至上的原则。科研道德和学术操守是科研工作者的职业道德，也是保证科研工作顺利进行的行为准则，更是高校教师为人师表的内在要求。教师直接面对学生，他的一言一行都可能对学生产生潜移默化的重要影响，都会产生正面或负面的教育效应，尤其是他的科研行为具有更强烈的示范性和影响力。因此，对高校教师的科研道德和操守，应该有更高的要求和标准，有更严格的监督机制。高校应该比其他任何部门都更加强调研究者的科研道德和学术操守，更加注重对研究者科研道德和学术操守的监督。高校的科研管理及其政策，应坚持科研道德和学术操守的至高无上性：把道德和操守放在第一位，放在最重要的位置，其次才是成果和其他。高校科研管理者，首先应该成为科研道德和学术操守的守卫者、把关者，而不能异化为科研不端甚至学术腐败的掩护者或保护伞。

第二，过程重于成果，更重于发表。科研是一个探究的过程，从发现问题、提出假设，到反复试验、苦思冥想，再到找到答案、得出最后的结果，这是一个极其复杂、漫长的过程，它需要“必要劳动时间”，也需要研究者潜心钻研，耐得住寂寞。大学理应是一个鼓励从容、潜心做学问的场所，弗莱克斯纳认为，大学校园应该是一个“俭朴、舒适、安静之所”，是“学者的乐园”，[①]说的就是这个意思。科研的过程是不能缩短的，没有什么捷径可走。在科研的过程中，得出结果只是整个研究过程的一个具体环节，而且是前面的所有必经环节都完成之后的最后一个环节；至于论文，它只是对研究结果的一种表达形式，虽说表达的水平也有高下、优劣之分，但论文的价值主要是由研究的过程和研究的结果决定的，它本身不是一个独立的环节。因此，管理部门应该尊重科研的这种过程性，要有起码的耐心，不能指望今天批给你课题，最好明天就得出结果，后天就发表论文。科研管理如果不尊重科研的过程性，只重结果和论文，无异于本末倒置，必然成为粗制滥造、学术不端的推手。

第三，大学应更加注重基础理论研究。虽然高校科研的多样化是大势所趋，但是对于大学尤其是顶尖的研究型大学来说，它们应该比其他任何类型的高校都更加注重基础研究和理论研究，它们应该将自己的研究重心更多地聚集在人类知识和思想的前沿地带，聚集在社会的精神高地和进步方向。基础研究和理论研究，是研究型大学科研上的优势所在，也是它们对于人类社会肩负的责任和良心所在，同时也是最有益于培养人的教育资

① 张立娟：《追求卓越：弗莱克斯纳的高等教育实践探索》，载《苏州大学学报（教育科学版）》2014年第4期。

源所在。研究型大学如果身不由己地被引诱到过多的实用研究、开发研究中去，其实是避长扬短，既力不从心疲于奔命，又导致方向迷失，优势功能退化，最终因小失大。今天如果重提“纯学术”的科研，也许很不合时宜，但是对研究型大学而言，强调基础理论研究的重要性，无论从科学发展的角度，还是从高等教育的角度，或者从人类社会进步的角度，都自有其必要性。

第四，内容评价和同行评价优先。科研本来是有自我评价、自我矫正机制的。研究难度的大小、研究水平的高低、成果价值的大小，只有同行学者最有可能根据研究的实际内容作出恰如其分的评价，科研中的不端行为也只有同行学者最易于发现并予以揭露。但是，目前在高校盛行的量化科研评价办法，却在很大程度上排除了同行评价，以至于同行评价不仅功能弱化甚至失灵，而且其本身也出现了异化。量化科研评价在表面上看似很“客观”，实则是一种片面的形式化评价：只重成果不重内容，只重数量不重质量。其实说它只重“成果”，还真是冤枉了“成果”，它实际上所重的并不是成果本身的意义，而是其形式，即论文；并且它所重的也不是论文本身的内容，而是发表刊物的“级别”。

千百年来，同行评价一直是学术界最有效、最可靠的评价办法，为什么近一二十年来基本失灵了？一个或是巧合或是必然的事实是，这一二十年正是量化评价办法在高校盛行的时期。正是由于量化评价办法的盛行，代替并伤害了同行评价，最终致使其逐渐失灵、变异。孰是孰非，孰因孰果，这个次序是显而易见的。因此，只有首先摈弃片面粗暴的量化科研评价办法，确保内容评价、同行评价的优先地位和权重，才有可能使同行评价回归本位，进而使高校科研回归到按其本性自我激励、自我矫正的正确轨道上，并使其真正有益于教学，有益于人的培养。

第四节　在线学位的质量争议

随着计算机网络技术的发展，在线学位教学项目于20世纪90年代初在发达国家出现，逐渐发展成为与传统的校内学位教育相并行的一条新轨道。然而，自从在线学位项目面世以来，对其质量问题的争议一直针锋相对。全面了解国外在线学位项目的发展过程及其质量争议，可以为我国网络本科学历教育的试点以及在线学位项目的发展提供有益的借鉴。

一、发展轨迹

在线学位教学项目是计算机互联网技术应用于高等学位教育的产物。20世纪80年代，网课开始在大学校园里出现，这些网课最初大多在本科层次，而且基本都限于校内。80年代末，美国凤凰城大学开设了纯在线的本科学位项目，专门招收校外在职人员进行在线学习，对于修满规定学分、达到毕业要求的学习者，由学校授予学士学位，开创了在线学术教学项目的先河。90年代初，美国的威尔顿大学开设了在线性质的硕士项目，并于1995年授予了专业名为“教育变革与技术创新”的“全美第一个教育学在线硕士学位”，[①]推动在线学位项目从本科层次跃升到硕士层次。

进入21世纪之后，随着计算机网络技术的突飞猛进，欧美各国的在线

①［美］Sherry Harrison. Walden University：*Pioneer of the First Completely Online Master's Degree in Education in the United States*. TechTrends，2007，51（6）：36.

学位项目也发展迅速，学习对象不仅借助网络从校内扩大到校外，而且从本地、本州扩展到外地、外州，甚至国外；层次从本科升级到硕士，甚至博士，覆盖了高等教育学位的三个主要层次。

早期的在线学位项目，一般都由高校自己的“学习管理系统”作为在线教学的技术平台。这些平台有的是自己开发的，有的是与IT企业合作开发的，但性质上都是“校本”性的，仅供本校使用，平台名称也因校而异（一般都包含校名的元素）。

2012年被称为“慕课”（Massive Open Online Course，简称MOOC）元年，各种“慕课平台”（如Udacity、Coursera、edX、FutureLearn等）的涌现，强有力地促进了在线学位项目的发展。第一个与“慕课平台”合作开设的在线硕士学位项目，是美国佐治亚理工学院2013年与Udacity平台合作开设的“计算机科学”在线硕士教学项目（OMSCS），2014年春、夏、秋三次招生，仅秋季招生就多达1268人。①这个项目在美国在线学位教育史上具有标志性意义。此后，越来越多的高校，开始与“慕课平台”合作，开设了越来越多的在线学位项目。

据一项在2019年6月至2020年底进行的线上调查，在被调查的十个国家的近600所高校中，获得459所高校在线学位项目的有效数据，结果表明：这459所高校开设的在线学位项目为9823个，其中学士项目3933个，硕士项目5344个，博士项目546个；美国的数量遥遥领先，在这十国9823个在线学位项目中，美国有7731个（学士、硕士、博士三个层次的项目分别为3273、4059、399个），占78%强。②美国的佛罗里达州立大学、亚利桑那州立大学、凤凰城大学，都是在线学位项目的大户，项目数多达八九十个。

① [美] 兹维·加利亚尔：《探索高等教育的新模式——以美国佐治亚理工学院慕课硕士学位课程为例》，张宗，殷丙山译，载《北京广播电视大学学报》2014年第6期。

② 谭子妍、周川：《国外在线学位项目：发展现状、社会评价及质量改进》，载《高等教育研究》2022年第8期。

二、在线学位项目的特点

学位与研究生教育已有近千年的历史，并已形成了约定俗成的培养模式。在线学位项目是借助计算机互联网技术的一种全新教学方式，具有与传统校内学位教育截然不同的许多特点。

（一）全程在线教学

在线学士、硕士学位项目，基本上都是全程在线教学方式。从授课、讨论，到作业、考试，都全程在线进行；甚至连某些实验、实习，也都在线上进行或模拟。一般认为，一门课程如果80%以上学时数都以在线方式授课，那么这门课就可以称为“在线课程”。[①]在线学士、硕士学位项目基本都是全程在线授课，无疑都是“在线课程”。相对而言，在线博士项目全程在线教学的比例，比之在线学士、硕士学位项目要少很多，一般都采用线上、线下结合的混合式教学。不过，即便是混合式，在线教学也是主要的教学方式，否则就不能称作“在线学位”了。

（二）课程学位

在线学位项目授予的学士、硕士学位，基本上都是课程学位：只要学习者修完规定的课程，取得规定的学分，达到相应的学业要求，即可毕业并被授予学位，一般都不要求写学位论文并答辩。具体学位项目的课程门数、结构及其学分要求，因学校、专业的不同而不尽相同，但最常见的情况，以在线硕士为例，一个完整的在线硕士项目的学程通常由十多门课程组成，总学分通常在30左右；每门课程的在线授课时间，通常不得少于30学时；修业年限通常为2至3年，不能无限期延长。当然在通常之外，也有少数在线硕士项目比较特殊，有的课程门数多达二三十门，总学分多达50到60分；也有一些项目有实习的要求，个别硕士项目甚至要求学位论文。

① ［美］I. Elaine Allen，Jeff Seaman. Chaning course：*Ten Years of Tracking Online Education in the United States. Babson Survey Research Group and Quahog Research Group*，2013.

（三）应用性专业为多

在线学位项目，以应用性的专业较多，学术性的相对较少。具体情况因平台不同而略有不同，例如基于校本“学习管理系统”的在线项目，一般都以各校的已有的专业为基础，在线项目的专业与校内传统专业有较大的同构性。例如，美国霍普金斯大学与Blackboard平台合作的五十多个在线硕士项目，既有应用性专业（如“应用生物医学工程”“生物技术”“环境规划与管理”“工商管理”“网络安全”“工程管理”“市场营销”“金融数学”“卫生保健管理”“科学写作”“教学写作”等），也有偏重学术理论的专业（如“生物信息学”“医学史”“公共卫生生物学”等）。

相比之下，基于“慕课平台”的在线学位项目比较偏重应用性专业。例如，FutureLearn平台的硕士项目，多集中在管理和健康领域（如“工商管理”“应用项目管理”“建筑施工管理”“卫生管理”“灾害管理与重建”“护理教育”“医院管理”“全球商务管理”等），Coursera平台和edX平台则多集中在信息和计算机技术领域（如“计算机与信息技术”“计算机科学”“应用数据科学”“机器学习”“电子工程”“数据分析”“网络安全”“IT管理”“市场管理”等）。①

（四）注册与学习方式灵活

在线学位项目的入学门槛与各校传统学位的要求基本一致，申请者同样需要提交相应的资料，但具体的注册方式却很灵活。一般情况下，基于校本“学习管理系统”的在线项目，一般都是直接申请，而且只能申请整个项目；申请者只有在入学申请通过审核、被高校录取并注册缴纳学费后，才能进入系统进行学习；所修课程除了项目明确承认的“慕课”，多以校本的“小规模限制性在线课程”（Small Private Online Course，SPOC）为主。因此严格来说，“在线学位”是不能统称为“慕课学位”的。

“慕课平台”上的学位项目，大多是间接申请：学习者开始时可以免费

① Master’s Degree in edX. https://www.edx.org/masters.［2019-8-27］

“试学”各门“慕课”，在“试学”之后，如果有意攻读某校的学位项目，再正式提交申请、注册、缴费。而且，“慕课平台”上的学位项目大多允许分段注册、分段缴费，学到哪里就注册、缴费到哪里，非常灵活。当然，“慕课平台”上的学位项目，所学课程都是项目承认的“慕课”，因此基于“慕课平台”的学位项目，可以称为“慕课学位”。

（五）学费低廉

通常情况下，在线学位项目的学费，比之该校同类专业的传统学位会便宜很多，有些甚至可能便宜三分之一或一半左右。相比较而言，基于校本“教学管理系统”的在线学位项目，比“慕课平台”可能更便宜一些，这可能是校本“教学管理系统”在线学位项目的商业色彩比较淡的缘故。

当然，也有少数在线学位项目的学费接近于该校同类专业的传统学位，这与这些项目在课程编制上的投入成本有较大关系，按照学位教育的要求制作一门网课，在人财物方面的投入往往是巨大的。此外，与国外高校学费政策一样，许多高校尤其是公立高校在线学位项目的学费，在州内州外、国内国外也可能区别对待。

（六）学位证书基本相同

在线学位项目的学位当然都由开办高校颁发，一般来看，绝大多数高校在线学位项目颁发的学位证书，与该校传统学位的证书在形式上是完全相同的，没有任何区别。仅有极少数高校的在线学位项目，在证书上可能会标识“Online”字样（例如伯克利学院）。

三、优势与短板

与传统的校内学位教育相比，在线学位项目具有显著的优势，但是，它的短板同样也很明显，而且，在线学位项目的优势和短板恰恰又是紧密相连、相辅相成的。正因为它的优势和短板都很突出，所以在它三十多年的发展过程中，始终伴随着激烈的质量争议，褒贬不一。

（一）优势

在线学位项目的优势主要源自计算机互联网技术，互联网的技术优势决定了在线学位项目的优势。

优势之一，教育对象的广泛性。在线学位项目的入学要求，一般都相当于该校同类专业的传统学位，但是，在线学位项目借助于互联网的技术优势，能够最大限度地对社会各个阶层和各个群体开放，而且可以保持更大的容量和规模，因此，在线学位项目的教育对象范围更加宽广，身份限制更少，可以满足任何身份和职业、任何地区（甚至任何国家）、任何年龄的学习者进一步深造的需要。特别是由于学费相对低廉，尤其适合中低收入阶层和其他弱势群体的学习需要。

优势之二，教学方式的灵活性和便捷性。在线学位项目基本上全程在线教学，无论是“慕课”还是“小规模限制性在线课程”，既可以直播，也可以录播，学习者只需借助于便携式电脑或者智能手机，便可以在“任何时间”“任何地点”灵活、机动、弹性地在线听课学习，甚至是“移动式教学”。这样一种灵活、便捷的教学方式，适合于所有的学习者，尤其适合在职人员和特殊需要人员的学习需求。

优势之三，个别化教学。在线课程教学，方便学习者在“任何时间”“任何地点”灵活、机动、弹性地在线听课学习，这本身就是一种个性化的教学方式。不仅如此，在线学位项目的学生，从注册方式，到学习计划的制定、学习进度的安排，到课程的选择、听课的方式，再到作业、考试和评价，学习者都有较大的自主性，可以根据自身的特点和需要进行调整，因此，更能体现个性化教学的特点和优势，更大限度地因材施教。特别是由于“自动作业评分系统”技术的不断成熟，学生在线作业和考试的反馈非常及时，甚至可以即时反馈，这就为学生根据自身实际情况及时调整学习计划和进度提供了更大的便利。

优势之四，教学资源丰富。借助计算机互联网技术，在线教学的内容可以制作得更加丰富，呈现得更加直观、生动、有趣；师生讨论、小组讨论可以畅通无阻地进行；有一些实验可以在线上模拟；一些课程内容可以直接连线到见习或实习现场（如法庭、联合国会场、生产车间等）。同时，学习者在在线学习的过程中，也可以随时在网上收集学习资料，拓展对授课内容的理解和加深思考。

（二）短板

在线学位项目的短板与它的优势紧密相关，主要由计算机互联网技术本身的特点所决定的。

短板之一，由于教学活动基本上全程在线进行，师生之间缺少必要的亲身接触和交流。从知识传授的角度看，全程在线教学也许是可以胜任的，甚至还有很多优势，但是，学位教育的培养目标，不仅仅是知识的传授，还包括专业能力的培养、研究方法的训练、人格品德的陶冶等，这些重要的教育目标，需要在师生的亲身接触中，需要通过教师的示范和榜样作用或者通过师生的通力合作，也需要通过同学间的同伴效应，才能更有效地实现，在线学位项目在这些方面显然力有不逮。

短板之二，在线学位项目的教学都在虚拟的教学情境中进行，虚拟的课堂、虚拟的实验、虚拟的现场，对于需要通过动手进行实际操作培养实践能力的教学内容来说，无论虚拟、模拟的技术如何先进，最起码在目前，教学效果显然远不及在真实的实验室和现场，远不及学习者真刀真枪地动手在做中学。

短板之三，在线教学便于学习者在“任何时间”“任何地点”机动、灵活、自主地进行学习，但并不意味着“任何时间”和“任何地点”都是适宜的学习节点和环境，与正规的教室、规范的教学作息制度和氛围相比，其他的“地点”和“时间”由于种种客观因素和主观因素的干扰，往往会在不同程度上影响到学习者的专注度，影响学习的效率和效果。

短板之四，全程在线教学，师生双方都在虚拟的教学情境之中，也可以说是全程隐身——真身，学习者在学习、考试过程中的身份真实性在技术上还难以确保，冒名顶替、考试作弊的行为尚难以从根本上识别和杜绝。

（三）质量争议

在线硕士项目是高层次学位教育的一种新方式，展现出与校内传统硕士学位教育不同的特征，是一个新事物，加之它的优势和短板几乎是同样显眼，因此，自在线学位项目出现以来，对于它的争议就如影随形，褒贬泾渭分明。

褒之者主要着眼于它的优势，最集中的一点，是称赞在线学位项目能满足广泛的社会需求，扩大学位教育的机会和受众，从而在更高的学位层次上促进高等教育的公平和效率，加速终身学习社会的建设。故此，有人把在线学位项目比作高等教育的“机会均衡器”，[①]称赞它在守旧的大学围墙上终于打开了缺口，“键盘打败了校舍”，为高等教育“带来真正的变革”，“为公众打开了常青藤教育的大门”，[②]使得一流大学的学位教育不再遥不可及。

曾任美国总统科学和技术顾问委员会成员的马里兰大学教授詹姆斯·盖茨盛赞佐治亚理工学院OMSCS项目在高等教育史上“具有划时代的意义”，并称赞这个项目的创办者、佐治亚理工学院计算机学院院长兹维·加利尔等人“将被证明是MOOCs领域的莱特兄弟”。[③]

贬之者为数也不少，矛头所指，集中在它的教育质量方面。他们比较普遍地认为，在线学位项目的课程程度、学习量、学业评价标准等，大多低于校内传统学位的水准，因而在线学位的质量难以得到切实的保障和证明。英国爱丁堡大学首席信息官J. 海伍德针对本校的“慕课”学位项目指出：“授予MOOC学位最关键的问题是，课程内容和学习量与学位所需的学

① ［美］Black D，Bissessa C，Boolaky M. Online Education as an Opportunity Equalizer：*The Changing Canvas of Online Education*. Interchange，2019，50（3）：423.

② 陈希，蓝云：《美国高等教育中远程教育的发展和现状》，载《苏州大学学报（教育科学版）》2014年第3期。

③ Tamar Lewin：《在网上攻读硕士学位》，孟洁冰译，https://cn.nytimes.com/education/20131224/t24moocs/［2019-07-12］

习量不相符。”[①]他针对的是本校实际情况，这一批评意见是很可信的。

贬之者还认为，在线学位项目在学生品德、价值观、专业精神的培养目标上，显得无能为力，因为“它无法复制传统教育模式中至关重要的导师与学生之间的面对面互动”。[②]还有学者甚至将在线学习形象地比喻为“装货”，将在线教学比喻为“送货服务”，将在线学位贬为“现场知识的提货单”。[③]另外，在线教学在培养实践操作能力方面的短板，在学习者身份真实性方面的短板，也常常受到质疑。

某些在线学位项目的商业化倾向也受到比较普遍的指责。在高等教育领域之内，尤其是在公立高校，很多人都对学校与电商合作开办在线学位项目反感，他们反对将教育权让渡给外部的商业组织，而是主张由学校自己开发技术平台。至于少数项目实际上已经沦为“营利性和非营利性机构的一种赚钱手段”，[④]舆论更是一片谴责之声。

与传统的校内学位教育相比，在线学位项目的学业完成率偏低是不争的事实，不少学习者中途放弃了学习，或者不能在规定的期限内完成学习。这也是常常受到批评的一个方面。但是，对这个问题显然需要具体问题具体分析，不能把学业完成率偏低直接等同于低质量。把学业完成率偏低看作教育的失败，不是没有道理，但换一个角度来看，学业完成率偏低，下面两种情况也是存在的：一是教师把关严格，对达不到课程要求的学习者绝不放水；二是学习者本人自认不是那块料、知难而退，主动中止学习。从这个角度来看，似乎也有理由认为，偏低的学业完成率恰恰意味

---

① 曾晓洁：《从学分到学位：MOOC与大学的融合》，载《比较教育研究》2015年第8期。

② [美] Steven L. Danver. *The SAGE Encyclopedia of Online Education* (Vol.1). California：SAGE Publications，2016：XXX.

③ 曾晓洁：《从学分到学位：MOOC与大学的融合》，载《比较教育研究》2015年第8期。

④ [美] Steven L. Danver. *The SAGE Encyclopedia of Online Education* (Vol.1). California：SAGE Publications，2016：XXX.

着高淘汰率，如此又不能不认为，保持着较高淘汰率的在线学位项目，在培养质量上还是有一定的标准和保障的。

尽管绝大多数在线学位项目的学位证书在形式上与该校传统学位完全一样，但由于在线学位项目的短板以及质量隐忧，在一般的公众心目中，尤其是在高等教育内部，在线学位的“含金量”大多被认为低于校内的传统学位，因而它在就业市场上的竞争力也被认为低于传统学位。

物之初生，褒贬不一，这是很正常的现象。对于在线硕士项目的主办方来说，如何进一步彰显其优势，弥补其短板和不足之处，提高教育的质量和声誉，显然是一个无法回避的重大课题。对此，国外的许多高校和平台其实也都心知肚明，他们实际上也一直都在为此而努力。

四、质量改进举措

项目主办方对在线学位项目的短板和质量隐患也都一清二楚，因此，不断改进教学，扬长避短，切实提高培养质量，也一直是主办方努力的目标。

首先，提高在线学位课程的质量，完善教学内容，改进教学方法和手段，是在线学位项目提高培养质量的根本，是治本之策。为此，许多高校不惜投入更多的人财物力，吸引更多优质的教师精心设计和制作在线课程，优化课程结构、内容和呈现形式，既提高课程内容的研究性、挑战性，又使其制作得更加生动活泼，以利于激发学习和研究的动力，调动学习研究的兴趣和积极性。有统计表明，越来越多的授课教师声称，制作一门网课所费的精力和时间比之传统面授的备课要多得多。[①]另外，增加教师直播讲授和师生互动环节，扩大学习者与教师的实时交流机会，同时利用各种网络社交系统推行合作式教学，加强师生、生生之间的讨论和互动，也是在线课改的重要举措。

---

①［美］I. Elaine Allen，Jeff Seaman. Chaning course：*Ten Years of Tracking Online Education in the United States. Babson Survey Research Group and Quahog Research Group*, 2013.

其次，加强教学服务，使之成为在线授课的重要辅助，是在线学位项目弥补短板的另一条重要途径。目前最主要的教学服务形式，一是由主办方为在线学位项目配备教学助理或顾问团队，一个项目配一个助理团队；团队由专业教师、学生事务管理者以及在学的博士生组成，人数有多有少；团队的主要职责是对学习者的学习进行全程在线辅导，包括选课建议、学习进度管理、作业批改及评价反馈等，辅助教学效果已经取得比较明显的效果。教学服务的另一种形式，是主办方设置了分布于各地的“考试中心”，或“辅导中心”或“学习中心”之类，作为现场考试、现场辅导、现场讨论的定点场所（有一些是专设的，有一些是借用其他场所），为师生、生生的线下交流提供便利。

第三，改进在线教育技术，也是保障教育质量的重要手段。例如，改进网络交互系统，提高师生互动的效果，增强虚拟课堂的真实感和现场感；利用“虚拟仿真”“全息投影”等新技术，提高在线实验、在线实习的逼真性；运用“跟踪签名”“实况监控”之类的身份识别技术，提高学习者、应试者身份的真实性。诸如此类新技术的开发和应用，对弥补在线教学的短板、扩大优势起到了较好作用。

五、我国的应对和发展策略

21世纪以来，我国在线高等教育的发展也很迅速。从1999年开始，我国在68所高校进行了网络本科学历教育试点，在网络学士学位教育方面已经积累了一定的经验；近十年来，高等教育在线课程数量迅猛增长，特别是“国家高等教育智慧教育平台”于2022年正式上线，为发展在线学位项目奠定了较好的课程基础和技术支撑。

但是，我国在线高等教育也存在一些比较薄弱的环节，其一，在线课程比较分散，不成体系；在线课程主要集中于本科层次，研究生层次的课程数量明显偏少，远远覆盖不了各学科的学位课程，不利于高层次学位项目的推行。其二，在线课程的教学质量参差不齐，很多课程从内容到形式，从教法、学法到考法，从课内教学到课后的线上线下辅导，还很难全方位满足高层次学位教学的需要。其三，学分和绩点缺少认证文书，难以互认。其四，在线教学过程的管理和服务相对滞后，跟不上教学的节奏。调查显示，网络本科教育试点的教学质量存在较多的隐患，网络本科学历的社会认可度相对偏低。

发展我国的在线学位项目，目前比较有利的条件是，我国人口基数大，加之高等教育已经迈入普及化阶段，高中毕业生和本专科毕业生对进一步提高学位层次的社会需求巨大；高等教育在线课程近年来发展很快，68所网络本科教育试点，既积累了经验，也暴露了问题，有利于在线学位项目取长补短；有国外在线学位项目的经验和教训可资借鉴。

不过，现有的基础和条件总体上看还比较薄弱，难以全面满足在线学位项目的需要，因此，为了保证学位的质量和严肃性，我国推行在线学位项目，特别是高层次的学位项目，应遵循“高质量发展”的国家战略，采取慎之又慎的态度，审慎试行，严控质量，由点到面，分步推行。

（一）学位层次由低到高渐次试行

鉴于我国高等教育的实际情况，发展重点应在总结网络本科教育试点经验的基础上，首先试行在线学士学位项目；在经过充分论证和准备之后，可选择少数高校和学科审慎进行在线硕士学位项目的试点；现阶段不宜试点在线博士学位项目。由试点高校选择具有硕士学位授予权的若干学科作为试点。试点学科的基本条件：以一级学科（以及个别有特色的二级学科）为项目名称；社会需求较大；实验要求不太苛刻（或者可以在线通过虚拟仿真技术进行；或者可以提供线下实验）。例如，计算机科学与技术、智能科学与技术，部分理工农医类学科，以及大多数文科类学科。

（二）以传统学位为质量基准

所有在线学位项目的推行，均须以《中华人民共和国学位条例》为依据，以开办高校同类专业、学科传统学位的培养要求为质量基准。在线学位项目的培养模式（包括培养目标、学位课程体系、学业难度和挑战度、考试要求及评价标准等），以及主要教学环节（包括授课、课后辅导、作业考试、实验实习，以及毕业论文或毕业设计等），均应相当于该校同类专业、学科的传统学位。根据《学位条例》要求，硕士学位的培养过程具有学位论文和论文答辩环节，在线硕士也不例外。具体要求和办法应等同于各试点学校、试点学科传统学位的培养要求，线上、线下方式均可。

（三）严控前置学历

鉴于我国已经建立了比较成熟的高等教育自学考试和“同等学力申请学位”制度，因此在试点阶段，应严控在线学位项目的入学资格，严控前置学历：申请注册在线学士学位项目者，须具有高中及以上学历；申请注册在线硕士学位项目者，须具有学士及以上学位；试点阶段不应实行同等学力申请注册。在此前提下，可以采用申请审核的方式注册入学；注册方式可以灵活多样，既可以注册整个学位项目，也可以分段注册某一课程模块，甚至是单门课程（学费依据具体的注册方式确定）；同时允许学习者退学（应配套退学费办法）。灵活多样的注册办法是在线教学项目的优势之一，有利于学生试学，也有利于提高学生学习的主动性和目的性。

（四）在线学位课程质量是关键

在线课程的教学质量是决定在线学位项目成功与否的关键。在线学位项目的学位课程体系，应包括基础课和专业课、必修课和选修课，均须相当于该校同类专业、学科传统学位的学位课程体系；所有在线课程的内容和学业难度，也须相当于该校同类专业、学科传统学位同类课程的学业要求。由于目前公共平台的“慕课”质量参差不齐，且硕士研究生层次的课程数量严重偏少、不成体系，在此情况下，开办在线学位项目的高校，除选用公共平台上的优质“慕课”作为学位课程之外，还应有能力开设在线校本学位课程；随着公共平台“慕课”资源的大量增加和优质化，再逐渐扩大公共平台“慕课”的比例。

（五）技术保障

在线学位项目的全过程都需要先进的教育技术来支撑。在线课程内容的呈现应充分利用技术手段，使在线课堂环境更具真实性和生动性。如利用元宇宙理念与AI技术，实现在线讨论和互动、虚拟实验和仿真实验以及线上辅导等功能。同时改进学习者身份识别、在线考试等技术。为此，需要大力发展先进的在线教育技术，从技术层面来支撑高质量的在线教学。在线学位项目质量也需要有效的教学辅助体系来保障，例如每个在线学位项目都应配备高水平的教师团队，开办高校和技术合作平台应在各地布点实体的“教学中心”或“学习中心”，用作线下辅导和考试。

（六）学分确认与互认

对于通过课程考试并达到相应要求的学习者，学校或平台须发给课程学分和绩点（学位课）的写实证书（线上或纸质均可），证书可设定有效期（例如6年）。所有由教育主管部门授权开办的高校以及教育主管部门认可平台发放的课程学分和绩点证书，在国内所有高校均具有同等效力，可以通用。

（七）在试点基础上审慎而稳步推进

为保证学位的质量和严肃性，我国的在线学位项目应在试点基础上审慎而稳步推行。先选择若干试点高校，由高校选择若干试点专业、学科，进行在线学位项目的试点。试点的主要任务，在于建立健全质量标准及其保障体系。只有在试点取得明显效果、质量标准及保障体系得到基本确证的前提下，才能由点及面，严格而审慎地逐步推广到符合条件的其他高校。

质量是在线学位项目的生命线，在基本质量标准和保障体系没有建立健全的情况下，绝不能仓促铺开在线学位项目，尤其是高层次在线学位项目。对于优质的在线学位项目，在国内开放的基础上，可以向全球开放，以吸引更多的国际学生通过在线学位项目留学中国。

第五章

大学教师职业发展与评价

过去的大学教师，在人们的眼中是满腹经纶、孤高自许、自由自在的一批人；而今天的大学教师，人们更常见的却是日理万机、工于算计、东奔西走的状态。尤其是在量化考评这根指挥棒被发明出来之后，大学教师变得连他们自己都不太认识自己了。是焉非焉，原因又何在呢？

第一节　大学教师的职业认同

大学教师的职业身份认同，首先是大学教师的自我身份认同，自己如何看待自己，自己如何认识“我是谁”；其次是别人如何看待他们，在别人的眼中，大学教师到底是什么人，“他们到底是谁”。大学教师身份认同问题，在高等教育内外常常成为议论的热点，这既说明大学教师勇于思考和解剖自己，不肯苟且，非得活得明明白白不可，同时也说明大学教师这个职业群体的社会地位非同一般，社会对他们的期望值很高，这个群体很引人注目。

一、大学教师身份的演变

培养人才、发展科学和学术、服务社会，是现代大学的基本社会职能，而教学、科研则是实现这三大职能的主要工作，教师是实现大学职能、从事教学和科研工作的主体和主力，因此，大学教师的身份认同，对大学教师“我是谁”“他是谁”的认知，一般也都是基于对大学教师职业“我何为”“他何为”而形成的。

（一）中世纪的大学教师

近代意义上的大学始于中世纪的欧洲，也就是从那个时候开始，出现了大学教师这个“轮廓清楚”的职业，中世纪大学的教师因而成了大学教师这一职业群体的鼻祖。

雅克·勒戈夫把中世纪这个“轮廓清楚”的职业群体界定为：“以思

想和传授思想为职业的人”。勒戈夫在1957年指出，大学教师的职业身份“迄今为止从未像在中世纪那样得到明确限定”，而大学教师“本人也从未像在中世纪那样意识到自己的身份。”[①]勒戈夫的这一论述有双关之意，一方面是肯定大学教师在中世纪成为一个明确的职业，一个“以思想和传授思想”为本职的职业，另一方面在字里行间透露出来的意思是，在他所处的20世纪中叶，大学教师的自我认同远不如他们的中世纪先祖那样得以明确，远不如他们的中世纪先祖那样具有明确的自我意识。

勒戈夫把欧洲中世纪大学教师界定为“以思想和传授思想为职业的人”，是对中世纪大学教师职业性质的一个理论概括。其实，最早的那一代大学教师，身份是比较简单的，无论是他们自己还是别人对这种职业身份的认知，他们就是以授课为业的知识人，是“教者”，更直白地说就是“口述者”，[②]读课是他们最本职的工作。尽管后世的许多教育学家把“读课”当作照本宣科“填鸭式”教学的始作俑者，但在学生不可能人手一册教科书的中世纪，读课实在是情有可原。事实上，中世纪大学教师的读课，也不仅仅是“读”，更重要的还有“讲”，也就是对所读内容的讲解和阐发。无论是读的，还是讲的，总之都是思想，所以勒戈夫才称其为“以思想和传授思想为职业的人”。

被誉为中世纪“第一个教授”的阿贝拉尔，在巴黎大学的教学生涯中，常常因为阐发自己的见解而被人指责为缺少教学经验，但阿贝拉尔回应说：“在教学中我从来习惯于依靠我的思想力量，而不是依靠传统。”[③]可见阿贝拉尔对自己“何为”是有很明确而坚定的认同的。

当然，在教会一统天下、神学至高无上的中世纪，大学教师作为“教

---

① [法] 雅克·勒戈夫：《中世纪的知识分子》，张弘译，商务印书馆1999年版，第1页。

② [美] 查尔斯·霍默·哈斯金斯：《大学的兴起》，王建妮译，上海人民出版社2007年版，第27页。

③ [法] 雅克·勒戈夫：《中世纪的知识分子》，张弘译，商务印书馆1999年版，第33页。

者”，其身份也时时会与“教士”相混淆，“我”首先应该是“教师”还是“教士”？不能不成为一个问题。但在中世纪那个特定的历史阶段，宗教教义毕竟也是当时的“思想”产物，对“教义”的宣讲和阐发也需要相当的“思想”水平才能胜任，因而这个问题并不会从根本上动摇中世纪大学教师作为“以思想和传授思想为职业的人”的认同。

（二）文艺复兴之后的大学教师

经过文艺复兴的洗礼，大学教师的社会地位和声誉显著提高，他们更多被尊称为“文人学士”“文化人”“绅士”，甚至被奉为贵族，他们可以像贵族那样身披长袍、戴长手套、佩绶带，并享有贵族的某些特权。生活上的贵族化可能会导致沉迷，但精神上的贵族化却能使人趋向知识和美德，趋向文明和高雅。

也就是从那时起，大学教师作为一个职业虽然还主要是“教者”“授课者”，但他们的自视明显高于中世纪，他们开始把自己看作“不仅是自己学生的教师，而且是他们所处社会中精英们的教师”，他们意识到自己的重要职责是，“为社会训练与‘斯文’‘文明’或‘文化’的规范相一致的‘文人学士’或‘绅士’。”[①]文艺复兴提升了大学教师的地位，也提升了他们职业认同的基准。

19世纪初，洪堡在德国的大学倡行“教学与科研相统一”，将大学的教学和科研统一为一个过程，使得教学过程科研化、科研过程教学化。洪堡主张，“在大学中，听课只是次要的事情；重要的是，使学生与情趣一致、年龄相同以及具有自觉性的人紧密合作”进行研究。[②]在洪堡、施莱尔马赫、费希特等人的推动下，加之柏林大学的成功经验，德国大学教师的工作方式发生了重大的变化：大学教师不再仅仅是讲台上的那个“口述者”，

① ［比利时］希尔德·德·里德-西蒙斯主编：《欧洲大学史（第二卷）·近代早期的欧洲大学（1500—1800）》，贺国庆、王保星等译，河北大学出版社2007年版，第8页。

② ［德］洪堡：《立陶宛的学校计划》，见李其龙编《教育学文集·联邦德国教育改革》，人民教育出版社1991年版，第6页。

而主要是在实验室或“习明纳尔”里做研究的“学者”，更准确地说是带着学生一起做研究的那个“学者”。因此，当时在德国大学普遍流行的信条是：只有好的学者才能成为好教授，好教授必定是好学者。

在洪堡所处的时代，大学教育以培养学术精英为鹄的，加上德国独特的文化基础和天时地利，将教学过程科研化、科研过程教学化，将好“学者”和好“教师”统一于一身，内外在条件都基本具备，而且也切实可行。例如化学教授李比希，他在吉森大学创建了一个教学实验室，在他的教学实验室里，不仅产出了那么多的标志性化学成果，而且涌现出最顶尖的一代化学大师，说明了“学者”和“教师”在那个时代确实是可以统一的，甚至是无条件的统一。晚年的李比希受聘于慕尼黑大学，由于他自知再也无力在实验室带领学生从事最前沿的研究，因此他跟大学约定，只当“讲课教授”。①他自己明白，当他只是讲课而无力带学生做一线科研时，他充其量只能当个“讲课教授”而不能是“教授”。

大学教师首先是“学者”，还是“教者”？从形式上看似乎是一个两难，但在那个时代的历史条件下基本可以统一：把“教者”的身份奠定在“学者”的基础之上，夯实了“教者”的学术底蕴，强化了“教者”的精神气质，在更高的层次上将“学者”的身份统一到“教者”的身份之中，实现了“教者”与“学者”的统一。

（三）进入社会的大学教师

对大学教师身份认同的真正考验出现在19世纪中后期的美国。在进步主义教育运动的推动下，社会服务首先在美国成为大学的新职能。在这一新型职能的引导之下，大学教师们纷纷走出象牙塔来到十字街头，为实际的社会需求提供各种各样的直接服务，诸如人员培训、技术开发、开办公司、兼任政府顾问或企业董事等。

大学教师走进社会之后，大多数人对自己的身份其实还是很清醒的，谁

---

①［保］卡·马诺洛夫：《名化学家小传》，潘吉星等译，科学普及出版社1981年版，第34页。

都知道自己应该何为，谁也不会真把自己当成“服务教授”“产业教授”；他们心知肚明，自己的根基还是在大学的校园里，而他们的服务工作，只不过是从校内的课堂和实验室“延伸”到校外而已。但是，社会的诱惑巨大而且无孔不入，影响也是强有力的，那就要看你自己有没有定力了。

与此同时，更大的挑战不期而至，美国高等教育从19世纪中后期开始向大众化的方向迈进，入学人数迅速增加，不同性质和类型的高校不断涌现，而与规模扩张形成鲜明对比的是，办学资源并没有同步增加。大学教师开始承担更多的责任，面对更多的学生，而工作条件却相对恶化，在这种情况下，他们已经很难像洪堡时代那样将教学和科研统一在自己的实际工作中，各自的“漂移”也就难免发生了。大学教师，首先是“学者”“教者”，还是“服务者”？开始成为他们躲不开的一个两难或三难选择题，大学教师职业身份的分化也就难以避免了。

20世纪30年代，弗莱克斯纳对深陷“服务”和“大众化”潮流中的美国大学严词加以批判，“它们对短暂的和眼前的需要不假思索地一味迎合；它们错误地认识事物和思想对文明的相对重要性；它们过去不能，现在也不能——按我的看法越来越不能——对涟漪和波浪进行区分”，由此而造成的后果便是，“美国的大学正变得越来越喧闹，……同时它们也已毫无必要地变得廉价、庸俗和机械。”[①]可见，在弗莱克斯纳的眼里，当时的美国大学以及大学教师的自我认同，已经迷失得相当严重了。

20世纪中叶以来，随着高等教育大众化、普及化时代的到来，高等教育规模越来越大，职能越来越多样，与社会的关系越来越复杂，大学“廉价、庸俗和机械”的状况非但没有好转，反而更加严峻。对于越来越多、越来越大的那些“多元化巨型大学”，克拉克·克尔把它们描绘成“一座充满无穷变化的城市”，在这座城市里，有“若干个目标”“若干个权力中

---

①［美］亚伯拉罕·弗莱克斯纳：《现代大学论》，徐辉、陈晓菲译，浙江教育出版社2001年版，第34-35页。

心”，它“为若干种顾客服务”而且还“没有明显固定的顾客”。[①]它们不但已经失去统一性，而且充满了异质性：目标发散，动机各异，价值取向多元。有的大学甚至像希尔斯所批驳的那样，已经变成“分崩离析的大学”，这样的大学是“人心涣散的大学”，在那里，大学和教师都“遭遇信心危机”，“自尊和自信都造成了恶劣的影响”。[②]在这样的情况下，大学教师的身份认同必然产生严重的迷失。近一个世纪以来，大学教师的身份认同问题成为学界持续讨论的热点。那么多一流的思想家和学者如此热衷于研究和探讨大学教师问题，反映出西方知识界对大学教师身份认同的一种集体焦虑。

二、现实的迷惘

纵向回眸千年的大学发展史，横向放眼世界各国的高等教育，我们的大学教师即便不是最忙、最累的，至少也是最忙、最累的之一。这种忙和累，不仅是身忙、身累，更是心忙、心累，是一种疲于奔命而又无所适从的忙和累，一种自己不能主宰自己的忙和累。这种忙和累，当然是多方面的因素造成的，既有个人的因素也有外部的因素，既有学校的因素也有社会的因素，但是，在所有这些内外影响因素中，最直接、最强有力的因素，当属当前各大学盛行的量化“业绩”考核办法。

从世界高等教育发展的趋势看，“问责和学术工作评价正在逐渐地成为学术职业的一部分”，[③]这是一个事实，但在绝大多数国家，在绝大多数高校，这种考评始终是非常审慎和克制的，是以不影响教师的学术自主和自由为先决条件的，而且对考评结果的解释和使用更是小心翼翼、慎之又

① [美] Clark · Kerr:《大学的功用》，陈学飞等译，江西教育出版社1993年版，第96页。

② [美] 爱德华 · 希尔斯:《教师的道与德》，徐弢等译，北京大学出版社2010年版，第33页。

③ [美] 菲利普 · G · 阿特巴赫主编:《变革中的学术职业：比较的视角》，别敦荣主译，中国海洋大学出版社2006年版，第3页。

慎，这些考核“在世界各国的实际影响却十分微弱”，[①]并不能从根本上影响大学教师的身份认同。

可是目前在我们的大学里，学术考核之多、指标之谬、变化之快、结果挂钩之滥，却是完全相反的景象。一个大学教师，从他入职那一刻起，直到他退休离开大学，他就身不由已地处在被考核、被评定的过程之中，只要他的职业生涯没结束，形形色色的各种考核指标就如影随形地伴随着他，直到他离开这个职业。新教师入职，有“引进考核指标”，考核结果直接与待遇挂钩；入职以后晋升职称，有“职称考核指标”，从助教、讲师，到副教授、教授，每级职称有每级的指标；而在每一级职称之中，还有岗位级别的“绩效考核指标”；当研究生导师，有“导师资格考核指标”，而获得了导师资格之后也未必能带研究生，另外还有“上岗招生考核指标”；至于各种荣誉、奖励、头衔“帽子”之类，更是离不开考核指标。

令人不安的是，针对教师的这些考核指标很不稳定，处在不断变动、不断“发展和创新”之中。主要原因是，这些指标都是由校内行政职能管理部门的领导具体负责制定的，而行政管理部门的领导，偏偏调动、升迁频繁；而新官上任的第一把火，又往往是“修订”或“重订”考核指标。

如果这些考评只是一种诊断性、发展性的考评，那也就罢了，国外高校对教师的考评绝大多数都是诊断性、发展性的，都是以促进教师的专业发展为目的的，偏偏我们的考核是奖惩性的，考核结果无不与教师的晋职升级、工资津贴、名与利一一对应、紧密挂钩。这样的考核对于教师个人而言，重要性不言而喻，它的“指挥棒”作用也威力无比。也正因为它重要，一旦指标体系不合理，考核结果不公平，那它对教师个人、对高等教育事业的伤害性也就越是创巨痛深、贻害无穷。

美国加州大学河滨分校J. 莱温教授对美国大学教师的研究表明，在学术资本主义的重压之下，即便是终身制的教师，他们“缺失的是建立在公共

---

① [美] 菲利普·G·阿特巴赫主编：《变革中的学术职业：比较的视角》，别敦荣主译，中国海洋大学出版社2006年版，第15页。

及社会福利基础上的大学教师工作要义，以及科研、教学、服务背后的学术本源”[①]。我们如今盛行的绩效考核，实际上可以看作学术资本主义的一个变种，它对大学教师工作价值和意义的伤害，也是“本源性”的，更何况我们还没有“终身制”的保障呢。

大学教师从事的是最富有创造性的劳动，是凝聚了高度智力、高贵品德的精神劳动，这种劳动具有内在性、整体性、人格性的特点，因而，它是不能用外部的载体来指代，不能用具体的指标来分解，不能用简单的数字来衡量的，它的成果价值只能作为一个整体反映在论著或产品的本身，反映在他们的教育对象的心智发展上。

在当今世界上所有的职业中，大学教师的劳动及其成果，是最难，也是最不应该被“量化”成简单的几个数字指标的。这也是当今世界上绝大多数国家大学教师的工资都实行年龄工资而不实行“绩效工资”的重要原因。量化考核的荒谬之处，就在于它用刊物的级别代替成果的水平，用简化的数字代替精神劳动的复杂性，而教育对象的发展在现行的各种考核指标体系中基本均付阙如。当前对量化考核正当性的各种诘难，大多都集中在这一点。

由此也可以引申出大学教师的“评价”问题。行政管理部门将量化的指标自称为“评价指标”，是对“评价”的一个很大误解。现行的用具体数字表达的所谓“量化评价”，充其量只能称之为量化“考核”，或者称为“核算”“计分”之类也许更合适，它们本来就是简单地数数阿拉伯数字而已。要对一个大学教师作出恰如其分的评价，最起码不能仅用几个冷冰冰的数字，而是需要用语言文字之类来描述。例如，“胡君真是‘旧学邃密’而且‘新知深沉’的一个人”，“一方面整理国故，一方面整理英文系”；[②]

---

① [美] J. S. Levin，刘隽颖：《新自由主义背景下美国高校终身制教师学术身份的冲突与适应》，载《苏州大学学报（教育科学版）》2018年第3期。

② 蔡元培：《我在北京大学的经历》，见高平叔编《蔡元培教育论集》，湖南教育出版社1987年版，第537页。

又例如，“吉姆对我们言传身教多年。他对我们的影响来自两个方面：水晶般清晰的头脑和高尚的道德情操。……吉姆自己就是一门课，他将各种美德结合于一身，他是一位学术巨人和道德英雄。”①只有对每一位大学教师都作出符合大学逻辑的评价，评价才是有意义、有温度的，才是有助于大学教师自我认同的提升和完善。

三、自我的救赎

对大学教师身份认同的理论探寻不能为种种异化现象所遮蔽，不能迎合现实中的某些不合理的认同，探寻的主要目的是“追寻教师发展的本真性，让教师成为一个真正的教师，崇尚发展教师之品性。”②通过对大学教师自我认同的探寻，“回归到大学教师的本身”，使大学教师最本真的认同绽放出来，从而实现大学教师“本真”的自我救赎。

“回归到大学教师本身”，这里蕴含的逻辑是：存在着大学教师之本真，但是我们的现实却偏离甚至背离了这种本真，使我们忽视、漠视这个本真，因而大学教师的身份认同就必然出现异化，为了正本清源，纠正这些异化，回归本真就是必由之路。显然，本真性的寻求首先是一种自我诊断与治疗，是一种自我的救赎。在今天这样一个解构本质、流行多元的时代境遇下，尽管追求大学教师的本真常常被嘲为一种“不合时宜的”“保守的追求”，但是却彰显出对理想的、本真性的大学教师身份的一种坚定信念。

“不合时宜”和“保守”也许正是大学这一机构与生俱来的一种基因，是它能够适应和对付环境变化的内在定力。弗莱克斯纳认为，大学有时显得很“紧跟时代甚至有所超前”，但它“骨子里却是滞后的”③。这也印证

① [美] 理查德·雷文：《大学工作》，王芳等译，外文出版社2004年版，第231页。

② 曹永国：《自我的回归》，福建教育出版社2019年版，第215页。

③ [美] 亚伯拉罕·弗莱克斯纳：《现代大学论》，徐辉、陈晓菲译，浙江教育出版社2001年版，第4页。

了“赫斯伯格悖论”：“大学是所有社会机构中最保守的机构之一；同时，它又是人类有史以来最能促进社会变革的机构。”[①]大学之所以能够推动社会进步，推动思想和文化不断向前，一定程度上恰是因为它的“滞后”和“保守”。大学身不由已地“与时俱进”，未必是一件幸事。

在高等教育思想史上，坚持“普遍性的追求”“对永恒、终极真理的看守”“精神堡垒的捍卫”等主张的思想家从未缺席，从纽曼、洪堡，到黑格尔、雅思贝尔斯，再到艾伦·布鲁姆、赫钦斯、阿德勒、马利坦等。即使主张后现代解构主义的哲学大师德里达，也坚持认为“professor”和“university”具有永恒性和绝对性，认为大学教师是一种宣誓和无条件的责任。这一现象本身就预示了大学及其大学教师身份之中的某种“永恒性”和“普遍性”，或者说某种必须坚守的东西。在当前，这就需要超越纷乱的现实，重新唤醒大学教师身份中的这一传统，并以此来安排自己的生活：“大学教师是一个道德和人格化的存在”，它指向的“是一种典范，一种表率”，表达的是“一种精神的担当与道德的自觉”。[②]

我们正处于一个变动不居的世界。齐格蒙·鲍曼把这个世界称为“液态现代世界”，这里的一切都像液体一样“无法停下来保持不变”，在这里，“你来我往，此起彼伏，它们变化得太过迅速和飘忽不定”。[③]液态的世界让人焦躁不安、难以捉摸却又挥之不去。个人的感受就像身处一种“黏糊糊”的液体之中，时刻伴随一种无力、无助、空虚，甚至恶心与可怖，一切坚固的东西都烟消云散，宏大的理想也往往面临着巨大的质疑和自我解构；跨越式的发展、普遍性的焦虑，以及社会生活的种种怪诞，都会使我们产生“本体性的安全危机”。

---

①［美］伯顿·R·克拉克：《高等教育系统》，王承绪、徐辉等译，杭州大学出版社1994年版，第203页。

② 曹永国：《自我的回归——大学教师自我认同的逻辑》，福建教育出版社2019年版，第248页。

③［英］齐格蒙·鲍曼：《来自液态现代世界的44封信》，鲍磊译，漓江出版社2013年版，第1–2页。

对大学教师本真性的探寻是一个永恒的命题，始终在路上，也许找不到一个终极的结果，因为我们每个人的思想和成长都在路上，每一个大学教师也都在发展的路上。我们无法摆脱自身所处时空的藩篱，在探究的路上，面临着诸多迷惘、徘徊，间或有反复。但是，我们允许永远在路上，允许永远在探寻那个终极的结果，我们却不能容忍现实的堕落，不能容忍大学教师的自我认同跌落到底线之下。这种探寻不是杞人忧天，而是高等教育理论工作者义无反顾的责任，尽管它需要一种“实践的智慧”，但它也确实考验着我们的勇气和德行。

自我认同不在于“匍匐在地”，而在于“自我超越”和“自我完善”，在于更好地发现大学教师生活之丰富取向和重要意义，在于做一个“完整的大学教师”。很显然，大学教师最困难的认同是一种精神性的自我认同，即通过自我内心和信仰追求的考量。自我认同的阶梯同时意味着认同的次序，我们需要用精神性自我认同统合交往型自我与技术型自我，防止技术型自我对精神性自我认同的僭越。

然而需要我们重视的是，大学教师的自我认同，既是“自我”的，又不是完全是“自我”的。大学教师的自我认同，是与他所在的社会环境，与他所处的时代，尤其是与大学本身的状况息息相关的。J. 莱温指出：“传统的身份塑造是个体内在逻辑和社会环境的结合。在工作场域，身份的形成包含着一系列的策略和机制，通过这些策略和机制，个体发展了对于自身作为职业或专业组织成员的一种自我理解和自我定义。”①

大学教师的自我认同，首先是因为他是“大学”的教师而生成的，“大学”是他自我认同的存在前提；大学本身的状况，对于教师个体的自我认同有最直接、最强有力的影响，在一定程度上甚至有决定性的作用。大学教师自我认同的迷失和异化，直接源于大学本身的迷失和异化；大学本身迷失和异化了，大学教师的自我认同必然深受其累。

①［美］J. S. Levin，刘隽颖：《新自由主义背景下美国高校终身制教师学术身份的冲突与适应》，载《苏州大学学报（教育科学版）》2018年第3期。

就以片面的量化考核来说，反映了当前大学的两大弊病。一种病是功利化：我们的大学越来越身不由己地被短期的功利目标所绑架，尤其是大学排名，或者是进入“双一流”、跻身什么“工程”之类的目标（这些功利化目标的实质是大学领导者的政绩目标）；大学将功利化目标分解、转嫁到大学教师身上，通过考核指挥棒及其附加的名与利，迫使教师拼命增加“绩效”数字以满足大学功利化目标的需要。另一种病是“行政化”“官僚化”：目前的量化考核，从制定指标到实际执行，再到结果解释以及奖惩措施，都是行政部门主导的在这样的大学困局里，大学教师自我认同的迷惘、失守、异化，实际上是身不由己。

因此，为了让大学教师的自我认同“回归本真”，让他们真正认清自己是谁，自己应该何为，我们在探寻大学教师自我救赎、自我攀爬超越之路的同时，也需要探寻大学本身的救赎之路，让我们的大学也“回归本真”、正本清源，让我们的大学真正明白“我是谁”，让我们的大学回归自身本真的宗旨和使命，回归大学应作为。只有大学“回归本真”了，大学教师自我认同的“回归本真”才能有可靠的前提和母体。

第二节　量化考评的滥用及其危害

2020年10月，中共中央、国务院印发《深化新时代教育评价改革总体方案》。[①]就教育评价问题发布这样一份权威的指导性文件，充分表明党和

① 新华社：《中共中央、国务院印发〈深化新时代教育评价改革总体方案〉》，载《中国教育报》2020年10月14日。

国家领导层对教育评价工作的高度重视，同时也反映出当前我国教育评价问题的严重性。

一、量化考评的滥用乱象

大学教师的学术评价，原本是一件极为复杂、专业且极其敏感的事项，正因为兹事体大，所以也就更需要以慎重的态度来对待。国际上通常的做法是，在没有充分论证和基本共识的情况下，宁可少评、不评，也不能乱评，以免得不偿失，遗患无穷。可目前在我们的大学里，却是另一番景象，针对教师的各种量化学术考评，其数量之多、指标之高、变动之快、周期之短、挂钩之滥，大有泛滥成灾之势，由此而产生的种种乱象更是触目惊心。

（一）政出多门，数量过多

大学教师从入职之时起，就被各种量化学术考评包围着。最常规的如晋升职称和岗位定级，好在教师的职称和岗级不是每年都在变动，因而考评周期相对较长，不至于太频繁。绩效工资制度实行之后，绩效考评也成了常规性的评价，这是年度性考评，一年一评，考评的频率明显加快。

除常规性的学术考评之外，许多高校还自设了名目繁多的各种学术考评项目，例如，当研究生导师有“导师资格”考评，评上了“导师资格”也未必能招生，因为还另有“每招必评”的“上岗招生资格”考评，这对于每年都要招生的导师来说每年都要接受一评，实际也成为常规性评价。又如各校为教师设计出来的各种等级、荣誉“帽子”，诸如“资深”“杰出”“精英”“卓越”“特聘”“终身”等，这些“帽子”当然都离不开学术考评。

当前在我们的绝大多数高校，常规的或非常规的、上级规定的或高校自设的，针对教师的学术考评，数量已经多到令人目不暇接的地步，但凡与教师有一点点关系的管理部门，从科研管理部门、师资管理部门，到研究生教育管理部门、教务部门，或多或少都会设置一些针对教师的学术考评项目，似乎不整出一套或几套评价项目就显不出政绩。评价项目如此之多，教师被评价包围和“绑架”的命运也就难以摆脱了。

（二）简单量化，指标粗暴

高深学问的研究是高智力的创造性劳动，对它的评价至今仍是一道世界性难题，然而我们的高校却盛行最简单化的量化考评办法，那就是将学术考评简化为最易于识别的数量指标，诸如课题数、论文著作数、获奖数以及“得到领导批示”数等，同时将不同级别的课题、期刊或出版社、奖项以及领导批示分别赋值计分。“权威核刊”“甲类核刊”“乙类核刊”上的论文，分差一般都在一倍或数倍之间，有些高校对SSCI论文竟然不分区，只要是SSCI的论文，分数更是高到离谱的程度。课题同样如此，“重大招标”“国家级”“省部级”课题，分差也多达数倍甚至十数倍。由于采用了这种量化考评办法，学术评价就被简化为一个计数的过程，复杂的学术评价由此被大大地简单化、计数化。

量化考评的结果都以得分的数字来标识，一分之差，高下立见，天壤之别，而且不容置疑。更有甚者，不少高校在职称、岗级、“资格”的评价中还设置了单项的“门槛”，例如规定晋升教授至少须有一篇“权威核刊”论文、至少有一项“国家级课题”之类，这种硬性的“门槛”规定，实际上是将指标进一步单一化，能不能进“门槛”也就具有了生死攸关的意味。这样的量化考评办法简单易行、便于操作，但蛮横粗暴，充满了布尔迪厄所说的那种“符号暴力”，这是一种基于数字的“最精致、最纯粹的符号暴力”。①

（三）指标易变多变，反复无常

指标体系是学术考评的依据和基础，也是学术研究的指挥棒，理应稳定而持久，但目前在许多高校里，量化考评指标体系大多都很短命，数年一变甚至一年一变司空见惯。考评指标的变动，最常发生在学校或部处领

① 冒荣：《大学评价的双面刃效应与符号暴力》，载《江苏高教》2020年第12期。

导换届之后，新任领导上任后的第一把火，往往就是“修订”或者“重订”指标体系，而在现行的管理体制之下，偏偏高校的各级领导又调动、升迁很频繁，在这种情况下，指标体系的短命也就事有必至。

此外，考评指标体系的变动还有一个比较普遍的特点，就是指标要求越变越高，比如论文从“乙类核刊”提高到“甲类核刊”甚至“权威核刊”，课题从“省部级”提高到“国家级”或“重大招标”等等，与此同时，数量要求当然也趋向于层层加码，仿佛新的指标要求不提高一点就显示不出新任领导比他的前任高明一样。学术考评的指标体系不可能周全，偶有微调实属正常，但如果变动过于频繁，经常进行伤筋动骨的大调整，最起码显得很不严肃，有儿戏之嫌。

（四）考评结果与名利挂钩太滥

教师评价有发展性评价和奖惩性评价之分。量化考评基本上都是为绩效评定及其奖惩而量身定制的，都属于奖惩性评价。目前许多高校通行的办法，无一不是将量化考评的结果与职称、岗级、绩效、薪酬、招生资格以及各种“帽子”一一对应、直接挂钩。最赤裸裸的做法是将考评分数直接折算为金额，与绩效工资挂钩。在各种量化考评体系中，分数都是有单价的，分数实际上也就代表着金额。这种做法赤裸裸地在考评分数和金钱之间建立了直接的联系，考评就这样实现了货币化、金钱化。

由于分数上不封顶、下不保底，因此教师的收入差距也就被拉得不正常的悬殊，同一院系的教师，在职称和岗级相同、教学工作量也基本相同的情况下，由于学术考评的分数不同，绩效薪酬的差别竟可能有数倍、十数倍、数十倍之巨。由于分数就是金钱、职称、岗级以及“帽子”，几乎就是一切，因而它对教师个人的重要性就被扩大到了极端，它的“指挥棒”作用相应也趋于极端，由此而造成的无论是有益的还是有害的后果同样也趋于极端。指标体系任何程度的不合理，考评过程及其结果任何程度的不公平（事实上这两种情况是普遍存在的），其后果都是灾难性的。

二、量化考评滥用的危害

量化考评只是高等教育评价的一种具体方法，在某些特定条件下有其特定的用处，然而，量化考评在高校的滥用，却不是一个简单的方法问题，而是一个涉及高等教育本质、涉及高等教育基本价值的根本性问题。我们只有把这个问题放到这个层面上来探讨，才有可能真正认识量化考评滥用的危害性，进而为遏制其泛滥找到解决之策。

（一）颠倒内容与形式、数量与质量的关系

量化考评因其“量化”而被贴上“客观”“公正”的标签，可事实上，量化评价的要害恰恰在于“量化”。学术评价是对学术成果的一种价值评判，学术的价值取决于成果的创新性，诸如新思想、新学说、新方法、新技术等，而要对学术成果作出这种价值评判，首要条件是必须理解、懂得成果的内容，评价必须以成果的内容为依据，脱离了成果的内容就无从评判它的价值和创新，所以学术评价理应以内容为先、内容至上。

然而，眼下盛行的量化考评办法，最大的弊端就是忽视内容而唯其形式，忽视质量而唯其数量，使内容与形式、质量与数量的关系倒置。在现行的办法中，量化考评得出的分数主要是依据论文、课题的数量及其载体的级别来赋值计分，这样做的结果就是，论文的价值被刊物的级别代替，课题的价值被批准机关的级别代替，正因为有了这种等值关系，所以评价就被异化为简单的计数过程，而真实的内容及其价值于是就被排除在评价之外了。

“唯论文”在眼下广受责难，在某种程度上还真冤枉了论文，因为在现行的量化考评办法中，真正所“唯”者根本就不是论文本身，而是论文所发表刊物的等级，要害在“以刊评文”，以刊物的级别代替论文的价值。同样一篇论文，一字不变，发表在不同级别的刊物上，分差有数倍之巨，至于论文本身的内容是什么、价值何在，则与指标无关，因而也就被忽略不计了。

表面上看，简单化的计数办法似乎“客观”“公正”，然而正是由于它忽视、无视成果本身的内容和质量，实际上成为一种重形式轻内容、重数量轻质量的考评，甚至成为一种唯形式无内容、唯数量无质量的考评。这种考评在结果上不仅不能保证客观公正，反而会造成实质上的不客观、不公正。

（二）抑制了内部动机，将学术研究直接导向庸俗的外部动机

学术研究的内部动机是对学术本身的兴趣，它是一种求知欲，或者如爱因斯坦说的那样是一种“智力上的快感”，[①]是学术研究最具本源性、持续性的驱动力。如果所有的学术研究都由内部动机驱动，这对于学术事业，对于研究者本人都是莫大的幸事。

外部动机是学术之外的各种功利性诱因，当然也是学术研究的重要驱动力。然而与内部动机不同的是，学术研究的外部动机是有高尚与庸俗甚至卑鄙之分的。高尚的外部动机以追求真理、造福人类、推动社会发展进步为最高境界；庸俗的外部动机则是“以学谋私”，通过学术研究以谋取个人私利；至于卑鄙的外部动机，则是庸俗外部动机的极端化，主要表现为悖逆学术伦理，将学术研究用于不道德的目的，或者运用不正当手段甚至非法手段进行学术研究以谋取私利。正因为外部动机有高尚、庸俗甚至卑鄙之分，在不同外部动机驱使下的学术研究产生的社会效应和教育效应也就截然不同，所以就需要倡导和弘扬高尚的外部动机，反对并遏制庸俗的外部动机。

《深化新时代教育评价改革总体方案》显然是意识到了这个问题的严重性，严令“不得将论文数、项目数、课题经费等科研量化指标与绩效工资分配、奖励挂钩”，这一指令切中时弊，极为必要。

（三）评价权力从同行专家转移到管理部门

由高深学问的特性所决定，大学教师的学术评价理应只有同行专家才

---

①［德］爱因斯坦：《爱因斯坦文集（第一卷）》，许良英译，商务印书馆1977年版，第101页。

能胜任，这是一个基本的常识，也是国际惯例。芝加哥大学校长赫钦斯在将近一个世纪前就曾经指出，“教授是否胜任这个问题不是董事会或者其他任何非专业组织能够胜任的”，因此“一位教授在他所从事领域的能力应该由该领域中有资格作评价的专家来评定”。[①]高深学问的成果，如果不是具有相当学术水平的同行专家，其他一般人连看都看不懂，更遑论还要作出恰如其分的评价。

然而，自从出现了量化考评办法，评价主体却发生了逆转，因为这种量化办法对于管理者来说，就好比一个“傻瓜相机”，不管他对专业性的高深学问多么外行，只要他有了这个“傻瓜相机”，或者说只要他识数，那么他就可以甩开同行专家，只需要简单地计数即可将教师一个不漏地算出总分并排出名次，进而就可以对教师施以升降和奖惩。

通过这样一种机制，学术评价的权力就轻而易举地实现了转移，使评价权从同行专家那里转移到了管理者的手中。尽管量化考评内在的谬误明摆在那里，而且近年来也遭到绝大多数教师（除由此而名利双收的极少数既得利益者外）的反对，但量化评价的泛滥趋势却一直盛行不衰甚至有增无减，重要原因就在于管理部门实在是乐此不疲，这种考评办法对行政管理部门来说实在是好处多多：既可以显示政绩，又可以使师资管理和学术管理变得简单而轻松，还有一个不能明言的好处，那就是可以手握考评权以自重，甚至以权谋私。

（四）教师身心俱疲、多级分化，职业尊严和对学校的忠诚严重降低

大学教师是一个高度自主和自律的专业性职业，也是一个稳定而有尊严的职业，阿什比认为，教授具有“对于专业的忠诚和对于大学的忠诚”，并且乐观地认为这“双重的忠诚”应该是“一致的”。[②]但是，量化考评的

---

①［美］威廉·墨菲等编：《芝加哥大学的理念》，彭阳辉译，上海人民出版社2007年版，第105、111页。

②［英］阿什比：《科技发达时代的大学教育》，滕大春、滕大生译，人民教育出版社1983年版，第101页。

泛滥却从根本上动摇了这一职业的学术根基，严重危及教师的职业尊严以及“双重忠诚”。

在这种极限性的压力之下，大学教师职业的稳定性和安全感大为降低，导致教师群体多极分化。极端的一端是，为了满足不断加码的指标要求，不惜拼命搏命，代价是身心健康的严重受损。大学教师频频传出“过劳死”的悲剧，原因虽说是多方面的，但苛刻、粗暴的量化考评也难辞其咎。

极端的另一端是，为数不少的教师对变动不居、高不可攀的量化指标，从拼命追赶到筋疲力尽、彻底放弃，经历了一个“哀莫大于心死”的心路历程。他们中的大多数并不是由于学术能力不够，而实在是由于某些畸高的指标，尤其是作为“门槛”的那些指标，都是他们尽管付出最大努力却仍是难以控制的（比如课题和奖项等等），最后迫不得已，只能选择放弃和逃避，他们除了把分内的课上完，对职称、岗级、绩效及其名利等等早已心灰意冷。一批原本专业素质很好、学术潜力很大的教师，包括不少正处于学术盛年的中青年教师，就这样浪费了他们的专业智慧和学术年华。这无论对于他们个人，还是对于高等教育事业，都是重大的损失。

除此之外，当然还有令人不齿的一端，那就是在量化考评的极端重压之下，少数人采取了投机取巧的路线，粗制滥造各种学术泡沫和垃圾，成为学术界的“表演者”“哗众取宠者”“忽悠者”或“江湖术士”；更有甚者，不惜违背科研伦理道德和职业操守，走歪门邪道，或者弄虚作假、抄袭剽窃，或者大搞钱学交易、权学交易。这令人不齿的一端虽说人数不多，但危害却更大。

总之，量化考评泛滥给大学教师造成的伤害是全身心的，既有外伤也有内伤，极端情况下可能是致命的。

（五）“唯课题”的危害远甚于“唯论文”。

量化考评的泛滥与“五唯”实际上是一对孪生兄弟，互为表里。不过对大学的“五唯”现象，倒是有必要具体问题具体分析。就很多大学现行的考评指标体系看，“唯课题”的势头其实已经远远超过了“唯论文”，许多蛮横粗暴的“门槛”实际上都是“唯课题”的，比如规定没有“国家级”课题不能评教授、不能招收研究生之类。

在大学里，注重论文其实情有可原，因为论文毕竟是研究之后的成果，它发表在公开的刊物上，其结论是否正确、方法是否得当、水平是高是低，白纸黑字一经面世就铁证如山，字字都可以由同行专家进行检验和评价，甚至可以被整个知识界品头论足。换言之，论文一经公开发表，有资格对它进行检验和评价的同行专家及相关学者和读者，人数众多，这个庞大的群体客观上随时随地都可以对论文进行检验和评价，因此公开发表出来的论文是可以得到比较确切的评价及公论的，许多弄虚作假的论文之所以能够被揭露出来，就是因为事实上存在着这样一个开放性的检验和评价机制。

课题的情况却殊异，申报的课题无非就是一个研究题目或是一个研究设想，它发生在研究进行之前，充其量相当于腹中胎儿，谁都说不准将来会长成什么样，它本身带有很大的不确定性，不要说评审者，就连申报者自己也未必能十分确定，这是由高深学问研究本身的不确定性、探索性决定的。

申报课题的主要任务其实就是填一份“申报”表格，虽说表格内容在一定程度上可以反映出申报者的研究水平和研究思路，但实际上很难排除涂脂抹粉和自我吹嘘的成分，很难挤干其中的水分。加之目前的课题评审办法，课题申报书一般都不公开，评审者又匿名，评审者的随意性可以很大而责任却很小或者全无，如是，暗箱操作的可能性、非学术因素干扰和左右的可能性，空间极大。因此，课题申报的评审，尤其是社科类课题的评审，评价标准的错位以及错判、误判的可能性都会远远大于对论文的评价。再者，课题因批准机关的行政级别而定为“国家级”“省部级”“市厅级”，然后在考评体系中赋予悬殊的分差，或者以某一级别课题作为“门槛”而定于一尊，这本身就是以行政级别代替学术价值的一种错位。“唯课题”内在的谬误性远远超过“唯论文”，因而它对于学术道德、学术生态的危害性也远甚于“唯论文”。遗憾的是，“唯论文”已经被划入“五唯”之中正在被破解，而“唯课题”却还没有引起各方的重视，仍在大学里大行其道。

量化考评泛滥的危害性是全方位的，不仅会伤害到被评价的教师，同样也会伤及掌握了评价权的管理者；不仅伤害了学术，也会伤害教育教学，最终势必伤害大学自身，伤害整个高等教育事业。

三、根源及其突围

量化考评在高校的滥用，主要是最近十多年的事，但它的涉及面之广、影响程度之深、后果之严重，史无前例。量化考评的泛滥不是偶然的，也不单单是高校管理层面的问题，而是有其特定的背景，有其深层的观念和体制根源。

（一）绩效工资制度的影响

从时间上看，量化考评的盛行与高校绩效工资制度有直接的关联性。2010年前后，我国高校开始实行绩效工资制，其目的是提高教师的工作绩效和学校的办学效益。愿望不可谓不好，但合理性却很受质疑。绩效工资在企业里实行，固有其合理性和可行性，即便如此，企业实行绩效工资也是有条件限制的，它主要适用于那些易于计件衡量、周期较短的工种，也并非任何企业、任何工种都可以不加区别地采用。[①]这两个条件显然不适用于大学，无论是教育教学还是学术研究，高校教师的实际绩效都是不能简单计件的，更不是短周期的。

自20世纪80年代起，国外的一些大学在新管理主义的影响下声称要试行绩效工资，美、澳、英等国都有此动议，但实际情况却是雷声大雨点小，最后大多无果而终。美国许多大学还曾推行“终身后评议”政策，也

① 夏茂林，冯文全:《关于高校实行绩效工资制度的理性思考》，载《教育与经济》2010年第3期。

是受到教师的强烈抵制，后来只得改为评议“学系”集体而不是评议教师“个人”，[①]对于终身制教师来说，这种集体评议，象征意义明显大于实际意义。

综观世界各国，高校教师基本都实行年功工资制，这是以信任教师为前提的工资制，为的就是维护这个职业的稳定性和安全感，让教师能够心无旁骛地从事高深学问的教学与研究。尤其是研究型大学，“大学教师的薪酬待遇一般处于社会的中等或中上水平，薪酬待遇比较稳定”，目的也是让教师“能够在相对淡泊宁静的状态下追求学术，保证学术工作的纯粹性”。[②]

2010年前后，正值我国经济发展的一个加速期，GDP崇拜开始向社会各领域蔓延，在此背景下我国高校的绩效工资制应运而生、强势出台，也是时势使然，但从实际过程看，这一政策的出台在当时比较仓促，是在缺少充分论证的情况下通过行政渠道自上而下推行的。既然是国策，原则要求当然全国统一，但绩效评定却是各个学校自己的事。

（二）扭曲的办学观念

还有更深层的认识根源和体制根源。高等学校肩负着培养人才、发展科学、服务社会的三大社会职能，这是高校一切工作的出发点，也是高校一切工作的最终归宿。高校办得好不好，最终要以培养了多少人才以及对科学、文化、社会作出的实际贡献来衡量，这是一个最基本的常识。

高校是一个极为复杂的学术组织，它的整体水平和成就根本就不可能以排出名次来表达。六十多年前，芝加哥大学校长金伯顿就指出，“大学排名常常依据随意的标准而定，这些标准大多忽略了大学里最有价值的部

① [美] 菲利普·G·阿特巴赫主编：《变革中的学术职业：比较的视角》，别敦荣主译，中国海洋大学出版社2006年版，第189页。

② 胡娟：《“双一流”建设中教师聘任与评价制度改革反思》，载《苏州大学学报（教育科学版）》2020年第2期。

分”，[①]而这些“最有价值的部分”恰恰都在“无形的方面”。

绝大多数大学排名榜、学科排名榜都是由商业性机构操作的，这些机构自然要按照商业规则来运作，因此，各种排名基本上都是商业行为，与学术的本性格格不入。商业性的排名对大学来说实在是一件非常凶险的事。不幸的是，很多高校纷纷走上了这样一条险途，误把提高排名当作办学目标，同时也当作学校领导的政绩目标；为了提高排名，校方千方百计把“战略指标”层层分解，最终压在每个教师的身上而成为教师的“绩效指标”，从而将整个学校及所有的教师都捆绑到排名的战车上。

（三）权力的任性

量化考评的泛滥也有体制上的原因，与高校管理的过度“行政化”“官僚化”有很大的相关性。多年来，“克服行政化倾向”，“取消行政化管理模式”，一直是我国高等教育管理体制改革的主要目标，然而由于种种因素的限制，高等教育管理体制的改革相对滞后，高校的“行政化倾向”和“行政化管理模式”至今依旧严重。在许多高校，各种行政权力基本都缺少约束而处于挥洒自如、畅通无阻的状态。

高校教师的学术评价，如此复杂、专业而又利害攸关，当属学校的“重大事项”无疑，然而就是这么重大的事项，在许多高校里却完全是一个行政行为，从指标制定，到政策解释，再到推行实施，都是行政领导和职能部门在主导和操作；整个决策和运作的过程，既缺少必要的论证程序，也缺少必要的民主程序，学术委员会、教职工代表大会等形式不是被甩在一边，顶多也就是“审议”走过场，大都起不到制约作用。特别是量化指标的多变易变、反复无常，一任领导一变甚或数变，更是暴露出行政权力的任性和随意。量化考评的滥用，究其实质，是行政权力的泛滥，是长官个人意志的泛滥。

《深化新时代教育评价改革总体方案》明确指出，高校教师学术评价

---

①［美］威廉·墨菲等编：《芝加哥大学的理念》，彭阳辉译，上海人民出版社2007年版，第45页。

必须“突出质量导向，重点评价学术贡献、社会贡献以及支撑人才培养情况”。这对于遏制量化考评的滥用、使学术评价正本清源，提出了纲领性的指导方针，很多高校已按照这一方针，并根据《总体方案》提出的“根据不同学科、不同岗位特点，坚持分类评价，推行代表性成果评价，探索长周期评价，完善同行专家评议机制，注重个人评价与团队评价相结合”等具体要求，开始对现行量化评价办法进行整改，值得期待。

但是，就一些高校正在进行的整改动向来看，整改较多地局限在技术和方法的层面，较少触及评价的体系性问题，更涉及不到那些深层的制约因素。高校学术考评的改革是一个复杂的系统工程，涉及面广，配套复杂，可以说千头万绪，但在千头万绪之中，有一个首要的问题需要明确，那就是“由谁来评”的问题，也就是评价主体的问题。这是关于教师学术评价的一个首要问题，也是一个能够起到纲举目张作用的问题；只要把这个首要的问题解决了，评价的具体方法和技术问题也许就可以退居其次，就基本可以交给有资格的评价主体自己去决定了。

为了全面落实《深化新时代教育评价改革总体方案》的要求，我们首先需要在理论上和实践上解决“由谁来评”这个首要问题，而要解决这个首要问题，恰恰涉及办学观念和管理体制的诸多方面，因此突围的关键仍然在于高等教育管理体制的改革，在于“克服行政化倾向”“取消行政化管理模式”，在于真正实现高校治理体系和治理能力的现代化。

第三节　教学学术与教师发展

近年来，“教学学术”在我国高等教育领域已然成为耳熟能详的热词，不仅有很多学者予以译介和阐释，而且不少高校在实际工作中已付诸实施，成为教师职称评定、教学评价的重要指标。这对于扭转高校重科研、轻教学的偏向，促进教师职业发展，特别是促进教师重视教学、投身教学本职工作，具有重要的意义。但是，“教学学术”毕竟是一个仍在发展中的新概念，如何在理论上深入理解其内涵，在实践中准确把握其要领，仍然有很多值得深思的问题。

一、博耶的初衷

卡内基教学促进基金会主席欧内斯特·博耶，早年曾在多所高校任教，对美国大学重科研、轻教学的痼疾有切肤之痛，所以这就不难理解，他在十六年的主席任上，始终强调高校教学的重要性，不遗余力地把促进高校教学作为他的首要职责。

（一）“四种学术”观

博耶多次亲自主持关于美国高校教学问题的大型调研，发表了一系列对美国高等教育产生重要影响的研究报告。在1990年发表的《学术水平反思——教授工作的重点领域》报告中，博耶系统阐释了“四种学术”的理论，首次提出了“教学学术”的概念，并且将其置于与“发现的学术”“综合的学术”“应用的学术”同等重要的地位。

博耶指出，传统的学术观将高校教师的学术工作局限于基础研究，也就是“发现”的研究，只从这一个方面去评价教师的学术水平，已经远远不能反映高等教育大众化时代高校教师学术工作的多样性。博耶认为，“四种学术”代表高校教师学术工作的“四个不同而又相互重叠的功能”；以“四种学术”观代替传统的单一学术观，将能给予“学术水平”这一崇高的评语以“更广阔的、内涵更丰富的解释”，从而使得高校“学术工作的全面内容合法化”。[①]他在报告中信心满满地宣称，以“四种学术”观取代单一学术观的时代已经到来。

（二）首创“教学学术”

博耶在报告中提出了“教学学术”的概念，把教学称作“一门学术性事业”，但他并没有对“教学学术”给出一个严格的逻辑定义，也许在他看来，当他把“教学的学术”置于与“发现的学术”“综合的学术”“应用的学术”同等重要的地位时，“教学学术”的含义已经不言自明了。

博耶主要是从“好的教学”角度来阐释“教学学术”：在教学过程上，“好的教学需要艰巨的工作和严肃的钻研加以支持”，这种艰巨的工作离不开严肃的钻研，而这种钻研正是一个探索性的研究过程；在具体方法上，教学需要各种“类推、比喻和形象”来帮助学生学习、加深理解，寻找这些方法的思维活动也是一种学术性的活动；在教学的结果上，“最好的教学则不仅传授知识，同时也改造和扩展知识”——既可能改造和扩展出关于教学的知识，也可能改造和扩展出“发现的”“综合的”“应用的”知识，使教师自己“被推向新的创造性方向”。[②]博耶据此认为，好的教学必定是一个“创造性”过程，好的教师必定是一位“创造性的教师”，而这个创造的

① [美] 欧内斯特·波伊尔：《学术水平反思——教授工作的重点领域》，见国家教育发展研究中心编《发达国家教育改革的动向和趋势（第五集）》，人民教育出版社1994年版，第23页。

② [美] 欧内斯特·波伊尔：《学术水平反思——教授工作的重点领域》，见国家教育发展研究中心编《发达国家教育改革的动向和趋势（第五集）》，人民教育出版社1994年版，第31页。

过程，内在地包含着学术的成分和学术的方式。

其实早在20世纪80年代，博耶的“教学学术”思想就已经开始萌芽。在1987年发表的关于美国本科生“就学经验”的调研报告中，博耶指出，高校教师“应该是一个博学多识的学者”；这个学者的身份，不但可以通过发表论文来体现，也可以通过写教材、发展新的教学方法、提高教学效果等方式来体现。他还认为，学术并不是神秘莫测的“附属品”，而应该是教师这一职业“最本质的东西”。[①]这就非常接近于他在1990年《学术水平反思》报告中的“教学学术”概念了。

1990年之后，博耶为了推动高校的教学学术，利用各种机会进行阐述和宣传。1994年在题为《学者共同体》的演讲中，他强调“学术不仅意味着探究知识、整合知识和应用知识，而且意味着传播知识”，而“传播知识的学术”就称为“教学的学术”；1995年他在生命的最后时刻，在题为《学术的使命》的演讲中，仍念念不忘“教学学术”，强调“传播知识的学术”不仅发生在“学者的同辈之间”，也发生在教室里，发生在教师与“未来的学者”之间。[②]博耶在1990年报告中虽然论述了“四种学术”的观点，但他最念兹在兹，并且不遗余力加以推动的，是教学的学术。

（三）“教学学术”的初衷

博耶提出教学学术的命题，主要有两个初衷。第一就是为了超越“教学与科研孰重孰轻”“教学与科研关系”之类的无谓争论，以确立一个共同目标来构建新的高校“学术共同体”。

博耶认为，在美国高等教育领域，教学与科研的对立及其相关的争论始于19世纪后期，霍普金斯大学是始作俑者。然而到了博耶所处的时代，这一争论持续了一个世纪，却没有取得共识，也许这本来就是一个类似于

① [美] 欧内斯特·博耶：《美国大学教育——现状、经验、问题及对策》，复旦大学高等教育研究所译，复旦大学出版社1988年版，第146页。

② [美] 欧内斯特·L·博耶：《关于美国教育改革的演讲》，涂艳国、方彤译，教育科学出版社2002年版，第77、88页。

“鸡生蛋、蛋生鸡”式的争论，不可能争论出是非高低，所以博耶甘冒众怒的风险，在很多言论中将这类争论形容为“过时的争论”“谈腻了的辩论”“令人厌烦的讨论”。博耶的目标是超越这种无谓的争论，以一种“更广阔的、内涵更丰富的解释”来重新界定高校的“学术”，树立多样化的学术观和学术评价标准，使教学和科研达到既相对平衡而总体不降低学术性的状态。

博耶的第二个初衷是彰显高校教学的学术性，提升教学的学术化、专业化程度，“使教学获得同研究一样平等的地位”。

高校的教学内容是专业性的高深知识，有的可能是最前沿的专业知识，有的可能是教师正在研究的课题。高深知识的教学，不仅仅是知识的内容本身，其中还包含着发现这一知识的思维方式和研究方法，因此高深知识的教学过程，实质上可以看作知识的发现过程在学习者头脑和精神上的“简约复演”；如果教学内容是最前沿的知识或者是正在研究中的课题，那么教学与科研也就基本实现了洪堡所说的“教学与科研的统一”；此外，高校教学同样也要考虑到因材施教。上述各种因素叠加之后，高校教学的复杂性程度可想而知，至少不亚于科研，所以博耶要引用亚里士多德的名言“教学是最高的理解形式”，[①]为的就是说明高校教学的复杂性和艰巨性以及内含的研究性。

博耶在《学术水平反思》的报告中甚至还大胆地设想，应当“使用我们在整个学术界而不仅仅是一个学校公认的标准”以“对教学进行准确的评估”，并且还提出了“自我评估”“同行评估”和“学生评估”的一些具体对策。[②]在高校教学方面能否找到这样一种为整个学术界“公认的标

---

① [美] 欧内斯特・波伊尔：《学术水平反思——教授工作的重点领域》，见国家教育发展研究中心编《发达国家教育改革的动向和趋势（第五集）》，人民教育出版社1994年版，第30页。

② [美] 欧内斯特・波伊尔：《学术水平反思——教授工作的重点领域》，见国家教育发展研究中心编《发达国家教育改革的动向和趋势（第五集）》，人民教育出版社1994年版，第43页。

准”，即便找到了又能否在实践中行得通，另当别论，但是，博耶对教学学术的这样一种执念，人们从中不难感受到他的良苦用心，他太渴望把高校教学提升到学术化、专业化的地位了。

尽管博耶并没有给教学学术作出严格的定义，但“教学学术”无疑是一个富有解释力的高等教育新概念，是高等教育理论的一个重要创新。与两个多世纪前的洪堡原则相比，就可以很清楚地看出博耶理论的新意所在。

在洪堡的“教学与科研相统一”思想体系中，“教学”概念被扩展了，“教学”从传统的讲课听课扩展到学术研究的全过程，因而结论就是：研究的过程就是教学的过程，最好的学者就是最好的教授。而在博耶这里，“学术”的概念扩大了，他把教学也当作“学术”，而且是与经典的“发现”同样重要的“学术”，从而阐明，教学水平也是学术水平，最好的教授也是最好的学者。当然，“教学学术”理论与洪堡原则的基点是相同的，那就是把大学看作“学术的中心”，教师的工作应该都奠定在学术的基础之上，所不同的只是对“学术”和“教学”的界定，而这也正是不同时代的时势所然。

二、舒尔曼的拓展

博耶尚未将“教学学术”理论进一步完善，便于1995年不幸去世。好在他的继任者李·舒尔曼（Lee Shulman）不仅继任了卡内基教学促进基金会主席的职务，也忠实地继承了博耶的未竟事业，致力于教学学术的拓展和具体化。

舒尔曼曾任斯坦福大学教育学院教授并兼任学校的职称评审委员。他在教师的职称评审工作中，痛感于教师拿不出有用的材料来证明自己的教学成效，早年就萌发了一个信念：教师只有“拿出可以和研究成果媲美的证明材料”来“证明自己教学的有效性”，才能避免职称评审中重科研轻教学的偏颇，而要作出这样的“证明”，最佳途径莫过于教师自己“用学术的方法来研究教学”。[①]于是，他在博耶思想的基础上，对“教学学术”作了四个方面的拓展。

（一）名称拓展

舒尔曼将博耶的“教学学术”（scholarship of teaching，SoT）改为“教与学的学术”（scholarship of teaching and learning，SoTL），[②]意在强调“学”的一面。不过，这一改动并不影响中文对“教学学术”一词的理解，因为在中文语境中，无论是从字面还是从教育学的基本原理出发，“教学”本身都包含着“学”意在内。如果硬译成“教与学的学术”，并无多大必要。

（二）界定“教学学术”

舒尔曼认为教学学术与学术研究在过程和结果上都相似：始于问题，收集资料，分析思考，成果可以公开并进行交流。基于此，“教学学术”因而被界定为：“教师以本学科的认识论为基础，对在教学实践中存在的问题进行系统研究，并将研究结果公开、与同行进行交流、接受同行评价并能够让同行在此基础上进行构建。”[③]这个界定十多年前由我国学者译介发表，广为国内学者所引用。

这个界定主要有四个要点：以教学实践为根本，问题导向，采用研究的方式，可以公开交流和评议。特别是对最后一点，舒尔曼认为，教学的成果只有能够被表达、被看到，教学的学术性和专业性才能体现出来，进而才能像其他学术一样被称为一个“专业”，教师才能理直气壮地说自己从事的是“教学专业”。

---

① 赵炬明，高筱卉：《失衡的天平：大学教师评价中“重科研轻教学”问题的制度研究——美国“以学生为中心”本科教学改革研究之八》，载《中国高教研究》2020年第6期。

② 赵炬明，高筱卉：《赋能教师：大学教学学术与教师发展——美国以学生为中心本科教学改革研究之七》，载《高等工程教育研究》2020年第3期。

③ 王玉衡：《卡内基教学促进基金会：美国大学教学学术运动的推动者》，载《大学·研究与评价》2008年第5期。

（三）"教学法知识"和"特征教学法"

舒尔曼提出了"教学法知识"（pedagogical content knowledge，PCK）和"特征教学法"（signature pedagogy）两个相互关联的新概念。

舒尔曼认为，"教学法知识"是教师对于教学的体认，这是一种特殊形式的实践知识，是"教师要把学科知识和教学法知识结合起来，并恰当地运用到具体教学场景之中去"的知识，即教师在实际教学情境中所运用的个人化的行动知识。①赵炬明等人综合舒尔曼在各种文本中的论述，将PCK概括为"教师根据具体教学情境，把学科知识、学生知识、课程知识、教学情景知识等组织起来帮助学生有效学习的知识，即教师教学理念和方法的总汇"，②比较全面地阐释了这一概念。

在不同专业的教学实践中，具体教学方法是由特定专业的特性决定的，因而工科有工科的PCK，医科有医科的PCK，法科有法科的PCK。当PCK进入各个专业形成专业独特的教学方法时，这就形成了舒尔曼所谓的"特征教学法"，也就是以专业为特征的教学法，或者说是各专业特有的教学法；以此类推，似乎还可以分为课程特征教学法、单元特征教学法等。

（四）促进教学学术的可操作性

相比于理论上的论证，要在实践上把教学学术转化成高校教师的职业行为，是一项难度极大的任务。从学术研究的一般程式看，教学学术当然也要遵循学术研究的一般程式，要恪守学术的基本规范和伦理要求。但是，学术研究的一般程式毕竟只是抽象的描述，如何将它具体化到教学学术之中而可以实际操作，需要闯过的难关很多。

舒尔曼团队的推行路径是，以"让教学学术可视化"为着眼点，从最简单的可视化操作入手，由简到繁、由浅入深，引导教师渐入教学学术的

---

① 赵炬明，高筱卉：《赋能教师：大学教学学术与教师发展——美国以学生为中心本科教学改革研究之七》，载《高等工程教育研究》2020年第3期。

② 高筱卉，赵炬明：《舒尔曼大学教学学术思想初探》，载《高等工程教育研究》2022年第2期。

佳境。这些简单的可视化操作，基本形式是课程档案袋或教学文件袋，内含教学大纲、学生作业作品和考卷、教学法推理以及学生对教学的反馈、教师的教学日志和总结等。

舒尔曼的合作者安东尼·西科恩认为，这种档案袋“类似于学术研究中的文献综述”，不但教师自己可视，而且可以展示给同事和同行，可以公开地进行交流、评议；它既可以作为改进教学的依据，也可以用作教学评价的参考。①卡内基教学促进基金会于1998年起启动了“卡内基学者项目”和“校园项目”，召集一线教师进行教学学术的实践培训，主要也是从可视化的操作入手。

三、教学学术的实践属性

博耶的教学学术理论，重点强调教学过程需要研究来支撑。其实，任何负责任的教学，无论在高等教育层次，还是在中、小、幼层次，或多或少都自带研究的成分，区别仅仅在多少而已。负责任的备课实际上就是一个研究的过程：所谓“备学生”，实乃研究自己的教育对象；所谓“备教材”，实乃研究教学内容；所谓“备方法”，实乃设计最佳的教学方法。任何教学都有作业和试卷分析环节，负责任的作业试卷分析同样是一个研究的过程：从中发现学生学习上的得失，发现自己教学上的得失，寻求弥补的措施。

博耶思想的普遍性意义，在前人那里也能找到很多知音，杜威曾说，教师应该在教育过程中“了解不同的学生”，进而形成“个人的方法”，只有“对这些问题有过研究的教师”，才能“取得最大的效果”。②苏霍姆林斯基以自己数十年的教学经验现身说法：“教师的劳动就是一种真正的创造性

① [美] 安东尼·西科恩：《大学教学学术：历史发展、原则与实践、挑战与教训》，高筱卉译，载《高等工程教育研究》2022年第3期。

② [美] 约翰·杜威：《民主主义与教育》，王承绪译，人民教育出版社2001年版，第189页。

劳动”，“很接近于科学研究”。[①]而舒尔曼的贡献，则是将博耶提出的“教学学术”概念作出逻辑的定义以及操作性的定义，同时强调教学过程的反思和总结，并且按照学术研究的程式开发教学学术可操作化的技术。

博耶的初衷和舒尔曼的拓展，侧重点虽有所不同，但最终指向是一致的，那就是彰显高校教学的学术性和专业性，使高校教学成为一个具有学术性的专业。将博耶的初衷和舒尔曼的拓展综合起来，教学学术就形成了一个完整的链条：它贯穿在教学的全过程之中，教学实践与教学学术成为相辅相成、互为因果的关系。在教学过程中对教学进行学术方式的研究，通过这种研究来支撑和改进教学实践，增强教师的PCK；在实践改进的基础上进行新的反思和总结，循环往复。

从性质和过程上看，教学学术实质上是行动研究，切合行动研究的各种属性。所谓行动研究，被认为是“由社会情境（教育情境）的参与者为提高对所从事的社会或教育实践的理性认识，为加深对实践活动及其依赖背景的理解所进行的反思研究”。[②]行动研究具有“参与、改进、系统、公开”的特性，[③]教学学术的行动研究特征主要体现在主体、目的、规范、表达等方面，最终都归结于行动研究的实践性。

（一）教学学术的主体

教学学术的主体是高校专业教师，而不是教育学者。教育领域的行动研究始于基础教育，由于中小学教师受到的学术训练比较有限，而教育学者对中小学的教学内容在一定程度上又比较谙熟，因此在基础教育的很多行动研究中，教育学者往往成为主角，而中小学教师只扮演“参与”的角色。

高等教育领域的情况大不一样，一方面，由于高校教师大多都受到比

---

① ［苏］B. A. 苏霍姆林斯基：《给教师的建议》，杜殿坤编译，教育科学出版社1984年版，第493页。

② 张民选：《对“行动研究”的研究》，载《华东师范大学学报（教育科学版）》1992年第1期。

③ 刘良华：《重申“行动研究”》，载《比较教育研究》2005年第5期。

较系统的学术训练，具有较强的学术研究能力和较好的学术素养，只要他们热心做、用心做，一般来说只需要通过简单的迁移就可以相对自主地对教学作行动研究；另一方面，由于教育学者对其他专业的高深知识知之甚少甚至一无所知，事实上不可能在本专业（甚至是本课程）之外的其他专业的行动研究中充当主角，也很难当“指导者”，充其量只能是“参与者”或“合作者”。

从教育学者的角度看，自己在高校教学行动研究中的作用远不如在中小学那样大，也许略有遗憾，但从教学学术的角度看，由专业教师充当高校教学行动研究的主角，这恰恰是高校教学学术的内在要求，也是它的优势所在。当然前提也很重要，这个前提就是，专业的教师要热心做、用心做教学学术。

（二）教学学术的目的

教学学术的研究目的在于改进教学实践，而且，主要是改进作为研究者的教师本人的教学实践。舒尔曼指出，教学学术“不是为了产生理论，而是为了用于实践”；他们之所以倡导教学学术，绝不是“想去发明一种科学方法”，而只是想“推动一种有组织的社会实践”。①

教学学术的基本要素反映出它的实践取向。教学学术的研究对象，是作为研究主角的高校教师自己的教学实践，是他自己正在进行的一个特定的教学行动。这个行动的范围，大可以大到整个专业的教学，中可以是一门课程，小可以是某一单元甚至某一堂课的教学，也就是说，教学实践的任何方面和环节都可以成为教学学术的研究对象。正因为教学学术是以本人的教学行动为研究对象，这也就意味着，所有的教师（只要他在教学）都可以做教学学术。

从研究的过程看，教学学术的研究主要在教学行动的过程中进行，随着教学行动的推进而展开，研究活动总体上不能脱离教学的行动过程，更

① 高筱卉，赵炬明：《舒尔曼大学教学学术思想初探》，载《高等工程教育研究》2022年第2期。

不可能独立于教学行动之外，否则那就不是行动研究，而可能异化为“教学论”的研究。

从研究的结果看，教学学术的研究结果只适用于教师本人的教学实践，只能用于解决特定教学行动的特定问题，不能无条件地推广到其他教学行动之中，因此，教学学术的研究者本人便是自己研究成果的应用者。总之，行动研究是为了解决教学的实践问题，目的在于改进教学，提高教学行动的质量；为了教学而研究教学，通过研究教学而改进教学。改进教学，提高教学水平和效果是行动研究的主产品，而教学论文只是它的副产品，抑或是溢出产品。

（三）教学学术的规范

教学学术也必须遵循学术规范，系统地运用科学研究的程式和方法。教学的行动研究常常被看作自我反思研究，研究的主体同时也是研究的客体，但是，这并不意味着行动研究都是“吾日三省吾身”，也不意味着它可以随心所欲、不讲究方法。恰恰相反，正因为要把教学提升到学术的高度，因此教学的行动研究就必须遵循学术的基本程式，并自觉运用科学的研究方法，而科学研究方法多种多样，归根结底无非就是一句话：用证据来证实。

舒尔曼强调教学的记录以及教学资料的收集、整理，目的正是为了留下可供研究的证据。为了显示行动研究的学术性并做出一个示范，西科恩曾在自己所授的“戏剧讨论”课上运用比较严格的准实验方法，将教学改革变量加入教学过程，做前测、后测并对结果进行比较，还用“公认的标准来测量结果”。[①]这样的方法当然不是所有的行动研究都需要运用，也不是所有的行动研究者都有能力做，但这一研究却反映出教学学术对科学方法的某种追求。

---

①［美］安东尼·西科恩：《大学教学学术：历史发展、原则与实践、挑战与教训》，高筱卉译，载《高等工程教育研究》2022年第3期。

（四）教学学术的成果表达

公开化，是教学学术成果表达方式。教学过程是教师和学生的双边活动过程，一般情况下第三方无法进入；一旦第三方介入，教学过程往往就会失真。这也就决定了任何第三方对教学进行的评价，可靠性都很有限，在舒尔曼、西科恩等人看来，这也是教学成为学术的难点所在。因此，他们强调教学活动的记录和教学文件的收集，既是为行动研究收集证据，以便于自己看到，也是为了用这些可视化材料进行交流、评议，易于被同行看到。

可视化材料是教学学术的基础，它在很大程度上决定了研究资料的可靠性和可评价性，进而也就决定了教学学术的研究质量；材料不牢靠，无论分析反思的技术多高明，最后结论的可靠性和可信度都高不到哪里去，学术性最终也就难以体现。

除课程档案袋或教学文件袋之外，教学论文当然也是教学学术公开化的重要文件，也是教学学术的重要成果形式，但是，教学论文的论点本身，必须由公开化的资料来证明，不但作者自己能提供公开化的资料作为证据进行证明，而且同行也可以利用这些公开化的资料进行评议；只有这样，教学论文才可以被看作“学术的”论文。教学学术的公开化，是教学学术的特定要求，也是教学学术能够被交流、共享、评价的必要条件。

但是，教学学术的可视化、公开性是有限度的。就教师的PCK来说，它不是抽象的理论知识，也不是倒背如流的教学法要领，而是“教师教学理念和方法的总汇”，是教师在特定的教学行动中灵活而综合运用各种知识、经验、直觉的一种实践能力，在很大程度上只可意会难以言传，正所谓“运用之妙，存乎一心”。这种只可意会难以言传的PCK，属于“默会知识”或“非言述知识”的范畴，[①]这是一种个人知识，一种“实践智慧”、实践能力，它隐含在教师的心理和行为体系之内，体现在教师的教学行动

① 郁振华：《对西方传统主流知识观的挑战——从默会知识论看phronesis》，载《学术月刊》2003年第12期。

之中，没有表象，不可言述，只能在行动中表达，也只有用行动来表达。

舒尔曼显然认识到默会知识在教师PCK体系中的重要性，所以他说，“PCK可以通过学习和实践获得，可以是可表述知识，也可以是默会知识。”他同时还说，PCK“由于不存在唯一的表现形式”，因此教师应该储备多种多样的教学方法并根据具体的教学需要而灵活地运用，而这些多样化的方法“有些源于研究，有些源于实践智慧”。[①]从这些论述中可以推断，在舒尔曼看来，教师通过理论学习获得的应该是可表述知识，也就是关于教学的理论知识，而通过实践体悟、积淀而获得的则是个人化的默会知识。

问题的关键在于，由于教师的默会知识不可表述，不可言传，因而也就不可视，那么，在研究教学学术时，如何分析、研究这种默会知识，并将其显性化、可视化，进而可以公开、交流、共享，是教学学术真正的难点所在；而这个难点的解决，也许是高校教学真正学术化、专业化的最后一步，当然这是极为艰难的一步。

四、可能的误区

高校重科研、轻教学的偏颇由来已久，教师从入职之日起便浸淫于这一偏颇之中，相沿成习而成职业行为方式。在高等教育的历史上，也曾有众多有识之士挺身而出，对这一痼疾宣战，但大多无功而返，重要原因就在于这一痼疾是由多种因素造成的，有着复杂的制度和心理基础，而且“教学和科研孰轻孰重”的论战也确实很难争出个结果来。

从20世纪90年代起，博耶、舒尔曼等卡内基的学者知难而上，其情其景，不能不令人感佩。必须承认，“教学学术”是一个充满睿智的概念，也是一个极富解释力的理论，它能够酿成一场席卷全美乃至全球的高等教育

① 高筱卉，赵炬明：《舒尔曼大学教学学术思想初探》，载《高等工程教育研究》2022年第2期。

运动，这一现象本身就已经证明了“教学学术”的冲击力和它的功德。

不过我们也应该注意到，这些卡内基学者为了纠治积重难返的顽瘴痼疾，难免会有用力过猛之处，例如他们对于可视化、公开化的强调，对于教学资料和教学论文的推崇，以及将教学学术技术化的各种尝试，虽然在理论逻辑上都顺理成章，在方法上也有明显的创新，而且也取得了不少成效，但是确实也有被抬得过高之嫌。为了与顽瘴痼疾作战，用力过猛本也情有可原，然而理论上的失之毫厘，在实际工作中就有可能谬以千里，这是由实际工作的特殊机制所决定的。

教学学术在我国高等教育领域的热度并不亚于美国，不仅有很多学者分别从各个视角对教学学术作了理论的阐释，还有更多作者对教学学术在各自专业的推广应用提出了种种对策性的设想，更主要的是，教学学术已经进入很多高校教学评价、职称评审、业绩考核的实际工作之中，成为教师考评体系中的重要指标，成为教师评价的又一根指挥棒。

近几十年来，我国高等教育在跨越式发展的过程中，也出现了比较严重的重科研、轻教学的偏向，教学质量受到社会的广泛质疑，在这种情况下，高等教育界倡导教学学术并且予以推行，十分必要，势在必行。但是，如果我们不能准确把握教学学术的本质和意义，仅仅照搬其形式并通过行政手段强力推行，也有可能舍本逐末而走入误区，甚至适得其反。

最明显的误区是将教学学术的成果囿于教学论文，以致出现了教学学术中的“唯论文”偏向。近年来，很多高校为了倡导教学学术，在教师职称评审中加入了教学论文的要求，这本来也无可厚非。但是，如果将公开发表的教学论文作为教学学术水平的唯一指标，甚至将其等同于教学能力和教学实绩的证明，作为教师职称评审的“入门条件”，那显然失之偏颇。

第一，教学学术虽说有多种多样的成果形式（舒尔曼等人对此已有专门论述），但其最根本的成果形式必须体现在教学效果上，也就是体现为学生学有所获、充分发展；任何不能反映这一根本成果的其他成果形式，写得再漂亮，说得再动听，都不足以确证，也不足以确信。

第二，与科学研究相比，教学学术几乎无法重复，因而研究成果的可靠性、创新性也就无从检验，教学论文的可检验性远低于科研论文是显而易见的事实。

第三，就目前已发表的作为教学学术成果的教学论文看，除极小部分质量较高、形式比较规范的之外，绝大多数教学论文都无法认定是否出自作者本人的教学实践，无法认定论文是否通过科学的实践反思和总结而成文。这些论文的普遍缺陷是，遮蔽了教学学术的实践性和行动性，或者是教育教学理论概念的生搬硬套，或者是作者的个人感想的随感而发，或者是年度工作总结的套路。

如果在实际工作中将这些教学论文作为评价教学学术成果的主要指标，甚至作为评价实际教学能力和实绩的指标，那就真有可能谬以千里。这不仅背离了教学学术的本质和宗旨，而且还可能造成新的不公平，对高校教师职业发展的取向产生严重的误导。教学评价中的“唯论文”，其危害远甚于科研评价中的“唯论文”。

其实，对于舒尔曼等人关于教学学术的可视化、公开化主张，在美国也有不少批评的意见。很多人尤其不能接受“正式发表”一说，他们的主要理由是，可供正式发表教学论文的学术期刊过于稀少，而网络的发达足以进行非正式发表和交流。[①]其实，有没有公开发表只是问题的一个方面，更重要的原因还是在于教学论文所表达的教学学术成果本身：可检验性低、普遍性低、个别化程度高。因此，教学论文即便公开发表了，它也不可能像“发现的学术”论文那样一经发表就成为整个学术界的共同成果，乃至成为全人类的共同成果，教学论文发表之后基本上还只是作者个人的成果。

教学学术“唯论文”的误区在教学改革研究课题、教学成果奖的评审中同样也存在。偏离教学实践，囿于形式化的文本和表格，缺少可检验

① 赵炬明，高筱卉：《赋能教师：大学教学学术与教师发展——美国以学生为中心本科教学改革研究之七》，载《高等工程教育研究》2020年第3期。

性，是它们的共同缺陷。

对于教学学术，我们应该强调和坚守的基本原则是：教学实践是教学学术的根本出发点，也是教学学术的根本宗旨和归宿；任何方式对教学学术成果的评价，乃至对教学成果的评价，都必须能够指向这个根本的宗旨和归宿；任何不能指向这个根本宗旨和归宿的“教学学术”，都难言“学术”。一言以蔽之，实践是检验教学学术的根本标准。

第四节　以胡适的职业发展为案例

在中国近现代高等教育史上，胡适是一个绕不开的重要人物，他当过大学教授，也当过院长和校长，还兼任过诸多与高等教育有关的职务，如大学院大学委员会委员、中华教育文化基金董事会董事等。把胡适作为一个案例，剖析他的大学职业生涯，对今日大学教师的职业发展仍有启示作用。

一、胡适的大学教学生涯

胡适在大学任教的经历，始于他在中国公学的学生时代；学生兼任教师，这对他来说是一段特殊的体验。胡适于1906年秋考入上海中国公学。1908年秋，中国公学解体，胡适与其他“行动分子”一起退学离校，择址另行创办“中国新公学”。新公学师资匮乏，教务人员安排胡适兼教低年级的英文课，每周30节课，于是17岁的胡适初执教鞭，登上了大学的讲坛。[①]胡

① 胡适：《胡适全集（第18卷）》，安徽教育出版社2003年版，第85-87页。

适在中国新公学的教学持续了一年多，这对他而言是一次教授实习经历。

（一）北大入职阶段

胡适真正的教授生涯始于北京大学。1917年初，正在美国哥伦比亚大学留学的胡适，在《新青年》发表了那篇“暴得大名”的《文学改良刍议》。《新青年》主编、北大文科新任学长陈独秀向新任校长蔡元培力荐胡适。当时，胡适正埋头写博士论文，在鱼与熊掌之间，胡适最终选择了“北大教授”这个熊掌。他匆匆完成了题为《中国古代哲学方法之进化史》的博士论文，并且通过了论文口试，不等博士学位到手便启程回国。当年9月，胡适到北大任文科教授，这时他还不到27周岁。

胡适第一学期教三门课：英文学、英文修辞学、中国古代哲学。英文课程对于留美七年的他来说，轻车熟路，何况还有早先在中国新公学一年多的教学体验。然而，一个三十岁不到的留洋学生，给哲学系讲授专业课“中国古代哲学”，尤其是在北大这块藏龙卧虎的地盘上，挑战性不言而喻。这门课是给哲学系一年级开的，学生中不仅有年长于他的，也有古书读得比他多、比他深的。

胡适对这门课丝毫不敢掉以轻心，四顾茫然之下，只能扬长避短，操起他的导师杜威的实验主义当作法宝。胡适一反前例，将“中国古代哲学”中远古时期的传说、神话内容一刀切掉，而是从有资料佐证的周代讲起。当年顾颉刚也在这个班上，他后来回忆道，胡适一开头就丢开唐、虞、夏、商直接从《诗经》讲起，“这一改把我们一班人充满着三皇、五帝的脑筋骤然作一个重大的打击，骇得一堂中舌挢而不能下。”[①]在学生眼里，这简直就是一场“思想造反”。有几个不安分的学生暗中已经在酝酿一场学潮，要将这个年轻的教授赶走。

这几个学生怂恿中文系的学生傅斯年领头起事，傅斯年为了抓到胡适的把柄，也去听了胡适的几节课。过后，傅斯年对那些想起事的同学说：

① 顾颉刚：《古史辨（一）》，上海古籍出版社1982年版，第36页。

“这个人书虽然读得不多，但他走的这一条路是对的。你们不能闹。”[①]就这样，胡适在学生那里算是初步站稳了脚跟。

来自同事的挑战也很激烈。年轻的胡适暴得大名，又是以新派学者的形象进入北大的，很多旧派老教授本来就看不惯，如今胡适又在课堂上“思想造反”，更令他们心生不满。多位旧派老教授在各种场合，诸如课堂上、会场上、报刊上，常常指责或嘲讽胡适。好在胡适在学生那里基本站稳了脚跟，而这些同事很多都是意气之争，加之胡适有校长蔡元培和其他教授鼎力相助，他在北大的教授位置也就此坐稳了。

从1917年9月进北大，到1925年底离职，扣除1923年因病请假近一年，胡适在北大实际任教将近8年。这是他教授生涯的第一个阶段，在这个阶段里，他教过的课程还有西洋哲学史、中国名学、伦理学、英美诗、哲学史（文科）、哲学史（理科）、梵文、国语、国语文法、杜威著作选读等等。其间，胡适还兼任过哲学研究所主任、教务长、出版委员会委员长、英文学系主任、校评议会评议员。

（二）中国公学阶段

1925年秋，胡适向北京大学请假到上海治病，在沪期间，他受政治大学、大夏大学、中国公学等校聘请，在这几个大学短期任教。1926年夏，他去英美讲学，时近一年（此间他在哥伦比亚大学正式获得博士学位[②]）。1927年5月回国后，胡适任光华大学哲学教授，次年2月又兼任东吴大学教授，并于多校兼课。

1928年春，胡适被推举为中国公学校长兼文学院院长，他只好辞去在其他学校兼任的一切课务。但是到中国公学后，“因为学生的要求，不得不在中公担任一点课”；又因为“文化史”一课“无人肯任，我只好任此门”。这门课在胡适是新课，“无奈只好从头做小学生，用功学了去上

① 王为松编：《傅斯年印象》，学林出版社1997年版，第80页。

② 唐德刚：《胡适杂忆》，华东师范大学出版社1999年版，第40页。

课。”[①]校长院长一身兼，还能以“做小学生”的姿态去开这门新课，实属不易，更何况当时胡适正忙着指点江山、笔战群雄呢！

（三）重返北大兼课阶段

胡适因言闯祸，于1930年5月辞职离开中国公学，专任中华教育文化基金董事会编译委员会主任委员。北大校长蒋梦麟听闻胡适北上任职中基会，大喜过望，聘胡适为兼职教授。

胡适却不过老朋友的盛情，允诺义务为北大兼课。1931年2月10日下午，胡适重新站到了北京大学的讲台上，讲授中古思想史，地点在大礼堂，听课的约三百人，许多人没有座位，就站着听了两个小时。在当天的日记里，胡适记录了这一情况，并慨叹：“五年半不曾在北大上课了。”[②]时隔五年重回北大执教，虽然只是义务兼课，但看得出来，胡适的心情很不平静。

此后数年，胡适在北大还讲过中国哲学史、近世思想史、中国文学史概要、科学概论，以及传记文学等课程。后来在诸多同事的“苦劝”下，他还兼任了文学院院长、中文系主任，兼任外文系主任。

（四）“最上座的课”

胡适的课讲得好，这在所有听过他课的学生那里，基本上是公认的。逻辑性强，语言生动，善用比喻，富有感染力，能引人入胜，是这些学生对胡适的课最常见的评价。

顾颉刚在学生时代，对胡适就“恣意欣赏”：“上了胡适之先生半年哲学史课，觉他条理清楚，裁断有致，不肯贸然信从古人，已很佩服他。”[③]1917年考入北大预科的田炯锦回忆说：“诸师长中，我最喜欢听胡先生的课，他不但有许多新颖的见解，而且擅长表达。他每授一课，我们都能了解，恰到好处。”20世纪30年代就读于北大的朱海涛回忆说：“适之先

① 胡适：《胡适全集（第31卷）》，安徽教育出版社2003年版，第249页。
② 胡适：《胡适全集（第32卷）》，安徽教育出版社2003年版，第48页。
③ 顾颉刚：《顾颉刚自传》，北京大学出版社2012年版，第155页。

生在校中开的课是中国文学史和传记研究，传记研究是研究院课程，而且要交几万字的论文，选修得较少。文学史则是一门极叫座的课。他讲《诗经》，讲诸子，讲《楚辞》，讲汉晋古诗，都用现代的话来说明，逸趣横生，常常弄到哄堂大笑。”①

胡适的课讲得好，固然与他的口才有关。胡适自幼就喜欢说话，常常被人邀去讲故事，后来留学美国又热衷于演讲，练就了他的口头表达能力。胡适晚年的学友唐德刚评价说：“胡适之是个最好的‘教书匠’；也是最能‘快友’的谈友。他的文章写得已经够好了；他讲得比写得更好！”②胡适自己也说：“我一生最得力的是讲书。”③讲课，确实是胡适最“性之所近”的一项职业。但是，胡适的课讲得好，又不仅仅是因为口才好，更重要的原因还在于以下几个方面。

第一，胡适目中有人，心中有学生，这是他教学效果好的前提。他在教学过程中很注意观察学生、了解学生，甚至是研究学生。他的日记、笔记中多有对学生学习情况的记录和分析。1931年8月28日阅完“中古思想史”试卷后，他对75位学生按分数排队，排出“皆有希望成才”“尚有几分希望”“中人之资”“绝无希望的”，甚至还“卜其人的终身”。④做法虽显得有几分天真，但至少反映出他关注学生的学习和发展。

第二，胡适注重改进教学内容和教学方法，他讲的课，内容大多比较新颖，他特别注重运用他的那套所谓“科学的方法”，尤其是实验主义方法，来分析和解释中国的典籍，新见迭出，所以能吸引学生。胡适说自己并不喜欢上大课，而是更喜欢上小型的研讨课。因为“班次太大；不能大家互相讨论研究。……我在北大总共八年，最得力的，是我初到北大的

---

① 陈平原，夏晓虹编：《北大旧事》，三联书店1998年版，第241、350页。

② 唐德刚：《胡适杂忆》，华东师范大学出版社1999年版，第73页。

③ 胡适：《胡适全集（第18卷）》，安徽教育出版社2003年版，第30页。

④ 胡适：《胡适全集（第32卷）》，安徽教育出版社2003年版，第138页。

一二年；因为那时人很少，便于研究，可以大家来共同讨论、研究”[①]。

第三，胡适在教学上肯花功夫，他重视备课，并且进行“实践反思”，总结教学中的经验和教训，及时改进教学方法。常有同事向胡适讨教讲课的“奥秘”，他的回答是，“一小时的课，必须有四小时至八小时的准备。”所以杨亮功称赞说：“胡先生做学问不苟且，教书也是不苟且的。”[②]这也就是胡适自己所说的以“做小学生”的态度去对待教学。

二、双重导师角色

胡适作为导师，有两层含义：一是本职的、学校正式聘任的研究所导师，有指定的学生，主要是负责指导学生的学术研究；二是广义的导师，应五湖四海青年学生的求教，给他们以各种指导和帮助，被他们视作自己的导师，胡适也因此被誉为“公共导师”“社会导师”。

（一）研究导师

胡适到北大当教授不久，就被聘为文科研究所（后为研究院文史部暨社会科学部）导师，招收研究生和高年级的本科生，指导他们从事学术研究。胡适作为研究导师，指导的科目主要有“中国文学史”“中国思想史”“中国哲学史”，还有“词”学，[③]后来还有“传记研究”，横跨文史哲诸领域。

胡适担任研究所导师，指导有方，胜任愉快。据邓广铭回忆，1935年他升大四，毕业论文拟作南宋思想家陈亮传，选修了胡适的“传记研究”。邓广铭在胡适的指导下，毕业前写出了十二万多字的文稿。胡适阅过，给他95分的高分，并有大段批语，赞“这是一本可读的新传记”。胡适也一眼看出论文的不足，要求邓广铭深入研究陈亮与辛稼轩在文学思想上的相互

---

① 胡适：《胡适全集（第20卷）》，安徽教育出版社2003年版，第159-160页。

② 杨亮功：《早期三十年的教学生活·五四》，黄山书社2008年版，第82页。

③ 王学珍编，郭建荣：《北京大学史料（第二卷·二）》，北京大学出版社2000年版，第1368页。

影响。[①]就此引导邓广铭走上了宋代思想史研究的学术道路。

（二）公共导师

作为广义的导师，胡适留下了更多的佳话。胡适成名之后，几乎成为家喻户晓的“学术明星”，尤其是在青年学生中拥有大批的崇拜者。这些崇拜者，无论是在学校的还是社会上的，也无论是得到过胡适亲炙的还是私塾的，都倾向于把胡适看作自己学问上、精神上的导师，一旦碰到难题，会以各种方式向胡适求教请益，而胡适对于他们，也几乎是来者不拒，有求必应，有教无类。

吴晗1929年入中国公学大学部预科，在学期间并未系统听过胡适的课，只能说是胡适的私淑弟子。次年春，吴写信给胡适求教：“明知先生很忙，不过除先生之外，我实在想不出一个比先生更能用科学方法来解决和指导路径的人。”[②]此后两人常有书信来往。1931年春，吴晗写出《胡应麟年谱》，再次致信请教胡适。胡适回信对《年谱》表示激赏，同时也提出几点商榷意见。胡适爱其才，致信清华的翁文灏等人，推荐吴晗半工半读，并一再要求吴晗：“处处脚踏实地，但肯勤劳，自然有功。凡立一说，尽一解，皆容易证实，最可以训练方法。”[③]胡适对这位私淑弟子可谓恩高义厚，吴也视胡适为自己“光耀所及”的“恩师”。

抗战胜利后，燕京大学“插班生”周汝昌写了一篇考证曹雪芹生卒问题的论文。胡适读后很兴奋，主动写信给周，对其考证结论“一半同意，一半否定”，随后就开启了两人之间频繁的通信“讨论”和“争辩”。有一次，周汝昌向胡适提出一个“冒昧”的“不情之请”：借阅胡适珍藏的甲戌本《石头记》。话说出后，周汝昌就很后悔自己“不知轻重”。谁知没过几天，胡适托人到燕大学生宿舍找到周，捎给他那部日盼夜想的“甲戌本”。周汝昌对“胡先生如此慷慨与信任一个青年学生深为感念”：“这信任不只

① 郜元宝编：《胡适印象》，学林出版社1997年版，第102页。

② 施京吾：《“可怜一觉金陵梦”》，载《同舟共进》2013年第10期。

③ 胡适：《胡适全集（第24卷）》，安徽教育出版社2003年版，第100页。

是借给我那么珍贵的孤本秘籍，更在于从借与之后，始终未再询问过一字（如索还、提及……），他对我的为人一切了无所知呀！”①胡适对青年学子的无私和信任，由此可见一斑。

据记载，1920年元旦，胡适在天津讲演“工读互助”问题，提倡青年在“自修大学”“自修学业”。当时在北京的毛泽东读到这篇讲演稿后，于1月15日登门拜访胡适。胡适后来回忆说，当时毛泽东拟了一份《湖南第一自修大学章程》，请胡“审定改正”，毛泽东对胡适说，他要回长沙去，用船山学社作校址创办自修大学。胡适当即予以鼓励。过了几天，毛泽东再到胡家，取胡适修改过的“章程”稿，并向胡适辞行。②回到长沙的毛泽东在致友人的信中，谈到创办自修大学的计划，信中还特别说明，“自修大学的名字是胡适先生给起的”。③

胡适有教无类、有求必应，难免有时不分对象和场合，因而有“好为人师”之嫌。胡适见溥仪也许就是一例。1922年5月中旬，溥仪邀胡适去“谈谈”。一个是代表着封建制度的废帝，一个是代表着新文化的旗手，胡适不是不明白，他们见面肯定会招人非议。但胡适了解到，溥仪思想正在发生一些变化，而且还读过自己的《尝试集》和《胡适文存》，④所以他最终还是去见了溥仪，“谈的大概都是文学的事”，也谈了溥仪“出洋留学等事”。事情在媒体披露之后，非议果然汹涌。尽管胡适一再解释说，念及溥仪只是“一位十七岁的少年”，因此这次面谈，只是他们两个年轻人“人情上很平常的一件事”。⑤但这个解释并不能平息舆情。从胡适当时的自我感觉来看，他还真未必是以这个十七岁少年的同龄人的身份去的，而是多少带着一点“导师”的感觉去的，可一位废帝的“导师”，你又怎能做得！

---

① 郜元宝编：《胡适印象》，学林出版社1997年版，第114页。

② 胡适：《胡适全集（第34卷）》，安徽教育出版社2003年版，第116页。

③ 刘瑞林：《温故》（之九），广西师范大学出版社2007年版，第75页。

④ 马克峰：《溥仪与胡适的一次宫中密谈》，载《人民论坛》2009年第1B期。

⑤ 胡适：《胡适全集（第29卷）》，安徽教育出版社2003年版，第691页。

胡适名满天下，一直是开学或毕业典礼以及各种师生集会上的常客，他也几乎是有请必到。在开学典礼上，他常常勉励师生要“有为知识而求知识的精神”；[①]在毕业典礼上，他要求毕业生们：“不要抛弃学问；学问便是铸器的工具。抛弃了学问便是毁了你们自己。”[②]他还曾给毕业生们开出“一个防身药方的三味药”，即“问题丹”“兴趣散”“信心汤”。[③]在这些场合对学生的演讲，他总是语重心长、言之谆谆，内心的“导师”感也是显而易见的。

三、两次校长经历

胡适乃一介书生，不适合当官，对此他很有自知之明，因此他多次坚持辞去了当大学校长的邀约。但是，也有他推不掉的时候，胡适一生中还是当了两回大学校长，一次是在中国公学，另一次是在北京大学。

（一）中国公学校长

1928年初，中国公学屡发校长风潮，校董会诸君瞄准了人在上海的胡适，想借助他的声望以平息学校的动荡，于是频频出面游说。但胡适初衷未改，坚辞不允。4月里的一天，校董诸君邀胡适吃饭，胡适多喝了两杯，“一时高兴，遂允为维持两个月”。[④]校董会趁热打铁，第二天上午就开会正式把他“选举”了出来。胡适就这样“稀里糊涂”地当上了中国公学的校长。

胡适上任之后，众望所归，学校倒确实很快就稳定下来。但困难也是明摆着的，一是经费，几乎到了难以维持的地步；二是学校“连一本校规都没有”，管理混乱。胡适知道弄钱不是自己所长，因此，他除利用自己的名望和关系进行联络之外，具体的筹款事宜交给副手办理。他将主要精力放在建章立制方面，主持制定了《校务会议组织大纲》和《教务会议组织

① 胡适：《胡适全集（第20卷）》，安徽教育出版社2003年版，第72页。
② 胡适：《胡适全集（第3卷）》，安徽教育出版社2003年版，第825页。
③ 胡适：《胡适全集（第20卷）》，安徽教育出版社2003年版，第351页。
④ 胡适：《胡适全集（第31卷）》，安徽教育出版社2003年版，第61页。

大纲》，后又组建了学校章程起草委员会，促成校董会改选并通过新章程。

等他把这几件事做完，已近学期结束，他当初允诺“维持两个月”也就到期了，6月中他遂向校董会提交了辞呈。校董们哪能答应，他们使出了浑身解数，轮番“敦劝”，最终逼得他没办法，只好暂时答应再干一段，“把这个过渡时代过去了再说。”胡适后来解释说，实在是不忍拂去公学同仁对学校的一片热心，是出于报答公学对自己的培育之恩。此外，校董会答应了他的一个请求：他只负责一些重要校务，可以不必时常到校，另设一位副校长“驻校办事”。[①]经胡适推荐，校董会聘杨亮功任此副校长。

此后，胡适一般每周到校一两天处理校务，其余时间则自由支配。胡适自嘲当中国公学校长是“无为而治”，但杨亮功认为胡适是“无为而为”。胡适的“为”，主要表现在：一是根据学校财力状况和学科的基础，对院系进行必要裁并，将文、商、法、理四学院合并为文理、社会科学二学院七系；二是出面聘请多位名家来校任教，如梁实秋、陆侃如、冯沅君、高一涵、张慰慈等，当然也包括那位只读过几年小学的沈从文；三是保持学校的独立和中立，保障学术和思想的自由。

杨亮功说：“在胡先生的校长任期内，学校秩序安定，教学水准提高，在校内养成一种自由活泼的读书风气，尤其是胡先生特别注意奖掖青年人才，因此他在中国公学是最为学生所尊崇的最成功的一位校长。”[②]

（二）北京大学校长

1945年9月，时在美国进行学术研究的胡适被任命为北京大学校长，在他回国之前，暂由傅斯年代理。直到1946年6月，胡适才启程回国。途经上海，在沪上文教界为他举办的欢迎会上，胡适说：“北大的职务是一种光荣，但也是很艰巨的工作”，并表白说，“我愿意做一个教书匠，一个史学家。”[③]

---

① 胡适：《胡适全集（第31卷）》，安徽教育出版社2003年版，第162页。

② 杨亮功：《早期三十年的教学生活·五四》，黄山书社2008年版，第82页。

③ 胡适：《胡适全集（第22卷）》，安徽教育出版社2003年版，第662页。

10月19日北大开学典礼，胡适以校长身份发表讲话。他回顾了北大48年来的发展历程，声言现在的北大是“新北大”，他“希望教授、同学都能在学术思想、文化上尽最大努力作最大的贡献，把北大作成一个像样的大学；更希望同学们都能‘独立研究’，不以他人的思想为思想，他人的信仰为信仰。”这番言论，可以看作胡适的治校方针。

如果说胡适在中国公学是“无为而治”，那么胡适初长北大之时，是很想“有为而治”的。尽管他当时社会活动缠身，但他对北大的校务可谓尽心尽力，他是真想有一番作为，把北大办成“一个像样的大学”。然而，蔡元培的时代已经过去了。他所谓的“新北大”，当时所处的环境早已今非昔比，政局的动荡，战争的威胁，人心的涣散，这实际上是一个风雨飘摇、危机四伏的北大。从1946年8月到1948年底，在这两年多的时间里，胡适在校务上尽管已经尽心尽力，甚至常常忙得焦头烂额，但他能够“有为”的空间，已经非常非常狭小了。

1947年春夏之际，胡适致信国防部，建议拨款在北京大学“建立原子物理的研究中心”，“集中全国研究原子能的第一流物理学者，专心研究最新的物理学理论与实验，并训练青年学者，以为国家将来国防工业之用。”①但是，远水解不了近渴，当局哪还有心思顾得上这等事！1947年9月下旬，胡适草拟了那份雄心勃勃的《争取学术独立十年计划》，23日他召集北大教授开会讨论这个他自己很得意的计划。谁料想，“大家谈的，想的，都是吃饭！”有教授说：“我们今天愁的是明天的生活，哪有工夫去想十年二十年的计划？十年二十年后，我们这些人都死完了。”②胡适听罢，悲不自已，辞职的念头也越来越强烈。

胡适想做而确实也做成了一些事情。比较重要的，一是调整、增设系科，如增设工学院、东方语文系、土木系、化工系、德文系等，将生物学系分设为动物学系、植物学系；同时比较妥善地处理了北洋大学北平部

---

① 胡适：《胡适全集（第25卷）》，安徽教育出版社2003年版，第357页。

② 胡适：《胡适全集（第31卷）》，安徽教育出版社2003年版，第658页。

（工科）的并入问题，加强了北大的工科。二是聘请一批知名教授来校任教，如安普逊、季羡林、蒋廷黻、宁槼、薛愚等；恢复教授休假制度、教师海外进修制度，促进教师进修提高。三是推动学术研究，制定《北京大学研究所暂行组织规程》，对研究所设置、学位授予、经费等问题作出明确规定；修订教师晋升办法，增加学术研究的权重，扩大研究生招生规模。在胡适的推动之下，处于非常时期的北大，学术研究很可观。

四、一代师表

为人师表是教师的职业道德。胡适学贯中西、教学有方，但他的师德人品，更加熠熠生辉。梁实秋称："胡先生的人品，比他的才学，更令人钦佩。"①

胡适对待学生，对待同事，对待所有人，都有一副罕见的好脾气，真诚友善，和蔼可亲。温源宁如此评价"胡适博士"："大家都认为他和蔼可亲，招人喜欢，甚至他的死敌也这样看"，因为"他的心灵像一座广阔的明镜一般的湖"——"他没有神秘之处：一切都在光天化日之下，并无暗影。"②梁实秋动情地说过："胡先生，和其他的伟大人物一样，平易近人。……我从未见过他大发雷霆或是盛气凌人。他对待年轻人、属下、仆人，永远是一副笑容可掬的样子。就是遭遇到挫折侮辱的时候，他也不失其常。"③

胡适任教、治学、做事，一生勤奋、用功、不苟且。胡适少年成名，是近代少有的大忙人，在胡家住过几年的罗尔纲记录了胡适"每天的生活安排"：上午7时起床，7时40分去北京大学上班；中午回家午餐；下午1时40分去中华教育文化基金会上班；晚餐在外面吃；晚上11时回家，到家即

① 耿云志编：《胡适年谱（1891—1962）》，福建教育出版社2012年版，第201页。
② 郜元宝编：《胡适印象》，学林出版社1997年版，第3页。
③ 郜元宝编：《胡适印象》，学林出版社1997年版，第97页。

入书房，至次晨2时才睡觉。他每晚睡五小时。[①]在胡适的日记中，“准备讲演到晨两点”“写……文到晨5时”之类的记载，随处可见。

对待官位和金钱，是很能看出一个人的品德的。胡适留美归来时，发愿“二十年不入政界，二十年不谈政治”。[②]不作官这一条，胡适基本做到了，在他的一生中，有许多当官、当大官的机会，他的确都婉拒或者坚拒了。1933年春，行政院组阁，请胡适当教育部部长，胡适复信曰：“容许我留在政府之外”，并表白：“我想保存这一点独立的地位，绝不是图一点虚名，也绝不是爱惜羽毛；实在是想要养成一个无偏无党之身。”[③]其实，胡适的解释是多余的，不愿加入政府，就是“爱惜羽毛”的明证。

胡适对待金钱，两袖清风，义利分明。1931年初，胡适转任中基会编译委员会主任委员，北大聘胡适为兼任教授，拟发给他教授的半薪。胡适接受了聘书，坚决不领薪酬，他致信校长蒋梦麟：“上学期百年先生与真如先生要我担任北大的《中国中古思想史》，我允于这学期讲两点钟。当时我曾说明，这两点钟我不愿受薪俸：一来是因为我在文化基金会是专任，不应另受薪俸；二来是北大为两点钟而送我教授半俸，殊属浪费，此例殊不可开，即有此例，我也不愿受。所以我很诚恳地请求先生许我不受薪俸。”末尾他很决绝地写道：“倘不蒙允许，我宁可不教书了。”[④]蒋梦麟了解胡适为人，答应了他，胡适就这样义务地在北大兼了好几年课。

1938年4月，哈佛大学聘胡适任客座教授，课时不多，年薪不少（美金八千）。当时胡适还真缺钱，但他却拒绝了哈佛的美意，他在回信中说：“经过一整天的思考，我得出了这样的决定：由于战争形势在继续，所以对于这个经济上非常优厚，同样在道义上要求我全身心投入到教学和研究中去的职位，我凭良心不能接受。我有理由肯定，我将无法拥有足够‘平

① 罗尔纲：《师门五年记·胡适琐记》，三联书店1995年版，第124页。
② 胡适：《胡适全集（第24卷）》，安徽教育出版社2003年版，第382页。
③ 胡适：《胡适全集（第24卷）》，安徽教育出版社2003年版，第143页。
④ 胡适：《胡适全集（第24卷）》，安徽教育出版社2003年版，第74页。

静的心灵’作出与您即将在协议中建议的慷慨俸禄相称的贡献。”[①]当时胡适在美从事民间外交，负有宣传中国抗战的任务，他自感很难“全身心”地在哈佛任教，所以坚辞了这份美差。

胡适终身不置家产，相传他逝世后，遗物除书籍文稿之外，只有一百多美元，[②]但是胡适却乐善好施，特别慷慨地资助年轻有为的学子。1920年林语堂留学哈佛，代理北大教务长胡适向他预约：回国后到北大英文系任教。林语堂到美国后，因是“半额奖学金”，手头拮据，不巧他太太又因病手术，情急之中他想起了胡适的许诺，打电报求胡适代他向北大申请预支一些款项。不久，林语堂就收到胡适汇去的一千美元。后来林语堂夫妇到欧洲访学，再次陷入困境，胡适闻知又汇去一千美元，助林完成了学业。1923年林语堂回国，如约到北大，面见代校长蒋梦麟，感谢北大预支的两千元。蒋大惑不解，了解后才知真相，原来那是胡适私人的钱。多年以后，林语堂每忆及此，仍然为“胡先生这个人的慷慨和气度”动容。[③]

胡适慷慨解囊资助青年学子的事迹，不胜枚举。对此，胡适自己作过最好的解释，当受助人要还钱给他时，他总是说，这些钱他“从来不盼望收回”，因为他知道，这些资助出去的钱总是“一本万利”，“永远有利息在人间”。[④]在他的心目中，资助后辈学子，是利息最大的投资：利在学子本人，功在社会人间。

大学教师的职业发展，既是教师教学能力、学术水平不断提高的过程，也是师德师风不断完善的过程。胡适虽然是一个近代人物，作古已经六十余年，但他作为一个大学教师、一个高等教育工作者，他的职业发展路径及其发展高度，在今天仍然不失其光泽，仍具有鲜活的镜鉴意义。

---

① 胡适：《胡适全集（第33卷）》，安徽教育出版社2003年版，第75页。
② 孙郁编：《胡适影集》，山东画报出版社1999年版，第229页。
③ 林语堂：《林语堂自传》，群言出版社2010年版，第221页。
④ 胡适：《胡适全集（第26卷）》，安徽教育出版社2003年版，第120页。

第五节　匡亚明的大学师资观

匡亚明是1926年入党的中共早期党员、老一辈革命家。1949年后，匡亚明选择了一条“弃官办学”的道路，1955年任东北人民大学（后改名吉林大学）校长兼党委第一书记，1963年任南京大学校长兼党委书记（1982年改任名誉校长）。匡亚明是共和国历史上一位不可多得的杰出大学校长，也是一个从职业革命家成功转型为职业教育家的典型人物。作为一个大学校长，如何看待教师，如何对待教师，对大学教师的职业发展，对大学本身的发展，都具有至关重要的作用。

一、师生关系是“最根本的关系”

对高等教育规律的尊重和认识，是任何大学校长成功的基本前提。尽管在复杂的政治和社会环境中，高等教育规律的显现往往被复杂的政治和社会因素所屏蔽，甚至所歪曲，但是，规律总是客观地存在着，关键就在于你能在多大程度上认识它，以什么样的态度去对待它。

在匡亚明担任两校校长的20世纪五六十年代，是“政治挂帅”的年代。但是，匡亚明出于对教育规律的理解和尊重，却坚持认为：“学校是培养人才的地方”，为了培养人才，“学校要以教学为主”，[①]始终把教学工

① 南京大学高等教育研究所编：《匡亚明教育文选》，南京大学出版社2000年版，第60页。

作当作大学的中心工作。匡亚明强调，为了保证这个中心工作，师生关系应该是“学校最根本的关系”；为了这个中心工作，还需要“稳定教学秩序”，营造“一个良好的教学环境”和“一个活泼的学术空气”，并且“要在条件许可的情况下力求改善教学条件和生活条件”。

为了坚持教学工作的中心地位，匡亚明高度重视教师在大学教育中的主导地位。他1961年在《红旗》杂志发表“略论师生关系”一文，阐明“学校是传授知识、培养人才的场所。学校工作以教学为主。在教学中起主导作用的是教师”。他认为，“学校中教与学的关系主要表现为师与生的关系。师生关系愈好，就愈有利于教学质量的提高。”[①]因此，他推崇《师说》《学记》《论语》中关于师生关系的论述，倡导“传道授业解惑”“师严道尊”，他认为，“学生要尊敬教师，教师要爱护学生；学生要虚心向教师学习，教师要循循善诱，‘诲人不倦’，这是师生关系中的两个基本方面。”在那个特殊的年代里，能把师生关系说到这个程度，不仅需要慧眼睿智，也需要极大的勇气。

直到20世纪80年代，匡亚明仍然一以贯之地强调这一点。1980年他提出“五个队伍”的观点，认为大学里有教师、教辅职工、学生、干部、家属这五支队伍，但是，在他的心目中，“第一个队伍，就是教师队伍”，因为“学校以教学为主，人才的培养和科研成果，都是直接通过教师的辛勤劳动获得的。”[②]

在大学的实际工作中，匡亚明尽其所能维护教学的中心地位和教师的工作条件。20世纪50至60年代，大学里政治运动频仍并且粗暴地干扰教学工作，匡亚明虽然也说，大学里“各项工作都应跟上去”，但是他更加强调，各项工作的根本目标不是别的，而是“积极主动地围绕提高教学质量

① 南京大学高等教育研究所编：《匡亚明教育文选》，南京大学出版社2000年版，第64−71页。

② 南京大学高等教育研究所编：《匡亚明教育文选》，南京大学出版社2000年版，第214页。

这一中心进行工作”。因此他对校内管理部门提出要求，“所有部门都是为搞好教学服务的。当前就看如何减轻教师、学生的负担，使他们能更好地教，更好地学；特别是看行政部门如何减轻教师负担，少填一些表格，让他们省下时间看书备课。保证教师有六分之五的时间用在教学上”。①

20世纪80年代后期，匡亚明作为南京大学名誉校长，针对当时高校出现的新情况，他仍然强调：“无论如何，学校就是学校，高等学校的一切工作要为教学和科研服务。”他严厉地批评当时出现的“高等学校大而全、小而全，后勤是硬任务，教学科研反而成了软任务”的反常现象，指出，不围绕教学科研中心，“不解决这些问题，高校的调整工作也是搞不好的。”②

坚持教学工作的中心地位，坚持教师的主导地位，坚持一切为了学生的发展，是匡亚明大学领导管理的一个基本点，是贯穿匡亚明大学教育思想的一条主线。

二、良师出自“勤奋钻研的真正学者”

为了提高教学质量，就必须有高水平的教师；为了提高教师的水平，就必须大力开展科学研究。这是匡亚明对大学教师职业发展机理的独到理解，也是他在实际工作中大力追求的目标。

针对20世纪50年代初期“学校学术空气还不够浓厚”的状况，匡亚明在1955年就旗帜鲜明地指出，“原因当然很多，但我想有一个原因是带共同性的，那就是对学术研究和学术批判与教学工作的相互关系与相互影响的作用认识不足，估计不足。”匡亚明认为：“绝没有一个在学术研究和学术批判工作中的懒汉，能成为教学工作中的良师；反之，任何一个教学工作中的真正良师，必须是学术研究和学术批判工作中刻苦用功、勤奋钻研的

① 南京大学高等教育研究所编：《匡亚明教育文选》，南京大学出版社2000年版，第58−59页。

② 南京大学高等教育研究所编：《匡亚明教育文选》，南京大学出版社2000年版，第281页。

真正学者。”他同样认为，“绝没有一个在学术研究和学术批判工作中毫无独立思考能力和兴趣、习惯的大学生，能成为合乎社会主义要求的全面发展的人才；反之，任何一个合乎社会主义要求的全面发展的大学生，必然是对学术研究和学术批判工作有一定独立思考能力和兴趣、习惯的生气勃勃的新生力量。”①

为什么说真正的良师必定出自真正的学者呢？匡亚明通过观察和思考，从综合大学培养目标的角度，阐释了科研作用于教学的意义。他认为：“开展科学研究必须密切与教学工作相结合，使科学研究中的每一成就，都能直接地有利于教学质量的提高，因为高等学校特别是综合大学的主要任务，就是按照国家规定的教学计划，将必须学习的科学知识及科学研究的方法，正确地、系统地、有成效地传授给学生，使他们成为系统掌握所学的知识并具有独立研究能力的全面发展的合格人才。”因此，他强调指出：“凡在综合大学毕业的学生，都应名副其实地成为人民数学家、人民物理学家、人民化学家及人文科学方面的各门专家，成为不断参加到整个社会主义建设的伟大行列中去的新生力量。”②

同时，匡亚明对科研作用于教学的内在机理，也提出了富有洞察力的论断，一方面，“为了系统地、正确地、日新月异地运用科学知识教育学生，教师们就必须在科学研究中作出不懈的努力；事实上也只有这样才能不断丰富自己的科学知识，才能不断提高自己的科学水平，才能使自己在一定科学领域内真正成为在教学工作中胜任愉快的有权威的专家和导师”。另一方面，“没有不懈的科学研究工作，就不能圆满地贯彻教学计划的要求（包括指导学年论文、毕业论文、生产实习和科学研究小组活动等），就不

① 南京大学高等教育研究所编：《匡亚明教育文选》，南京大学出版社2000年版，第2页。

② 南京大学高等教育研究所编：《匡亚明教育文选》，南京大学出版社2000年版，第10页。

可能深入浅出地运用教材，就不可能不断提高教学质量”[①]。

正是基于这样的认识，匡亚明排除各种干扰，不遗余力地在大学里推动科学研究工作，推动教师进行科学研究，并以此促进教师的职业发展。匡亚明主张，应该“充分发挥高等学校科研力量，除结合教学开展科学研究外，根据可能条件，还应承担一定的国家科研项目，相应建立专业机构和专职队伍”；他既“强调科学研究的计划性、组织性、系统性、稳定性”，又倡导“百花齐放百家争鸣”，“适当照顾个人的特点和兴趣”；他重视实验室建设，重视《学报》对于繁荣学术的作用，认为“通过抓学报，就可把科学研究带动起来，促进学术水平的提高，有利于提高教学质量”。[②]在匡亚明的大力推动和支持下，无论是吉林大学还是南京大学，科研工作的成绩，在当时国内的大学中都是十分突出的。

良师出自学者，但学者未必是良师，关键就在于能否处理好教学与科研的关系，这也是大学教师职业发展的一个重要内容。对于这一点，匡亚明一直保持着清醒的认识。

对此，匡亚明要求，“首先必须坚持以教学为主的方针。教师要力求精通教学方针、教学计划、教学环节、教学方法等有关教学方面的问题，不断提高教学质量。为了提高教学质量，归根到底在于提高学术水平，在于不断开展科学研究。从这个意义上来说，教学和科学研究不可偏废，既要反对只教书不搞科研，更要反对只搞科研而不注意教学。”尤其是“对教学尚未完全过关的教师，更应全力以赴地首先努力搞好教学。放弃教学是不务正业，危害更大”。针对当时流行的“教学是支出，科研是收入”的说法，匡亚明明确表示反对，他认为，“对这种思想要加以抵制和批判。科研能提高水平，认真教学同样能提高水平。而提高水平的目的还是为了搞好

① 南京大学高等教育研究所编：《匡亚明教育文选》，南京大学出版社2000年版，第11页。

② 南京大学高等教育研究所编：《匡亚明教育文选》，南京大学出版社2000年版，第97-103页。

教学。在强调科研时，明确这一关系是十分必要的。”[①]匡亚明对高校科研和教学的关系问题作出了准确的阐释。

但是在实际工作中，对教师个人而言，教学和科研在时间、精力等方面，确实常常会产生一些矛盾。如何处理这一实际矛盾？匡亚明的态度也是非常明确的，那就是“在发生矛盾时要服从教学任务”。也就是说，尽管科研十分重要，但任何情况下都不能牺牲教学来搞科研。

三、“最重要的是开花的那个枝”

在匡亚明长校的时代，中国的大学里都有教师、教辅职工、学生、干部、家属这“五个队伍”，一校之长如何处理好这“五个队伍”的关系，是一个非常棘手的问题。匡亚明也承认，只有“五个队伍都很健壮，这个大学一定会很好。”[②]这就是当时中国大学的重要特色之一。

但是，在匡亚明的心目中，有一支队伍无疑是最重要、居于首位的，那就是教师队伍。他比喻说：“我们的大学就像一朵美丽的牡丹花。……当然直接开花的那个枝子是特别重要的，没有那个枝子就没有花。学校直接产生成果、培养人才的是教师队伍，其他几个队伍都是围绕教师队伍的。没有教师队伍，这个学校就不要办了。五个队伍都重要，最重要的是开花的那个枝。”[③]匡亚明重视教师，尊敬教师，爱护教师，表现出非凡的见识和胆识。

匡亚明到东北人民大学任职不久，礼贤下士，三顾茅庐，请著名古文字学专家于省吾来校任教。于省吾被匡亚明的诚意所感动，表示可以应聘，但他提出三个条件，其中之一是“不参加政治学习，不开会，不开

---

① 南京大学高等教育研究所编：《匡亚明教育文选》，南京大学出版社2000年版，第114–115页。

② 南京大学高等教育研究所编：《匡亚明教育文选》，南京大学出版社2000年版，第215页。

③ 南京大学高等教育研究所编：《匡亚明教育文选》，南京大学出版社2000年版，第215页。

课”。[①]对于这个石破天惊的意外条件，匡亚明居然“顶着相当大的政治压力”，毅然同意了，最终将这位大师聘进了学校。

著名古代文学家程千帆教授，1957年被划为“右派”；“文革”结束后不久“被勒令退休”，“处境凄凉”。1978年夏，匡亚明获知这一情况后，迅速派人三赴武汉“登门求贤”。匡亚明一再嘱咐：“这样的人才，别人不用，我们要用。如果调动手续办不成，南京大学就包吃包住，一定要让他有用武之地。”[②]程千帆到南大后，匡亚明还顶住各种压力，通过江苏、湖北两省主要领导，使得程千帆在政治上获得平反。在匡亚明逝世后，耄耋之年的程千帆动情地说：“是匡老给了我20年的学术生命，我终生感激他老人家。”[③]

1980年，南京大学新建了一批教工宿舍。在那个一家三代蜗居在十来平方米斗室的岁月里，这批新建宿舍如何分配，着实绷紧了全校教职工的神经，各种议论也是风生水起。匡亚明在全校教职工大会上为此作了“教工宿舍分配中的政策性问题”专题发言，因此就有了“最重要的是开花的那个枝”的比喻。在此基础上，匡亚明力排众议，强调：“第一条原则是学校以教学为主。虽然五个队伍都重要，但是无论如何在第一线的更重要一点，它需要有必要的工作条件、生活条件，保证他能把课备好。”因此住房分配必须“有所侧重，侧重在教师”。“首先要解决的事教师的房子。我想这是天公地道的。”[④]南大的这一批新宿舍，就按照这个原则优先分配给教师了。

匡亚明注重延揽名师，特别尊敬老教师，始终强调“要充分发挥老教师的专长”，同时他又非常注意培养和选拔中青年教师，一再要求“提高青

① 沈道初：《匡亚明论世治学》，吉林人民出版社2003年版，第89页。

② 沈道初：《匡亚明论世治学》，吉林人民出版社2003年版，第105页。

③《匡亚明纪念文集》编委会编：《匡亚明纪念文集》，南京大学出版社1997年版，第251页。

④ 南京大学高等教育研究所编：《匡亚明教育文选》，南京大学出版社2000年版，第219页。

年教师的水平”，对青年教师的各种学术、教学工作总是给予热情的扶持和鼓励。

1993年底，几位名不见经传的高校青年教师编写了《百年之功》一书。作者们仰慕匡亚明的崇高威望，托南京大学高等教育研究所的同行向匡老转达了请他题写书名的愿望。米寿之年的匡亚明抱着病体，欣然为他们题写了书名。[①]匡亚明奖掖后学的这种精神，令这批作者至今仍感激莫名。

匡亚明于1996年因病去世，永远离开了他情有独钟的高等教育事业。但是，匡亚明关于大学师资的思想和实践，他的真知灼见和嘉言懿行，已经成为我国高等教育史上一笔宝贵财富。匡亚明不愧为特殊年代里高等教育规律的坚守者，不愧为大学教师的知心人和护卫者。

---

① 周川，黄旭:《百年之功——中国近代大学校长的教育家精神》，福建教育出版社1994年版，第539页。

第六章

作为一个学科的高等教育学

高等教育研究古已有之，中外皆然，而高等教育学作为一个官方正式认定的学科，却是当代中国的独创。高等教育学作为一门新兴学科，是中国高等教育改革和发展的产物，也是中国高等教育改革和发展进程的一个重要组成部分。

第一节　中国高等教育学四十年

高等教育学于1983年被列入我国《高等学校和科研机构授予博士、硕士学位的学科专业目录》（以下简称《学科目录》），至今已整整四十年。四十年来，伴随着中国高等教育超常规发展的节奏，高等教育学的发展速度也很惊人，就从业人员、研究机构、学位授予、学术刊物、论文著作的数量来看，它如今已经是教育学门类中一个规模很大的二级学科。在中国高等教育学步入不惑之年之际，回顾它的前世今生，反思其发展方式与得失，鉴往知来，亦当其时。

一、为什么生于1983年

由国务院学位委员会颁布的《学科目录》，是我国学位授予和研究生培养工作的基本依据，也是学科建制化的重要标志，自1983年3月发布第一版以来，至今一共发布了六版。高等教育学作为教育学的二级学科，早早就跻身第一版，在当时是很引人注目的。教育学门内的一些老牌二级学科，对这个新来的同门小兄弟不得不刮目相看，因为在此之前，门内即便是一些很资深的专家学者，不但对“高等教育学”这个概念相当陌生，甚至还“颇多非议”。[①]在教育学门外，其他的一些新兴学科如科学学、人才学

① 潘懋元：《潘懋元文集［卷四・历史与比较研究］》，广东高等教育出版社2010年版，第23页。

等，对此更是艳羡不已、啧啧称奇，因为这些新学科比之于高等教育学，冠以“学”名的时间更早，社会声势也更大，然而这些学科却迟迟未能，甚至至今都未能进入《学科目录》，更不用说第一版了。

这固然与高等教育在国家、社会发展中的重要作用有关，与高等教育在整个教育体系中的特殊地位有关，但如果仅仅这样来解释，显然太过简单。在我国改革开放之后的政策语境中，科学、人才、教育诸端，一般都相提并论，视为一体；而在教育体系之内，无论对于社会还是个人而言，也很难断言某一层次的教育就一定比另一层次的教育更重要。何况在1983年3月之时，中国的高等教育之“学”，充其量也就处在孕育期，它在进入第一版《学科目录》时，自身的条件并不充分。

然而，高等教育学恰恰就是在1983年，赫然进入了第一版《学科目录》，究其原因，主要还是时势使然：它是在特殊历史阶段由特殊的学科体制、特殊的人物共同催生的产物，是70年代末至80年代初天时、地利、人和等各种因素综合作用的结果。

（一）天时

从20世纪50年代初开始，我国高等教育在除旧布新的同时，也屡受政治运动的影响。

随着改革开放进程的开启、现代化建设目标的确立，以及“多出人才快出人才”系列政策的出台和高等教育本身的拨乱反正，高等教育学的横空出世已是水到渠成。这是天时之运。

（二）地利

1978年春，厦门大学高等教育科学研究室成立，在全国开风气之先。紧随其后，各高校在“探索高等教育规律”口号的激励下，纷纷设立高等教育研究所（室），一时蔚为热潮。到1982年11月，已有195所高校建立了高等教育科学研究机构，17个省份成立了高等教育科学研究的学会或研究会。①

① 本报讯：《我国高等教育科学研究蓬勃发展》，载《光明日报》1982年11月23日。

随着高等教育研究机构和团体的普遍设立，在全国形成了一个规模相当庞大、专兼职结合的高等教育研究者群体。这个群体的主要特点是，学科背景丰富多样，从事高等教育研究几乎全都是“半路出家”（那时还没有“高等教育学”一说，也就不可能有高等教育学的“科班出身”），他们或者由专业教师转行而来，或者由行政干部转岗而来。不同的研究机构和不同的研究者，尽管实际的研究目标、研究能力以及对高等教育研究的理解都大相径庭，但这个庞大机构和研究者群体的出现，却在客观上为学科进入建制奠定了广泛的组织和人力基础。这是地利之便。

（三）人和

中国的高等教育研究在起步之初，先驱者们大多是白手起家，除去个人有限的实践经验和理论积累之外，没有多少历史的、理论的遗产可以继承和依凭。这样一种几乎从零开始的状态，反映出筚路蓝缕的艰难，但也促成了先驱者们积极而高效的交流协作，他们需要在这种交流协作中相互学习、相互扶持，并借此以壮声势。正是在这种积极高效的交流协作中，先驱者们形成了一个志同道合、惺惺相惜、“共同拓荒”的同人共同体，[①]凝聚成创建学科的骨干力量。

（四）关键推手

天时、地利、人和虽已齐备，可最终还需要一位关键人物，来充当最后的推手，以实现最后一推。要胜任这样一个关键推手的角色，在当时至少应满足以下几个条件：第一，具有教育学的学科背景和学养，谙熟教育学的理论体系；第二，在高等教育研究方面已有相当的积累，同时又有丰富的高等教育教学和管理实践经验；第三，有横跨学、官两界的人脉，与教育学顶层的学者保持良好的学术关系，与高等教育界的领导保持良好的工作关系；第四，有远大的个人学术抱负；第五，具有强烈的学科意识，并且熟稔我国的学科体制及其运作机制。这几个条件，每一条都很难得，

① 邬大光：《潘懋元：高等教育学的中国符号》，载《高等教育研究》2020年第7期。

而要集中于一人之身，更是极小概率事件。

幸运的是这个概率极小的事件，发生在了潘懋元教授的身上，各种难得的条件都机缘巧合地在他那里得以汇集：潘懋元1945年毕业于厦门大学教育学系并留校任教，长期从事教育学专业的教学和研究；早在20世纪50年代中期就开始系统地思考、研究高等教育的理论问题，并有志于创建一门"高等专业教育学"或"高等学校教育学"，①组织编写了《高等学校教育学讲义》；1977年后，他先后出任厦门大学教务处处长以及分管教学、科研的副校长，与教育主管部门的领导建立了良好的工作关系；1978年首次提出"高等教育学"的概念，②周游全国讲学传道，为创建学科"大喊大叫"，联合了一批志同道合者；从1982年开始，参与了"学科评议组"的工作，③并且在1983年参加了国务院第一届教育学学科评议组的第二次会议。④

正是在当时特殊的历史背景下，集这些难得条件于一身的潘懋元，为高等教育学进入第一版《学科目录》，做出了有力的最后一推。这有力的最后一推之所以能够成功，是天时地利人和的产物，也是潘懋元个人多年积累、历练的结果。时势造就了潘懋元，潘懋元也造就了高等教育学的时势；没有他，高等教育学最终也一定会进入《学科目录》（比如1990版或1997版），但要想早在1983年进入第一版，难！

二、"早产"效应

中国的高等教育学从20世纪70年代后期开始酝酿，到1983年3月进入《学科目录》，其实只有短短的五六年时间。

---

① 潘懋元：《潘懋元文集［卷二·理论研究］（上）》，广东高等教育出版社2010年版，第16页。

② 潘懋元：《必须开展高等教育的理论研究——建立高等教育学科刍议》，载《光明日报》1978年12月7日。

③ 韩延明：《潘懋元教授纪事年表》，厦门大学出版社2015年版，第77页。

④ 顾明远：《潘懋元：中国高等教育学的奠基人》，载《高等教育研究》2020年第8期。

到高等教育学进入《学科目录》之时，相关的学术研究成果还很少。第一部名为“高等教育学”的著作，即潘懋元的《高等教育学讲座》，于1983年8月正式出版。作者在书中坦白地说：“因为现在中国还没有一部高等教育学”，所以这本书“只能谈一点关于高等教育学基本体系和内容的设想”。[①]这在一定程度上可以说明，高等教育学自身的条件在当时还很不充分。

而作为学科诞生标志的第一部《高等教育学》（上、下），在1984年和1985年出版。从时间顺序上看，是高等教育学进入《学科目录》在前，而作为学科诞生标志的著作却出版在后。正是在这个意义上，高等教育学早在1983年就进入《学科目录》而成为建制内学科，可以被看作一个“早产儿”：[②]还没有等到足月，还没有等到标志性的《高等教育学》出版，就已经在《学科目录》上出生了。

（一）正效应

在我国的学科体制之下，早早列入《学科目录》，这对于学科发展所具有的重要意义，怎么强调都不过分，高等教育学四十年来的快速发展就是很好的证明。

首先，进入《学科目录》就等于学科获得了体制内的“户口”，并且因为这个“户口”而拥有各种资格，特别是高层次学位授予和研究生培养的资格，使得众多的高等教育研究者有了自己的学科归属，有了安身立命的学术领地，可以“学科化生存”。[③]据笔者对我国高校官网上研究生招生信息的不完全统计，2022年我国高校以“高等教育学”为“研究方向”（即“二级学科”）的博士点约有36个，硕士点已超过200个；如果再加上公共管理类学科点和专业学位点的相关方向，那么，与高等教育研究相关的博士、硕士学位点数量会更多。由于获得了建制内身份和学位授予权，以学

① 潘懋元：《高等教育学讲座》，人民教育出版社1983年版，第22页。

② 周川：《高等教育事理蠡测》，中国海洋大学出版社2009年版，第232页。

③ 阎光才：《高等教育研究的学科化：知识建构还是话语策略？》，载《北京大学教育评论》2011年第4期。

位点为依托的各高等教育研究机构，组织基础相对比较牢固，不会被轻易取消或并入其他机构。仅此一点，四十年前推动高等教育学进入《学科目录》的先驱者们，功莫大焉。

其次，进入《学科目录》之后，高等教育学置身于学科体系之林，有了明确的学科参照系，虽然不可能与自然科学相比拟，但高等教育学作为教育学一级学科中的一个新成员，必不可少地要与教育学其他二级学科相比较，甚至还不得不与其他社会科学相比较。身处学科参照系之中，学科间的异同、优势和劣势，显露得格外醒目，这有利于高等教育学在研究的实践中不断地进行自我反思、自我改进，有利于加速其内涵的发展和专业化程度的提高。

再者，进入《学科目录》之后，随着学位点的增加，高等教育学硕士和博士的培养过程对学科本身的建设和发展，形成了强有力的倒逼作用。只要研究生招进来了，这种作用就会直接而现实地发生；任何一个对学生负责任的学位点，面对自己的学生，都不得不直面这样的拷问：用什么培养他们？以什么方式培养他们？要把他们培养成什么样的硕士、博士？怎样才能使得他们在毕业时真正学有所获、学有所长？这就需要在培养过程中不断研究和调整培养计划，不断改进课程内容和教学方法，不断提高培养质量；任何负责任的研究生培养过程，实质上都是学科自身充实、改进和发展的过程。在教育学发展史上，很多学科其实都是直接因师资培训、校长培训的实际需要而产生并得以发展的，高等教育学也不例外。

另外，进入《学科目录》有利于吸引更多有才华的学者，有利于吸收体制内外的各种学术资源，有利于扩大学术发表和出版的园地。这些对于高等教育学的学科发展，也都是显而易见的利好。

四十年来，中国高等教育学的研究质量和学术水平一直在不断地进步和提高，这是不争的事实。将当前各大期刊上高等教育学的论文与四十年前的作一个简单比较就不难看出，在学术立场、研究方法、研究质量和学术水平方面，完全不可同日而语。这与高等教育学早早进入《学科目录》，学科建设目标取法乎上，有着重要的相关性。

（二）先天不足

不过，“早产”也不可避免地会带来某些先天的不足，比如孕育不充分、营养不良、体质不强。这些先天不足，在学科上就可能表现为基本概念和理论体系不够严密，学术范式不够严格，思维方式和研究方法不够科学，等等。四十多年前，先驱者们在推动高等教育学进入《学科目录》时，实在来不及从容地思考这门新学科到底需要哪些条件和规范，也等不及这些条件和规范成熟之后再去创建学科，就当时的实际情况看，进入《学科目录》的迫切性显然超过了条件和规范的建设（这本身是一个比较漫长的过程），情有可原。如果我们因此而苛责先驱者，那显然既不公道，也于事无补。

“早产”儿的先天不足，原本可以在后天加以弥补。事实上，弥补的努力一直都在进行之中，从《高等教育辞典》到《教育大辞典》《教育学名词》，从《高等教育学新论》《多学科观点的高等教育研究》到一批严肃的译介成果、史料汇编，以及一大批以比较严格的学术规范和方法对高等教育理论和实践问题进行研究的成果，都可以看作对学科先天不足进行弥补的努力，效果也有目共睹。

（三）后天失调

不过总的来看，后天的弥补还不够充分，还没有达到理想的程度。这与教育学研究本身特有的复杂性和高难度有关，也与中国高等教育学在诞生之后面对的后天环境有关：它一出生，面对的就是一个超常规发展的研究对象，高等教育改革发展的热点主题一个紧接着一个，令人目不暇接，以致高等教育学在诞生之后，依然等不及条件和规范的建设，而是不由自主地被裹挟到超常规发展的节奏之中，以致形成了“热点趋向”和“研究泛化”的偏颇。[①]

研究高等教育改革发展中的热点问题，本来也是高等教育学的题中应

① 胡建华：《我国高等教育学学科发展的特殊性分析》，《教育研究》2003年第12期。

有之义，本无可厚非，但要害在于“跟风”：一个热点出来，往往是一哄而上，主题先行，随风而飘，身不由己地偏离了学术的轨道。“热点趋向”成风，“研究泛化”也就难以避免，以致学术研究与工作研究的边界被混淆。在这样一种偏颇之下，学科的先天不足没有得到充分弥补，后天的失调又一波接着一波，延缓了高等教育学内涵的成熟进程。

高等教育学的先驱者们其实很早就敏锐地看到这种先天不足、后天失调的现象，并力图有所矫正。1991年，潘懋元针对很多研究者的困惑，指出高等教育研究当时在方法论上的两大缺陷：“一是理论脱离实际，内容贫乏，理论空泛，教条味重；一是实际脱离理论，铺叙事实，就事论事，发表局部经验或个人感想，以偏概全，不能上升到一般理论上来。”[①]1999年，汪永铨直面“教育学科的不成熟”，指出“人们容易把某些个别的狭隘的经验，甚至是某种主观愿望（尽管可能是善良的愿望）当作教育发展的规律或必然”；他强调，“要在提高高等教育研究的理论和方法论水平上下功夫”，“建立能反映高等教育研究特性的方法和方法论”，培育“不唯上、不唯书、不唯众、不唯我、不唯风”的“五不唯”学风。[②]今天听来言犹在耳，对当下的中国高等教育学研究仍不失振聋发聩的威力。

三、“学科”抑或“研究领域”

一个多世纪以来，国外也曾有过“高等教育学”（Pedagogy of Higher Education）的提法，如19世纪末克拉克大学的暑期培训学校[③]、1978年J. S.

① 潘懋元：《高等教育研究的比较、困惑与前景》，载《高等教育研究》1991年第4期。

② 汪永铨：《关于我国高等教育科学研究的几点思考》，载《教育研究》1999年第10期。

③［美］埃伦·康德利夫·拉格曼：《一门捉摸不定的科学：困扰不断的教育研究的历史》，花海燕等译，教育科学出版社2006年版，第31页。

布鲁贝克的《高等教育哲学》等。[①]但总的来看，高等教育研究的绝大多数学位项目和学术著作，基本上都用“高等教育”之名；这个名称为不同的理解留下了较大的余地，既可以把它理解为一个“学科”，也可以把它理解为一个“研究领域”；一词多解，各取所需。

20世纪70年代初，P. L. 德莱塞尔等人对美国定向于高等教育研究的六十多个博士学位项目进行了调查，在此基础上出版了《作为一个研究领域的高等教育》一书，描述了美国高等教育研究学位项目的发展历程，分析了这个研究领域的多学科特点和专业地位。[②]在1978年出版的《国际高等教育百科全书》中，“高等教育（一个研究领域）”词条的释义，主要就是引用了这一著作的基本内容，[③]论述了美国高等教育研究领域的性质和状况。高等教育研究作为一个“研究领域”的说法在美欧广泛流行。

（一）三种观点

在中国，高等教育学虽然早早跻身《学科目录》，但由于它自身还不够成熟，因此不少学者参照美欧的流行说法，并不认可这门“学科”，而更倾向于把它称作一个“研究领域”。这些学者提出“研究领域”一说，时间是在高等教育学进入《学科目录》并且颇具规模之后，因而带有比较明显的针对性，厚此薄彼的意图一目了然，由此而引发“学科”与“研究领域”之争也是势所必然。

“研究领域”一说在我国最早大约出现在21世纪初。2002年有学者直言，“不幸的是，高等教育研究至今还不是一个成熟的独立学科”，而“可以是一个多学科的研究领域”，并预言“它将不会成为一个单独的科学学

① ［美］J. S. Brubacher. *On the Philosophy of Higher Education*. San Francisco：Jossey-Bass Publishers，1982：94.

② ［美］P. L. Dressel，L. B. Mayhew. *Higher Education as a Field of Study*：*The Emergence of a Profession*. San Francisco：Jossey-Bass Publishers，1974：2–3.

③ ［美］A. S. Knowles，et. *The International Encyclopedia of Higher Education*（Vol.5）. San Francisco：Jossey-Bass Publishers，1978：1998–2000.

科”。[1]还有学者借用“建制化而非专业化”的观点，认为高等教育学虽然在建制上已是一个学科，但还不能被视为一个专业化的学科，理由是高等教育学在“观念层面”尚未形成“独立而成体系”的“范式”；没有形成这个范式，就不能说“某一个知识领域成为一门独立的学科”。[2]

潘懋元作为学科的创建者，当然秉持“学科说”。除早期的相关论著外，1991年又从研究对象和特殊规律两个角度阐释了高等教育学的学科依据：“一门学科的建立，最基本的根据只能是有它的独特的、不可代替的研究对象，有它特殊的基本规律。”但是，作为学科的创始人，潘懋元并没有把“学科”绝对化，而是对这门新学科保持着一份清醒，承认这门学科“尚未成熟”；他也没有完全排斥“研究领域”说，也认为，“高等教育学，既是一个专门的研究领域，也是一门尚未成熟的学科。多学科的研究方法，各自不同的研究途径、方式、方法，正可以互相借鉴，取长补短，促进学科的繁荣发展。同时，也可各自发展自己的特色”。[3]

其他持“学科说”的诸多学者，有的以现代学科标准的多样性和相对性为依据，反对仅仅用“经典学科”或“科学学科”的标准来衡量高等教育学，认为高等教育学是一门以高等教育现实需求为动力、以综合性和应用性问题为对象、采用多学科方法进行研究的“现代学科”；[4]有的认为，学科评判的“内在标准”已经“过时失效”，因为这一传统造成了越来越多的“学科危机”、阻碍了“新兴学科的创生和成长”，因而主张用社会性的

① 赵炬明：《学科、课程、学位：美国关于高等教育专业研究生培养的争论及其启示》，《高等教育研究》2002年第4期。

② 袁本涛：《在学科与领域之间——制度化的高等教育研究》，《北京大学教育评论》2011年第4期。

③ 潘懋元：《高等教育研究的比较、困惑与前景》，载《高等教育研究》1991年第4期。

④ 张应强：《超越“学科论”和“研究领域论”之争——对我国高等教育学学科建设方向的思考》，载《北京大学教育评论》2011年第4期。

“外在标准”来评判高等教育学。[①]

也有不少学者持“同一说”，认为“学科”和“研究领域”并无本质不同和高下之分，反对将二者“割裂甚至对立起来”。有学者认为，“学科”本质上就是“科学研究的某一领域”，而当某一“研究领域”的成果积累到一定程度时就成为“学科”，主张纾解“学科情结”、强化研究的问题本意。[②]也有学者认为，“学科”和“领域”之争实是中西学术文化的一种不同表达：“西方作为一个研究领域的研究对象，在中文里头就可以称之为学科”，因此“在中国，高等教育学既是自成体系的学科，同时也是高度开放的研究领域。”[③]还有学者认为，“学科”和“研究领域”的词义差别并没有人们想象的那么大，人们也有理由将英文的“高等教育研究”译作中文的“高等教育学”，因为英文“study”一词本身就含有“学科”的含义。[④]

（二）分歧的焦点

无论在中文还是在英文中，“学科”都是一个复杂的多义词，其基本义项无非是“知识的门类”“学术的门类”或“教学的科目”。其实无论用哪一个义项来判断，高等教育学都有理由被称为“学科”。

首先，它作为“教学的科目”，早在1893年，美国克拉克大学就设置了定向于高等教育研究的第一个博士学位项目，至今已经一个多世纪。[⑤]目前，在国内外成百上千所大学的研究生“教学科目”表中，“高等教育学”或“高等教育”正赫然与众多经典学科并列在一起，已经为此作了证明。

其次，它事实上也是一个“知识的门类”，包含着高深学问的教与学、

---

① 刘小强：《学科还是领域：一个似是而非的争论——从学科评判标准看高等教育学的学科合法性》，载《北京大学教育评论》2011年第4期。

② 龚放：《追问研究本意　纾解“学科情结”》，载《北京大学教育评论》2011年第4期。

③ 刘海峰：《高等教育学：在学科与领域之间》，载《高等教育研究》2009年第11期。

④ 王建华：《高等教育学的建构》，广东高等教育出版社2009年版，第228页。

⑤ ［美］莱斯特·古德柴尔德：《在美国作为一个研究领域的高等教育：历史、学位项目与知识基础》，载《北京大学教育评论》2011年第4期。

高等教育组织和管理理论、高等教育属性和价值等“自成体系”的知识，尽管其中很多知识还处在经验的层面，还没有达到严密的“逻辑统一性”，甚至尚未达到科学理论体系中“原始概念和原始关系”的层次，[①]但是谁也不能否认经验知识也是“知识”，而且是通向更高层次必不可少的“知识”；更何况在经验知识的基础之上，高等教育学也已积累了不少具有一定概括性、抽象性和统一性的理论知识。

再则，如果把特定的研究对象作为“学术门类”的判据，那么，高等教育学的研究对象，作为一个客观的社会存在，在人类社会已经存在和发展了数千年之久，而且必将持续发展下去，只要我们不否认这个对象有特定的规律和意义，不否认其规律和意义是可以探索和探讨的，那么，高等教育学作为一个“学术科目”就有很充足的存在理由。至于其他学科也可能“跨界”研究它，那毕竟也只是“跨界”，是从“界外”跨入高等教育学的“界内”。在“学术门类”的意义上，“学科”和“研究领域”完全可以看作同义词。无论人们是在“学科”还是在“研究领域”对高等教育进行学术研究，这个“学术的门类”一旦成立了，就既可以是“学科”又是“研究领域”，区别仅仅在于研究者自己如何称呼它，仅此而已。

分歧的焦点实质在于，高等教育学是不是一门有“逻辑统一性”“严密理论体系”的“成熟学科”。如果一定要用“成熟学科”的这些标准来衡量，那么可以肯定地说，它目前确实还不是一个“成熟学科”，或者说是一个“欠成熟的学科”。但即使它现在不是一门“成熟的学科”，我们依然无法否认它事实上是一门自成体系的学科。

学科本身“是历史的产物，并用一定的措辞建构起来”[②]。学科是一个历史的范畴，是人为设定的，它随着历史的发展而发展，随着研究的不

① [德] 爱因斯坦:《爱因斯坦文集（第一卷）》，许良英译，商务印书馆1983年版，第345页。

② [美] 华勒斯坦等:《学科・知识・权力》，刘健芝等编译，生活・读书・新知三联书店1999年版，第34页。

断推进而逐渐成熟。任何一门学科，都有不成熟的阶段，都要经历从不成熟到成熟的过程，因此，学科的衡量标准本身也是历史的、相对的。伯纳德·巴伯在比较自然科学和社会科学的异同时曾指出："如果我们时常看一看现在的社会科学是怎么来的，比其他社会强多少，则一个令人满意的社会科学很可能就出现在我们面前，反之，如果我们只集中在离赶上自然科学还差多少这个问题上，恐怕不会有满意的结果。"①

如果用经济学、法学等比较成熟的社会科学学科作为标准来衡量高等教育学（乃至教育学），那么高等教育学肯定是不够成熟的；如果用自然科学作为参照系来衡量社会科学，那么几乎所有的社会科学都可能是不够成熟的；如果用纯数学作为标准来衡量，那么生物学、化学甚至某些物理学分支都可能是欠成熟的。

早期的化学有过"依附于炼金术的不名誉的状态"，早期的生物学也"主要以功利主义的观念为根据或根据表面的显著特点"进行动植物分类，因此，西欧在进入近代之后，当大学"把科学接受下来的时候"，正如贝尔纳所描述的那样："科学要么好像是附属于其他学科的一个额外学科，要么就像是灵魂卑鄙、只讲物质、舍弃经典而求科学的人们所选择的道路。"②在近代大学的学科体系中，科学的地位如此卑微，可能是今天的人们很难想象的，但是从整个科学发展的过程来看，谁也不能由此否认炼金术以及肤浅的表面分类在化学、生物学早期发展中所起到的"真正的和高尚的作用"，③也不能认为早期不够成熟的化学和生物学不是一门学科。

---

①［美］伯纳德·巴伯:《科学与社会秩序》，顾昕等译，生活·读书·新知三联书店1991年版，第287页。

②［英］J. D. 贝尔纳:《科学的社会功能》，陈体芳译，商务印书馆1985年版，第121页。

③［英］W. C. 丹皮尔:《科学史及其与哲学和宗教的关系》，李珩译，商务印书馆1995年版，第98页。

四、高等教育学的学术取向

就中国高等教育学的现状而言，相对于“学科”与“研究领域”的争论，当前更值得我们重视的应该是学术取向的问题，也就是如何以学术的方式从事研究、实现其学术使命的问题。只要高等教育学的研究都能最大限度地以学术的方式进行，在学术的轨道上进行，那么，它的内涵就一定能不断得以充实，它无论作为一个“学科”抑或“研究领域”就一定能逐渐走向成熟。坚持和强化学术取向、学术使命，对于中国高等教育学具有更为紧迫的现实意义。

（一）研究目的

高等教育学的学术取向首先体现在研究目的上。高等教育学被认为是一门应用性学科，但是，对于高等教育学的应用性不能作狭隘的理解。L. J. 克龙巴赫曾将教育研究区分为“以决策为目标”的研究和“以结论为目标”的研究，认为前者的目的是“帮助决策者更加理智地行动”，后者的目的是“通过研究者的自由想象来发现新的理念、描述以前藏匿的异常现象并考察早期从未观察过的关系”。[①]虽然他没有具体论证这两种研究之间的关系，但其倾向性是很明显的：“以结论为目标”的研究是基础和前提，是第一位的；“以决策为目标”的研究是应用和延伸，是第二位的。

这里所说的第一、第二，当然不是重要性的区别，而是研究次序的先后。高等教育学的学者，只有首先作好“以结论为目标”的研究，然后才有资格和可能去作“以决策为目标”的研究；反之，如果不首先作好“以结论为目标”的研究，也就没有资格去作“以决策为目标”的研究——即使很卖力气地作了，其结果也大多不能让决策者满意。现在的很多决策咨询研究，在决策者那里常常被看作“没用”，症结也就在这里。

① ［美］埃伦·康德利夫·拉格曼：《一门捉摸不定的科学：困扰不断的教育研究的历史》，花海燕等译，教育科学出版社2006年版，第243页。

（二）问题意识

高等教育学的学术取向，也体现在研究的问题上。问题的本质是矛盾，是学术研究的起点。高等教育学的问题，是作为研究对象的高等教育内在矛盾的反映，这些矛盾来自高等教育活动的所有层面和所有环节，而且是不断“发生”“发展”的。然而，并不是所有矛盾都能直接成为高等教育学研究的问题，只有那些经过“学术建构”的矛盾才能转化为学术问题，才能成为高等教育学研究的逻辑起点。

当前的一个薄弱环节是问题意识的弱化乃至迷失，或者抓不住对象的矛盾，或者刻意回避高等教育改革发展历程中那些事关高等教育的基本规律以及高等教育的终极价值和意义的矛盾，或者虽然看到矛盾却不能对矛盾进行“学术建构”。问题意识的弱化乃至迷失，会对学科内涵的发展造成严重的消极后果，会导致研究的无意义化、平庸化。

（三）研究方法

高等教育学的学术取向也体现在多样的研究方法上。高等教育学有没有自己独特的研究方法并不重要，重要的是能不能有效地运用社会科学以及其他科学的研究方法。近年来，随着方法意识的觉醒，高等教育学研究在运用各种有效的研究方法方面已经取得比较明显的进步，特别是各种实证研究方法的广泛采用，对提高研究的客观性、科学性起到了积极作用。

当前值得警惕的恰恰是随着方法意识的觉醒而出现的另一种偏向，即“唯方法论”的偏向，这是一种“为了方法而方法”的偏向。这种偏向看似重视方法，实则禁锢了方法，把方法当作僵化的格式，结果依然无益于学术的发展。马克思曾经指出：“分析经济形式，既不能用显微镜，也不能用化学试剂。二者都必须用抽象力来代替。”①这应该是所有社会科学都需要遵循的方法论原则。

①［德］马克思，恩格斯：《马克思恩格斯文集（第5卷）》，中共中央编译局译，人民出版社2009年版，第8页。

（四）成果表达

高等教育学的学术取向也体现在成果的表达方式上。高等教育学研究的直接目的，是揭示高等教育的规律和意义，具体可以分解为描述事实、解释原因、预测趋势以及阐明意义，它们分别回答的是“是什么”“为什么”“如果……将会是什么”以及“应该是什么”的问题。描述、解释、预测性研究结果的表达方式，在语言上只能是客观的事实陈述，只有阐释意义的研究成果可以是主观的价值陈述，但这种价值陈述必须建立在描述、解释、预测的事实陈述基础上，以事实陈述为前提。

当前在高等教育学领域，一些“旨在”揭示规律的研究，却充满了价值陈述，这无异于对规律发号施令；而一些“旨在”阐明意义的研究，却不能在事实陈述的基础上进行价值陈述，使得意义的阐释成为空洞的河汉之言，以至于很多人误将阐释意义的规范性研究打入空洞的说教一类。殊不知在教育学领域，关于教育的“应循方向以及应达目标的价值性、规范性研究”，亦即“以阐明教育的应然状态为旨归的意义研究”，在整个教育研究的结构中实际占据着一种“灵魂”的地位。①我们很难想象，如果高等教育学不能向人们昭示，什么是好的高等教育，什么是不太好甚至很不好的高等教育，那么高等教育学无论作为“学科”还是“研究领域”，还有什么存在的意义。

（五）研究立场

高等教育学的学术取向，归根结底体现在研究者的学术立场和学术精神上。无论什么学科，都要以客观、真实为立场，都要秉持“诚实、高尚、合作”的精神，②都需要研究者求真务实、独立思考、尊重事实、坚持真理，不粗制滥造，更不弄虚作假。

学术立场和精神虽然对所有科学领域都是共同的，但对于高等教育学来说，又显得格外重要。个中原因主要在于，在高等教育学领域，尤其是

① 吴康宁：《我们究竟需要什么样的教育取向研究》，载《教育研究》2000年第9期。
② 徐少锦：《西方科技伦理思想史》，江苏教育出版社1995年版，第529页。

那些追求客观性和科学性的实证研究，由于研究对象本身的特殊性和复杂性所决定，研究的随机性、情境性偏高而可重复性、可检验性偏低，因此，保证和尊重原始资料的真实性和完整性，对研究结果具有决定性的意义。而要做到这一点，就更要在更高程度上依靠研究者个人的学术立场和学术精神。

五、学科反思的“忧伤感”

英国数学家G. H. 哈代曾经自我解嘲地说：一个数学家如果不是在研究数学的问题，比如证明新定理、解决新难题，而是在探讨“关于数学”的话题，那他一定会“很忧伤”，因为学者对所在学科的探讨，实际上是在为学科自身的“合理性”进行辩解和辩护，这种辩解和辩护对任何一位学者来说，都不可能是一件轻松愉快的事。①不过，哈代也认为这种“合理的辩解”依然很有必要。

高等教育学的学科属性当然不能与数学相提并论，但四十多年来，众多学者对高等教育学进行的辩解和争论几乎与学科的发展如影相随，他们在研究高等教育问题的同时，还不得不探讨“高等教育学”的问题，“忧伤感”可能更加强烈。由于高等教育学还不够成熟，这种辩解和争论肯定还会持续下去，尽管这很令人忧伤，但确实又非常必要：这是一个学科不可或缺的自我反思和自我矫正，也是一个学科从不成熟逐渐走向成熟必须承受的忧伤和阵痛。

---

①［英］G. H. 哈代等：《科学家的辩白》，毛虹等译，江苏人民出版社1999年版，第34页。

第二节　贵在研究真问题

随着研究规模的不断扩大，我国有关高等教育研究的各类论文数，目前每年几乎都成千上万。在这成千上万的论文中，当然有很多钻坚研微、文理俱惬的佳作，但也不乏一些没有多大意义的平庸之作。这些平庸之作的平庸之处，可能表现在逻辑、方法、文字等各个方面，但缺少问题意识，没有提出真问题，是输在了起点上。

一、问题的起点意义

学术研究以问题为研究起点。这个起点，既是研究过程的起点，在很大程度上也是论文品质的基点，决定了论文的质量和水平。研究有何意义？问题能否解决？有何创新？结果是否确切？都与这个起点有关。问题从起点上制约了研究的整个过程，对研究的品质起着定位和奠基的作用。良好的开端意味着成功的一半，这句话对学术研究而言，可以认为是“放之四海而皆准”的。

学术的发展过程，其实就是问题不断被提出、被求解的过程。从提出问题，到解出问题的答案，学术得以发展；一个问题解决了，新的问题接踵而至，学术于是不断地发展进步。学术的发展水平和繁荣程度，不但可以由学术成果来衡量，也可以由问题来衡量，问题越多、越有意义，学术就越发展、越繁荣。

从这个角度看，高等教育学作为一个“学科”还是作为一个“研究领域”，或许真的不是很重要，重要的是高等教育的“问题”能否从学术的角度不断地被提出来。只要高等教育中的“问题”能够不断地以学术的方式被提出来，只要能够以学术的方式来探究这些问题的解答，那么，高等教育学无论作为一个“研究领域”还是作为一个“学科”，都是可以成立的，两者在“问题”的层面上可以达成统一。“我思故我在”，问题在，“研究领域”就在，“学科”也在；问题不在，“研究领域”和“学科”都不在。

这个道理应该也适用于学者个人，任何一位学者，他的学术生命力，很大程度上也是由他所能提出的问题来衡量的。只要他还能够提出有意义的研究问题并且致力于寻求这个问题的解答，那就表明他的学术生命力还很旺盛，他作为一个学者还活着；如果他已经不再能提出有意义的问题，那他的学术生命力基本也就终结了。

二、真问题与假问题

问题的本质是矛盾，是我们所要研究的那个对象本身所包含的内在矛盾。高等教育作为体系庞大、过程复杂、事关重大的一种社会活动，它的内在矛盾是不断“发生的”，涉及高等教育活动的所有层面和所有环节，其中，既有系统性的矛盾也有偶发性的矛盾，既有全局性的矛盾也有局部性的矛盾，既有直观性的矛盾也有深层性的矛盾。广义地说，高等教育活动中的任何矛盾，都不是不可以进入学术研究的视野、不是不可以成为学术研究的对象的，只要那个矛盾是真实的存在。

（一）真问题

高等教育活动中无所不在的各种矛盾，其学术研究的价值和意义是不同的。那些偶发的、个别性的、高度情境依赖的、具体事务上的一些矛盾，一般是可以通过高等教育工作者凭借自己的经验，或者运用简单的技术处理来解决的，因而也就没有必要以学术的方式来研究。唯有高等教育活动中那些系统性的、反复出现的、本身带有一定普遍性和规律性的矛盾，它们无法凭经验来解决，这样的矛盾才需要进入高等教育学的学术视野，才具有确立为问题进行学术研究的意义。由此，我们可以将高等教育学研究的“问题”粗略地作一个“真”与“假”的区分。

高等教育的真问题，应该是具有学术意义、具有研究价值的高等教育问题，它是高等教育活动中某一系统性、普遍性矛盾的反映。这个矛盾可以来自高等教育的实践，也可以来自高等教育的理论和观念，或者来自实践与理论之间，无论这个矛盾从何而来，它在现象上都表现为高等教育活动中的某种困难、偏差、失误、反常、悖谬。这个矛盾越是带有系统性、普遍性、规律性、本质性，那么反映这个矛盾的问题就越“真”，它的研究价值和学术意义就越大，创新性也越高。

高等教育的真问题也是具有一定难度的问题，不能仅凭个人的经验和直觉来回答，而是需要通过学术的方式，运用科学的方法才能作出某种解答。这个“一定难度”的限度就在于，问题应该是能够被明确定义，是在人们现有的认识能力和学术手段得到充分而合理运用的前提下，可以利用有限证据加以证明并进而找到答案的。

说问题是研究的起点，实际上就是说只有真问题才是研究的起点，才真正能引导有意义、有品质的学术研究。尤其是那些学术意义重大的真问题，不仅能够引领研究者本人的研究，也能引领学科的探索方向。在高等教育学领域，有一些常提常新的著名问题，一直激励着众多学者的研究热情。

例如，本-戴维提出的问题是：从经验自然科学的角度看，“德国大学奠基者的思想是错的”，相反，“法国体制中的学校最初设计得很好”，可为什么两国的结果却恰恰相反？[①]“赫斯伯格悖论”所指向的问题：“大学是人类有史以来最能促进社会变革的机构”，为什么它自身却又是“所有社会机构中最保守的机构”？胡适的问题：中国古代有那么发达的书院和太学，“为什么没有一所能延续下来”，进化成现代意义上的大学？弗莱克斯纳针对“社会服务职能”提出的问题：大学如何才能辨别社会的“波浪”

①［美］约瑟夫·本-戴维著：《科学家在社会中的角色》，赵佳苓译，四川教育出版社1988年版，第227页。

和“涟漪”，从而“不断满足社会的需求而不是它的欲望”？再例如，潘懋元在20世纪50年代，针对普通教育学理论体系的局限以及高等学校教师培训的现实需要，提出了这样的问题：高等教育有没有不同于普通教育的特殊规律？如果有，那么高等教育学所研究的特殊规律是如何形成的呢？[①]正是在这个问题的激发之下，潘懋元才有了数十年对高等教育理论的艰辛探索，才有了高等教育学的学科创建。这些著名的高等教育理论问题，不仅是提出者自己的研究起点，也是高等教育学理论前沿的路标，它们激发了众多学者的研究热情，也考验着他们的学术智慧和勇气。

在我国每年数以万计的高等教育研究论文之中，凡是比较好的论文，一定是提出了关于高等教育的真问题并且以学术的方式对问题做出了某种解答的论文；凡是比较平庸、蹩脚的论文，除去粗制滥造等因素外，一定是没有找到真问题而只能就着假问题空发议论的论文。

（二）假问题

与真问题相对应的，那就是假问题，它是未能反映出对象矛盾的问题，因而是没有问题的问题，是貌似有问题而实质不是问题的问题。假问题也是难易失度的问题，或失之于过易，它基本无须通过学术的方式就能凭经验和简单的推理来回答；或失之于过难，超出了人们现有的认识能力和技术水平，例如那些变量近似无限多的问题。假问题的表现形式多种多样，最常见的就是那些“空心问题”，也就是没有指向对象矛盾的问题，貌似提出了一个问题，其实它只是浮在高等教育活动的表面，并没有触及隐藏在表象后面的内在矛盾。还有那些随风而飘的跟风式问题、口号式问题，更是“假”得不忍目睹。还有一些纯粹“为方法而方法”的选题，也很难排除涉“假”之嫌。

虽说提出了真问题也未必就一定能做出好论文，因为“良好的开端”毕竟只是“成功的一半”，但如果是假问题，必定做不出好论文，这是千真

① 潘懋元：《潘懋元文集［卷二・理论研究（上）］》，广东高等教育出版社2010年版，第23页。

万确的。那些比较平庸的博士论文，在不少情况下真不能简单地归咎于作者本人不努力，而实在是由于问题没有选好。对象的矛盾没有被发现，真问题没有被提出，没有被学术化地立起来，就等于输在了起点线上，任凭你如何努力（除非作者改变了论文选题），做无用功也就不可避免了。

三、真问题的学术基础

高等教育中的矛盾是客观存在的，不以研究者的个人意志为转移，但研究者能不能发现矛盾并将其确立为研究的问题，在很大程度上取决于研究者个人的学术素养，诸如知识的深广度、思维的敏锐、想象的丰富，还有经验和阅历，以及研究者的学术立场和学术勇气。正是在这个意义上，爱因斯坦断言："提出一个问题往往比解决一个问题更加重要，因为解决一个问题也许仅是一个数学上的或实验上的技能而已。而提出新问题、新的可能性，从新的角度去看旧的问题，都需要有创造性的想象力，而且这标志着科学的真正进步。"①

学术立场是学者看待研究对象的站位、角度和方式，其实质是批判性思维和批判精神。在心理机制上，发现对象矛盾的过程主要是一个"破"的过程，它是对矛盾现象从怀疑到确认的一个批判性思维过程，是对矛盾现象感到不安、不满、不甘的一种精神状态。高等教育活动中的矛盾，有些可能比较直观，易于发现，有些则比较隐蔽，甚至还被种种假象掩盖着，不易察觉。在其他条件相当的情况下，只有坚守学术立场、具有敏锐批判思维能力和批判精神的研究者，才更有可能透过表象看本质，不被假象所迷惑，不随风而飘，不唯书唯上，才更有可能独具学术的慧眼，"于不疑处有疑"，从而发现别人不易发现的矛盾。

是否坚持学术立场，是否具有批判思维和批判精神，是研究者能否发

---

①［德］A. 爱因斯坦，L. 英费尔德：《物理学的进化》，周肇威译，上海科学技术出版社1962年版，第66页。

现对象矛盾的关键。而在发现矛盾之后，敢不敢正视它、揭示它，并通过学术论证将它确认、确立为一个研究的问题，则还需要学术的真诚和勇气。研究者只有具备了这种学术的立场和勇气，才不会对高等教育活动中的种种矛盾熟视无睹、心安理得，才有可能对各种各样的矛盾保持高度的警觉和敏感，才有可能发现高等教育的真矛盾、提出真问题。

从发现矛盾到提出问题，再到确定为实际的选题，是一个确认矛盾、确立问题、论证选题的学术思维和学术论证的过程。这个过程的主要任务是，对矛盾进行确认并给出定义，厘清矛盾的各种要素及其关系，将这个矛盾表述为一个确定的问题，并且以学术的方式对问题进行论证，以确证它是一个有意义的、值得研究并且可以研究的选题。

对问题的学术论证，包括问题界定、前人已有研究及其现状、研究意义、研究目的、研究方法、研究步骤和成本、研究结果表达等内容。其中对“研究意义”的论证是很重要的一环，它的作用在于明确问题的性质与研究价值，预判问题解决之后可能产生的理论及实践效应。在问题确定之后，“研究意义”的论证是否充分，对于“问题”能否起到“良好开端”的作用至关重要。

其他类型的高等教育研究论文暂且不论，就最讲究学术规范的高等教育学博士、硕士学位论文而言，遗憾的是，在论文的“绪论”之中，对“研究意义”的论证也是一个比较常见的薄弱环节。那些没有提出“真问题”的论文，“问题”原本就缺失，“研究意义”本来就无从谈起，这不足为怪。令人感到惋惜的是，有不少应该说是提出了真问题的论文，居然也对“研究意义”的论证掉以轻心、敷衍了事，流于对“理论意义”和“实践意义”的泛泛而谈、夸夸其谈，显得空洞无物，点不到“意义”直接对应的特定“理论”及“实践”之点，不能给“意义”精准定位。

“研究意义”的语焉不详，无论是态度的原因还是水平的原因，在客观上都足以说明：研究者在学术理论上对矛盾的认识还没有明确到应有的程度，对问题的认识还没有清晰到应有的程度；尽管它可能是一个真问题，但这个真问题并没有在研究者的头脑中充分明确，因而也就没有在研究的起点上确立起来。“研究意义”一节的薄弱，很可能就是埋在起点上的一个陷阱，成为影响后续研究质量和论文质量的一个隐患。

特别是对于博士学位论文来说，选题一般都被看作学术新人未来学术生涯的起点定位，甚至也有可能是一位学者整个学术生涯为数不多的高峰之一。历史上，居里夫人的博士论文《放射性物质的研究》获得了诺贝尔物理学奖，默顿的博士论文《17世纪英国的科学、技术与社会》成为科学社会学创立的标志性成果，费孝通的博士论文《开弦弓：一个中国农村的经济生活》从一个小村庄入手解答了一个世界性的经济学“宏大主题”。这些博士论文的巅峰之作名垂青史，成为激励无数博士生攻坚克难、勇攀高峰的范例。处于新时代的我国高等教育学博士生，理应取法乎上，强化学术研究的问题意识，牢牢把握住高等教育研究的真问题，尤其不要轻视高等教育的“宏大主题”，努力通过博士学位论文的研究和写作使自己跃上学术事业的制高点。

第三节　宏大主题研究的学术逻辑

在我国的高等教育学领域，近些年来一个可喜的现象是微观实证研究的兴起，一些学者纷纷远离宏大主题而转向微观问题的研究。但在这种可喜现象的背后也隐藏着一种正在滋长的偏见，将高等教育宏大主题的研究都归于空发议论、空疏无用的另册。这种偏见的蔓延，不仅排斥和妨害了对高等教育宏大主题的研究，而且对其他类型的研究（包括微观问题的研究），也都产生了消极的影响。因此有必要探讨高等教育宏大主题研究的学术逻辑，以揭示这种研究特有的学术价值和意义。

一、宏大主题的学术内涵

学术研究的起点是问题，而问题的实质是研究对象所特有的矛盾。高等教育宏大主题的学术本义，在于它是高等教育重大矛盾，也就是那些系统性、根本性矛盾的反映，而不是局部性、偶然性矛盾的反映。

（一）系统性矛盾

宏大主题反映的首先是高等教育的系统性矛盾。从地理空间看，这个系统可以是全世界，也可以是多国、一国或一个区域。

世界高等教育系统出现的任何带有普遍性的矛盾，无疑是的宏大主题，例如，纳伊曼根据全球科技革命和人口增长的状况，归纳出世界高等教育面临的“五大危机”，即“数量危机”“投资危机”“目的危机”“与社会的关系危机”以及“结构的稳定性危机”；[①]这五大危机个个都是世界性的矛盾，无疑都可以成为高等教育研究的宏大主题。又如马丁·特罗以欧美为考察范围，针对高等教育在数量大幅增长之后出现的一系列系统性矛盾，提出了具有普遍意义的高等教育量变与质变关系以及划分高等教育发展阶段的问题；[②]伯顿·克拉克研究小组对多国高等教育管理体制的比较研究，提出了不同体制中高等教育“权力”在主要的“组织层面”和“决策领域”是如何“分配”以及由谁“控制”的问题；[③]本·戴维在比较了法、德两国大学和科学体制后提出的问题是：从“经验科学”的角度看，“德国大学奠基者的思想是错的”，相反，“法国体制中的学校最初设计得很好”，

---

① [南斯拉夫] 德拉高尔朱布·纳伊曼：《世界高等教育的探讨》，令华等译，教育科学出版社1982年版，第20–21页。

② [美] 马丁·特罗：《从精英向大众高等教育转变中的问题》，王香丽译，载《外国高等教育资料》1999年第1期。

③ [美] 伯顿·R·克拉克：《高等教育系统》，王承绪、徐辉等译，杭州大学出版社1994年版，第121页。

可为什么两国的结果却恰恰相反？[①]这些问题都是世界范围或多国范围内高等教育系统性矛盾的反映，覆盖面广泛，具有普遍性，也都属于高等教育的宏大主题。

一个显见的事实是，当代高等教育的体系性矛盾主要都发生在国家层面上。这是因为随着近代民族国家的兴起，高等教育逐渐摆脱初始的“世界性”而迅速“国家化”，各国高等教育在主权范围之内大多自成体系；尤其是从20世纪中叶起，各国不同程度地都把高等教育当作综合国力的基础或工具，甚至当作国力竞争的“秘密武器”，通过各种方式统筹、规制、控制高等教育，高等教育进一步“被体制化”而成为“国家的事业”。在这样的背景下，各国的高等教育既面临着共同的全球性矛盾，同时也不断地产生出各自特有的体系性矛盾；各有各的体系，各有各的矛盾，各有各的难处。即便是全球高等教育共同的体系性矛盾，在不同的国家也会因为各国社会环境和文化传统的不同而显现出不同的症状。因此可以说，从近代开始，由国家高等教育的体系性矛盾而引发的研究，逐渐成为高等教育宏大主题研究的主要来源。

例如，法国学者皮埃尔·布尔迪厄对“名牌大学与国家精英”问题的研究，针对的是法国高等教育体系的“等级化原则”及其社会权力再生产机制，研究的目的是“揭穿决定命运的魔法”“揭开等级化原则的历史基础和社会决定因素”；[②]卡内基教学促进基金会主席博耶对大学教授“学术水平”的研究，针对的是美国高等教育体系“重科研轻教学”的痼疾，研究目的是为“学术水平”这一宏大主题作出“更广阔的、内涵更丰富的解

---

① ［美］约瑟夫·本-戴维：《科学家在社会中的角色》，赵佳苓译，四川教育出版社1988年版，第227页。

② ［法］P. 布尔迪厄：《国家精英——名牌大学与群体精神》，杨亚平译，商务印书馆2004年版，第10页。

释”；[1]史学家威廉·克拉克研究“学术卡里斯玛”现象，针对的主要是德国大学体制中根深蒂固的“官僚化”和“商品化”矛盾，[2]尽管他声称难以给出“医治当下学术体制弊病的可能方法”，但他对这种大学“德国病”的指向性是很明确的。

胡适在20世纪30年代通过对中西大学校龄的直观对比，发现欧美最高龄的大学已有九百多岁，而中国历史上那么多的太学和书院却都很短命，竟没有一所能延续发展成现代的大学，胡适的问题是：有着五千年历史的中国为什么“竟没有成立五十年的大学”“为什么在有五千年文化的古国，大学的历史却会这样短”？[3]这个“胡适之问”，看似一个历史问题，但针对的实则是中国近代高等教育系统性的现实矛盾。

郝克明、汪永诠关于“中国高等教育结构”的研究，针对的是“新中国成立以来我国高等教育结构的发展变化和历史经验”及其存在问题，研究目标是中国高等教育结构的系统性“合理化”。[4]

以上这些宏大主题针对的都是国家层面的高等教育的体系性矛盾，从问题的来源到研究的旨归，都有很强的国家针对性。当然，在国家的高等教育体系性矛盾中，制度和政策的矛盾又是重中之重，这同样是因为自近代起，制度和政策成为国家统筹和控制高等教育的基本形式；制度和政策都具有权威性和强制性，对全国高等教育起着全面的，甚至是决定性的制约作用。一项好的制度或政策，能够有效地促进国家高等教育的发展进步，提升高等教育的水平和品质；而一项不好的制度或政策，甚至是其中

① [美] 欧内斯特·波伊尔：《学术水平反思——教授工作的重点领域》，见国家教育发展研究中心编《发达国家教育改革的动向和趋势（第五集）》，人民教育出版社1994年版，第23页。

② [美] 威廉·克拉克：《象牙塔的变迁》，徐振宇译，商务印书馆2013年版，第1页。

③ 胡适：《胡适全集（第22卷）》，安徽教育出版社2003年版，第518页。

④ 郝克明、汪永诠：《中国高等教育结构研究》，人民教育出版社1987年版，第3页。

某些不好的方面，其实际结果可能恰恰相反。

当然，国家层面高等教育宏大主题的研究之所以渐成主流，或许还有一个次要但并非不重要的个体原因，那就是从事高等教育研究的学者，大多数都身处各自国家的高等教育体系之中，他们对本国高等教育的系统性矛盾，不仅有特殊的敏感性，而且往往有切肤之痛，因此本国高等教育的系统性矛盾进入他们的学术视野具有优先性。

（二）根本性矛盾

宏大主题也是高等教育系统中根本性矛盾的反映。这种根本性矛盾，大多事关高等教育的本质、本源，事关高等教育的基本规律以及高等教育的终极价值和意义。这种矛盾从本源上制约着高等教育体系，左右着整个高等教育体系的观念及其行为，也影响着高等教育体系的品质。当高等教育偏离了自身的本质和规律，如以商业规则取代高等教育规律，会从根基上危及高等教育的本质，导致高等教育系统发生异化而出现“本体性危机”。[①]这些根本性的矛盾都是高等教育宏大主题的重要来源。

19世纪30年代，弗莱克斯纳洞察到美国大学体系在价值取向上的一个根本矛盾：分不清什么是“社会的需求”，什么是“社会的欲望”，[②]其实质是美国大学体系中混乱不堪的“社会服务”观；由于分不清什么是符合大学本质的“社会服务”，美国大学在培养目标和课程体系方面出现了种种乱象，而这种乱象最终危及的正是大学教育的本体，是大学教育的核心价值。布尔迪厄、博耶、威廉·克拉克等人所揭示的矛盾，也都是具有根本性质的矛盾，都指向了高等教育的本质及其终极价值和意义。

在我们的高等教育学理论体系中，基本理论问题其实也是根本性矛盾的反映，这是因为基本理论问题在性质上一般都直接涉及高等教育的本

---

①［美］约翰·S·布鲁贝克：《高等教育哲学》，郑继伟等译，浙江教育出版社1987年版，第2页。

②［美］亚伯拉罕·弗莱克斯纳：《现代大学论》，徐辉、陈晓菲译，浙江教育出版社2001年版，第3页。

质，涉及高等教育的基本规律以及终极价值和意义。

高等教育学在中国作为一个学科的创立，就是由普通教育理论体系与高等教育之间的适用性矛盾引发的，这是一个根本性的理论矛盾，潘懋元将这个矛盾表述为："高等教育有没有不同于普通教育的特殊规律"，如果有，"那么高等教育学所研究的特殊规律是如何形成的？"[①]这是关于高等教育有没有自身规律的原点问题，也是高等教育学能不能有自己的理论体系的起点问题。正因为提出了这个原点性、起点性的宏大主题，所以才有了对高等教育规律及其理论长期而艰难的探索，才有了创立中国高等教育学的学术理想和实际行为。

二、宏大主题研究的方法论

把高等教育宏大主题的研究视同"空发议论"，部分源于过往的宏大主题研究确实存在着这样的缺陷，部分则源于对宏大主题研究方法的误解。

（一）方法的多样适用性

社会科学当前行之有效的各种研究方法对于高等教育宏大主题的研究其实都是适用的，这些研究方法在客观上并不因为研究的是宏大主题还是微观问题而厚此薄彼。从方法论的角度看，无论采用哪一种具体的研究方法，社会科学研究的根本方法诚如马克思在《资本论》中所言，"分析经济形势，既不能用显微镜，也不能用化学试剂。二者都必须用抽象力来代替。"[②]这就是说，在社会科学研究中，从观察到问题，从问题到结论，从事实到原因，从现象到本质，别无他法，真正能够凭借的只有研究者的抽象思维；抽象思维是社会研究者可以凭借的基本研究工具。

高等教育宏大主题一般都有很高的概括性，只能以比较抽象的术语来

① 潘懋元：《潘懋元文集［卷二・理论研究（上）］》，广东高等教育出版社2010年版，第23页。

②［德］马克思，恩格斯：《马克思恩格斯文集（第5卷）》，中共中央编译局译，人民出版社2009年版，第8页。

表达，比如“高等教育规律”“高等教育体制”“精英再生产”“学术卡里斯玛”等，因而对这些抽象主题的研究，就需要更高程度的概括性和抽象思维。如果一定要把这种抽象思维说成是“思辨”，那么不得不承认，这种“思辨”就是社会科学研究必不可少的理论思维方式，是社会科学研究中可以代替显微镜和化学试剂的思维工具。

然而即使是理论思辨，同样也不能凭空进行，而是需要以前人的思想和理论为原料，以记录这些思想和理论的文献为载体，同时还要辅之以个人的经验和体察，在这个基础上进行的任何严肃的理论思辨，就完全有可能得到有理有据、鞭辟入里的见解，而不至于空发议论。

在高等教育研究的历史上，纽曼、韦伯、雅斯贝尔斯、赫钦斯、克拉克·克尔、布鲁贝克、阿什比、博克这样一批充满睿智的先哲，他们通过严谨的抽象思维，质疑问难，慎思明辨，对高等教育的一系列宏大主题提出了自己的真知灼见。这些主要通过理论思辨方式形成的理论成果，非但没有“空发议论”，反而广征博引、凿凿有据、鞭辟入里、博大精深，给人以深刻的思想启迪。

当然，由于高等教育宏大主题本身的概括程度和抽象程度更高，因而进行这种理论思辨的研究，对研究者的理论积累和抽象思维能力提出了更高的要求；如果理论功底和抽象思辨能力达不到必要的高度，这种思辨研究流于“空发议论”的风险当然也是极大的。

（二）宏大主题能否实证

一个重要的问题是在具体方法的运用上，高等教育宏大主题的研究能否借助实证性方法而“科学化”？只要我们不把“实证”严格限定在自然科学的经验方法准则上，而是定位在“证据”的层面上，那么答案是肯定的。

运用实证方法的关键，在于如何将宏大的主题“操作性”地界定到可以识别和操作的具体证据上。比如“高等教育体制”“精英再生产”“学术卡里斯玛”等等，这些概念本身只能是“思辨”而不能具体操作的，因而也不能直接“经验实证”，但是，如果把这些抽象概念界定到能够具体可识别的证据上，那么对宏大主题的实证性研究就是可能的。这个界定的思维过程，是宏大主题的具体化过程，也是一般对象的个别化过程。只要这个操作性界定解决了，那么“实证”就有了载体和抓手，后续的研究就可以按部就班地操作了。

布尔迪厄在《名牌大学与国家精英》的研究中，以学生父母、祖父母的教育程度和职业状况操作性地界定“文化资本”，从高中生作业试卷上的“评语”及其“所使用的不同形容词之间的关系”入手来分析“学业分类形式”和“差异体系”，从“希望邀请哪五位名人去演讲”的问卷入手来分析名牌大学的“神化效应”，从对毕业生就业“结帮现象”的调查入手来分析名牌大学学生的“社会资本”。操作性地界定这些抽象概念，实质就是在界定可识别的“证据”。布尔迪厄就是通过这种方法发现了可以证明结论的证据，从而揭示了法国名牌大学从文化资本再生产、社会资本再生产到社会权力再生产这个“充满系统性偏差的体制”，[①]揭开了法国高等教育体系“等级化原则和评价原则的历史基础和社会决定因素的神秘面纱”。

在威廉·克拉克的研究中，“学术卡里斯玛”无非就是“学术地位和威望”的代名词，然而“学术地位和威望”是抽象的概念，它通过哪些可识别的证据才能具体地表达出来？威廉·克拉克将“学术卡里斯玛”操作性地界定为大学里各种具体“可见形式”的象征性符号，[②]诸如课目表中教授名字的字体和次序、学术仪式上的“行游次序和服饰”，甚至还有“教席椅”的摆放位置，以及记载这些符号的文献，包括大量的“课目表”、仪式图片、“教授卷宗档案”“求职信”“推荐信”“巡查笔录”“教员评估表”等，找出了德国大学“学术卡里斯玛”的证据，从而证明了德国大学管理体制的“官僚化”“商品化”弊病。

---

①［法］P. 布尔迪厄：《国家精英——名牌大学与群体精神》，杨亚平译，商务印书馆2004年版，第501页。

②［美］威廉·克拉克：《象牙塔的变迁》，徐振宇译，商务印书馆2013年版，第30页。

与理论思辨同样难的是，由于概括程度和抽象程度高，宏大主题的实证性研究在方法设计和把握方面的难度也会大大增加。如何将抽象的宏大主题界定到可以具体操作的层面，如何对应时空尺度较大的体系收集到充足而翔实的研究资料，如何将海量的研究资料作去伪存真、去粗取精的处理使其成为确凿的证据，难度大多甚于微观具体问题的研究。而且由于高等教育宏大主题针对的系统性、根本性矛盾都隐藏在更深层，难以像自然现象那样通过直接感知而“经验实证”，因此从现象到本质，从资料证据到结论解释，就需要更高水平的抽象思维（这种抽象思维又何尝不是一种“思辨”）。

总之，由宏大主题本身的特性所决定，无论是对它进行“思辨”的研究还是“实证性”的研究，难度都可能甚于微观具体问题的研究，因此宏大主题的研究非但不能忽视研究方法，反而需要比其他任何研究都更重视研究方法，更讲究研究方法。

（三）历史与比较的方法

历史的方法和比较的方法都是“望远镜”式的方法。历史方法通过对高等教育历时性的分析以揭示高等教育发展的规律；比较方法通过对各国共时的高等教育现象的分析比较以揭示高等教育的国别性及其共同规律。历史方法、比较方法和历史比较方法，在高等教育宏大主题的研究中有广泛的适用性。

伯顿·克拉克在20世纪70年代主持的七国高等教育管理体制比较研究，是具有典型方法意义的案例。研究者将“高等教育管理体制”界定为“权力结构”和“决策领域”，研究以各国相关法规和规章为基本文献，在文献分析的基础上，从基层的“讲座”和“系”，到“学院”“校”“高校系统”，再到最高层的“中央政府”六个层级作为分析单位，然后在纵向历史维度上进行“发展分析”，在横向现状维度上进行比较分析，并在纵横交叉分析的基础上进行综合，最终概括出十种“学术权力”的概念以及“欧洲”“英国”“美国”“日本”四种体制模式。[①]伯顿·克拉克在总结这一研究时指出，“考察学术组织中的权力结构”，需要有“更为宽阔的观点”，而“发展分析”有助于揭示“你从哪里来”，还将“往哪里去”，“比较分析”则有助于形成“地点的感觉”，进而确定我们所处位置的“坐标”。[②]在这项研究中，“更为宽阔的观点”和充足的能够反映研究对象的文献资料都是不可或缺的，而以“更为宽阔的观点”这种抽象思维来比较分析对象的异同及其深层的决定因素，则是更为重要的方法要点。

（四）为什么会“空”

无论是多么宏大的主题，只要研究者以严谨的学术方式去思考和操作，既善于“从大处着眼”，又善于“从小处入手”发现证据，那么宏大主题的研究就完全有可能找到方法的正解，同样可以做得“很科学”“很实证”，在论说方式上同样可以有理有据、言之有物。

微观具体问题研究与宏大主题研究的主要区别，只是问题的口径不同、样本的对象不同，而不是方法的对立。宏大主题研究同样可以做得很“科学”、很“实证”，而微观具体问题研究如果没有严谨的学术态度和方法支撑，也同样可能流于空发议论而空疏无用。

当然，不可否认，当前对高等教育宏大主题空发议论的现象不仅仍然存在，甚至还相当严重，但对这种现象需要具体问题具体分析，因为这些空发议论的现象绝大多数都不属于学术研究的范畴，而是另有所属。

例如，不少人言说的所谓“宏大主题”，其实本身并不是真问题，不是高等教育系统性、根本性矛盾的反映，而是假问题，它们或者是一个口号，或者是一种态度，貌似宏大主题而实质上只不过是“宏大口号”“宏大表态”而已。既然问题是假的，那么对它的各种言说方式，结果只能是空

① 王承绪主编：《学术权力——七国高等教育管理体制比较》，王承绪等编译，浙江教育出版社1989年版，第173-193页。

② 王承绪主编：《高等教育新论——多学科的研究》，王承绪等编译，浙江教育出版社1988年版，第312页。

洞无物的泛泛而谈；“空”不是“大”的必然结果，但一定是“假”的必然结果。

还有一种情况是，问题是真的，也足够宏大，但那些言说者出于某种非学术的立场和角度，无视宏大主题反映的系统性、根本性矛盾，或者主题先行，或者顾左右而言他，回避和遮蔽系统性、根本性矛盾，这样的言说者有难言之隐，不着边际地空发议论也许是他们无奈的选择。这两种情况实际上都与学术研究无涉，“空发议论”的污名也就不能强加在宏大主题研究的头上。

三、宏大主题研究的意义

宏大主题针对的是高等教育系统性、根本性矛盾，覆盖面和制约面既广且深，一旦解答了这个问题，它的意义理应比其他问题的研究都更大、更深远。现实中高等教育宏大主题研究之所以被某些人看作“空疏无用”，除研究本身的质量原因外，对社会科学之“用”的认识偏差也是不可低估的需求侧原因。

高等教育宏大主题研究之“用”，不外乎理论之“用”和实践之“用”，也就是通常所说的“理论意义”和“实践意义”（或“应用意义”）。

（一）理论意义

理论意义从狭义上讲，也就是从高等教育学的学科理论体系看，不外乎理论创新和方法创新两方面。任何以学术方式对高等教育宏大主题进行的研究，结果都是对高等教育系统性、根本性矛盾作出的解释，这个解释是一个新的理论，且大多属于“宏大理论”。它是对高等教育系统性、根本性矛盾具有普遍解释力的理论，揭示了矛盾的因果关系及其内在规律的一种概括性的理论，也是可以预示矛盾的趋势以及解决策略的一种预测性、规范性理论。这个宏大理论的形成，当然是高等教育理论创新的标志，也是人们对高等教育的认识发展和深化的标志。

高等教育宏大主题研究的方法意义主要表现在，通过宏大主题的研究可以生出各种具体的次级问题，也就是“后代问题”，从而形成研究逻辑上的问题链，使研究不断向微观和深层推进；在这些次级问题的研究中，宏大理论因其高度的概括性，可以作为“原理”“原则”或“范式”而成为研究次级问题的理论前提和分析框架，为次级问题的研究指路，同时也可以为相应的类似问题研究在方法上提供借鉴。

（二）实践意义

相对于“理论意义”而言，高等教育宏大主题研究的“实践意义”比较复杂。其实不单是高等教育宏大主题的研究，所有的教育研究乃至整个社会科学研究，都一直经受着“实践意义”的拷问和质疑。

对此，贝尔纳和胡森等人都曾经在理论上试图作出解答。贝尔纳根据对科学史的考察指出，“科学的社会功能”主要是通过两条途径实现的，一条是“通过它促成的技术改革，不自觉地和间接地对社会产生作用”，另一条是“通过它的思想的力量，直接地和自觉地对社会产生作用。”①贝尔纳所说的“科学”，既包括自然科学，也包括社会科学，这正是这位倾向于马克思主义立场的科学学创始人的独特之处。胡森通过对教育决策案例的考察，归纳出教育研究作用于教育实践的“政治模式”和“启蒙模式”两大模式，②其含义与贝尔纳的“两条途径”基本是一致的。

这“两条途径”和“两种模式”，很明确地解释了社会科学作用于实践的基本方式和途径。但令人困惑的是，在我们的现实中，需求侧对“技术途径”和“政治模式”往往采取一种狭隘的极端实用主义理解，而对“思想途径”和“启蒙模式”又常常掉以轻心，从而使得“两条途径”和“两种模式”双双陷入了认识的困境，这种双重困境在高等教育领域尤为明显。

---

①［英］J. D. 贝尔纳：《科学的社会功能》，陈体芳译，商务印书馆1985年版，第513页。

②［瑞典］托尔斯顿·胡森：《教育研究与教育决策》，见华东师范大学教育科学资料中心编《当代国外教育研究》，华东师范大学出版社1986年版，第68-69页。

在高等教育需求侧，人们对“技术途径”和“政治模式”最大的误解，就是认为高等教育研究不仅要能为“我”所用，而且还要能“拿来即用”，最好是“饭来张口、衣来伸手”那样的用。这样一种狭隘的极端实用主义理解，不仅是对“技术途径”和“政治模式”的极大误解，也是典型的懒汉思想。这样一种“拿来即用”式的用，实际上也就是最终产品的用，即便在自然科学领域，这种最终产品的用也是科学研究本身难以做到的，因为最终产品之用主要不是在科学家的实验室里完成的，而是在制造产品的企业里实现的，是企业通过产品的最终研发实现的。

与自然科学相比，社会科学之“用”的“间接性”毋庸置疑更加明显、更加突出。社会科学领域任何形式的研究成果，其性质决定了它都不可能被实践者“拿来即用”，都不可能像现成的“饭”或“衣”那样直接可用，而是需要实践者根据具体的情况进行“研发”；这种研发是在特定实际情境中的一个“再创造”过程，只能由实践者在实践过程中完成。

例如就实践性较强的“教学法”研究而言，教育研究者研制出某一新的“教学法”，无论它多么先进，都不可能被教师在实际的课堂上“拿来即用”，而是需要教师本人将这个新“教学法”根据具体的教学内容和学生实际特点进行“教案设计”，这个“教案设计”就是一个“再创造”的“研发”过程。在高等学校，教学内容属于专业性的高深知识，专业性高深知识的教学特点是教学方法对教学内容的依赖性，或者说是教学内容对教学方法的决定性。因此无论一个多么高明的教育理论研究者，只要他对专业性高深知识的造诣没有高到足以任教该专业的程度，那么他就永远不可能研究出能被该专业的教师“拿来即用”的“教学法”，他所研究出来的各种“教学法”只能是一种“原则”或“规则”，而这些“原则”“规则”在教学过程中的实际运用，则必须由专业教师针对具体教学内容和学习者进行重新“设计”和“研发”来完成。

与“教学法”研究相似，高等教育政策研究应该说也是实践性较强的研究，研究结果之“用”基本也是如此。在我国高等教育研究领域，被认为对高等教育政策产生了实际影响的几个研究案例，如“中国高等教育结构研究”“高等教育扩招研究”“高等教育成本补偿研究”“高等教育规模效益研究”等，它们的研究成果本身也不是能够“拿来即用”的政策；在研究成果到政策之间，事实上存在着一个决策者审时度势进行取舍和引申、扩展的“研发”过程。这就不难理解，这几项可以看作范例的政策研究，为什么研究者自己也只是说“影响”了政策、增强了政策的“解释力”、为政策制定提供了“理论依据”或“实证基础”。[①]可见他们对高等教育理论研究的“学术力量”是有十分清醒的认识和判断的。如此典型的高等教育政策研究，加之其研究者的地位和身份还很特殊，其“技术途径”和“政治模式”的间接性竟也如此明显，更何况地位身份一般的其他研究者的其他研究。

（三）理论意义和实践意义的相通性

其实，高等教育宏大主题研究的“实践意义”主要还是通过“思想力量”和“启蒙模式”来实现的，也就是通过其理论成果特别是宏大理论作用于人们的思想观念来实现的。学术研究，说白了就是摆事实、讲道理，因此它能够以理服人，使人长知识、广见识，提高人的认识水平和认识能力，提高人尊重、敬畏规律的自觉性，使人明辨得失、是非、好坏、优劣，树立正确的价值观和理想信念。这是学术研究最主要的“力量”所在，也是学术研究最直接的“社会功能”所在。

高等教育宏大主题研究的结果，特别是那些宏大理论，是系统化、逻辑化的知识，它本身蕴含着强大的思想力量，能够直接作用于人们的高等教育观念而产生实质性、根本性的影响。

这种影响从内容上看，可以使人洞察高等教育的事实和真相，拓展思考高等教育的视野，深化对高等教育的本质及其基本规律和基本意义的理解，树立正确的高等教育价值观及其理想信念；从影响方式上看，可能潜

① 闵维方、文东茅主编：《学术的力量：教育研究与政策制定》，北京大学出版社2010年版，第117页。

移默化也可能醍醐灌顶、振聋发聩，使人从无知到有知，从知之较少到知之较多，从观念的“启蒙”到观念的革命；从影响结果上看，观念是人的本质体现，是行为的先导，观念的更新和转变是人的根本性变化，并且可以由内而外引导人的高等教育行为变化，由“思想的力量”转化为“行动的力量”；从影响范围上看，思想的传播具有广泛性和普遍性，可以影响到高等教育的政策制定者、高等学校的管理者和广大师生，乃至高等教育各方利益相关者及社会各界，这种影响能超越高等教育理论或学科本身的范围，遍及高等教育界乃至全社会。

诚如贝尔纳所言：“人们接受了科学思想就等于是对人类现状的一种含蓄的批判，而且还会开辟无止境地改善现状的可能性。”[①]宏大主题研究以这种“思想力量”和“启蒙模式”影响实践所显示出来的“实践意义”，实际上正是其“理论意义”从理论向实践、从学者向实践者和社会的传播和推广，因而也就可以将这种思想观念的影响看作“广义的理论意义”。正是在这个层面上，高等教育宏大主题研究的“思想力量”与“行动力量”，也就是其“理论意义”与“实践意义”，实际上是相通的，甚至是可以相统一的。

马丁·特罗“高等教育大众化理论”在中国的传播和影响过程可以作为一个例证：这个“宏大理论”在20世纪90年代中后期被学术界引入国内，随后又传播到高等教育领域乃至社会层面，最后影响到高等教育的决策者而成为一个“发展目标”（尽管马丁·特罗本人很反对将这一理论中的数字区间作为一个“目标”）。“思想的力量”与“行动的力量”，“理论的意义”与“实践的意义”，在这个过程中可以说是体现得比较一致的。

四、宏大主题研究的学科自觉

高等教育研究的历史就是一部求解高等教育问题的历史，特别是求解

① ［英］J. D. 贝尔纳：《科学的社会功能》，陈体芳译，商务印书馆1985年版，第514页。

高等教育宏大主题的历史。

（一）宏大主题引领学科发展

在国外，从纽曼《大学的理想》、韦伯《以学术为志业》，到雅斯贝尔斯《大学之理念》、弗莱克斯纳《现代大学论》；从纳依曼《世界高等教育的探讨》、布尔迪厄《国家精英》、希尔斯《学术道德》，到伯顿·克拉克《高等教育系统》、博耶《学术水平反思》等，这些产生了重要影响的学术论著，无一不是以当时的高等教育系统性根本性矛盾为研究对象，无一不是力图求解高等教育宏大主题的重大成果。克拉克·克尔说过，“前面有很多矛盾和冲突困扰着高等教育，正如它们在过去常常困扰着高等教育一样”，正是这些“矛盾和冲突”引起他们“持久的兴趣”，①激发和引领他们思考和探究的方向，也从起点上决定了研究成果的意义和作用。

中国高等教育学的发展主要也是由宏大主题研究引领的。“文革”期间，高等教育因创巨痛深的体系性、根本性矛盾而遭灭顶之灾，动乱过后人们痛定思痛，在20世纪70年代后期汇成了“按高等教育规律办高等教育”的时代强音，同时也就有了潘懋元教授“高等教育特殊规律”的原点之问，中国的高等教育学在这一时代之问中应运而生。

此后我国高等教育学界对一系列宏大主题的探讨，如“高等教育与政治、经济、文化的关系”“高等学校的社会职能”“高等教育的价值观”“高等教育管理体制改革”“高等学校教学改革理论”“高等教育结构调整”“中国特色社会主义高等教育理论要点”“中国高等教育大众化、普及化道路”等，既包含着对历史矛盾的深刻反思，也体现了对新“发生”的各种系统性、根本性矛盾的现实回应。尽管这些研究在方式、质量以及实际影响方面不尽相同，甚至其中也不可避免地夹杂着不少空泛的议论，但作为一门处于襁褓之中的新学科，这些研究对于解放思想、明确问题、拓展思路、引领后续研究，实际所起到的阶段性历史作用是不能否认的。

---

①［美］克拉克·克尔：《高等教育不能回避历史》，王承绪译，浙江教育出版社2001年版，第5页。

然而21世纪以来，我们的高等教育宏大主题研究却呈式微之势：研究的人减少了，激情消退了，气氛淡薄了，有影响的成果自然也少了。此中的原因当然是多方面的，有对20世纪80、90年代“空发议论”的逆反，也有对成果难以影响决策的失望，还有随着方法意识觉醒的问题意识衰退，当然也不排除学术大环境的影响。

（二）宏大主题是不断产生的

可以确定的是，宏大主题研究的式微绝不是由于系统性、根本性矛盾解决了以致没有什么宏大主题可研究了，现实情况也许恰恰相反。21世纪以来的人类社会正面临着前所未有之大变局，全球高等教育正处在大震荡、大变动的时期，在这个大背景之中的中国高等教育也经受着复杂的内外部因素冲击，既面临着全球高等教育的许多共同问题，还有自身独特的困难和挑战，原有的矛盾尚未得到解决，新的矛盾还在源源不断地产生；这些矛盾严重地困扰着我们的高等教育，挑战着高等教育的一些最基本的规律和价值。

例如，随着高等教育规模的急速扩张，我国高等教育的数量与质量的关系到底处于什么状况，应该如何评价和保障我国高等教育的基本质量？三十多年来我国高等教育管理体制的改革，有没有取得实际的进展，到底是进步了还是停步了抑或退步了，原因何在？眼下目不暇接的各种“工程”“计划”“方案”，还有漫天飞舞的各种“牌子”和“帽子”，对于高等教育的发展到底是利大于弊还是弊大于利？如果没有这些名目繁多的“项目”，我们的高等教育品质会更好些还是相反？“五唯”的根源在哪里？高校教师对本职教学工作心不在焉甚至敷衍了事的根源又在哪里？

这些系统性、根本性矛盾源源不断地产生，制约着我国高等教育的发展，按理说正是高等教育宏大主题研究的难得来源，也是研究者大显身手、大有作为的用武之地，遗憾的是由于种种主客观因素的影响，俯拾皆是的高等教育宏大主题研究却被我们忽视或无视，以至于高等教育宏大主题的研究正与我们这个学科渐行渐远，大有集体失语之虞。对高等教育宏大主题研究的忽视，当然有多方面的原因，但其后果却很严重，轻则助长学术研究的避难就易、避重就轻，重则导致研究的平庸化、无意义化，导致高等教育学研究主阵地失守。

（三）微观与宏观

近年来高等教育微观实证研究的兴起，顺应了我国社会科学研究“科学化”的诉求，也是对“空发议论”式高等教育研究的一种逆反，反映了高等教育研究的一种新取向，实属难能可贵，因此倡导和推动高等教育微观实证研究，在我们这样一个先天缺乏“科学化”基础的学科实属必要。

但是，就当前我国高等教育微观实证研究的实际水平来看，其自身的缺陷也是不争的事实，对此已有众多学者提出了中肯的批评意见，其中有些意见甚至是颠覆性的。

例如，方法至上、忽视问题，不少研究为方法而方法，以方法代问题；由于问题意识淡薄，真问题得不到确立，因而研究常常沦为“玩方法”，这就等于输在了“起点”上，研究的意义自然也就无从谈起。又如，忽视西方理论的适用背景和针对性，照搬照抄西方理论作为研究的分析框架，以至于“削中国经验之足以适西方社会科学之履”，使得研究“成为吸取西方宏大理论的观念展示场”，成为“验证西方社会科学某些预设的试验场”。①

再如，由于社会科学的实证方法本身还不够成熟，加之研究者学术水平和操作能力的局限，在一些研究中作为“实证”材料的原始事实、原始数据在源头上就没有信效度的保证，无法进行重复研究，因而也就无法进行验证，既不能被“证实”也不能被“证伪”，这也就意味着不可能在经验上对研究结果进行实证。在原始事实、原始数据先天不足、无法重复的情况下，统计方法再高深再复杂实际上都于事无补，甚至有可能“扭曲了人

① 任剑涛：《宏大理论回归与中国社会科学的双赢诉求》，载《社会科学》2017年第6期。

们仅凭常识就可以体认的中国现实”，[①]而这在相当程度上恰恰是与“科学化”的目标背道而驰的。

还有学者针对当下高等教育学某些微观实证性研究的实际案例，指出了“方法中心问题边缘”“数据中心事实边缘”“格式中心思想边缘”等缺陷。[②]这些缺陷对于学术研究来说，无疑是致命的，是需要研究者加以正视的。

高等教育微观问题实证研究存在这些缺陷其实也很正常，不可苛责，这是由我们的微观实证研究还处在初级阶段“历史地”决定的。真正值得忧虑的是随之而滋生的对宏大主题研究的偏见和排斥，是把高等教育宏大主题的研究统统当成了“空发议论、空疏无用”的另类偏见。这种偏见和排斥，不仅妨害了对高等教育宏大主题的研究，而且对高等教育微观问题的研究同样有害无益。

在我们的高等教育体系中，绝大多数微观问题其实都不是纯粹微观的，而是看似微观实乃宏观。例如在微观教学层面发生的那些行为偏差，人们之所以把它们当作微观问题，乃是由于我们感觉经验的限制，可以直接观察到的现象只能是有限的局部微观，发生在目力所及的这一个或那一个个体身上；然而，如果各处的微观都比较普遍地出现了类似的行为偏差，那么它就肯定不是一个微观的问题，而是一个宏观问题，在这个宏观问题的背后一定会有某种系统性、根本性的矛盾在起着制约性的作用。

例如，数十年来关于“启发式教学”的研究，推出了那么多的“启发式教学法”，但直到眼下，在我们各级各类学校的课堂上，却依旧难“启”难“发”，这多少可以说明“启发式教学”根本就不是一个单纯的“教学法”问题，而是一个由某种系统性、根本性矛盾制约着的宏大主题。如果

① 任剑涛：《宏大理论回归与中国社会科学的双赢诉求》，载《社会科学》2017年第6期。

② 李均：《教育实证研究不可陷入“统计主义”窠臼》，载《高等教育研究》2018年第11期。

我们不研究这个前提性的宏大主题，只是单纯把它当作一个具体的“教学法”问题来研究，囿于“头痛医头，脚痛医脚”，那么“空发议论，空疏无用”的结果也就很难避免，“扭曲现实”的“误导”危险也就很难排除。

高等教育宏大主题研究与微观问题研究，只是问题口径的不同、研究着眼点的不同，而不是方法论的不同，甚至也不是研究范式的不同，这两种研究最终的目的和归宿，都是对高等教育的内在矛盾作出解释，都是为了揭示高等教育的规律及其价值和意义。它们都需要借助于抽象思维，都可以做得很“科学”很“实证”，当然也都有可能失之于“空发议论”和“空疏无用”，各有各的优点，也各有各的短板。

在高等教育学领域内，任由两种研究顺其自然、各安其位、自由发展，即使有相互竞争，但仍并行不悖，这应该是学科最基本的发展策略。当然更理想的状态是，两种研究非但并行不悖，而且还能相互守望、取长补短乃至携手共进，最终实现两种研究的双赢，那更是高等教育学的学科大幸。

（四）现实对宏大主题的呼唤

问题是在当下，高等教育宏大主题的研究由于各种内外部因素的影响有衰落之势，同时学界内外还滋长了对这种研究的偏见和排斥情绪，这显然既不利于高等教育宏大主题的研究，也不利于高等教育微观问题的研究，当然也不利于高等教育学的健康发展。在这种情形之下，为高等教育宏大主题的研究作必要的学术辩护，厘清宏大主题研究的学术逻辑，明确它的学术价值，实乃时势使然。

因此，我们在推动高等教育微观问题研究的同时，也需要促进高等教育宏大主题的研究，至少不能忽视和排斥高等教育宏大主题的研究；在鼓励更多学者投身高等教育微观问题研究的同时，也要鼓励足够多的学者坚守高等教育宏大主题的研究，鼓励他们做登高望远、正本清源的探究。即便是专长于高等教育微观问题研究的学者，在专注于微观研究的同时，也应该关注高等教育的宏大主题，至少不能无视或藐视高等教育的宏大主题，否则就有可能“只见树叶不见森林”，研究的结果也就难以产生更大的“理论意义”和“实践意义”。我们应该像倡导微观问题研究一样倡导高等教育宏大主题的研究，使宏大主题的研究也成为高等教育学的学科自觉，使得宏大主题无论是“他者的问题”还是“私己的问题”[①]都成为学科的“共同问题”。

只要高等教育事业在不断地发展，高等教育的系统性、根本性矛盾就必然会不断地出现，因而高等教育的宏大主题也就必然会不断地“发生”，不断地成为时代的命题。高等教育宏大主题的研究，既是高等教育学的学科之需，更是高等教育学的时代之责任。

第四节 “自主知识体系”的构建

建设“教育学自主知识体系”，是在国家知识创新总体战略部署之下教育学领域的必答题。这是一个中国式的命题，也是一个时代的命题。这个命题的提出，对中国教育学知识的生产方式，对中国教育学的学科发展，都会产生多方面的影响。高等教育学作为教育学之中的一个二级学科，其自主知识体系的建设目标和路径，与教育学自主知识体系的建设本质上是一致的。

① 吴康宁：《教育研究应研究什么样的“问题”——兼谈“真”问题的判断标准》，载《教育研究》2002年第11期。

一、知识体系及其要素

一门学科的知识体系，是该学科各种知识要素的综合体；一门学科知识体系的发展，不在于其论文著作的数量，也不在于期刊、课题、奖项的级别和数量，而在于知识要素的丰富和发展。

从科学逻辑的角度来说，构成知识体系的要素一般可以分为经验要素、理论要素和结构要素三种。经验要素是指新事物的发现，主要通过观察、实验而获得。理论要素是指新理论、新学说、新观点的创立，因抽象程度的不同可以分出不同的层次。结构要素被认为是介于经验要素和理论要素之间具有连接、组合作用的中介，也就是“反映客观事物整体状态，超越了个体性而具有普遍意义的认识成分”，或者说就是发现新事实和创立新理论“不可或缺的研究和阐述的方法论原则”。①

对于教育学这门特殊的社会科学来说，其知识要素可以具体化为以下三种：其一，教育新事实的发现，由于教育事实是客观的，存在于教育行动的过程之中，只有把新的事实转化为研究的资料，也就是论证的证据，才能进入研究的过程；因此，教育新事实的发现，从研究的环节来说，实际上就是新研究资料、新证据的发现。其二，对这些反映新事实的资料、证据作出新的解释，形成新的理论，包括新概念、新定理、新学说、新观点等。其三，各种科学的思考方法和研究方法不断被应用于探索教育的理论和实践问题，并在研究过程中逐渐生成新的适合于探索教育问题的方法论原则和纲领。概言之，教育学的知识体系，就是关于教育的新资料、新理论、新研究方法的统一；而教育知识体系的发展，就是这些新资料、新理论、新研究方法的不断发现、发展并且相互作用的过程。

当前，我国之所以把“自主知识体系”建设确立为国家战略，主要原因在于知识体系的相对薄弱，也就是知识要素的相对薄弱：新事实、新理论、新方法的薄弱。

① 张巨青主编：《科学逻辑》，吉林人民出版社1984年版，第274页。

以高等教育学知识体系而言，第一，高等教育的新事实、新矛盾很多，但是，能够通过严谨的观察、调查、实验将这些新事实、新矛盾转化为可检验的研究资料和证据的却相对较少；由于严谨的研究资料相对较少，难以积累，因而研究基础薄弱，继承和发展的逻辑关系模糊。就更加具体的高等教育历史资料和国外资料来看，也显得零星、分散，我们对历史的、国外的高等教育事实，其实所知尚少。

第二，正由于缺少可靠而丰富的资料支撑，一些研究工作基础不坚实、前提不确定，由此得出的一些理论观点和结论，犹如建在沙滩上的房子，根基不牢，空洞无物，缺少理论应有的厚实与威力。更有一些貌似新观念、新理念的东西，实际上很难算作理论，或者是国外高等教育理论的简单套用，或者是个人主观经验的阐发，与学术理论相距甚远。

第三，虽然高等教育研究方法的科学化近年来在我国备受重视，高等教育学领域正在不断地朝这个方向努力，但总的来看，研究方法的科学化程度相对还较低，既缺少严谨的实证研究，也缺少严肃的思辨研究，研究的方法论原则尚未成为普遍遵循的学术规范。其影响所及，不仅仅是方法本身，反过来还可能殃及资料的积累和理论的创新，甚至殃及学风。

导致我国高等教育学知识增长相对滞后的原因当然是多方面的，既有高等教育实践活动本身的问题，也有整个学术大环境的条件和风气问题，还有高等教育学研究者的素质和水平问题。总之，上述种种表现，是多种原因综合造成的结果。从这个意义上说，当前提出“教育学自主知识体系建设”的命题，确实是很有现实意义的。

二、何以自主

在当下中国的政策语境中，这个命题的核心在“自主”，要旨在于“中国”；这个命题实际上是特指“中国的”教育学自主知识体系：针对中国的教育问题，由中国原创，采用中国的表达方式，对中国教育具有强大的描述力、解释力、预测力以及影响力的知识体系。这一解释同样适用于高等教育学自主知识体系的命题。

人类远祖的教育处于原始的世界性状态。随着民族国家的兴起，教育事业逐渐摆脱原始的世界性而走向国家化，各国教育自成一体、各有主张。特别是20世纪中叶以来，无论是发达国家还是发展中国家，都认识到教育的重要性，把教育当作综合国力的基础，甚至当作国力竞争的“秘密武器”，于是教育也就被深度体制化、国家化而成为“国家的事业”。教育成了“国家的事业”，以此为研究对象的教育学也就不可避免地打上了国家的烙印。

联合国教科文组织国际教育局是最致力于教育国际化、全球化的教育学术机构，曾就全球教育问题发布了一系列影响深远的研究报告。可在1985年，国际教育局在一份关于教育科学的报告中却出人意料地断言：各国的教育科学“没有相同的历史、社会和政治渊源”，并将教育科学界定为“在历史、社会、经济、政治背景下研究教育事实和教育情境的学科的总和”。①如此强调教育研究的国别差异，这在国际教育局的报告中很少见，也难免让很多志在探索教育普遍规律的学者感到失望。然而，现实就是这样。

中国的教育学自主知识体系，理应是从中国产生的知识体系，源自中国的知识体系；它是国产的而不是舶来的，因而属于中国的知识体系，其首创权和知识产权都属于中国。其次，它是针对中国教育问题，运用学术方式及科学方法研究问题并以中国话语方式表达的知识体系，是对中国教育问题具有描述力、解释力和预测力的知识体系，因而是具有影响力的知识体系。这种影响力当然不限于学术界，也可能影响到教育实践；当然不限于国内，也可能影响到国外。

更重要的是，这个知识体系是由创新驱动的，以各种新思想、新观点、新方法、新主张为标志。唯有创新，才能属于自己，才能由自己做

---

①［法］G. 米亚拉雷等：《教育科学导论》，思穗、马兰译，教育科学出版社1991年版，第1页。

主；没有创新，那就只能是别人的，也只能依附于别人。创新，是自主知识体系的根本。

三、问题与体系

问题是研究的起点。问题不断被提出，不断被求解，新的知识随之而产生，自主知识体系才能累积起所需的材料。中国教育学自主知识体系的构建，理应以中国教育问题作为研究的起点，以解答和解决中国教育问题为旨归。坚持问题导向，强化问题意识，特别是“中国问题”意识，[①]在教育学自主知识体系建设中具有先导作用。

教育的问题无所不在、层出不穷，这是由教育的特性所决定的，更何况是中国教育这种世界最大规模的教育。然而，并非教育中的所有问题都能成为产生知识的学术问题，因为有些问题无法以学术的方式来解答，还有些问题无须以学术的方式来解答。只有那些在教育中反复出现的、体系性的、事关教育本质和意义的问题，才是富有学术意义的真问题。这些真问题，一般都隐藏在对象的深处，隐藏在现象的背后，要发现这些真问题，既需要理论知识的长期积累，也需要学术的眼光以及学术的立场和精神。

教育的真问题，本身是不断“发生”和“发展”的。中国教育当下的各种问题，有些是历史遗留下来的老问题，这些问题像雪球一样，越滚越大，也越滚越难；还有些是在变革和发展过程中出现的新问题，属于新的矛盾和困难。不管是老问题还是新问题，抑或是新老杂糅的问题，都为中国教育学人提供了广阔的用武之地，同时也考验着我们的学术智慧和勇气。

强调始于真问题，其意也在表明，教育学自主知识体系不能凭空构建，不能拍脑袋臆想出来，而是要以长期艰苦的研究为前提，以解答一个又一个真问题为基础。19世纪70年代，恩格斯批判了热衷于“创造体系”的杜林先生们，嘲讽在他们的“创造”之下，形形色色的“新体系”竟然

① 吴康宁：《教育改革的“中国问题”》，南京师范大学出版社2015年版，第3页。

"雨后春笋般一夜长出好几打"，恩格斯毫不留情地把这些臆造出来的各色"新体系"斥之为"假科学"和"高超的胡说"。[①]这就是提示人们，知识体系是研究和解答一个个真问题之后的结果，是一个需要长期积累、完善、系统化的过程，而不能凭空臆造。恩格斯当年对杜林先生们的批判，在当下仍具强烈的警示意义。

四、体系的开放性

教育学自主知识体系不是自说自话的封闭体系，也不是独此一家的单科体系。中国的教育学自主知识体系，应该是一个开放的充满活力的体系：它兼容并包古今中外所有教育学知识的精华，广征博引多学科的思想和方法；它在解答中国教育问题的同时，也必定蕴含着普遍性意义。

在中国教育悠久的历史上，从孔子、孟子，到胡瑗、颜元，再到蔡元培、胡适、陶行知，先贤已经留下了丰富的教育思想遗产。这些思想遗产，是前人在教育活动中自主发现、自主提出的，是中国教育学自主知识体系不可或缺的史料和财富，至今仍有旺盛的生命力。中国教育学自主知识体系拥有这笔遗产，方显得源远流长，陡增厚重之感。这笔遗产也是一面历史的明镜，明镜高悬，当下的我辈才能有所参照、有所借鉴，才能在建设教育学自主知识体系的过程中鉴往知来，行稳致远。

今日中国教育，是全球教育体系的一个组成部分，与世界各国的教育有着千丝万缕的联系。建设中国教育学自主知识体系，也需要国际眼光、全球视野，需要以别国作为我们的参照系。有了适宜的参照系，我们才能通过横向比较，更真实地认识自己、了解自己，同时也更真实地了解别人、理解别人，才能真正知己知彼，取长补短，以他山之石攻己之玉。

当代教育作为"国家事业"，从微观的教与学，到宏观的管理和治理，都不再是单一的"教育"问题，而是复杂的综合性问题，都会涉及大环境

---

①［德］恩格斯：《自然辩证法》，于光远等译编，人民出版社1984年版，第44页。

中的政治、经济、社会、文化、科技、人口等各种要素，因此，教育学自主知识体系的建设，在以教育学为主力的同时，也需要多学科的参与，需要借助多学科的方法和理论。教育学是一个实践根基非常牢固的大学科，应该有宽广的胸怀，不仅不拒绝而且应该欢迎其他学科“跨界”进入，借他人之力为我所用，是现代学术创新的重要途径。

中国教育学自主知识体系的普遍性意义，源自中国教育在世界教育体系中的典型性和标杆性，也取决于研究的方法论。所有关于中国教育问题的研究，无论是微观问题还是宏观问题，无论是历史的角度还是比较的角度，无论是教育学的方式还是其他学科的方式，在研究的方法论上只要都能“回到教育事情本身”，[①]也就是“回到”教育的本质和意义，回到教育的初衷，即便不能完全“回到”，至少也要能够“指向”，那么，这样的研究所产生的新知识，就一定既是中国的也是世界的，就一定能超越国界而产生具有普遍性的意义。

五、历史机遇

中国近代的学术体系，主要是西学东渐的产物。就教育学而言，清末民初舶来了德国教育学，赫尔巴特理论风行一时；五四运动后，美国教育学后来居上，杜威教育理论更是大行其道，在中国教育界几乎达到家喻户晓的地步。

虽然陶行知、杨贤江、陈鹤琴等大家都曾致力于教育学的本土化，但总的看来，并没有从知识体系上改变教育学的西方学术特征。1947年，胡适高调抛出了一个“争取学术独立”的十年计划，从“现代学术的基本训练”“良好的设备和师资”“适宜的人才和研究机构”以及国际“分工合作”四方面出谋划策，旨在启动中国的学术独立和自主进程。[②]计划虽然很美

① 金生鈜：《教育研究的逻辑》，教育科学出版社2015年，第89页。

② 胡适：《胡适全集（第20卷）》，安徽教育出版社2003年版，第226–227页。

好，但在当时的历史条件下，最终却成为一纸空文。

20世纪50年代，我国教育界曾经“一边倒”地照搬苏联教育学，“凯洛夫体系”一度被奉为正统，成为统编教育学教科书的圭臬。当时就有不少教育学者，觉得“一边倒”多有不合国情之处，也切身感受到了“一边倒”的危害，于是很有针对性地提出过“创建和发展新中国教育学”“教育学中国化”、建立“具有中国特色的教育学体系”等议题。[①]遗憾的是在当时的社会政治背景下，他们的这些努力大多都付诸东流了。

时至21世纪的今天，世纪梦想迎来了一个历史性的机遇。一方面，从教育大国到教育强国的宏大目标已然确立，中国特色教育现代化的征程正在开启，这个宏大目标的实现，既需要教育学自主知识体系来支撑，也需要教育学自主知识体系来表达。同时，在实现这个宏大目标的征程中，势必积累起更加丰富的“中国经验”，当然也会出现很多“中国问题”；总结好中国经验，解决好中国问题，是中国教育学责无旁贷的时代使命，也是建设教育学自主知识体系的内在要求。

另一方面，发展中国特色的哲学社会科学，提供中国案例，发出中国声音，形成中国话语体系，在我国哲学社会科学界已蔚然成风，成为一种普遍的学术追求。在这样的大趋势下，教育学科的中坚力量有望进一步凝聚，多学科的互动协同也有望进一步加强，中国教育学自主知识体系的建设势必在更加广阔、坚实的学术背景下顺势而为。

① 瞿葆奎主编:《社会科学争鸣大系·教育学卷》，上海人民出版社1992年版，第26–27页。

第五节　潘懋元与中国高等教育学

潘懋元是中国高等教育学的奠基者，被誉为“高等教育学的中国符号”，[①]因此，提到中国的高等教育学，就不能不谈到潘懋元。由于已有大量的论著总结、评价了潘懋元对中国高等教育学的丰功伟绩，本节仅就潘懋元学术贡献的几个具体方面作简要回顾和评述，以此缅怀潘懋元教授。

一、学科的奠基与创建

潘懋元1945年毕业于厦门大学教育学系，并留校任教，主要从事教育史和教育理论研究。在20世纪50年代的院系调整中，厦门大学教育系并入福建师范学院，[②]但潘懋元却没有随教育系离开厦门大学。主要原因是，独具慧眼的王亚南校长为了给厦门大学留下一些学科的“种子”，将具有学术潜力的教育系青年教师潘懋元留在了厦大，并嘱咐他：“你是研究教育的，大学本身就是教育，你把大学好好研究一下。”[③]

潘懋元先后在厦门大学教育学教研组、教务处工作，既从事教育学专业教研，又从事本校的教学研究和教师教学法的培训。正是在专业教研和

① 邬大光：《潘懋元：高等教育学的中国符号》，载《高等教育研究》2020年第7期。

② 厦门大学档案馆、厦门大学校史研究室编：《厦门大学校史（第二卷）》，厦门大学出版社2008年版，第39页。

③ 潘懋元口述，郑宏整理：《鹭江学人潘懋元》，厦门音像出版有限公司2015年版，第63页。

本校教学研究、教师的培训工作中，谙熟普通教育学理论体系的潘懋元，切身感受到普通教育学的理论体系难以满足实际工作的需要，因此萌生了将普通教育学理论嫁接、应用到高等学校的想法，并开始了最初的理论探索。初步探索的结果，是在本校的《学术论坛》上发表了《高等专业教育问题在教育学上的重要地位》一文，从“专业教育”和“大学生身心特征”两个方面，论证了建立“高等专业教育学”或“高等学校教育学”的必要性和可能性。①

探索的另一个结果，是在潘懋元等人的带领下，从1956年开始编写《高等学校教育学讲义》，1957年初稿完成。《高等学校教育学讲义》共13章，分别论述了大学生的身心特征、高等教育的目的、制度、教师、教学过程与教学原则、道德教育、学校组织与领导等问题。《讲义》当时主要用于高等学校教师和干部的培训，并在全国范围内进行交流。这部讲义的开拓性意义，在于它第一次将普通教育学的理论延伸到高等教育的特定领域，第一次结合高等教育的特点重组了普通教育学理论，并且奠定了高等学校教育学的理论框架。尽管这部讲义在前言中自谦地说“始生之物，其形必丑”，但不可否认的是，它“是高等教育研究史上第一次建立高等教育学科的重要探索”，“为高等教育研究和建立高等教育学科的合理性确立了重要的理论依据，对高等教育特点的认识奠定了高等教育研究的一个重要的理论基础”。②这部讲义当时主要用于高等学校教师和干部的培训，并在全国范围内进行交流，也产生了一定的学术影响和教育影响。遗憾的是，由于政治运动的干扰，这一工作没有顺势而为持续进行下去。

但是，潘懋元并没有停止个人的思考和探究，这个问题在他的心中已经埋下了种子，并且生了根，一旦有适宜的土壤和气候，必将开花、结果。20世纪70年代后期，“文革”结束，我国进入了社会主义现代化建设和

① 潘懋元：《潘懋元文集（卷二·理论研究）（上）》，广东高等教育出版社2010年版，第3-16页。

② 李均：《中国高等教育研究史》，广东高等教育出版社2005年版，第78页。

改革开放的新时期，适宜的土壤和气候终于具备，潘懋元在自己二十多年思考和积累的基础上，终于迎来了学术上的暴发。1978年，他分别在《光明日报》和《厦门大学学报》发表了《必须开展高等教育的理论研究——建立高等教育学科刍议》一文，[①]并且在全国各地讲学，开启了为建立高等教育学“大喊大叫”的历程。

1983年，潘懋元的《高等教育学讲座》正式出版，这是我国第一部正式以“高等教育学”命名的著作。这部著作集作者在全国各地的讲学报告稿而成，内容分为“高等教育学的研究对象和任务”“教育的基本规律及其对高等学校教育的作用”“教学的基本规律和若干教学原则”“培养目标和教学计划”“课堂讲授”等五讲。[②]纵览全书内容，作者的用意一目了然，都在阐述“高等教育学”的必要性和可能性。

更具有标志性意义的是，由潘懋元主编的《高等教育学》（上、下）于1984年正式出版。这部著作以教育学的基本理论为指导，结合高等教育，尤其是中国高等教育的实际，系统阐述了高等教育的概念、性质、功能、目的、课程、教学、德育、制度、科研、管理、历史、方法等问题，提出了高等教育规律的层次性及其可探索性的理论。这部著作的出版，标志着我国“高等教育学”学科理论体系的初步形成，在我国高等教育研究的历史上具有重要的地位和影响。这“是中国乃至世界高等教育研究史上第一部具有相对完整体系的高等教育学专著”，不仅“初步奠定了中国高等教育科学研究的理论基础”，而且“标志着中国高等教育学科正式建立”。[③]

正是在潘懋元长期辛勤的探索和奔走之下，借助于20世纪70年代末、80年代初的天时、地利、人和，不仅有了《高等教育学讲座》和《高等教育学》（上、下）这样的标志性成果，不仅形成了中国高等教育学的第一代

① 潘懋元：《潘懋元文集（卷二·理论研究）（上）》，广东高等教育出版社2010年版，第17-31页。

② 潘懋元：《高等教育学讲座》，人民教育出版社1983年版，第1-29页。

③ 李均：《中国高等教育研究史》，广东高等教育出版社2005年版，第151-154页。

学术骨干群体，而且推动高等教育学在1983年进入了第一版的《高等学校和科研机构授予博士、硕士学位的学科专业目录》，使高等教育学成为体制内的二级学科。在中国高等教育学创立和发展的过程中，潘懋元担当着“拓荒者”“深耕者”“捍卫者”“掌舵者”“战略家”的多重角色，[①]成为中国“高等教育学的中国符号”。

二、高等教育应用理论的解释力

潘懋元在《高等教育学》和《高等教育学讲座》以及其他的学术论著中，系统阐释了高等教育的基本理论问题，揭示了高等教育的若干一般规律，构建了中国高等教育学的基本框架，在理论上具有开创性意义。但是，对新兴的高等教育学来说，要表达其学科价值，显示其生命力，不仅要有基本理论的框架，还需要解答中国高等教育实践中的一系列现实问题。这既是中国高等教育改革发展的实际需要，也是任何一门学科从理论通往实践的必然要求。

潘懋元对此始终保持清醒的认识。在高等教育学进入《学科目录》十周年之际，他在反思学科发展时指出：“教育科学的学科理论体系，要以最普遍、最基本的概念（范畴）作为它的逻辑起点。那么，研究工作是否也要从最普遍、最基本的抽象概念出发，借助逻辑手段，层层推导，逐步展开呢？我的看法，一般是不可以的。”对于高等教育学的学科性质，他明确主张，“高等教育学是应用科学，应用科学的应用性理论研究，不能像哲学、数学的纯粹理论那样，从‘公设’‘定理’出发进行推导。一般必须建立在大量的教育实践、总结的基础上，也就是教育实践——经验总结——应用性理论。”他强调指出：“这里的实践、总结基础，包括历史的、外国的、中国当前的。最重要的是从中国当前的教育实践所总结的经验，包括

① 邬大光：《潘懋元：高等教育学的中国符号》，载《高等教育研究》2020年第7期。

间接经验和自己的实践经验。”[①]因此，在《高等教育学讲座》《高等教育学》等著作出版后不久，潘懋元在进行高等教育基本理论研究的同时，将研究的重点转向了中国高等教育改革和发展的实际，转向了中国高等教育改革发展过程中的一系列重大现实问题，提出了一系列关于中国高等教育的应用理论。

潘懋元关于中国高等教育改革和发展现实问题的研究，按照时间顺序大体可归纳为八个领域：（一）关于我国高等学校教学改革的指导思想、人才培养、素质教育等问题的研究；（二）针对我国社会体制向商品经济和市场经济的相继转型，关于新的经济体制对我国高等教育可能带来的各种影响和冲击问题的研究；（三）关于我国民办高等教育的体制、立法、质量、评估、产权等问题，兼及独立学院、第三部门办学等问题的研究；（四）从可持续发展和知识经济的角度，对21世纪中国高等教育发展趋势和应对之策的研究；（五）关于中国高校教师的专业发展及其待遇问题的研究；（六）关于中国高等教育大众化的路径、结构、体系、质量等理论和政策问题的研究；（七）关于中国高等学校分类定位的方法、原则、特色，特别是新建本科院校、应用型本科院校的定位与特色问题的研究；（八）对中国高等教育学制改革，特别是高等职业技术教育体系问题的研究。

除此之外，他的应用理论研究还涉及我国高等教育法规、自学考试、高考改革、大学排名、大学生就业、大学城等问题，总体上看，几乎涉及近四十年来中国高等教育改革和发展过程中的所有重要方面。这些研究形成的应用理论成果，不仅产生了积极的现实意义，其中许多都已被我国高等教育政策和决策所吸收，而且也为高等教育应用理论的研究树立了标杆，显示了高等教育应用理论的价值和功能。

从研究的性质和目的看，高等教育学可以分为基本理论研究、应用理论研究、实践开发研究三种类型。如果说高等教育基本理论研究是旨在探

---

① 潘懋元：《关于高等教育学学科建设的若干问题》，载《高等教育研究》1994年第1期。

索高等教育的一般规律和意义，创立关于高等教育的基本概念、基本原理的研究；高等教育开发研究是对高等教育具体的实践工作提供解决手段和方案的研究，那么，高等教育应用理论研究则介于这两者之间，它是以高等教育基本理论为基础，直接针对特定高等教育的具体实践问题进行的理论研究。这种研究，既是高等教育基本理论在特定实践活动中的应用，又是导向实践开发的前提。

由应用理论研究而形成的高等教育应用理论，兼具理论性质和应用性质。它当然首先是一种理论，是关于特定的高等教育具体实践问题的理论。因此，它要以高等教育基本理论为思想前提，要具备概念、推理、判断等要素，而不能是个人感觉的简单阐发，也不是对常识的简单描述。例如，潘懋元关于高等教育“主动适应”商品经济、市场经济的研究，以高等教育内外部关系的基本理论为分析前提，针对中国商品经济、市场经济的特殊背景，论证了商品经济、市场经济对中国高等教育冲击的必然性、两重性，阐释了中国高等教育“主动适应”商品经济、市场经济的依据，提出了“主体判断”“主动抉择”的结论。[①]这个研究结果具备了理论的形态和性质，可以称之为“主动适应论”。

另一方面，高等教育的应用理论，又是“应用”的，因为它所研究的对象，是特定高等教育的具体实践活动，是具体的高等教育实践问题，因此，它的结论也主要针对这一特定的研究对象，是关于这一特定对象的特定理论。同时，它的应用性还体现在，它处于高等教育基本理论、实践操作方案的中间，是连接基本理论和操作方案的中介；它既是高等教育基本理论的应用，又是直接针对特定高等教育具体实践的理论，是对解决具体的高等教育实践问题有直接指导作用的理论。在“主动适应”论的基础上，潘懋元根据对当时中国高等教育实际状况的分析，提出了按照“教育自身的发展规律”对各种社会需求进行“鉴别、抉择”的具体设想，论述

① 潘懋元：《正确对待商品经济对高等教育的冲击》，载《高等教育研究》1989年第3期。

了“主动适应”的前提是“高等学校要有办学自主权”。[①]如是，“主动适应”论指向了体制改革的实践层面，应用性进一步向实际工作下移。

理论的本质在于解释。高等教育应用理论的意义，也在于对特定高等教育的具体实践问题作出科学、合理的解释。这种解释包括：说明其原因，“为什么是这样”；预测其趋势，“将会是怎样”；揭示其方向，“应该是怎样”。高等教育应用理论的解释力，实际上就是解释的科学性、针对性和适切性。一项富有解释力的高等教育应用理论，总是能针对某一特定高等教育的具体实践问题，比较全面地说明其原因，比较准确地预测其趋势，比较正确地指出其方向和出路。

20世纪90年代前期，中国大学教师收入待遇普遍偏低，并出现了一些大学教师不务正业的怪象。问题的症结到底何在？潘懋元根据经济学的价值实现理论及相关数据，揭示了两个深层原因：一是中国教师的共同原因，由于“教师的劳动价值不能在市场交换过程中直接实现”，因而他们在新兴的市场经济体制中处于“不利地位”，“在市场经济条件下，教师待遇较低的必然性；在社会全面进步的条件下，教师待遇逐步提高的可能性和局限性”；二是中国高校的特殊原因，师生比过低，且行政、工勤人员比例过大，“生之者寡，食之者众”，甚至出现了高校服务机制的“逆向运动”。针对这两个原因，他提出了两条出路。一是根据经济学理论，论证了“国家是教育的最大受益者”，因此“政府有责任为教育的经济效益付出补偿”；二是确立高校教师的办学主体地位，改革高校人力、物力资源配置的不合理机制。[②]

这是一项极富解释力的高等教育应用理论，它以确凿的数据为证据，通过鞭辟入里的分析，深入浅出地表达了研究的结果。它的基本结论已为我国高等教育后来的发展事实所证明。它的预测对于我国大学教师收入待遇问题，至今仍有现实意义。

---

① 潘懋元：《市场经济的冲击与高等教育的抉择》，载《求是》1993年第10期。

② 潘懋元：《潘懋元论高等教育》，福建教育出版社2000年版，第313–322页。

高等教育应用理论研究的对象，大到国家，小到院校、课堂、个体，完全取决于具体的研究问题。但是，对于高等教育改革和发展理论而言，研究对象和理论应用的范围，一般都在国家层面上。这是因为进入近现代以来，高等教育越来越表现出国家化的特点，其制度、体系、形式等都越来越多地打上了国家的烙印。因此，作为应用理论的研究，虽然也不排除对某些国家共同体高等教育的研究，甚至也不排除对世界范围的高等教育发展的研究，但是一般看来，大都是对某一国家高等教育的研究，或者说，是某国学者对自己国家高等教育发展的研究。这既是由高等教育发展的国家化趋势所决定的，也是由学者的国家身份所决定的。

当代中国的高等教育，在世界高等教育体系中是一个极其特殊的组成部分，它在许许多多方面都表现出完全与众不同的中国特色，走着一条极其独特的中国道路，因此，研究中国高等教育问题，建立关于中国高等教育的应用理论，也就具有其独特的意义。

20世纪90年代后期，潘懋元根据中国高等教育可持续发展的趋势，提出了“高等教育大众化，是实现经济与社会可持续发展的必然选择”这一论断，[①]论述了中国高等教育大众化的必然性。在当时“稳定规模”的政策背景下，这是很有超前性的。而在中国高等教育大众化的闸门于一夜间轰然打开之后，潘懋元冷静分析了中国高等教育大众化的独特性，发现我国高等教育从精英阶段向大众化阶段转变过程中，存在着由“质变促进量变”的现象，这就与马丁·特罗“量变带动质变”的结论很不同。潘懋元“将这种高等教育的‘量’的积累尚未达到西方学者所说的大众高等教育的‘度’，即毛入学率未达到15%，而‘超前’出现的种种大众化高等教育新质的变化过程”，称为“从精英教育向大众化教育转变的过渡阶

① 潘懋元：《21世纪可持续发展的中国高等教育——兼论中国高等教育大众化问题》，载《教育科学研究》1999年第2期。

段”。[①]“过渡阶段”论的提出，揭示了中国高等教育大众化过程的特殊性，也发展了马丁·特罗的高等教育大众化理论。

在表达方式上，高等教育应用理论不是纯抽象的“哲学表述”，而是针对具体实践的“经验表述”。这里所说的“经验”，当然不是个人的感觉经验，而是经过了一定程度概括的经验，是建立在对事实的某种把握基础之上的经验。这种“经验表述”，是经验概括和科学概括的结合，是抽象理论的具体化，又是特定具体的抽象化。高等教育应用理论本质上是朴素的、直白的。这非但不影响它的学术性，反而是它发挥其应有功效的必要条件。潘懋元的高等教育应用理论同样充分地体现出这种表达的特征，这也正是他的应用理论具有很强说服力的原因所在。

高等教育应用理论，相对来说很质朴，较少使用深奥、晦涩的术语，形式看似直白，但是，高等教育应用理论研究的难度，并不亚于其他类型的研究，在一定程度上甚至更难于其他类型的研究，这是因为，应用理论研究是基本理论研究和实践开发研究的中间环节，涵盖了“理论的抽象性与实践的具体性、理论的一般性与实践的特殊性的矛盾”。[②]这就决定了从事高等教育应用理论研究，要具备两方面的基础：一是谙熟高等教育基本理论及相关理论，懂得高等教育的基本规律和普遍意义；二是深入了解中国高等教育的实际，对高等教育的中国特色有切身的体会和全面的把握。

潘懋元卓有成效的高等教育应用理论研究，正是得益于他在这两个方面的独特优势。他接受过教育学、哲学、逻辑学的系统训练，长期从事教育史、教育学理论研究，并创立了中国的高等教育学。他长期在高等学校任教，并长期担任高等学校管理、领导职务，积累了丰富的高等教育实践经验。并且，他在从事高等教育理论研究的过程中，深入实践，注重调查

① 潘懋元、谢作栩：《试论从精英到大众高等教育的“过渡阶段”》，载《高等教育研究》2001年第2期。

② 潘懋元：《高等教育理论研究必须更好地为高等教育实践服务》，载《高等教育研究》1997年第4期。

研究，即便是过了耄耋之年，仍然不辞辛劳，频繁地到现场进行访谈和调研，掌握第一手资料。正因为如此，我们就不难理解，潘懋元教授在关于中国高等教育改革和发展问题的研究中，往往能够比其他人更敏锐地发现实践问题的理论意义，更深入地触及问题的本质，更全面地作出对问题的解释，更准确地提出解决问题的思路。当然，除这两方面的优势之外，还有一个先决条件，那就是中国学者的国家情怀和他对于中国高等教育始终不渝的社会责任感。

三、多学科的视角

潘懋元是教育学科班出身，在20世纪50年代初也受到哲学、逻辑学的良好训练，知识结构具有多学科的基础。在创立和发展中国高等教育学六七十年的征程中，他不断地与时俱进，不断地吸收新知识，不断地扩大学术的视野。在学术生涯的晚年，他越来越感觉到就高等教育研究高等教育在观点和方法上的局限性，开始思考借助多学科的观点和方法研究高等教育，将多学科的观点和方法应用于高等教育学研究的问题。《多学科观点的高等教育研究》一书，就是他这一思考的结果，是他在学术生涯晚年的一次学术新尝试。

高等教育是一种复杂的社会活动，这种活动的复杂性随着社会的发展而与日俱增。无论是高等教育内部的成员，还是外部的利益相关者，看到的高等教育都只是一个小小的侧面、一个狭小的角度，而高等教育的“庐山真面目”，就隐藏在这几近无数的侧面和角度之间，单从某一个学科的角度，我们可以认识它的某个真实侧面，但很难看清它的全部真面目。

潘懋元在《多学科观点的高等教育研究》的前言中写道：“对于高等教育来说，既要横看，看到它的逶迤壮观，又要侧看，看到它的千仞雄姿；既要入山探宝，洞悉其奥秘，又要走出山外，遥望它的全貌。”[①]因此，“只

① 潘懋元主编：《多学科观点的高等教育研究》，上海教育出版社2001年版，第3页。

有把多门学科观点的研究成果综合起来，比较分析，才能获得比较全面的认识。”[①]以这一思想为指导，《多学科观点的高等教育研究》一书从11个学科（历史学、哲学、心理学、文化学、科学学、经济学、社会学、政治学、管理学、系统科学、比较教育学）的角度，围绕高等教育的本质及其内外部关系这个核心，对高等教育学的一些基本问题和前沿问题进行诠释和阐发，提出了一系列具有较高理论价值的新观点和新思路。

《多学科观点的高等教育研究》犹如一位向导，能够引领我们从不同的角度逐渐向高等教育的庐山真面目接近。概括起来说，这部著作有以下几个比较鲜明的特点。

《多学科观点的高等教育研究》是由多位不同学科出身的高等教育理论研究者合作完成的一部著作。作者们在本科或硕士阶段分别学习不同的学科，在各自的学科打下了比较扎实的理论基础，最后他们又都接受了高等教育学的理论训练，获得了高等教育学的博士学位。作者们的这种多学科背景，反映在该书中，显示出各相关学科理论和高等教育学理论基础都比较扎实，基本上都能够准确地把握住各学科理论和高等教育学理论的关键交叉点，并且将两种理论融合为一体，对所选定的问题进行理论思考与探讨；所选择的相关理论资料翔实可靠，多为各相关学科代表性理论的代表作，由此得出的结论富有说服力，达到了很高的学术水平。

《多学科观点的高等教育研究》选定的问题，多为高等教育学的基本理论问题，具有前沿性，反映了研究者的学术眼光和境界。更重要的是，该书不仅提出了富有挑战性的问题，而且采用多学科的观点对这些问题进行了富有成效的分析，提出了一系列具有创新性和较高理论价值的观点。即使是高等教育学研讨已久的一些基本理论问题，作者们也尽可能地从其他有关学科的角度给予新的解释。

例如，高等教育的起源，一直是困扰理论界的一个基本问题，历来有古

---

① 潘懋元主编：《多学科观点的高等教育研究》，上海教育出版社2001年版，第4页。

埃及起源说、古希腊罗马起源说、春秋战国起源说、中世纪起源说等。“历史学的观点”将功能与组织形式分开，分别从功能和组织形式两个方面追寻高等教育产生的历史，给出了有说服力的解释，同时也使其他各家之说得到了较好的统一。“高等教育”概念的界定，是高等教育学最核心、最基本的问题，同样也是一个众说纷纭的问题。“高等教育”与“中学后教育”“第三级教育”常常发生混淆，引起歧义。“历史学的观点”从历史发展的角度来分析这个问题，厘清了这些概念的基本内涵和主要区别，并且推断出“高等教育”一词最早出现的时间，揭示了“高等教育”概念的历史性。

又例如，“哲学的观点”紧扣“大学理念”这样一个形而上的概念，谈古论今，纵横捭阖，很有哲学意味；“心理学的观点”着重从社会心理学的角度，对高等教育改革过程中的心理冲突和心理适应进行透视，对提高大学生心理素质提出了具体的建议，切实合理；“文化学的观点”引经据典，将教育的本质界定为“文化化人”即“人的文化化过程”，并在此基础上阐述了高等教育的文化传承、文化适应和文化创造三大功能及其作用机制，思考缜密；“科学学的观点”推断，科学课程进入大学是高等教育近代化的基本标志，而科学之所以能进入大学课程成为训练人的理智材料，主要在于其“经验理性”，从制度和思维方式两个维度上揭示了大学与科学两者之间千丝万缕的内在联系，精细入微。

再例如，“经济学的观点”提出了高等教育与经济的“双向多维非均衡互动关系”，阐述了高等教育结构、规模与经济效益及地方化等政策性问题，具有现实意义；“社会学的观点”直面高等教育与社会分层及社会流动的双向关系这一极其关键的问题，运用相关的社会学理论予以解释，切中时弊；“政治学的观点”提出了“高等学校的二元权力结构”说，将高等学校的权力划分为学术权力和行政权力两种，分析了这两种权力的合理性与局限性、冲突与协调，观点全面，含义深刻；“管理学的观点”把管理的核心定位于权力，将高等教育组织的设置界定为对权力合法性的认定，观点鲜明，提出的高等学校管理权力改革目标与战略，对实践具有指导作用；

“系统科学的观点”将高等教育在社会系统中的位置进行了功能定位，并描述了高等教育系统的结构与结构矩阵，富有想象力；“比较教育学的观点”对比较的方法在高等教育研究中的应用作了细致的说明，其中，关于寻找与双方本质属性有关的中介并通过中介进行比较的思路，钩玄提要，对深化比较高等教育研究富有启发性。

这部著作是从多学科角度研究高等教育基本理论问题的成果，多学科研究是它的主要方法特征。对于高等教育学这样的新兴学科来说，提倡“拿来主义”是十分必要的。除从国外“拿来”以外，重要的一方面就是从其他相对比较成熟的相关学科“拿来”，因此可以说，“高等教育学的独特的研究方法可能就是多学科研究方法”[①]也未尝不可。当然，高等教育学是否有自己独特的研究方法并不重要，多学科研究方法是否为高等教育学独特所有也不重要，重要的是能否科学地运用其他学科的方法与观点来有效研究和解释高等教育学的独特问题。这部著作在借鉴其他学科的研究方法方面作了有益的尝试与探索，对于拓宽高等教育学的研究思路，提高学科的“拿来”水平，具有方法论的意义。

当然，作为一部充满了探索精神和理论创新的学术著作，《多学科观点的高等教育研究》一书也不可避免地存在一些美中不足之处。例如，某些观点的文献与资料还不够充分，特别是一些作为论据的资料，略显薄弱；有些观点对核心概念的界定尚不够严密，从而在一定程度上影响了这些观点的逻辑力量；有些观点在视角的切入上不够准确，偏离了这些观点在高等教育中的核心议题；还有些具体的论点论述得尚不够充分，减弱了它们的说服力，还有可商榷之处，需要进一步推敲和完善。此外，由于该书是多位作者集体研究的成果，各个观点在研究深度和表达方式上还不够平衡，个别观点对相应学科观点和方法的应用也略显生硬和薄弱。

对于《多学科观点的高等教育研究》这样一部创新之作来说，上述不

① 潘懋元主编：《多学科观点的高等教育研究》，上海教育出版社2001年版，第4页。

足情有可原、瑕不掩瑜。这是探索过程中的不足，是创新过程中的不足，是“然后能自反”的不足。其中的一些美中不足之处，未尝不是新问题的来源，未尝不是新研究的生长点。由这些问题深入下去，进行更精细、更系统的探索和研究，必定能创立更成熟、更完善的理论，必定能在更高的起点上促进高等教育学的知识增长。

值得一提的是,《多学科观点的高等教育研究》在体例和结构形式上借鉴了伯顿·克拉克的著作《高等教育新论——多学科的研究》，这种借鉴在当时是很有必要的。拿外国之瓶，装中国之酒；用国外学者使用的有效体例与形式，研究中国高等教育的内容和理论，是促进中国高等教育学知识增长的有效途径。两书的体例和结构形式虽然相仿，但具体内容和话语方式多有不同。前者有超过后者的地方，例如，在心理学、系统科学等相关学科方面，弥补了伯顿·克拉克的遗憾；对中国读者来说，更切合中国的高等教育实际。前者也有不如后者的地方，如资料的丰富性、翔实性、视野的国际性等。总之,《多学科观点的高等教育研究》一书，可以看作《高等教育新论》的中国姊妹篇，是促进高等教育学知识增长的一部难能可贵的力作。

特别是当我们考虑到，潘懋元在学术生涯的晚年主持完成这一部力作，这是他晚年学术生涯的一次新的尝试，一次新的探险，我们作为学术后辈，对他这种在学术上不断与时俱进、永远处于思考和探索过程之中的精神和毅力，不得不致以由衷的敬意，并奉为楷模。

2022年12月6日，潘懋元先生以102岁高龄驾鹤西去，弟子痛失恩师，学科痛失鼻祖，教坛痛失楷模，业界痛悼，士林悲伤！斯人虽逝，但学术之树常青，潘懋元开创的学术事业正薪火相传，他留下的学术遗产也将随着中国高等教育学的繁荣发展而弘扬光大。

第七章

院校研究的中国化

院校研究是高等院校对本校的研究。它是科学管理运动的产物，始于20世纪前中期的美国，如今已成为很多国家高等院校管理体系中的标配。“院校研究”于20世纪90年代初被译介到中国，三十多年来，它从最初的感知，到理念上的确认，到实践中的推行，经历了一个比较独特的发展过程。

第一节　院校研究何为

“院校研究”的英文是“Institutional Research”（简称IR），它在90年代初进入中国高等教育领域时，曾被直译为“机构研究”。虽然在高等教育领域之内，“机构研究”当然是指“高等教育机构”的研究，但毕竟容易与其他行业领域的“机构研究”相混淆，因此，早期的译介者们为了简化“高等教育的机构研究”，遂约定俗成将它译为“院校研究”，①以此直接表明，它是高等院校对自身的研究。这一概念随后被我国高等教育界所接受。

一、院校研究：广义与狭义

院校研究因研究方式和专业化程度的不同，可以分为广义的院校研究和狭义的院校研究。尽管这两类院校研究在实际进行时常常是相互结合的，但在概念上对这两种院校研究加以区别，还是很有必要的。

（一）广义院校研究

广义的院校研究是高等院校中的任何人以任何方式对本校问题的研究，它不仅古已有之，而且如今在高等院校中仍普遍地存在。在高等教育发展史上，任何一所高等院校在其创办之初，甚至创办之前，创办者就必须对这所拟建高校的各个方面进行规划和研讨；任何一所高校在创办之后，学校的领导层以及各个职能管理部门、主事者也都需要对自己负责的事务进行工作研

① 朱九思，姚启和主编：《高等教育辞典》，湖北教育出版社1993年版，第306页。

究：分析现状，发现问题，研究解决问题的对策；任何实际工作，一般都前有计划环节，后有总结环节。尽管这些研究都是经验性、研讨性的，是“开个会研究研究”的方式、相关工作人员“合计合计”的方式，但上述所有这些对本校实际工作的规划、分析、研讨、计划、总结的行为，都可视为广义的院校研究，都属于广义院校研究的范畴。

另外，高等院校的教师在教学过程中，也需要对自己的教育对象——学生进行研究，需要对自己的教学进行反思性总结，这些也都可以归入广义的院校研究。

（二）狭义院校研究

狭义的院校研究，特指由专门的研究人员以专业化的研究方式进行的院校研究。这种狭义的院校研究始于20世纪中叶。大约也是在那个时候，英文“Institutional Research”一词，被正式用来表示机构研究活动，这种研究活动，可以用于企业、商业、社会团体，也可以用于学校、医院、行政机关，乃至所有具有一定规模、追求科学管理的机构。高等院校由于规模越来越大，职能越来越多样，事务越来越复杂，社会问责越来越严厉，因此成为“机构研究”的大户。

1965年美国院校研究协会（AIR）的成立，被看作这个新领域形成的标志。如今在大多数国家，院校研究已经内化于高等院校的管理体系之中，成为高等院校管理体系中的一种新的标配。越来越多的高校在管理体系中设立了专事院校研究的“办公室”“调研室”“规划室”之类的机构，拥有了数量不等的从事院校研究的专职研究人员，因此，院校研究也就成为高等院校中一种新的管理职业或岗位。

对于这种狭义的院校研究，角度不同，界定也不尽相同。曾任美国院校研究协会主席的J. L. 萨珀认为：“院校研究是在单个高等院校内部进行的研究，旨在为该校的规划、政策与决策提供信息。”①他着重强调了院校研

①［美］J. L. Saupe. *The Function of Institutional Research*. Tallahassee，FL：The Association for Institutional Research，1990：85.

究的对象和服务功能。美国院校研究协会的另一位主席J. A. 玛福认为："院校研究就是对高等教育组织或大学的研究。其宗旨是为高等学校提供有益的信息咨询，以改善学校的管理，为高校政策的制定出谋划策。"[①]他同样强调了院校研究的主要任务。

《国际高等教育百科全书》的界定是："院校研究是对高等学校的运行、环境及进程所作的研究与分析。"[②]荷兰学者P. A. 马森将院校研究界定为基于以下环节的"研究活动"：收集一所高校的内部状况的资料；收集该校的环境资料；分析整理这些资料，使之转换为有用的信息；根据这些信息对学校的计划、政策、决策进行论证。[③]这两个界定都侧重于院校研究的过程。

虽然这些界定的角度各有侧重，但基本点是相同的。根据这些共同点，我们可以将院校研究界定为：高等院校由专职研究人员承担，根据学校的实际需要、按照科学的研究方式，对本校运行状态和实际问题进行的咨询性研究。本章所称"院校研究"，在没有特别限定的情况下，均特指这种狭义的院校研究。

二、院校研究的主要特征

院校研究的基本特征主要表现在研究对象、内容、方法、职责、用途等方面。由于美国的院校研究不仅普及程度高，而且专业化程度也很高，院校研究的以下特征主要根据美国院校研究的情况归纳而成。

（一）研究对象

院校研究是高等院校的自我研究，它的研究对象无可选择，只能是研究者所在的学校，也就是他的"本校"。任何一所高校，院校研究的动因

---

① [美] John. A. Muffo：《美国院校研究概述》，樊建芳译，载《外国高等教育资料》1994年第1期。

② [美] A. S. Knowles，et. *The International Encyclopedia of Higher Education*（Vol.5）. Jossey-Bass，Inc：1978：2184.

③ [荷兰] P. A. M. Maassen. *Institutional Research and Organizational Adaptation*. Paper presented at the Eighth European AIR Forum，Loughborough，England，1986：1.

都出于学校本位，纯属学校行为；一所高校之所以要设置“院校研究办公室”之类的机构并且还要设定若干专职编制，完全是因为学校有需要，纯粹为了解决本校的问题。

学校设立院校研究机构，就是为了研究本校，因此，院校研究只能以研究本校问题、服务于本校为根本职能。虽然院校研究者在实际的研究过程中也常常不可避免地要研究别的院校，甚至也要研究整个高等教育体系的共同性问题，但这些研究并不是他们的目的，而仅仅是一种手段，目的是通过比较别校或整个系统来更好地研究本校的问题。通过知彼达到知己，归根结底还是为了知己。正因为如此，院校研究的具体问题一般都由校方提出，大多都是“命题作文”。

院校研究的具体结果也只是专门针对本校，既不能简单地照搬到其他院校，更不能得出什么普遍性的结论。一把钥匙开一把锁，尽管钥匙有可用不可用之分，有性能高低之分，但这把钥匙只是针对“本校”，这是由院校研究的性质、职能所决定的。

（二）研究内容

院校研究既然以本校作为研究对象，那么，它实际研究这个对象的哪些具体问题呢？总的来说，院校研究者具体研究的问题，完全是需求导向，要根据校方的实际需求来确定，绝大多数都是“命题作文”。校方需要了解什么，你就得研究什么，这就是院校研究机构的本职工作；否则，自说自话地选题去研究，很可能吃力不讨好。美国的院校研究者们嘴上常常挂着一句口头禅：“校长需要什么，我们就研究什么。”很生动地表明了这种“需求定向”。校方命题，院校研究者按题作业、定期交卷，一点也不能含糊。

一所高校，在某个时段里面临的实际问题多种多样，在不同的时段里出现的问题也各不相同，因此，院校研究者实际研究的具体问题具有多样化的特点。这主要取决于校方对问题的判断，取决于校方的优先选择。尽管具有多样化的特点，但综合美国院校研究的实际情况来看，还是可以归纳出一些“问题域”，这些“问题域”在频率上大体可以依次排列为：学生事务问题、教师事务问题、教学事务问题、资源配置事务问题、发展规划问题等。从这些“问题域”中，也可以看出美国高校的校方考虑问题的优先项所在。

就研究问题的性质来看，校方的命题一般都是学校工作中比较棘手、急需解决的问题，院校研究必然也要以“问题解决”为研究的基本取向。正如P. L. 德莱塞尔所说的那样，“院校研究并不是高校用来为自己歌功颂德的工具，院校研究者的使命在于运用各种手段，找出学校运行中存在的问题与缺点，并为解决这些问题和缺点提出方案和建议，为管理者决策提供依据”。[①]“需求定向”往往与“应急”联系在一起，所以“院校研究”机构也常常被称为“救火队”，每当学校出现比较棘手的问题之日，便是院校研究者大显身手之时。

（三）研究方法

在研究方法上，院校研究对科学研究的程式和方法有自觉的追求，特别重视运用科学的方法，尤其是量化的方法。院校研究者在具体的研究项目中，从问题的界定、文献的综述、理论框架的确定，到研究的具体实施，再到结论的形成和报告形式，都注重按照科学的程式推进；至于具体的研究方法，从数据分析、质性访谈，到现场观察、准实验、个案分析、测验研究等，也是十八般武艺应有尽有。

院校研究对数据分析、量化研究表现出强烈的偏好。这种偏好的形成，主要有两个原因。一是美国高校的院校研究机构大多兼作本校的数据信息中心，掌握着本校综合的工作数据系统，这是研究上的便利。二是院校研究作为一种咨询研究，为了提高研究结果被校方的“引用率”和“采用率”，就必须最大限度地用事实和证据来说话，而数据分析、量化方法的结果，是提供事实和证据最富有说服力的方式。

---

① [美] P. L. Dressel. *Nature of Institutional Research in Self-study. Institutional Research in the University*：*A Handbook*. San-Francisco：Jossey-Bass，Inc，1971：23.

正由于院校研究注重科学方法、量化方法的运用，也使得院校研究表现出特有的“专业性”，只有熟练掌握了科学研究的方法，特别是量化方法的人，才能胜任这种院校研究工作。也正因为方法上的这一特征，将院校研究与高校内部经验性的“工作研究”（广义的院校研究）清晰地区别了开来。

（四）工作职责

各高校的院校研究机构，一般有两大工作职责。第一大项是数据的收集、分析、报告，这是院校研究机构最基本的工作职责，也是所有高校的院校研究机构都必须承担的职责。这项职责的主要任务是收集、整理、分析本校的各类工作数据，建立工作数据系统；依据数据编写本校的年度报告或专项报告，对内报告给校方，对外报告给国家或州的教育统计部门，或者为教育评估组织、大学排行榜等提供所需的相关数据。

第二大项职责就是问题研究，这是院校研究机构的高级职责，研究的问题因校方需求而定，但研究的目的只有一个：通过对本校实际问题的研究提出解决问题的对策，供校方作决策的参考。要胜任这种高级职责，就对院校研究者的研究能力有较高的要求，因此，这种高级职责未必是所有高校的院校研究机构都能胜任的。但从美国目前的情况看，绝大多数高校的院校研究机构不仅普遍胜任基本的数据工作职责，绝大多数也都能胜任高级的问题研究职责，这也是美国院校研究处于领先水平的表现。

（五）结果用途

就院校研究的基本职能而言，它的用途主要就是呈现本校的状态信息，让校方更好地了解本校状况。除非提供的信息有误，一般来说，对本校管理决策都有基础性参考作用。而院校研究高级的问题研究职责，结果的命运就不太相同，可能被校方采用，也可能不被校方采用，这是由咨询研究的特性决定的。

S. 纳格尔总结了院校研究结果在决策过程中从“引用”到“被用”的四个层次：最低层次是“不被引用”，第二层次是“被引用”，第三层次是“被引用并支持了某个观念和决策”，第四层次是“被引用并改变了某个观念和决策”。[①]对于院校研究者来说，“不被引用”当然令人沮丧，但“不被引用”并不一定就意味着研究错了，很可能有各种主客观条件的限制，因为校方的决策毕竟不同于研究，需要考虑条件、时机等更多的复杂因素，需要在多种可能性之间作出轻重缓急的比较和抉择。

“被引用”，说明研究结果受到决策者的重视，进入了他们的视野和头脑；“被引用并支持了某个观念和决策”，说明研究结果支持了决策，起到了院校研究应有的实际功效；“被引用并改变了某个观念和决策”，当然是院校研究成功的标志，对学校的决策和管理起到的是转折性、革新性的作用，功莫大焉。达到第四个层次，是院校研究的宗旨所在，也是院校研究最大的成功。

（六）功能

高等院校之所以花钱设立院校研究机构、聘用专职研究人员，根本在于高校在管理决策中对它有切实的校本需求。由于校务管理的幅度、难度越来越大，高校领导者仅凭个人的能力和经验事实上已经无法了解和把握学校的全部情况，不可能对学校“了如指掌”，“正确做决策”和“做正确决策”的难度倍增。在这种情况下，明智的高校领导者就不得不借助于外力、外脑的帮助，院校研究正可以发挥这种外力和外脑的作用，发挥决策参谋的作用。

美国《院校研究手册》将院校研究比喻为高校管理的“仪表盘”，这个“仪表盘”的作用就在于，为校领导提供“比较关键的必要信息”，从而帮助校领导“关注和理解这些内容”，而且“事先确立一个基准并且给出发展方向，同时与院校使命和院校发展计划相联系”[②]。还有的学者把院校研究形象地比作校长的“保镖”：“一个好校长不得不经常在结着薄冰的湖面

① 程星，周川主编：《院校研究与美国高校管理》，湖南人民出版社2003年版，第68页。

②［美］理查德·D. 霍华德等编：《院校研究手册》，蔡三发等译，同济大学出版社2021年版，第125页。

上溜冰；院校研究者则必须追随左右，为校长找出一条冰层较厚的滑行路线”。[①]无论是“仪表盘”还是“保镖”，都说明院校研究在高校管理决策中的重要辅助和支撑作用。院校研究，是高等院校管理科学化、治理现代化的一个工具，也是反映高校管理科学化、治理现代化水平的一个窗口。

第二节　院校研究的发展谱系

院校研究在20世纪中叶始于美国，随后传播到其他发达国家。到20世纪末，世界上大多数国家的高等院校都开始进行院校研究。院校研究的迅速传播，是高等院校面临的巨大压力以及由此而产生的校本需求共同作用的结果。

一、院校研究在美国的体制化

院校研究的体制化，可以从两个方面来判断：一是职业化，院校研究在高校之中成为一种职业，一个专门的管理岗位；二是专业化，院校研究形成了自己的研究规范和研究方式，需要有专门的研究能力和技术。

（一）职业化

20世纪前期，受科学管理运动的影响，美国的一些高校开始尝试内设针对本校问题的调研机构，如伊利诺伊大学的“院校研究处”（1918年设

---

①［美］J. S. Daniel. Living nervously：*Institutional Research as the President's Bodyguard. Promoting Quality through Leadership*. Tallahassee，FL：The Association for Institutional Research，1988.

立）、耶鲁大学的“人事研究部”（1921年设立）、明尼苏达大学的“教育研究委员会”（1924年设立）、密歇根大学的“院校研究处”（1927年设立）等。[①]这些校内自设的调研机构，实乃美国高等教育史上最早开展院校研究的专门机构（尽管带有很多广义院校研究的成分）。

第二次世界大战结束之后，美国高校的内外部压力骤然加大，校务复杂无比，校长们普遍感到不堪重负。很多校长在忙得焦头烂额之际，终于发现了院校研究或可助其一臂之力，于是他们纷纷拨出专款，设立专门的院校研究机构，招聘专职的院校研究人员，以期为校务管理买个“仪表盘”或“手杖”。

1948年，明尼苏达大学校方将原“教育研究委员会”改制为“院校研究处”，明确该机构是“由校方领导的对本校教育管理问题进行研究的特别机构”，同时规定它的首要职责是“研究明尼苏达大学自身的问题”。[②]随后，各类院校研究机构在美国高校里雨后春笋般涌现出来，大批专职人员也纷纷走上了院校研究岗位，院校研究的职业化由此迈出了第一步。

据美国《院校研究手册》统计，1955年之前全美设有专门院校研究机构的高校约为10所，到1964年已达115所。[③]这些机构的名称多为“院校研究办公室”，此外也有“规划”或“评估”等名称。如今在美国的高校里，院校研究机构已经成为制度性的标配，大批专职院校研究人员以此为职业甚至终老一生，院校研究已然成为美国高校管理体系中一个内在的、不可或缺的功能要素。

① 理查德 · D. 霍华德等编：《院校研究手册》，蔡三发等译，同济大学出版社2021年版，第10页。

②［美］J. E. Stecklein. *Institutional Research at the University of Colorado*, *Wisconsin*, *and Minnesota*. Colleges Self-studies：Lecture on Institutional Research.Bouler，CO：Western Interstate Commission on Higher Education，1960：34.

③［美］理查德 · D. 霍华德等编：《院校研究手册》，蔡三发等译，同济大学出版社2021年版，第6页。

（二）专业化

院校研究虽然成为美国高校中的一个职业，但在早期还算不上“专业”，因为它的专业规范在早期并不明确，就连院校研究人员自己也常常感到很迷茫。只有当院校研究确立了自己的专业规范，它才可能成为一个专业性的职业，它的体制化基础才能比较牢固。

从20世纪60年代后期开始，美国的院校研究出现了比较强烈地追求科学方法（特别是量化方法）的倾向。这种追求是院校研究在实践过程中不断加强的，既有必要性，也有必然性。M. 彼得森对美国院校研究方法进化过程的分析表明，20世纪50年代的院校研究以“描述性方法”为主，60年代已经普遍运用“分析和比较”方法，从70年代起，量化研究方法开始占据主导地位，成为院校研究的主导方法。[①]院校研究在方法上的进化，是其专业化程度提高的过程。也就是从那时开始，院校研究不再是高校中的任何管理者都可以胜任的职业，而是需要一些特殊的研究能力和素养。

1993年，P. 特伦兹尼根据对美国院校研究人员的调查，归纳出院校研究人员所应具备的三种专业性“智能”。一是“技术和分析智能”，核心是运用科学方法的能力，特别是数据处理和分析能力；二是“问题智能”，即对高校特别是本校办学过程中各种实际问题的熟知程度；三是“背景智能”，是关于高等教育以及相关领域的理论知识和背景性知识。[②]这三种“智能”，概括了院校研究者需要具备的基本专业能力，在美国已被当作院校研究人员的基本“专业规范标准”。美国高校在招聘专职院校研究人员时，这三种“智能”也是主要考核点。

在美国院校研究的专业化过程中，1965年成立的美国院校研究协会

①［美］M. W. Peterson. The Role of Institutional Research：From Improvement to Redesign. J. F. Volkwein（ed.）. *What Is Institutional Research All About? New Directions For Institutional Research*：104. San Francisco：Jossey-Bass，1999：84.

②［美］P. T. Terenzini. *On the Nature of Institutional Research and the Knowledge and Skills it Requires*. Research in Higher Education，Vol.34，1993（1）：4–7.

（AIR）发挥了重要的作用。协会的使命被表述为“致力于高等教育工作者运用数据、信息、证据以支持决策和行动，促进学生、院校和高等教育的发展”；协会的具体目标包括“提高院校研究者、院校领导人及其他工作者对院校研究价值意义的认识”，在整合利用院校数据和高等教育数据、院校研究的方法和手段、院校评价等方面“提供培训和实际支持”，“为院校研究者职业能力的发展提供机会”，“开发院校研究网络”。①AIR为院校研究的专业化做了大量的工作，诸如举办年度论坛、编辑出版院校研究丛书和手册、编辑出版会刊《高等教育研究》，以及举办各种形式的培训班和工作坊对院校研究人员进行专业培训。在此过程中，AIR自身也发展得很快，既有国内会员也有国际会员，总会之下还设有数十个分支协会和国际分会。特别是在1996年，AIR专门成立了“海外华人院校研究协会”（OCAIR），其成员都是在北美从事院校研究的华人，他们对中国的院校研究也起到了重要的推动作用。

AIR的成立，被看作美国院校研究专业化过程中的一个里程碑。有学者以1965年AIR的成立为标志，将美国院校研究的历史划分为“前院校研究协会时期”和“院校研究协会时期”，②理由就是AIR的成立标志着美国院校研究进入专业化阶段。

（三）美国院校研究现状

1997年，W. 奈特（W. E. Knight）对美国院校研究机构的调查表明，在当时，美国的高校已经普遍设置了院校研究机构，两年制院校的院校研究机构平均有2名全职研究人员和1名全职助理人员；一些规模较大的公立大学，院校研究机构的全职研究人员达15人、助理人员达20人之多。③

---

① Assciation for Institutional Research.About AIR：Mission，Mission Objectives.https://www.airweb.org/about-air/who-we-are/vision-mission.［2021-1-20］

② 程星，周川主编：《美国院校研究的历史与现状》，载《苏州大学学报（哲学社会科学版）》1995年第4期。

③［美］W. E. Knight. etc. Institutional Research：*Knowledge*，*Skills and Perceptions of Effectiveness*. Research in Higher Education，1997（4）：5-6.

在加州大学，总校及各分校都设有院校研究机构，总校于2009年将分散在各部门的院校研究人员进行了整合，按照“集中型”的模式组建了“院校研究办公室”，该办公室当时已有研究人员15人。[①]在一些规模较大的院校研究机构里，研究人员的分工已经非常专业化。据加州大学洛杉矶分校的院校研究人员2016年介绍，该校的院校研究机构当时有20多名研究人员，有的专事教师和教学事务研究，有的专事学生事务研究，专事学生事务研究的人员中竟然还有2人分工专事中国留学生事务研究。[②]分工细到如此程度，一定程度上证明了专业化程度之高。

美国的院校研究显示出较强的研究实力，对高校管理决策的支撑功能也最为突出。加州大学的“研究型大学教学工作量计算方法”研究、肯恩大学的“教室利用率与优化学校课程时间安排”研究、南达科他州立大学的“本科生第一年持续注册率研究”、托马斯·阿奎那学院的“‘新生入门’课程的评估与教学改进”研究等，[③]都是美国院校研究的典型案例，不仅达到很高的专业研究水平，而且研究结果都不同程度地被各校所采纳，转化为实实在在的实践效果。

二、国际发展谱系

院校研究如今已是一个全球性现象，但它具体的发展路径和实施形式由于各国高等教育传统和体制的不同而各有特点。

（一）欧洲院校研究的发展

美国早期的AIR年会，都有欧洲代表出席，正是这些代表将美国的院校研究理念引进了欧洲。从1979年起，AIR年会还在欧洲举办了多次“欧洲论

① 常桐善：《院校研究的发展与应用》，同济大学出版社2016年版，第113页。

② 候汝安：《量身定制的院校研究分析报告的数据要求》，“院校研究与高等教育质量提升”国际会议暨中国高教学会院校研究分会2016年年会，长沙，2016年7月10日。

③ 程星，周川主编：《美国院校研究实例》，苏州大学出版社2008年版，第166、222、83、241页。

坛”。1989年，欧洲院校研究协会成立，它的全名是“欧洲院校研究与高等教育研究协会”（EAIR）。从名称可以看出，这是院校研究与高等教育研究共同的一个协会，也许在欧洲人看来，院校研究与高等教育研究是不能截然分开的。

美国是在有了大批专职院校研究人员之后才成立AIR的，而欧洲的院校研究却是在EAIR成立之后才逐渐发展起来的。有文献显示，在1979年之前，也就是首届AIR“欧洲论坛”之前，设有专门院校研究机构的欧洲大学，只有比利时鲁汶大学与瑞典乌普萨拉大学两所。[①]在EAIR成立之后，院校研究在英国、瑞典、荷兰、德国才渐次得以开展，后来随着欧洲高等教育质量保障运动的兴起，特别是21世纪初随着“波隆尼亚进程”的推进，欧洲院校研究的组织化和专业化程度才渐渐有所提高。

“波隆尼亚进程”启动之后，欧洲的高校比较普遍地设立了“教学研究中心”。这个中心主要服务于师生的教与学，可以看作以研究本校教学以及教师专业发展问题为主要职能的院校研究机构。欧洲的院校研究以“分散型”居多，大多分散在高校的相关管理机构之中，真正以“院校研究”命名的集中型机构还较少。专项多于专职，分散多于集中，专兼职结合，是欧洲院校研究的共同特点。

英国是欧洲院校研究体制化程度相对较高的国家。非正式的“英国与爱尔兰院校研究协会”（BIAIR）于20世纪90年代末成立，这个协会于2008年改为“英国与爱尔兰高等教育院校研究网络”（HEIR），成为英国院校研究者的正式专业组织。英国除开放大学的“院校研究中心”之外，取名“院校研究”的集中型机构仍较少。例如，华威大学的院校研究机构是“学习与发展中心”，侧重于研究本校学生的学和教师的教；在南安普敦大学，院校研究职能一部分由“质量、标准与认可”团队承担，另一部分则由“学校数据中心”承担；利物浦大学、爱丁堡大学等校均设有“策略与

① 蔡国春，郗菲，胡仁东：《院校研究在欧洲的发展特征——兼与美国院校研究比较分析》，载《高等教育研究》2011年第2期。

规划”部，职责是为本校的规划工作提供数据和信息支持。

（二）亚洲院校研究的发展

亚洲的院校研究也源自美国，但不同国家的起点不一，发展也很不平衡，发展相对较快的有日本、泰国和中国等。

日本是亚洲最早开展院校研究的国家，20世纪70年代初就有高校设立了“旨在检查大学自身问题的调查机构”，如广岛大学1970年设立的“大学问题调查室”。[①]90年代随着《大学设立基准方案》的重新修订实施，各大学“被要求”进行自我评估并报告本校的办学数据，于是有更多的大学设立院校研究机构，东京大学1992年设立的“调查室”便是其中之一。

21世纪初，日本开启国立大学“法人化改革”，对高校收集分析本校办学数据的工作提出了要求；2014年中央教育审议会“大学分科会”明确要求高校“强化以校长为中心的领导与责任”，同时要求高校必须聘用院校研究专业人员（IRer）以“支援校长”的领导工作。[②]2014年的一项对日本“院校研究现状”的调查显示，25%的被调查高校已设有院校研究机构，被调查高校中用“院校研究”名称的机构占9.9%，“没有院校研究名称但有担当部门”的占15.4%；国立大学设有院校研究机构的比例为40.9%，公立大学为9.8%，私立大学为24.2%。[③]国立大学的比例明显高于其他类型大学，与“法人化改革”有很直接的关系。

泰国在亚洲也是较早开展院校研究的国家之一。1971年，朱拉隆功大学设立“大学管理信息系统”，其职责是收集本校规划和管理信息，

① 刘文君：《日本院校研究的状况及其发挥的作用》，载《中国高教研究》2016年第3期。

② 杨莹主编：《各国大学品质保证与校务研究》，（台北）高等教育文化事业有限公司2019年版，第149页。

③ 刘文君：《日本院校研究的状况及其发挥的作用》，载《中国高教研究》2016年第3期。

根据校方需求进行研究并传播研究结果。[①]这应该是泰国最早的院校研究尝试。1975年泰国大学事务部成立了“高等教育院校研究国家网络”（NNIRHE），以推动泰国的院校研究。泰国高校的院校研究机构大多取名为“规划处”。在各校院校研究发展的基础上，泰国“院校研究与高等教育发展协会”（AIRHED）于21世纪初成立，该协会在泰国以及东南亚的院校研究领域有较大的影响。

素罗娜丽科技大学是泰国1990年新建的一所国立大学，在建校之初的十多年内，该校开展的院校研究项目多达40余项，涉及学校工作的各个方面，诸如“大班教学模式研究”“本校作为泰国第一所自治大学的第一个十年之研究”“学生喝酒行为研究”“学生摩托车意外事故的相关因素研究”等。[②]院校研究在该校创办和发展过程中可谓大显身手。

（三）其他区域的院校研究

由于特殊的地缘关系，加拿大院校研究的发展与美国紧密相关。在美国早期的“院校研究论坛”和AIR年会上，加拿大的代表都是常客；从20世纪70年代到21世纪初，AIR年会也曾多次在加拿大举行。1994年，“加拿大院校研究与规划协会”（CIRPA）成立，标志着加拿大的院校研究者有了自己的专业性组织，而可以不再依附于美国的AIR。

“大洋洲院校研究协会”（AAIR）成立于1988年，主要由澳大利亚、新西兰等国的院校研究者发起。这两个国家虽属英联邦，但院校研究却打上了美国模式的烙印，不仅各高校普遍设立了院校研究机构，而且在职能上也倾向于对本校管理决策的支撑。

“南部非洲院校研究协会”（SAAAIR）和“中东与北非院校研究协会”（MENA-AIR）分别在20世纪末、21世纪初成立。这两个协会对推动非洲

---

① 杨莹主编：《各国大学品质保证与校务研究》，（台北）高等教育文化事业有限公司2019年版，第212页。

② 杨莹主编：《各国大学品质保证与校务研究》，（台北）高等教育文化事业有限公司2019年版，第221页。

和中东地区的院校研究，发挥了积极的作用。MENA-AIR于2011年发表的一项调查表明：该区域各高校的院校研究机构大多在21世纪成立，且大多直接向校长负责报告，每个机构在当时平均已有4.4名员工。[①]该区域的院校研究虽然起步较晚，但发展速度显然很快。

第三节　院校研究在中国的发展

三十多年来，中国高等教育界对院校研究从一无所知，到借鉴引进，再到实际推行，在认识上和实践上都经历了一个富有中国特色的发展过程。

一、译介和拿来

20世纪80年代中后期，我国高等教育学领域的一些学者接触到美国院校研究的相关文献，并在他们的论著中有零星的介绍。1987年开始编撰的《高等教育辞典》，也收入了“院校研究”专条，由于当时主要的参考资料都来自美国，因此辞典也就将“院校研究”解释为一个美国现象：“美国高等学校行政管理部门组织的以本校活动为主要对象，以提高本校管理水平及竞争能力为宗旨的咨询性、政策性研究。”[②]在20世纪80年代末，我国高等教育界对院校研究的了解，也仅限于此。

---

① [美] 理查德·D. 霍华德等编：《院校研究手册》，蔡三发等译，同济大学出版社2021年版，第30页。

② 朱九思，姚启和主编：《高等教育辞典》，湖北教育出版社1993年版，第306页。

（一）90年代前期的译介

1992年初，出现了两篇关于院校研究的专文，这两篇专文虽然发表在内部刊物上，但在“院校研究”的引进过程中，却具有先行的意义。

第一篇专文的作者是当时在美国专职从事院校研究的程星博士，他在1992年初回国，现身说法，向国内的高等教育研究者比较系统地介绍了美国院校研究的情况，并且应邀发表了《机构研究与现代高等教育管理》一文。这篇文章使用了“机构研究”的直译名，比较系统地介绍了美国院校研究的产生、机构、功能，并且对高等教育的“机构研究”和“高等教育研究”作了明确的区分，文章指出，两者的区别在于研究对象和结论适用范围的不同：高等教育研究是“将人类高等教育的实践作整体或部分的研究，旨在提高人们对于高等教育的性质与规律的认识与把握”，而院校研究“则以个别学院、大学或大学系统为其研究对象”。①这篇专文发表后，在我国高等教育界广受关注并被引用。

与此同时，胡振敏发表了《院校研究的起源、发展与现状》一文。文章介绍了院校研究在美国的起源和欧洲院校研究概况，论述了院校研究发展的“推动力量及其结果”。②

由程星博士促成，曾任美国院校研究协会主席的J. 玛福于1993年来华访问，到厦门大学等校就院校研究与中国学者进行了交流。次年5月，潘懋元教授率团出席了在美国新奥尔良举办的院校研究协会第34届年会，这是中国学者代表团第一次正式参加AIR年会。这两次中美交流，对院校研究在中国的传播和发展起到了积极的促进作用。此后，有关院校研究的译介专文，又有多篇发表在国内刊物上，如J. 玛福的《美国院校研究概述》（1994）、程星等人的《美国院校研究的历史与现状》（1995）、秦国柱的《高校高教研究机构应以“本校研究”为主》（1995）等。

① 程星：《机构研究与现代高等教育管理》，载《大学教育论坛》1992年第2期。

② 胡振敏：《院校研究的起源、发展与现状》，载《外国高等教育资料》1992年第2期。

尽管有了这些早期的译介，但我国高等教育领域对于院校研究的了解，只能说仅仅处于初步感知的阶段，对院校研究的很多深层问题仍然若明若暗。除资料的局限外，另一个可能的原因是我国的“高等教育研究”当时已经形成了庞大规模并且实现了学科化，很多人总是倾向于从“高等教育研究”的角度去看待“院校研究”，这就可能对“院校研究”产生一些模糊的认识，或者将“院校研究”等同于“高等教育研究”，或者不把“院校研究”当作一种“研究”。

（二）21世纪初的译介小高潮

21世纪初，我国高等教育界对院校研究的译介和探讨，出现了一个小高潮。刘献君、赵炬明、陈敏的《加强院校研究：高等学校改革和发展的必然要求》（2002），介绍了美国院校研究的概况，论述了在我国开展院校研究的必要性和可能性；赵炬明的《现代大学与院校研究（上、下）》（2003），系统梳理了美国院校研究的发展背景和过程，分析了院校研究的特点和意义；周川的《院校研究的性质与特征》（2003），归纳了院校研究的主要特征及其职能和功能。值得一提的是，南京师范大学高等教育学博士研究生蔡国春的学位论文《美国院校研究的性质与功能及其借鉴》于2004年答辩通过，成为我国第一篇以“院校研究”为研究对象的博士学位论文。

此后，有关的专书也相继出版，主要有：程星、周川的《院校研究与美国高校管理》（2003）和《美国院校研究实例》（2008）；蔡国春的《院校研究与现代大学管理》（2006）；刘献君的《院校研究与现代大学管理》（2006）、《院校研究》（2008）和《院校研究论》（2021）；赵炬明、余东升的《院校研究与现代大学管理讲演录》（2006）；常桐善的《院校研究的发展与应用》（2016）；魏署光的《美国院校研究决策支持功能探析》（2016）；周光礼的《大学变革与院校研究》（2017）；蔡三发等人翻译的《院校研究手册》（2021），等等。

这些论著的发表，反映了我国高等教育界对院校研究的认识在不断深化，对院校研究的本质有了比较确切的认知和把握，对推动院校研究在我国的发展起到了引领和指导的作用。在此基础上，于2004年10月成立了中国高等教育学会院校研究专业委员会（筹），该专业委员会后改名为“中国高等教育学会院校研究分会”（CAIR），中国的院校研究工作者也有了自己的专业组织。

也是在21世纪，台湾地区高等教育界在质量评鉴运动的推动下，院校研究蓬勃兴起。“Institutional Research”在台湾地区译为“校务研究”。从词义上看，“校务研究”更直接地指向研究的对象，而且隐含了“本校”的意思，比之意在隐喻“科学性”和“客观性”的“院校研究”一词，“校务研究”也有独特的适切之处，似乎比较适合院校研究者以第一人称使用。“台湾校务研究专业协会”于2016年成立，在推进台湾地区的院校研究方面发挥了积极作用。

二、高校的践行

虽然“院校研究”的概念在20世纪90年代初才开始比较系统地被译介进入我国，但有组织的类似于“院校研究”的“高校自我研究”活动，其实早在此前就已经在我国高校出现，只不过早期的这些有组织的“高校自我研究”活动，不是在“院校研究”的理念引领下自觉进行的，而是在我国高等教育发展的特殊历史时期土生土长的。

20世纪70年代末，“按照高等教育的规律来办高等教育”的呼声在我国响彻大地，在这样的背景下，我国的高等院校几乎是在很短的时期内，纷纷成立了高等教育研究所（室）一类的研究机构，配备了数量不等的专兼职研究人员。这些研究机构虽然都以“探索高等教育规律，指导高等教育实践”为宗旨，但具体到它们的实际工作职能，其实都是应本校的需要在进行本校自身问题的研究。20世纪90年代末，我国高等教育为进入新世纪自上而下掀起了一场“规划运动”，各个高校又纷纷成立了兼有行政性和研究性的“发展规划处”一类的机构，这类机构专事本校发展规划的编制及其相应的组织协调工作，规划编制本身就带有很多研究的成分，因此，实际上也都在研究本校的相关问题。

由于我国的高校在20世纪末普遍设有高等教育研究所（室）和发展规划处（室），因此可以说，有组织的院校研究在当时就已经开始进行了。但是，由于“院校研究”理念当时在我国高等教育界尚未普及，绝大多数高等教育研究所（室）和发展规划处（室）的研究活动都谈不上科学的程序和方法，也普遍缺少研究的独立性，因此当时的这些高校有组织的自我研究工作，充其量只能说是“广义院校研究”，或者说是“准院校研究”。

21世纪以来，随着对院校研究认识的深化以及舆论宣传，一些高校的自我研究活动开始自觉地在“院校研究”的理念下进行。中国高等教育学会院校研究分会的正式成立，也对我国院校研究在高校的实际推行起到了积极的推动作用。其主要表现之一是某些高校开始设立专门的院校研究机构。这些机构的具体名称因校而异，有的称“院校研究所”，有的称“院校发展研究中心”，还有的称“大学发展研究院”。尽管具体名称不尽相同，但相同的是都有“院校研究”之名，很显然，它们的主要职责是进行院校研究，至少它们追求的目标是院校研究。

目前，直接冠名“院校研究”的机构毕竟是极少数，不过，这并不重要。更重要的是，由于院校研究理念的不断推广，许多高校原有的高等教育研究所（室）、发展规划研究所（室）等机构形成了比较明确的院校研究意识，开始在明确的“院校研究”理念引领下，转变原先对本校的“自我研究”方式，朝着院校研究的范式转型。

以上这些研究机构，不管具体名称是什么，从主要职责和目标上看，可以说都在从事院校研究，或者说，都在从事以“院校研究”为取向的“本校自我研究”。有一些研究机构在院校研究的实践中已经取得了客观的研究成果，其中不少都被本校所采用或认可。例如，上海交通大学关于本校“院系中长期评估指标体系与实施程序”的研究，中国海洋大学关于本校“教师专业化发展的组织模式”的设计研究，华中科技大学关于本校

"实施教师聘任制"的调查研究等，[①]都是我国比较典型的院校研究案例。

三、制约因素

我国的院校研究兴起于世纪之交的特殊历史时期，特点是发展速度快、声势大，但其"初级阶段"的特征及制约因素也很明显。

（一）有效需求不足

高校对院校研究的有效需求不足，是制约院校研究的最根本因素。院校研究是学校行为，关键取决于校方对它的有效需求。但是，由于我国高等教育管理体制改革相对滞后，高校对院校研究的实际需求还非常微弱。高校整天围绕着红头文件转，成为红头文件的执行者，基本不需要院校研究来支撑；在校内管理方面，行政权力过大、过于集中，高校的主要领导者仍然可以不受限制地凭一已之力拍脑袋作决策，甚至可以独断专行。在这种情况下，校方非但难以形成对院校研究的有效需求，反而还可能觉得院校研究碍手碍脚。没有需求，自然也就没有行动。

（二）独立性不够

院校研究虽然都是"命题作文"，毕竟也是科学取向的研究，须由研究者按照科学规范独立地进行。尊重事实，以事实为依据，用证据来说话，是院校研究的基本规范。但我们的院校研究由于缺乏独立性，无论是数据统计还是研究结果的解释，往往不是依据事实和证据，而是以领导者的"口径"为准。这样的"院校研究"，很大程度上是按照行政规则来进行，研究过程受到的干预比较明显，研究结论往往缺少客观性、真实性，这就背离了研究的专业规范，也阻碍了院校研究本身的发展。同时，有些院校研究机构，虽然名为"院校研究"或"高教研究"，实际上仍然相当于学校领导的秘书班子或写作班子，名为"研究"，实为"代笔"而已。

① 刘献君主编：《中国院校研究案例》，华中科技大学出版社2009年版，第54、100、111页。

（三）研究力量尚薄弱

就目前情况看，我国高校的院校研究机构和专职研究人员，研究能力还不够强，研究力量总体还很薄弱，难以满足高校科学管理的要求。目前各校的院校研究人员，相当一部分都是从行政管理转岗而来，在科学素养和研究方法上都很欠缺。同时，由于校方缺少有效需求，院校研究人员很少能有真刀真枪的院校研究实践机会。

所以，很多院校研究机构的实际研究工作，真正能够按照科学方法和方法去做的，还很少见；绝大多数的研究，基本上还是经验性的。对于那些明显预设“框框”和“口径”的研究，本来就不需要“科学的方式”（它在本质上是反科学的），另当别论。即便是那些没有预设“框框”和“口径”的研究，也会由于种种条件的限制，如研究者本人研究能力的局限，数据获得及其处理技术的限制，而少见采用科学的方式，这些“研究”所得的结论，仍以经验性、主观性的成分为多，因而这些研究基本属于“广义院校研究”或“准院校研究”之列。

四、有效需求及发展前景

院校研究是高校的自我研究，基本属于学校行为。首先是因为学校自身有切实的需求，所以才将院校研究作为学校的一个制度设计，作为学校管理体系的一个标配，拨出专款，设置专门机构、配备专职人员。高等院校对院校研究有没有切实的有效需求，是院校研究能否在一校得以开展的最直接动因。

高校对院校研究的有效需求，主要取决于校方，取决于学校领导层，尤其取决于“一把手”。当高校的领导者切身感觉到不借助院校研究的支撑就不能、也不敢随心所欲地凭一己之力对某些重要校务作决策的时候，有效需求才可能形成。之所以不能，是因为领导者的个人能力总是有限的，哪怕他三头六臂、智慧超群，也不可能无所不知、无所不能，不可能对校情了如指掌，不可能凭一己之力使每项决策都正确无比；之所以不敢，是因为领导者的权力是有限的，也要受到种种制约，一旦决策失误，就会受到严厉问责或惩罚。在这种情况下，校方对院校研究的有效需求就会自然而然地形成。

高校对院校研究的有效需求，看起来是主观的，是高校领导者的主观需要，但也是客观的，有着客观的基础，是学校领导者基于对客观因素的正确认知而形成的主观需要。

（一）有效需求来自现代高等院校本身的复杂性

在高等教育大众化、普及化阶段，多样化取代了单一性，异质性也就在很大程度上取代了同质性。在充满了多样化、异质性的高校里，教育要素之间的关系越来越复杂，办学过程也变得越来越复杂。就学动机的多样化和异质性，从教动机的多样化和异质性，大大增加了办学的难度，教学工作的难度在加大，学生管理、教师管理、职员管理的难度也都在加大，资源配置的难度同样在增加。

同时，高校从象牙塔进入社会中心之后，便与社会形成了千丝万缕的外部关系。高校外部关系错综复杂，更甚于校内的关系。这主要是由于高校所面对的外部世界无限宽广，各行各业、各色人等，无所不有；高校进入社会之后犹如在汪洋大海里行船，风险和难度都极大。这种复杂性，对于“多元化巨型大学”自不待言，对于规模不大、性质比较单一的小型院校也同样存在，只是程度有所不同而已。当复杂性超过了领导者个人经验所能把握的范围时，对院校研究的有效需求就有可能产生。

（二）有效需求来自自主办学的实体性

我国高等教育管理体制改革的主要目标，是转变政府职能，使高等学校成为“面向社会自主办学的独立实体”。当高等院校真正成为面向社会自主办学之独立实体的时候，它首先是独立的，不依附于任何部门，不是其他任何部门的附庸；它又是自主的，在法律的范围之内，自己的事情自己做主，不需要别人为它做主，也没有别人能为它做主。高等院校作为这样的实体，面向宽广无比的社会和变幻莫测的环境独立自主地办学，它就时刻需要了解自己，了解社会，了解自己置身于其中的环境；它只有更好地了解自己，更好地了解社会和环境，才能正确地自主，理性地独立，才能立于不败之地，这就可能激发对院校研究的有效需求。

（三）有效需求来自高校的权力结构

高等院校的办学自主权，是“学校的”权力而不是“个人的”权力；办学自主权属于学校，形成一个既能有效分工又相互制约的权力结构，其中最主要的就是决策权、行政权、监督权的结构。一方面，是各项权力的合理分工，使决策权、行政权、监督权分开；另一方面，各项权力又能相互监督，相互制约，以至于任何一项权力都不能太任性，不能任意妄为。在这样的权力结构之中，任何重要校务决策的做出以及执行，不仅都有明确而严格的决策程序，更重要的是谁都不能以权压人，而要以理服人，要通过摆事实、讲道理的方式去说服别人。加州大学校长克拉克·克尔曾经夫子自道地说过，多元化巨型大学的校长“主要是个调解者”，“对校长而言，说服机会应等同于责任”，因此他主要是一个“说服者”。[①]为了能够摆出事实、讲出道理，说服别人，对院校研究的需求自然就会油然而生。

（四）有效需求来自广泛的社会问责

高等院校从“社会边缘”走入“社会中心”的代价之一，便是被广泛的社会监督和问责所包围。首先是高校的所有利益相关者，诸如捐助人、校友会、家长、专业协会、评估机构、新闻媒体，当然还有政府和其他各种社会团体，都是监督高校的重要力量。现如今，纳税人和一般的社会公众也加入了监督者的行列，原因就在于，无论公立高校还是私立高校，都不同程度地使用了纳税人的钱，既然花了纳税人的钱，人家当然有权利过问你钱是怎么花的，取得了哪些效果。无所不在的社会监督和问责，迫使高校不得不老老实实应对，从提供数据，到发布办学状况报告，不仅一样都马虎不得，而且还要有事实依据、有逻辑论证。为了应对无所不在的社

---

① ［美］Clark Kerr：《大学的功用》，陈学飞等译，江西教育出版社1993年版，第23、25页。

会监督和问责，高校对院校研究的有效需求也会大大增加。

（五）有效需求来自校领导的自知之明

现代高等院校，规模庞大，功能多样，异质繁杂，完全是一个复杂的巨系统。难怪国外有人常说，非有总统之才，不能当大学校长。但事实是，即便有总统之才，也未必能当好一校之长，哥伦比亚大学的艾森豪威尔校长也许就是一例。[①]在现代高等院校这个复杂的巨系统之中，一个“一把手”无论怎样三头六臂、智勇双全，他对这个系统的认识和把握，都必定是有限的。R. 伯恩鲍姆认为，“人们对坚决果敢的校长的重要性都是极口称赞的，但是，这种重要性都极少在学校的成就中显示出来”，原因就在于，“当复杂性增强时，个人的决策能力就会越来越多地受到理性局限性的影响”[②]。如果高校的“一把手”认识不到自己能力和经验的有限性，随意“拍脑袋”“拍胸脯”作决策，这就无异于盲人瞎马，这所学校一定危险得很，教师一定倦怠、怨恨得很。只有“一把手”有起码的自知之明，认识到仅凭一己之力不足以全面了解校情，不足以作出正确的决策，他自然而然就会借助于一个“仪表盘”和“外脑”，来帮助自己获取信息、辅助决策。

（六）有效需求也取决于院校研究者的研究能力

一所高校，如果校方有院校研究的需求，并提出了具体的研究任务，但院校研究机构作为供给方，由于研究能力的限制，并不能有效地完成研究任务，做不好“命题作文”，满足不了校方的需求，那么在这种情况下，校方对院校研究的需求也就不能说是完全“有效”的。高校对院校研究的有效需求，应该是能够得到一定程度满足的需求。这种一定程度的满足，至少是供给侧能够提供有效的数据信息，提供一个“仪表盘”，或者是对问题的研究，即使不能采用，也至少有一定的参考作用。因此在这个意义

① 程星：《细读美国大学》，商务印书馆2006年版，第66页。

② ［美］罗伯特·伯恩鲍姆著：《大学运行模式》，别敦荣主译，中国海洋大学出版社2003年版，第174、177页。

上可以认为，高校对院校研究的有效需求，也取决于院校研究者的研究能力，取决于院校研究者所能提供的成果及其对校方的支撑程度。

当前，就我国高校的办学规模和复杂性来看，高校理应对院校研究有迫切的需求，但是，由于以下原因，高校对院校研究的有效需求还比较疲软，动力明显不足。第一，高校尚未真正成为面向社会自主办学的独立实体，学校运作的主要依据仍然是主管部门的“红头文件”或上级领导的旨意，缺乏独立性和自主性，高校领导者的主要着眼点并不在学生和教师身上，而在政府和上级主管部门那里；第二，高校的决策权、行政权、监督权之间的分工和制约关系尚不够明确，学校章程对权力的来源和行使大多未能作出明确限定和规范，尤其缺少权力制约机制；第三，社会上虽然关注高校问题的人越来越多，从“人大”“政协”会议到各种媒体乃至一般公众，都可能对高校问题发表议论，但对高校进行社会问责的制度和机制并没有形成；第四，一些高校的领导者，尤其是“一把手”，缺少起码的自知之明，专权现象比较严重，以至于在某些高校里，长官意志横行，独断专行严重，“拍脑袋”“拍胸脯”作决策司空见惯；第五，很多高校的院校研究机构，一方面是研究能力还不够高，难以满足真正院校研究的需要，另一方面是缺少独立性，大多充当了“秘书班子”或“写作班子”的角色。

正是由于以上原因，我国高等院校对院校研究的有效需求，总的来看还相当疲软、相当不足。只要院校研究没有成为高等院校不可或缺的必需品，只要高校领导者不借助于院校研究的支撑照样可以随意决策而不受到制约，那么，高校对院校研究的有效需求就很难真正形成，因而真正的院校研究也就很难发展起来。

值得期待的是，随着我国高等教育大众化、普及化的进一步发展，随着我国高等教育管理体制改革的进一步推进，院校研究在我国的发展正在显示出良好的前景，院校研究的中国化正在行进的路上。

院校研究的中国化，是一个吸收、借鉴、创新的过程。有学者曾经指出，院校研究的中国化，必须借鉴“院校研究的本质要义”“唤醒高校领导者对于院校研究的自觉意识”，同时，“进一步推进院校研究的组织化、制度化”，“完善高校领导者和院校研究者互动的制度设计”。[①]院校研究在我国高等教育领域的发展，离不开高校领导的重视，也离不开院校研究者的努力，但是最根本的动力，还是来自高校办学的实践需要，在根本上还是取决于我国高等教育管理体制更深层次的改革，取决于高校管理科学化、民主化的进程。

转变政府职能，使高校成为“面向社会自主办学的独立实体”，同时，克服“行政化倾向”，建设“现代大学制度”，“完善大学治理结构”，始终是我国高等教育管理体制改革的主攻方向。随着管理体制改革的实质性推进，高校领导者的个人权力将逐渐被关进“制度的笼子”，他们如果不借助院校研究这个“仪表盘”或“外脑”，在校务管理决策中就有可能寸步难行。到那时，对院校研究的有效需求势必激增，院校研究的功能化和专业化发展势必水到渠成，院校研究的中国化也必将真正实现。

---

① 蔡国春：《重启“院校研究中国化”议题之思》，载《高等工程教育》2017年第2期。

结　语

当代中国高等教育在四十多年的发展过程中，提出了一系列富有挑战性的命题，这些命题既是发展目标的一种表达，也是存在问题的某种映射。其中，有些命题已经得到了较好的解答，并且付诸实践；有些命题还在求解之中，可能还会长期持续下去。在当代中国高等教育的发展历程中，尽管命题多种多样，但有六对关系始终贯穿在这些命题中。

第一是改革与发展的关系。四十多年来，我国高等教育的改革和发展都取得了巨大的成就，但相对而言，发展受到更大程度的重视，成就也更为显著；而在改革一端，办学、后勤、学费、就业等方面的体制改革基本达到了预期目标，但管理体制的改革却相对滞后。高等教育管理体制的诸多新老问题，依然根深蒂固地制约着高等教育的发展方式；高等教育管理体制改革的真正突破，有赖于党和国家治理现代化战略的总体推进和实现。

第二是数量与质量的关系。四十多年来，我国高等教育数量的发展虽有起伏，但从20世纪90年代末开始，我国采取了跨越式的方式，一往无前，成就举世瞩目。但比较而言，质量的控制和提高却相对滞后，其中尤以教学质量的隐患最为严重。没有高质量的教学，就难有高质量的高等教育。数量与质量的关系，始终贯穿在四十多年的发展过程中，而在高等教育大众化、普及化阶段显得更加突出、尖锐。

第三是外延与内涵的关系。四十多年来，我国高等教育的外延发展有目共睹，各种形式、各种层次的高等教育机构不断涌现，为高等教育大众化、普及化创造了条件。但比较而言，高等教育内涵的发展却相对滞后。无论什么形式、什么层次的高等教育，它们都是“高等教育”，共有“高等教育”的本质内涵，共有“高等教育”的内在规律；偏离了本质的内涵和规律，就可能徒有其表而独缺其神。

第四是行政与学术的关系。四十多年来，我国高等教育改革和发展的实际推行，大多采取了自上而下的线性方式，较多地遵循了行政逻辑，相对而言，却未能充分重视和遵循学术的逻辑。现代高等教育当然离不开必要的行政管理和行政手段，但是，任何行政管理手段都必须以尊重学术逻辑为前提，以不干扰、不取代学术逻辑为限度。这一关系的根本改善，同样取决于国家行政管理体制的总体改革进展。

第五是大学与教师的关系。教师是大学的主体，也是大学的主人，正所谓“大学者，大师之谓也”。四十多年来，我国高等教育的发展成就，归根结底是教师辛勤工作的结果。但是在当前，大学与教师的关系却发生了一定程度的偏差，教师在大学里逐渐被工具化、边缘化、弱势化，以致大学教师职业发生某种程度的异化，大学教师的职业身份认同出现危机。确立教师在大学里的主体地位和增强其主人翁意识，取决于现代大学制度的完善和大学治理的现代化。

第六是理论与实践的关系。在我国高等教育四十多年的改革和发展过程中，在某些时候或某些主题上，高等教育理论走在实践的前面，对实践起到了引领作用；而在另外一些主题上，理论则落在实践的后面，成为实践的“马后炮”。这两种情况都是正常的，这是由理论与实践之间的复杂关系所决定的。四十多年的历史证明，高等教育的改革发展比较合乎规律的时候，一定是理论和实践相互尊重、相互观照，关系比较融洽的时候，反之亦然。正是在这个意义上，高等教育理论可以视作高等教育改革和发展进程的一个要素，理论与实践的关系就成为高等教育改革发展的一个主题。

当代中国高等教育的各种命题，是在中国特定的时空背景下提出的，既有历史性也有恒常性，既有特殊性也有普遍性。只要中国高等教育在发展，各种各样的命题就会不断地出现。回答好这些命题，是中国高等教育学者的时代责任，也是所有中国高等教育工作者的时代责任。

附录：主要参考文献

［1］教育部研究室. 中华人民共和国现行高等教育法规汇编［M］. 北京：人民教育出版社，1999.

［2］中央教育科学研究所. 中华人民共和国教育大事记（1949—1982）［M］. 北京：教育科学出版社，1983.

［3］《中国教育年鉴》编辑部. 中国教育年鉴（1949—1981）［M］. 北京：中国大百科全书出版社，1984.

［4］《中国教育年鉴》编辑部. 中国教育年鉴（1985—1986）［M］. 长沙：湖南教育出版社，1988.

［5］李岚清. 李岚清教育访谈录［M］. 北京：人民教育出版社，2004.

［6］潘懋元. 潘懋元文集［M］. 广州：广东高等教育出版社，2010.

［7］潘懋元. 多学科观点的高等教育研究［M］. 上海：上海教育出版社，2001.

［8］郝维谦，龙正中，张晋峰. 中华人民共和国高等教育史［M］. 北京：新世纪出版社，2011.

［9］胡适. 胡适全集［M］. 合肥：安徽教育出版社，2003.

［10］南京大学高等教育研究所. 匡亚明教育文选［M］. 南京：南京大学出版社，2000.

［11］曹永国. 自我的回归［M］. 福州：福建教育出版社，2019.

［12］赵炬明，高筱卉. 赋能教师：大学教学学术与教师发展——美国

以学生为中心本科教学改革研究之七［J］. 高等工程教育研究，2020（3）.

［13］程星，周川. 院校研究与美国高校管理［M］. 长沙：湖南人民出版社，2003.

［14］威廉·冯·洪堡. 论柏林高等学术机构的内部和外部组织［C］. 陈洪捷. 德国古典大学观及其对中国的影响. 北京：北京大学出版社，2006.

［15］J. D. 贝尔纳. 科学的社会功能［M］. 陈体芳译，北京：商务印书馆，1985.

［16］欧内斯特·波伊尔. 学术水平反思——教授工作的重点领域［C］. 国家教育发展研究中心. 发达国家教育改革的动向和趋势（第五集）. 北京：人民教育出版社，1994.

［17］伯顿·R·克拉克. 高等教育系统［M］. 王承绪，徐辉，等译，杭州：杭州大学出版社，1994.

［18］德里克·博克. 走出象牙塔——现代大学的社会责任［M］. 徐小洲等译，杭州：浙江教育出版社，2001.

［19］菲利普·G·阿特巴赫. 变革中的学术职业：比较的视角［M］. 别敦荣主译，青岛：中国海洋大学出版社，2006.

［20］理查德·D. 霍华德，等. 院校研究手册［M］. 蔡三发，等译. 上海：同济大学出版社，2021.

［21］马丁·特罗. 从精英向大众高等教育转变中的问题［J］. 王香丽译. 外国高等教育资料，1999（1）.

［22］United Nations Educational，*Scientific and Cultural Organization. Policy Paper for Change and Development in Higher Education*［G］. Paris，1995.

［23］A. S. Knowles，et. *The International Encyclopedia of Higher Education*（Vol.5）［M］. San Francisco：Jossey-Bass Publishers，1978.

后　记

山东教育出版社筹划出版这套“中国高教研究名家论丛”，在学术著作出版仍有一定难度的当下，其气魄和眼光都令人感佩！笔者忝列论丛作者之列，深感荣幸；但“名家”实不敢当，充其量就是一个以高等教育学为志业的学者而已。

我从事高等教育学研究已近四十年，无论是理论探讨，还是历史的或比较的分析，内心深处的核心主题其实就是一个：什么是好的高等教育，什么是不太好甚至太不好的高等教育。这个在本质上摆脱不了价值判断的主题，也许有悖于探索“高等教育规律”的学科初衷，但我不能否认，这个具有价值判断意味的主题始终根植于我的学术生涯中，挥之不去，而且至今无解。当然，如果只是抽象地回答这个问题，列举出若干条定理或定则也许并不难。但是，任何国家的高等教育都是遗传和环境共同作用的产物，当我们把这个主题结合到特定的国家、特定的情境之中时，难度就会陡增，显得扑朔迷离、其难无比。

本书取名《中国高等教育的时代命题》，汇集了笔者近年来对当代中国高等教育一些重要主题的思考心得。这些主题都是时代给出的，都很重大，我只不过是千千万万个答题者之一。限于个人的思考水平，对这些命题只能答到这个程度，正焉误焉，留待各位方家批评指正。当然，笔者对这些主题的思考绝不会由于本书的出版而终止，路漫漫其修远兮，吾将以此为起点继续去思考和探索。

本书在出版过程中，韩延明教授运筹帷幄、助益良多；山东教育出版社编辑费心费力，对全书精雕细刻、精心打磨；李凤玮博士协助做了部分资料和技术工作；本书参考了众多学者的研究成果，在书中已一一注明。在此，笔者对以上各位以及所有直接或间接对本书给予关心和帮助的师友，表示由衷的感谢！

周　川

2023年8月21日